처음이지만 프로처럼 쓰는 노션 (NOTION)

데이터베이스 기초부터
자동화 시스템까지
완벽 활용법

개정판

박한용(노션너굴) 저

노션 AI & MCP 활용법 수록

실습 예제 영상 제공

"노션 공식 앰배서더"
노션너굴의 실전 노션!

DIGITAL BOOKS
디지털북스

| 만든 사람들 |
기획 IT·CG기획부 | 집필 박한용(노션너굴)
표지 디자인 원은영 | 편집 디자인 이기숙

| 책 내용 문의 |
도서 내용에 대해 궁금한 사항이 있으시면
저자의 홈페이지나 디지털북스 홈페이지의 게시판을 통해서 해결하실 수 있습니다.
디지털북스 홈페이지 digitalbooks.co.kr
디지털북스 페이스북 facebook.com/ithinkbook
디지털북스 인스타그램 instagram.com/digitalbooks1999
디지털북스 유튜브 유튜브에서 [디지털북스] 검색
저자 홈페이지 www.notionneogul.com/
저자 이메일 phy6884@kakao.com

| 각종 문의 |
영업관련 digital1999@naver.com
기획관련 djibooks@naver.com
전화번호 (02) 447-3157~8

※ 잘못된 책은 구입하신 서점에서 교환해 드립니다.
※ 이 책의 일부 혹은 전체 내용에 대한 무단 복사, 복제, 전재는 저작권법에 저촉됩니다.
※ 유튜브 [디지털북스] 채널에 오시면 저자 인터뷰 및 도서 소개 영상을 감상하실 수 있습니다.

머리말

요즘 횡단보도에는 신호등이 두 개인 걸 아시나요? 2024년 개최된 Notion Innovators Sumit 행사를 가는 길에 우연히 횡단보도 바닥에 신호등이 하나 더 있는 걸 발견했습니다. 인터넷에 검색을 해보니 바닥 신호등이라고 하더라고요. 저는 신호를 기다리는 잠깐 사이 바닥 신호등에 감동을 받았습니다. 스마트폰을 보며 지도 앱으로 길을 열심히 찾던 저에게 안전하게 횡단보도를 건너라는 메시지를 받았기 때문이죠. 제가 느낀 이 작은 감동은 저의 행동에 자연스럽게 녹아들었습니다.

저는 이런 "자연스러운 감동"을 줄 수 있는 사람이 되고 싶었습니다. 그래서 대학교 4학년에 디자인공학과를 복수전공하면서 사용자 경험(UX)에 대해서 배웠습니다. 매 학기마다 다른 대상자를 위한 프로젝트를 각기 다른 방법으로 진행했습니다. 코로나-19로 인한 마스크 시대에 언어발달지연을 겪는 아이들을 위한 앱 디자인, 카페 사장님과 카공족의 이해관계를 모두 만족시켜 줄 수 있는 서비스 로봇 모델링, 비자 발급에 어려움을 겪고 있는 외국인을 대상으로 한 앱 기획 등 주제와 대상은 달랐지만 대상의 시선에서 문제를 바라보며 해결했고 이 안에 제가 추구하는 자연스러움을 넣고자 했습니다. 이 과정에서 깨달았던 건, 사용자의 시선에서 문제를 해결하려는 자세는 어떤 분야에서든 적용될 수 있다는 점이었습니다. 그리고 저는 이걸 노션에 접목시키고자 했습니다.

노션 강사이자 크리에이터의 삶을 살아가면서 300명이 넘는 노션 유저분들과 대화를 하며 공통적인 어려움이 무엇인지 알게 되었습니다.

"노션을 켜서 써 보려고 해도 빈 화면에 기능도 생소하다 보니 뭐부터 해야 할지 모르겠어요."
"노션 템플릿을 여러 개 다운받아서 써 보고 있는데 나에게 딱 맞는 건 없더라고요."
"유튜브를 보면서 따라 하고는 있는데 나에게 어떻게 적용을 시키면 좋을지 모르겠어요."

저는 노션 유저분들의 이런 어려움을 사용자 경험(UX) 측면에서 해결하고자 하였습니다. 이 책도 이런 마음가짐을 바탕으로 집필하였습니다. 노션을 처음 쓰는 분들, 노션을 쓰고 있었지만 누군가가 만든 템플릿에만 의존하던 분들을 위해서 이 책을 썼습니다. 노션의 기능을 쭉 나열하는 방식의 설명 책을 넘어, 노션 기록의 본질은 무엇인지, 나에게 노션이 어떻게 적용될 수 있는지 생각해 볼 수 있게 하고, 사용자 경험을 기반으로 한 노션 제작 프로세스를 확립하여 나에게 맞는 노션 시스템을, 프로세스를 따라 제작할 수 있도록 하였습니다. 이를 통해 나를 위한 템플릿을 제작할 수 있는 힘을 길러드리고자 합니다. 그리고 그 과정에서 제가 담아 두었던 자연스러운 감동을 느끼기를 바라는 마음으로 이 책을 썼습니다.

이 책은 노션의 모든 기능을 담고 있지는 않습니다. 하지만 사용자별 목적에 맞는 커스텀 노션 시스템 제작에 필요한 핵심적인 내용을 위주로 담고 있습니다. 이 안에 담긴 노션 지식과 기능들은 서로 연결되어 있고 흐름에 맞게 기술되어 있습니다. 그렇기 때문에 최대한 흐름에 맞게 책을 보는 것을 권장해 드립니다. 책에 나와 있는 예제는 기능의 이해를 위한 예제입니다. 그러므로 예제를 그대로 따라 하기보다는 원리를 이해한 것을 바탕으로 챕터마다 나에게 맞게 변형해서 만들어 보는 것을 추천해 드립니다.

끝으로 이 책이 나오기까지 도움을 주신 디지털북스 관계자 여러분과 사랑하는 가족, 그리고 저에게 노션 강사로서의 삶을 준 저의 수강생분들과 독자 여러분께 다시 한번 감사의 말씀을 전합니다.

실습 자료 다운로드 방법

책을 읽으면서 직접 따라해 보고 이해한 내용을 혼자서 실습을 해볼 수 있도록 챕터별로 실습 섹션에서 사용할 수 있는 실습 자료를 제공합니다. 실습 자료의 파일명은 각 실습 섹션에 기입되어 있으며, 제공하는 실습 자료는 책에 설명된 자료 혹은 예제를 통해 실습한 내용이며 예제로 실습한 내용과 약간의 차이가 있을 수 있습니다.

본문에서 실습용으로 제공하는 자료는 다음과 같은 방법으로 복제해서 사용하면 됩니다. 링크를 통해 실습 자료 페이지에 접속합니다. 다음 화면 우측 상단의 [복제] 아이콘을 클릭해 나의 워크스페이스로 복제합니다.

링크: https://neogultemplate.notion.site/Notion-270596e032e08161aa0bef14e8a6f2fb?source=copy_link

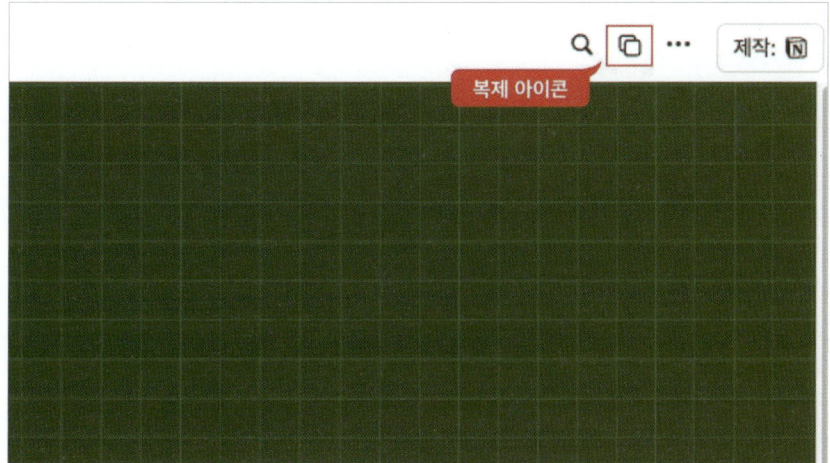

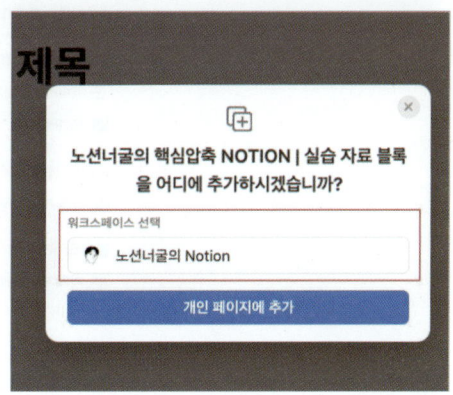

나의 워크스페이스로 복제한 실습 자료는 요금제에 상관없이 자유롭게 사용할 수 있습니다. 각 챕터별로 제공되는 자료를 바탕으로 노션을 이해할 수 있습니다.

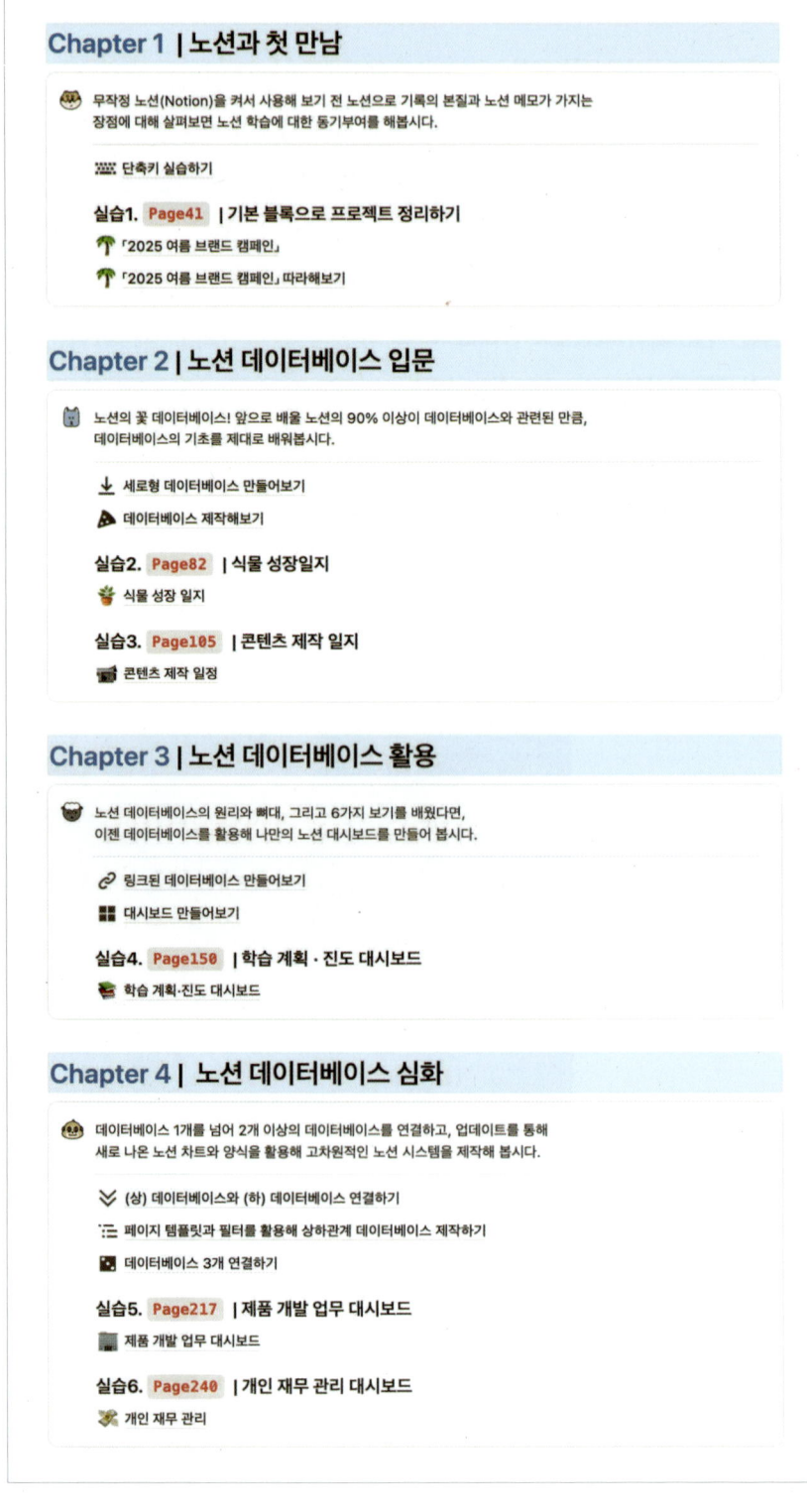

또한, 챕터마다 배운 내용을 쉽게 따라할 수 있는 실습 페이지와 실습 영상을 제공합니다. 영상을 보면서 실습 내용을 하나씩 따라하여 노션의 기능을 익혀 보세요.

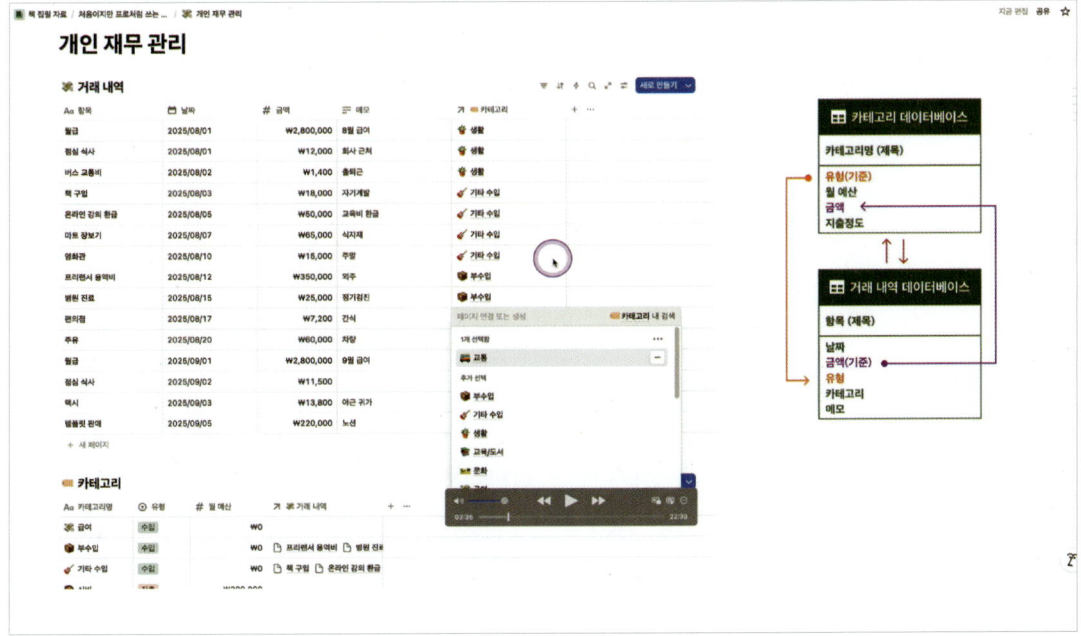

CONTENTS

머리말 03
실습 자료 다운로드 방법 05

CHAPTER 01 노션과 첫 만남

LESSON 01 노션, 이건 알고 시작하자 12
LESSON 02 노션의 구성 워크스페이스, 페이지, 블록 22
실습: 워크스페이스와 페이지 만들기 31
LESSON 03 노션 단축키 마스터 33
실습: 기본 블록으로 프로젝트 정리하기 41
LESSON 04 노션 요금제의 이해 45
UX 꿀팁: 가독성을 높이는 노션 페이지 글쓰기 비법 51

CHAPTER 02 노션 데이터베이스 입문

LESSON 01 데이터베이스 원리와 이해 56
LESSON 02 데이터베이스의 구성 61
실습: 식물 성장 일지 82
LESSON 03 데이터베이스 보기 전환 85
실습: 콘텐츠 제작 일지 105
UX 꿀팁: 많은 데이터를 쉽게 다루는 필터, 정렬 사용법 113

노션 데이터베이스 활용

LESSON 01	데이터베이스 페이지 템플릿	118
LESSON 02	링크된 데이터베이스를 활용한 데이터베이스 재활용	125
LESSON 03	함께 쓰는 노션 대시보드	142
실습: 학습 계획·진도 대시보드 만들기		150
UX 꿀팁: 모바일 사용성을 고려한 대시보드 배치 방법		159

노션 데이터베이스 심화

LESSON 01	관계형과 롤업 이해하기	162
LESSON 02	관계형 롤업 심화	188
실습: 제품 개발 업무 대시보드		217
LESSON 03	데이터베이스 시각화를 위한 노션 차트	230
실습: 개인 재무 관리 대시보드 만들기		240
LESSON 04	데이터베이스 수집을 위한 노션 양식	247
UX 꿀팁: 많은 데이터베이스를 효율적으로 관리하는 비법		256

CONTENTS

CHAPTER 05 노션 마스터만 쓴다는 수식과 자동화

LESSON 01	조건에 따라 값이 달라지는 노션 수식 속성	262
LESSON 02	수식을 활용한 노션 자동화 세팅	284
실습: 세미나 신청자 관리 대시보드 만들기		297
UX 꿀팁: 노션 AI를 활용한 노션 수식 생성 방법		311

CHAPTER 06 제대로 쓰는 노션 AI

LESSON 01	AI로 만드는 노션 페이지	316
LESSON 02	AI로 만드는 노션 데이터베이스	331
실습: AI로 고객 상담 일지 만들기		335
LESSON 03	AI로 만드는 노션 시스템	342
실습: 재고관리 대시보드 만들기		351
UX 꿀팁: AI가 이해하기 쉬운 프롬프트 작성법		361

CHAPTER 07 미친 듯이 확장하는 노션

LESSON 01	노션과 다른 앱 연동하기	366
LESSON 02	무조건 팔리는 노션 템플릿 제작 프로세스	399
LESSON 03	노션 마켓플레이스를 활용한 템플릿 수익화	420
UX 꿀팁: 사람들을 끌어들이는 템플릿 판매 노하우		427

CHAPTER 01

노션과 첫 만남

무작정 노션(Notion)을 켜서 사용해 보기 전
노션 기록의 본질과 노션 메모가 가지는 장점에 대해
살펴보면서 노션 학습에 대한 동기부여를 해봅시다.

LESSON 01 노션, 이건 알고 시작하자

 노션을 본격적으로 배우기 앞서 노션이 어떤 툴인지 알고 앞으로 노션을 내 삶에 어떻게 적용시킬지 생각해 봅시다.

노션은 _____ 입니다

여러분들은 노션이 무엇이라고 생각하나요? 저는 강의 때마다 수강생분들에게 동일한 질문을 하곤 합니다. 노션을 처음 배우는 분들은 "음.... 메모장 아닐까요?"라고 대답하거나, 노션을 이미 쓰고 있는 분들은 "독서기록장", "가계부", "운영시스템" 등 다양한 답변을 합니다. 사실 이 답변에 오답은 없습니다. 여러분들이 빈칸에 넣는 단어들은 모두 정답입니다. **우리가 노션에서 우리가 만들어 가는 모든 것이 정답이 될 수 있습니다.**

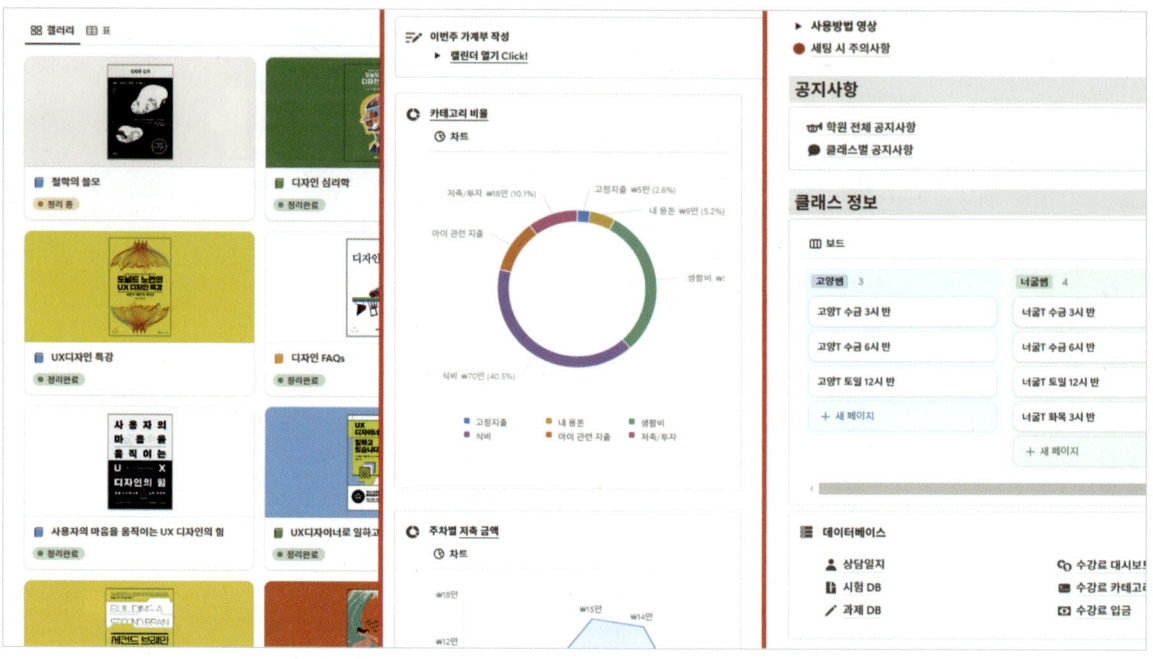

예를 들어, "독서"라는 키워드로 노션을 사용한다고 해도 A는 자신이 읽은 책들을 기록하는 용도로 노션을 쓸 수도 있고, B의 경우는 독서 소모임을 운영하기 위한 용도로 쓸 수 있습니다. 이때 만들어지는 노션 템플릿은 같은 "독서"라는 동일한 키워드로 만들었어도 완전히 다른 형태로 사용하게 됩니다.

노션은 사용자에게 이렇듯 "유연함"을 제공합니다. 사용자가 원하는 대로 블록을 배치해서 만드는 유연함은 노션 메모의 가장 큰 이점입니다. 하지만 노션이 어렵다고 단정하고 템플릿에만 의존한다면 이런 이점을 제대로 활용하지 못하게 됩니다.

앞선 예시처럼 같은 키워드를 바탕으로 다양한 용도로 사용할 수 있는 것처럼, 이러한 노션의 "유연함"이 전달되어 **노션을 제대로 사용할 수 있기를 바랍니다.**

이제 빈칸에 자신만의 답을 적어 넣어 보세요. 이 책은 여러분이 적어 넣은 답이 현실이 될 수 있도록 도와줄 겁니다.

생산성을 높여주는 노션 장점 10가지

앞서 노션의 장점이자 본질 중 하나인 유연함에 대해 설명했습니다. 노션의 유연함은 개인 또는 조직에 100% 맞는 시스템 구축이 가능하게 합니다. 이미 시스템이 잡혀 있는 툴은 사용자가 시스템에 맞게 사용자의 행동을 바꿔야 하지만, **노션의 경우 자신에게 맞는 시스템을 직접 제작할 수 있기에 자신의 행동을 바꾸는 것이 아니라 시스템을 바꿀 수 있습니다.**

노션은 이런 유연함을 기반으로 사용자에게 훌륭한 메모 경험을 제공합니다. 노션을 매일 사용하고, 일상 전반을 노션에 기록하는 제가 노션을 쭉 써보면서 느낀 장점을 10가지 정도로 추려 보았습니다.

01. 다양한 검색 기능

흔히 많이 사용하는 종이 메모와 디지털 툴을 활용한 메모를 비교할 때, **디지털 메모는 검색이 가능하다는 점에서 큰 장점**을 가집니다. 종이에 적은 메모들을 한 페이지씩 뒤적이며 찾는 시간에, 키워드를 검색해 한 번에 찾는 것이 시간을 효율적으로 활용할 수 있습니다.

노션은 강력한 검색 기능을 제공합니다. 총 3가지 형태로 검색이 가능합니다.

첫 번째, 현재 페이지 내에서 특정 텍스트를 찾을 때 Ctrl + F를 눌러 '페이지 내 찾기' 기능을 활용해 보세요. 검색한 단어에 형광펜이 처져 있는 것을 볼 수 있습니다. 검색창 우측의 화살표를 클릭해 해당 단어의 위치로 바로 이동할 수 있습니다.

두 번째, 워크스페이스 내의 모든 페이지를 대상으로 검색하려면 Ctrl + P를 눌러 '워크스페이스 내 찾기' 기능을 활용해 보세요. 새롭게 생성되는 팝업창에서는 제목, 작성자, 검색 범위, 날짜 등을 기준으로 메모들을 1차 필터링해 검색할 수 있습니다.

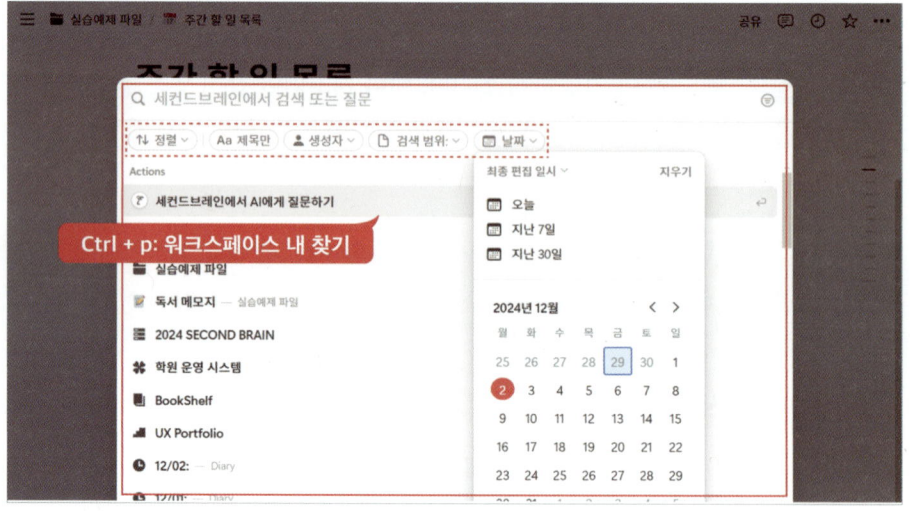

세 번째, 노션 AI를 활용할 수 있습니다. 노션 AI를 활용한 검색은 AI에게 질문 형태로 물어볼 수 있기 때문에 편리한 검색이 가능한 것을 물론 정교한 검색 결과를 얻을 수 있습니다. 노션 AI는 워크스페이스와 일반 지식을 활용하여 전체 노션 페이지뿐만 아니라 Slack이나 Google Drive와 같은 앱이 연결되어 있다면, 해당 앱에 내용을 검색하여 가장 관련성 높은 답변을 제공합니다.

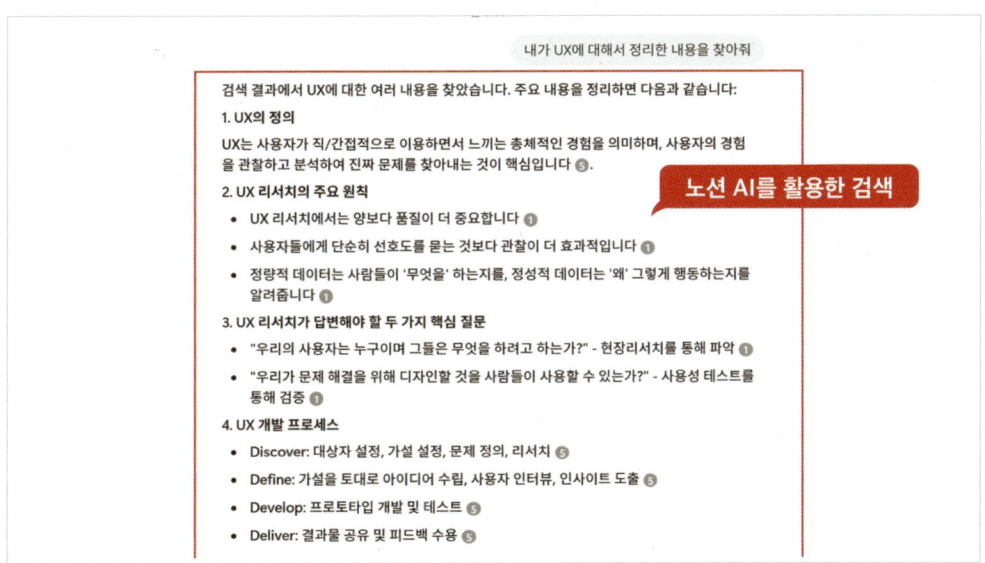

02. 멀티 디바이스 호환성

노션은 다양한 기기에서 사용할 수 있는 **유연한 멀티 디바이스 호환성**을 제공합니다. 컴퓨터와 노트북은 물론, 매일 휴대하는 스마트폰이나 태블릿에서도 노션을 활용할 수 있습니다. 동일한 이메일 계정으로 로그인만 하면, 어떤 기기에서든 동일한 작업을 이어서 진행할 수 있습니다.

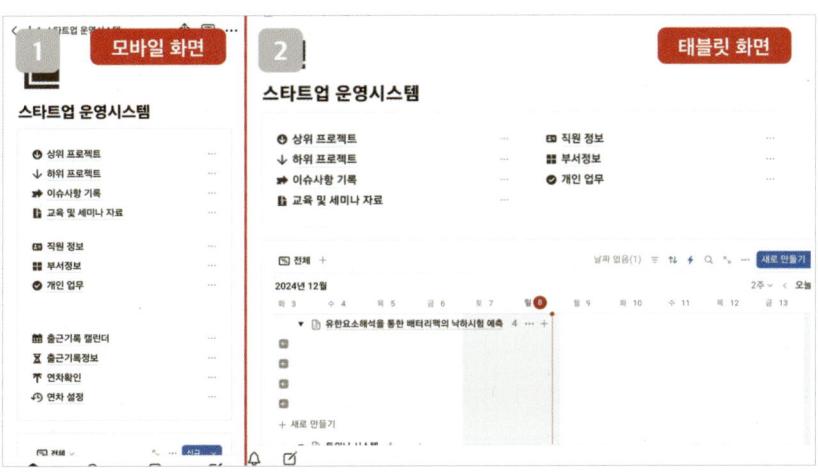

예를 들어 집, 학교, 사무실에서는 컴퓨터나 노트북으로 노션에 메모를 작성하고, 이동 중에는 스마트폰이나 태블릿을 사용해 급히 메모를 추가하거나 입력된 정보를 확인할 수 있습니다. 이런 유연한 디바이스 호환성 덕분에 사용자는 언제 어디서나 필요한 정보를 확인하고 작업을 이어 나갈 수 있습니다.

03. 메모 그룹화

메모를 그룹화하면 어떤 장점이 있을까요? 가장 큰 장점은 메모를 체계적으로 관리할 수 있다는 점입니다. 그룹화된 메모는 필요한 정보를 빠르게 찾아내고, 맥락에 따라 내용을 정리하기 쉽게 만들어 줍니다.

예를 들어, 회사에서는 회의록을 기록할 때 부서를 기준으로 관리할 수 있습니다. 이렇게 관리하게 되면 부서별로 담당자를 세워 부서별 회의록을 관리할 수 있습니다. 또는 회의록을 작성한 날짜를 함께 기록한다면 월별, 주별을 기준으로 회의록을 관리할 수도 있을 것입니다.

노션에서는 다양한 기준과 기능을 통해 정보 그룹화를 지원합니다. 그중 대표적인 기준 3가지를 소개합니다.

첫 번째, **워크스페이스를 기준**으로 기록의 큰 범주를 나눌 수 있습니다. 예를 들어, 개인용 워크스페이스와 회사용 워크스페이스를 각각 생성하여 용도에 맞게 정보를 분리해 관리할 수 있습니다.

두 번째, **페이지를 기준**으로 범주를 나눌 수 있습니다. 페이지별로 어떤 목적을 가지고 기록할 건지 정하고 그에 맞게 페이지를 활용할 수 있습니다.

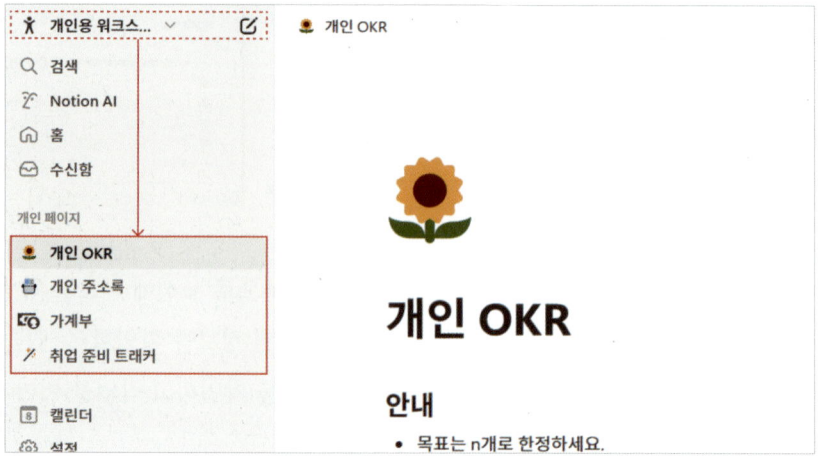

세 번째, 노션 데이터베이스에서도 그룹화가 가능합니다. 데이터베이스 기능인 '그룹화' 기능을 활용해 데이터베이스를 특정 카테고리를 기준으로 나눌 수 있습니다. 특히 "Chapter 02. 노션 데이터베이스 입문"에서 배울 6가지 보기 중, '보드 보기'가 그룹화된 정보를 가장 가독성 좋게 할 수 있습니다.

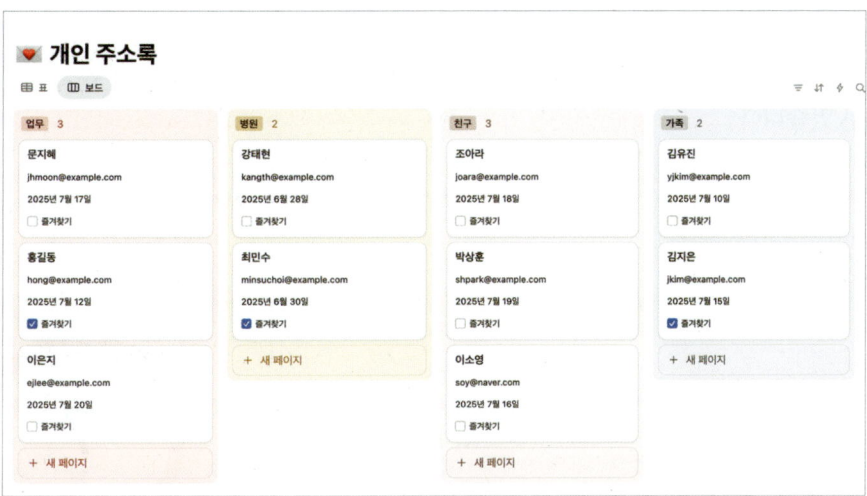

04. 데이터 시각화

디지털로 메모한 내용은 숫자로 표현될 수 있다는 점에서 종이 메모와 큰 차이가 있습니다. 예를 들어, 종이에 일기를 쓸 경우 "일기를 많이 썼다." 또는 "적게 썼다."와 같이 추상적인 판단만 가능합니다.

하지만 노션과 같은 디지털 도구를 활용하면, 한 달 동안 작성한 일기의 정확한 개수를 확인할 수 있습니다. 이러한 디지털 기록은 데이터를 구체적이고 정량적으로 관리할 수 있게 도와줍니다.

이를 바탕으로 **유의미한 데이터를 추출**할 수 있으며, 추출한 데이터는 이후 **객관적인 지표로 활용**됩니다. 단순히 숫자로만 표현되는 것을 넘어, 통계 프로그램의 막대 그래프나 원형 그래프와 같은 시각적 자료로도 변환할 수 있어 정보의 가독성과 이해도를 높일 수 있습니다.

특히, 노션의 차트 기능을 활용하면 더욱 정교한 데이터 시각화를 구현할 수 있습니다. 이를 통해 노션을 단순히 메모를 기록하는 것을 넘어, 데이터를 분석하고 활용하는 더 높은 수준의 생산성 도구로 발전시킬 수 있습니다.

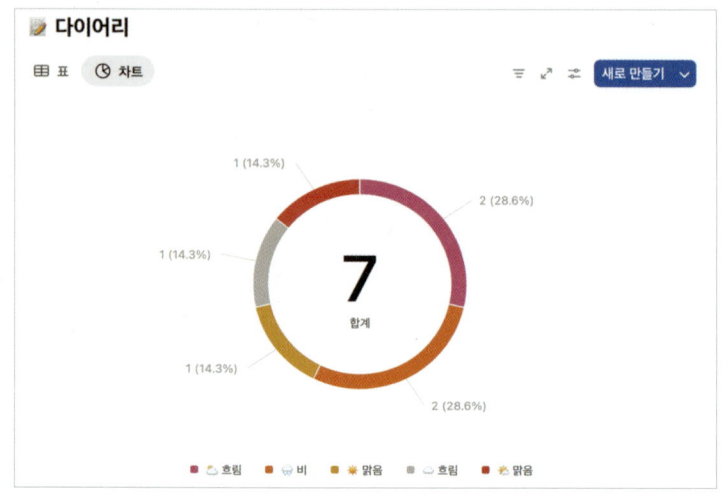

05. 간편한 공유

노션으로 제작한 페이지는 두 가지 주요 방식으로 공유할 수 있습니다.

첫 번째, **팀 프로젝트형 공유**로 자신이 작성한 페이지에 **다른 사람을 초대하여 함께 작업하는 방법**입니다. 예를 들어, 회사의 대표가 특정 페이지를 직원들에게 공유하면 직원들은 해당 페이지를 통해 실시간으로 정보를 주고받으며 팀 단위로, 효율적으로 협업할 수 있습니다. 이를 통해 프로젝트 진행 상황을 공유하고 필요한 자료를 즉시 업데이트하여 업무의 생산성을 높일 수 있습니다.

두 번째, **포트폴리오형 공유**로 자신이 **작업한 페이지를 웹에 게시**하여 다른 사람들이 열람할 수 있도록 하는 방법입니다. 자신이 작성한 페이지를 웹에 게시한 뒤, 링크를 공유하면 링크를 받은 누구나 내 작업물을 열람할 수 있습니다. 이러한 방식은 포트폴리오 제작에 유용하며, 노션을 활용해 나만의 포트폴리오를 제작하고 이를 손쉽게 공유할 수 있습니다.

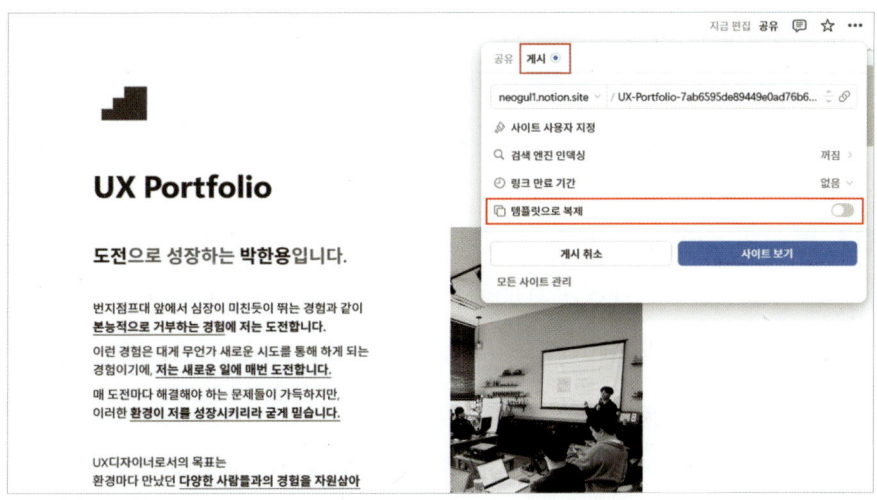

> **TIP** [템플릿으로 복제] 토글을 활성화한다면 해당 페이지를 타인이 복제해 가져갈 수 있습니다. 보안을 위해서 평상시에는 비활성화해 주세요.

이러한 공유 방식은 학원과 같은 교육 기관에서도 활용 가능성이 높습니다. 예를 들어, 학원에서 노션을 통해 기록한 **학생의 학습 정보를 페이지 링크를 통해 학부모에게 전달해 주는 방식**으로도 사용할 수 있습니다.

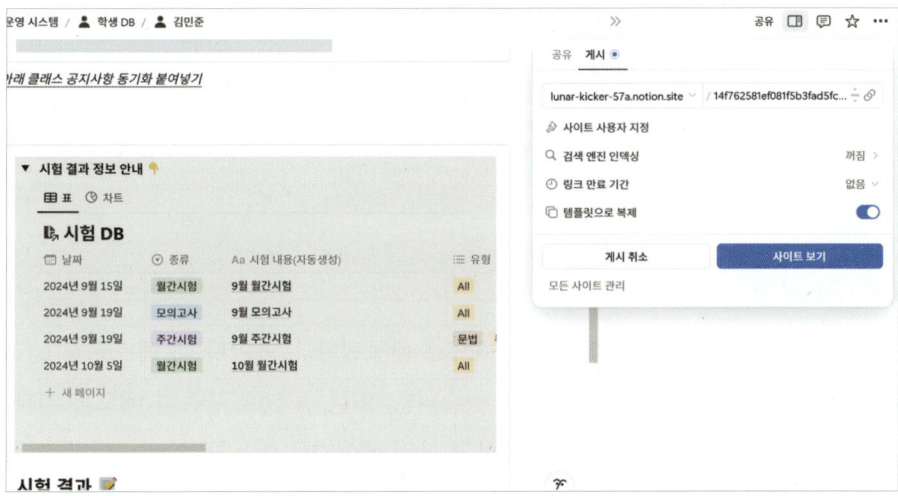

06. 다양한 자료 저장

노션은 텍스트뿐만 아니라 이미지, 동영상, PDF 등 **다양한 형식의 파일을 업로드**할 수 있습니다. 강력한 검색 기능과 데이터베이스 관리 기능을 활용하면, 정리가 되지 않은 파일도 체계적으로 관리하고 재활용할 수 있습니다.

무료 요금제에서는 업로드 파일 하나당 5MB 이하의 용량 제한이 있지만, 업로드 가능한 파일 개수에는 제한이 없습니다. 플러스 요금제로 업그레이드하면 이러한 용량 제한이 없어져, 사실상 무제한으로 파일을 업로드하고 관리할 수 있습니다.

07. 편리한 수정

노션은 블록 기반 시스템으로 설계되어 있어, 사용자가 각 블록을 자유롭게 이동하고 수정할 수 있습니다. 이러한 구조는 정보의 업데이트와 수정을 직관적이고 빠르게 할 수 있도록 도와줍니다.

특히, **블록을 드래그앤드롭하여 간편하게 재배치**할 수 있는 기능은 페이지 구성을 최적화하는 데 매우 유용합니다. 이를 통해 복잡한 레이아웃을 손쉽게 정리하거나, 새로운 정보를 추가해도 기존 구조를 유지하며 효율적으로 업데이트할 수 있습니다.

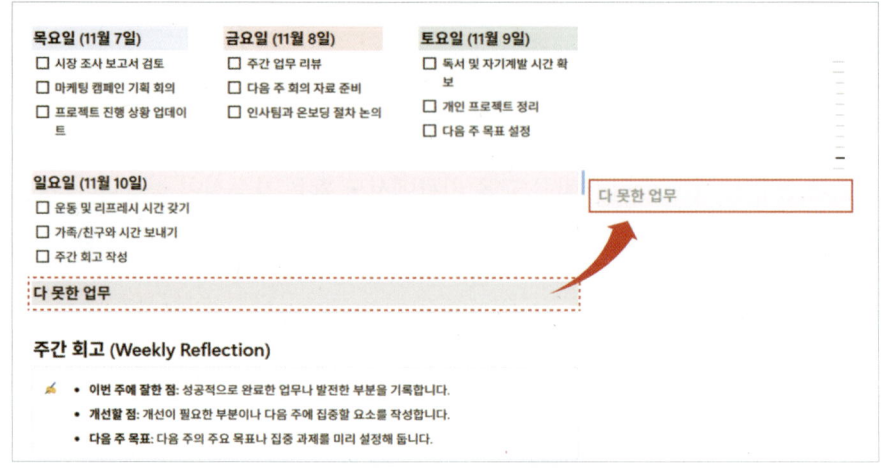

08. AI 활용

특히, **노션 AI는 글쓰기 작업에 강력한 도구로 활용**됩니다. 페이지 내 텍스트를 늘리거나 줄이는 작업은 물론, 초안 작성과 수정도 손쉽게 할 수 있습니다. 또한, 노션에 꾸준히 메모를 기록해 두었다면, 노션 AI를 활용하여 필요한 내용을 빠르게 검색하고 관련 페이지로 이동할 수 있습니다. 기록된 메모를 바탕으로 새로운 결과물을 생성하는 것도 가능합니다.

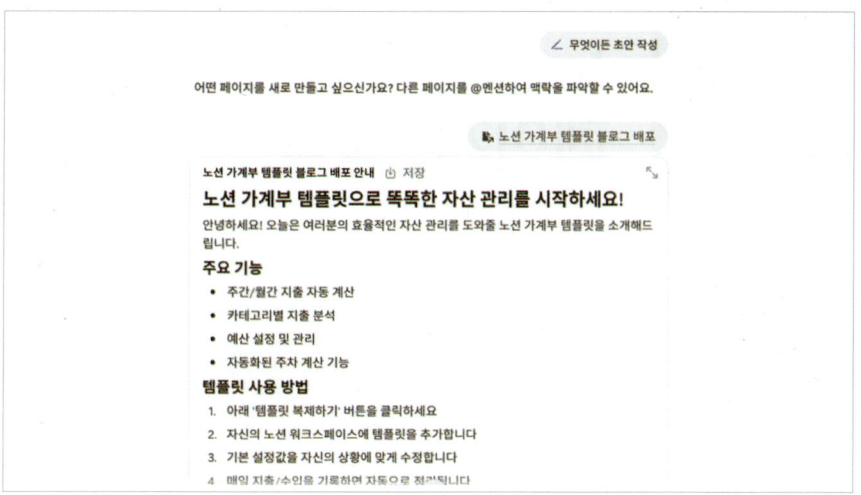

데이터베이스에서도 AI 기능은 유용하게 활용됩니다. 데이터베이스 페이지에 기록된 내용을 참고하여 **자동으로 키워드를 생성하거나, 전문을 요약해 주는 기능**을 제공합니다. 이뿐만 아니라, 사용자 지정 프롬프트를 입력하여 나만의 AI 결과를 생성하고 이를 데이터베이스에 저장할 수도 있습니다.

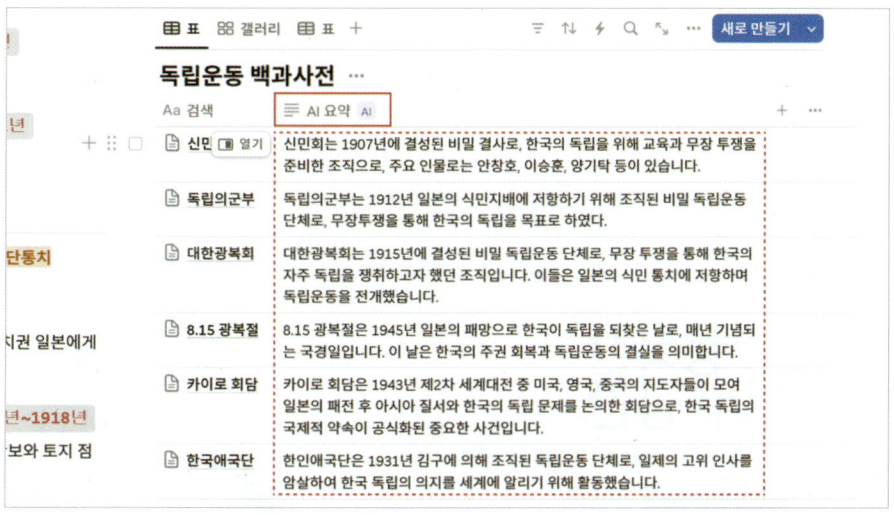

LESSON 02: 노션의 구성 워크스페이스, 페이지, 블록

 노션의 구성은 마치 집과 같습니다. 집 안에 방이 있고 방 안에 가구가 있는 것처럼, 워크스페이스 안에 페이지가 있고 페이지 안에 블록이 있습니다. 또한 이 집은 자신이 원하는 대로 공간을 설계할 수 있습니다. 이 Lesson을 통해 자신만의 노션을 설계해 봅시다.

노션 가입하기

01. 노션 사이트 이동하기

노션 가입을 위해 노션 사이트(https://www.notion.so/ko)로 이동해 주세요.

링크: https://www.notion.so/ko

02. 회원 가입

[무료로 Notion 사용하기] 버튼을 클릭하여 회원 가입을 위한 창으로 이동합니다(이때 클릭하는 [무료로 Notion 사용하기] 버튼은 화면 중단과 상단 중 어떤 것을 클릭해도 동일합니다.).

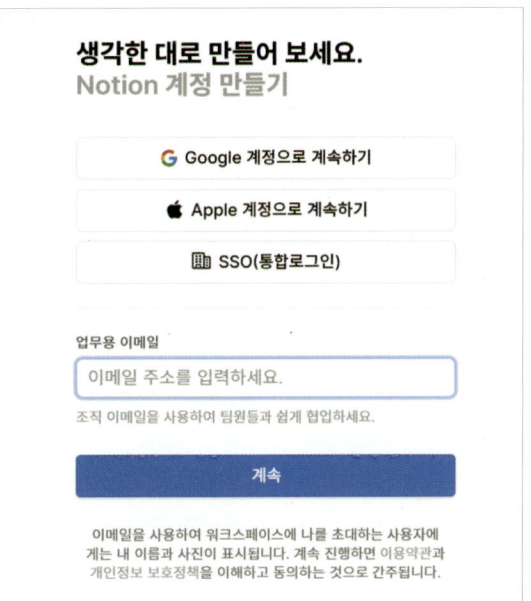

03. 이메일 생성

노션 계정으로 사용할 이메일 주소를 입력한 후 [계속] 버튼을 클릭해 주세요.

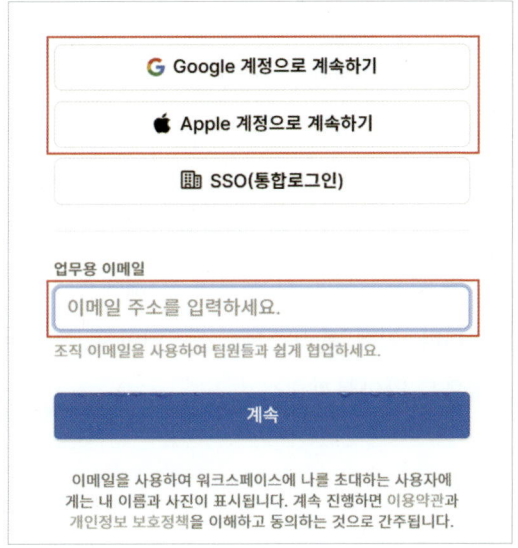

04. 비밀번호 설정

노션 계정의 비밀번호를 설정합니다.

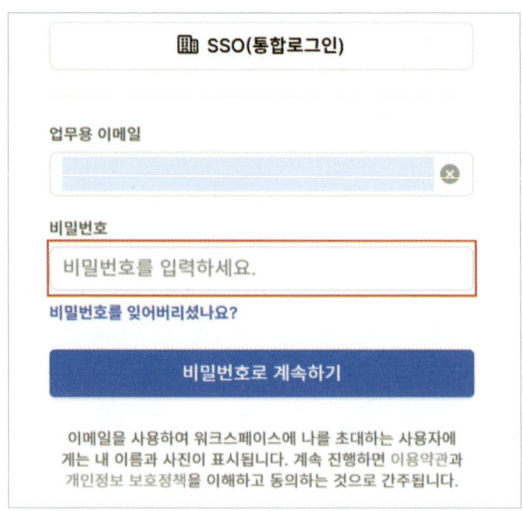

노션 가입 시 사용한 이메일 주소는 차후 다른 노션 사용자를 초대할 때 활용하게 됩니다. 가입 이메일 주소는 워크스페이스 좌측 사이드바를 열면 바로 확인할 수 있습니다.

:: 노션 기본 구조 이해하기

노션의 기본 구조는 계정 → 워크스페이스 → 페이지 → 블록이 상하관계로 이루어져 있습니다. 노션 가입 이메일인 '계정'을 기준으로 복수의 워크스페이스를 생성할 수 있으며, 하위로 복수의 '페이지'와 '블록'을 생성할 수 있습니다. 이러한 구조를 이해한다면 자신이 사용하는 노션 계정의 큰 뼈대를 확인할 수 있습니다. 이제 '워크스페이스', '페이지', '블록'을 구체적으로 알아볼까요?

01. 워크스페이스

워크스페이스는 이름 그대로 작업 공간입니다. 노션에서 가장 큰 범주의 단위로, 사용자는 프로젝트나 작업의 범주를 워크스페이스로 구분할 수 있습니다. 예를 들어 자신이 회사에 다니는 회사원이라면 '개인용 워크스페이스', '업무용 워크스페이스'로 나눌 수 있습니다. 자신이 대학생이라면 학업용 워크스페이스를 만들 수 있겠죠?

워크스페이스에는 각기 다른 요금제가 설정됩니다. 작업의 범주를 나누거나 개인 메모와 조직 업무를 분리하고 싶다면 워크스페이스를 여러 개 운영하는 것이 좋습니다. 하지만 노션의 **유료 요금제 혜택을 최대한 누리고 싶다면, 하나의 워크스페이스 안에서 페이지를 구분하여 사용**하는 것도 좋은 전략입니다.

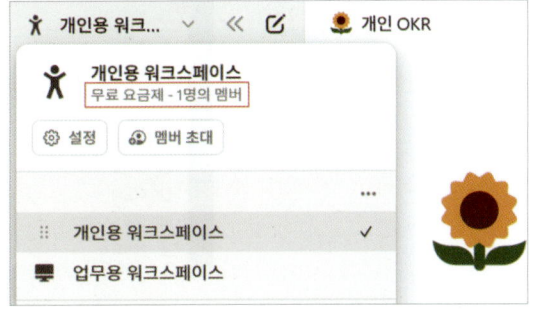

이제 본격적으로 워크스페이스를 생성해 볼까요?

❶ 사이드바 상단 점 3개를 클릭합니다.
❷ [워크스페이스 생성 또는 참여] 항목을 클릭합니다.
❸ [개인용] 버튼을 클릭해 새로운 워크스페이스를 생성합니다.

팀용의 경우 플러스 요금제를 활용해야 블록의 제한 없이 사용할 수 있습니다. 회사처럼 노션을 활용해 부서나 조직을 운영할 것이 아니라면 무료 요금제로도 충분합니다.

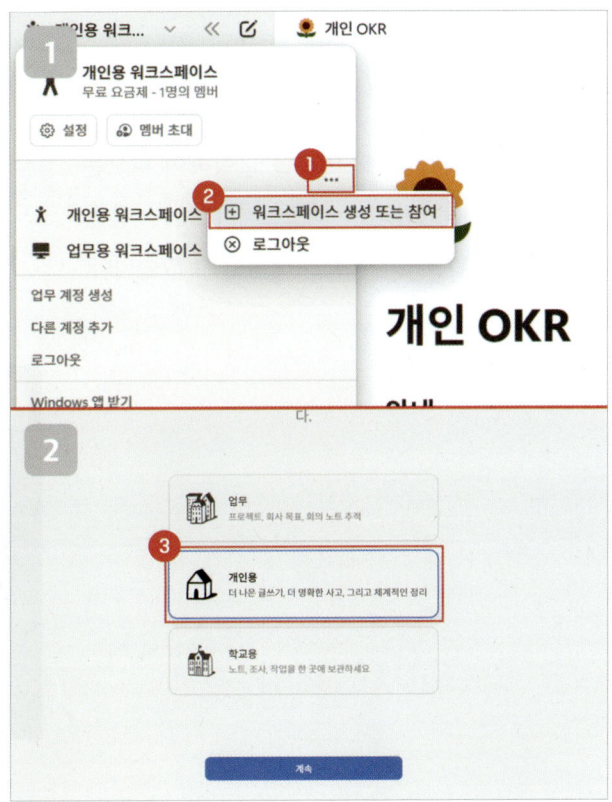

이제 생성한 워크스페이스의 이름과 아이콘을 변경해 볼까요? 워크스페이스 좌측 사이드바에서 [설정] 아이콘을 클릭하면 나오는 '워크스페이스 설정' 팝업창에서 설정합니다.

❶ 사이드바의 [설정] 아이콘을 클릭하면 '워크스페이스 설정' 팝업창이 나오게 됩니다.
❷ 팝업창 메뉴 중, [일반] 항목을 클릭합니다. [이름]에서 워크스페이스의 이름을 변경할 수 있습니다.
❸ [아이콘]에서 워크스페이스의 아이콘을 변경할 수 있습니다.

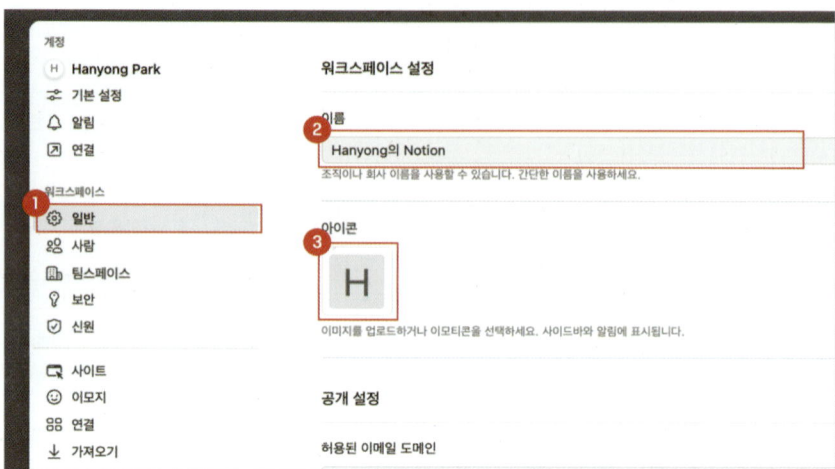

워크스페이스를 삭제할 때는 다음 과정을 따라 해 주세요.

❶ [일반] 항목 하단의 [위험 구역]을 찾습니다.
❷ [워크스페이스 삭제] 버튼을 클릭하여 나오는 팝업창에 삭제하려는 워크스페이스의 이름을 입력하면 워크스페이스를 삭제할 수 있습니다.

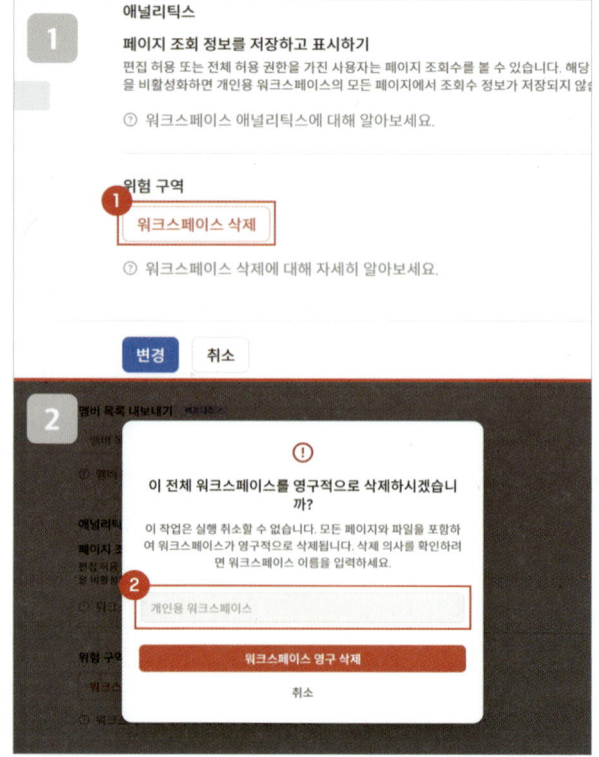

워크스페이스를 삭제하면, 워크스페이스에 속한 페이지도 함께 삭제됩니다. 이때 삭제된 페이지는 복구할 수 없기 때문에 중요한 페이지는 다음에 배울 '옮기기' 기능을 통해 다른 워크스페이스로 옮겨 준 후 삭제하는 것이 좋습니다.

02. 페이지

워크스페이스를 생성했다면 이제는 페이지를 만들어 볼까요? 페이지는 **기본적으로 3가지 구성 요소인 ❶ 아이콘, ❷ 커버, ❸ 제목을 포함**합니다. 이 세 가지 요소가 모두 들어가는 게 노션의 페이지라는 것을 기억해 주세요.

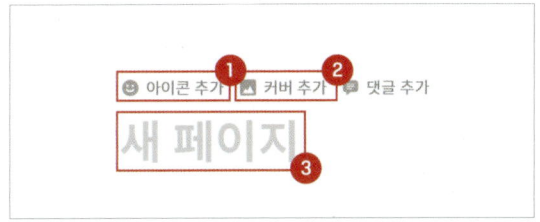

사이드바를 열면 워크스페이스의 상위 페이지들이 나열되어 표시됩니다. 사이드바에 각 페이지의 아이콘과 제목이 보여지기 때문에, 각각의 **페이지에 적절한 제목과 아이콘을 설정하는 것이 중요합니다.**

자주 쓰는 사이드바 기능

사이드바에 마우스 포인터를 올려 놓으면 점 3개가 보입니다. 점 3개를 클릭하면 해당 페이지 설정 메뉴가 나오게 됩니다. 여기서 가장 많이 사용하는 기능들을 한번 알아보겠습니다.

01. 즐겨찾기

노션에 페이지를 관리할 때 자주 쓰는 페이지는 '즐겨찾기'로 설정해 두는 것이 좋습니다. 즐겨찾기로 설정된 페이지는 사이드바 최상단에 올라가기 때문에 사용자가 쉽게 접근할 수 있습니다.

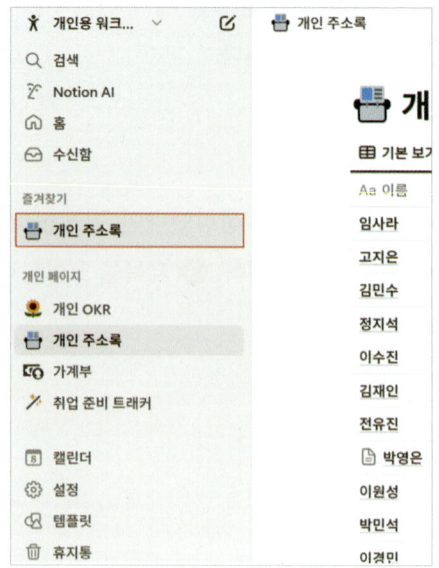

02. 링크 복사

노션의 페이지와 블록은 각자의 주소를 가지고 있어 이 주소는 링크로 복사가 가능합니다. 이 링크를 통해 **다른 페이지나 블록에 연결하는 형태로 활용**될 수 있습니다.

❶ 사이드바에서 점 3개를 클릭한 후, 메뉴에서 [링크 복사] 항목을 클릭합니다.
❷ 옮기고자 하는 페이지 위치에 Ctrl + V를 눌러 복사한 링크를 붙여 넣습니다.
❸ 팝업창에서 [멘션] 항목을 클릭합니다. 이때 아이콘에 ↗ 표시가 있는지 확인합니다.

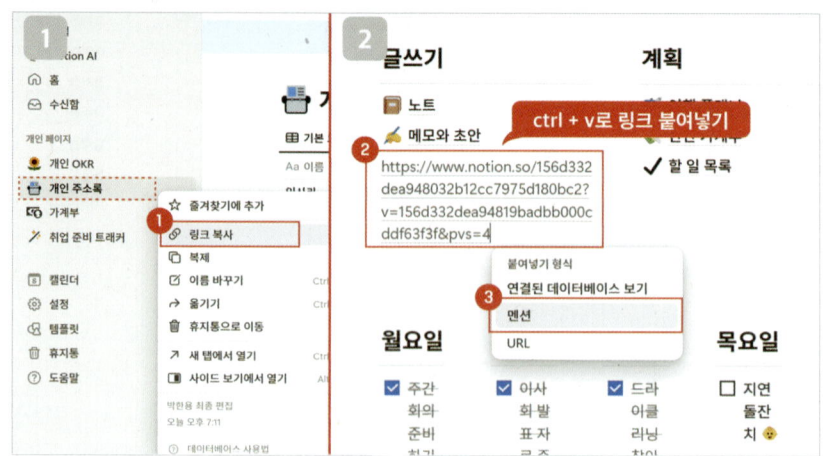

03. 이름 바꾸기

페이지의 이름을 수정합니다. 페이지 이름은 사이드바를 통해서 수정할 수 있지만 페이지 자체에서 수정할 수도 있습니다.

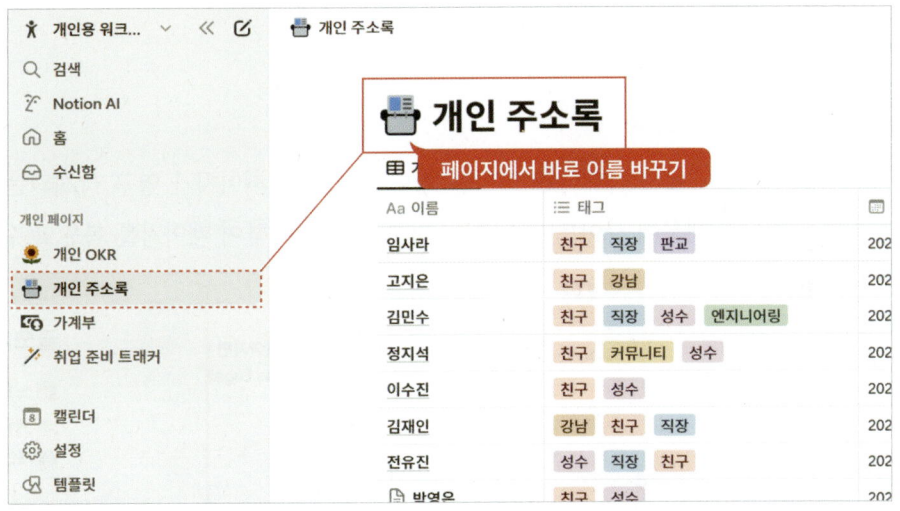

04. 옮기기

페이지의 위치를 옮길 수 있습니다. 워크스페이스 내에서 페이지 이동도 가능하지만, 워크스페이스를 넘나드는 이동도 가능합니다. 이를 활용해 **필수 자료를 백업하는 용도로도 활용**할 수 있습니다.

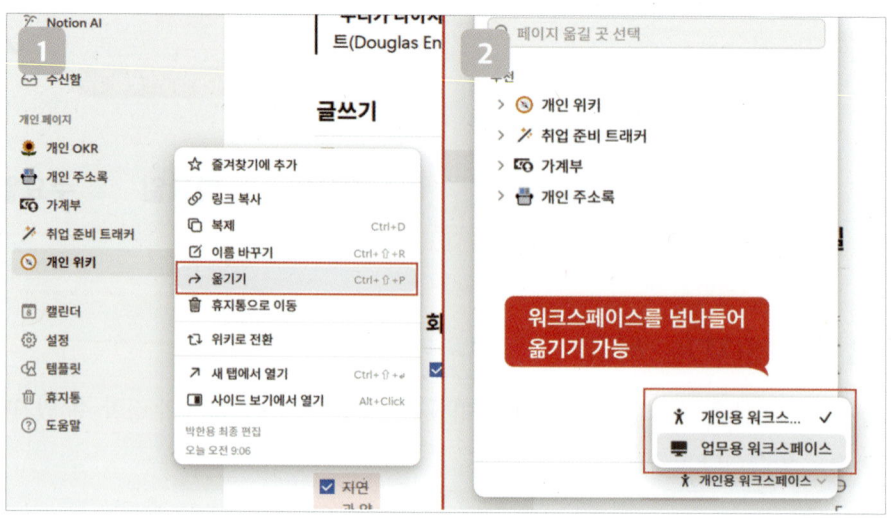

05. 휴지통으로 이동

페이지를 사이드바에서 삭제하는 역할을 합니다. 하지만 페이지가 영구 삭제되는 것이 아닌, 휴지통으로 옮겨지는 것이기 때문에 사이드바의 [휴지통] 항목을 클릭하여 페이지를 복원할 수 있습니다.

실습 | 워크스페이스와 페이지 만들기

실습 미리보기 🔍

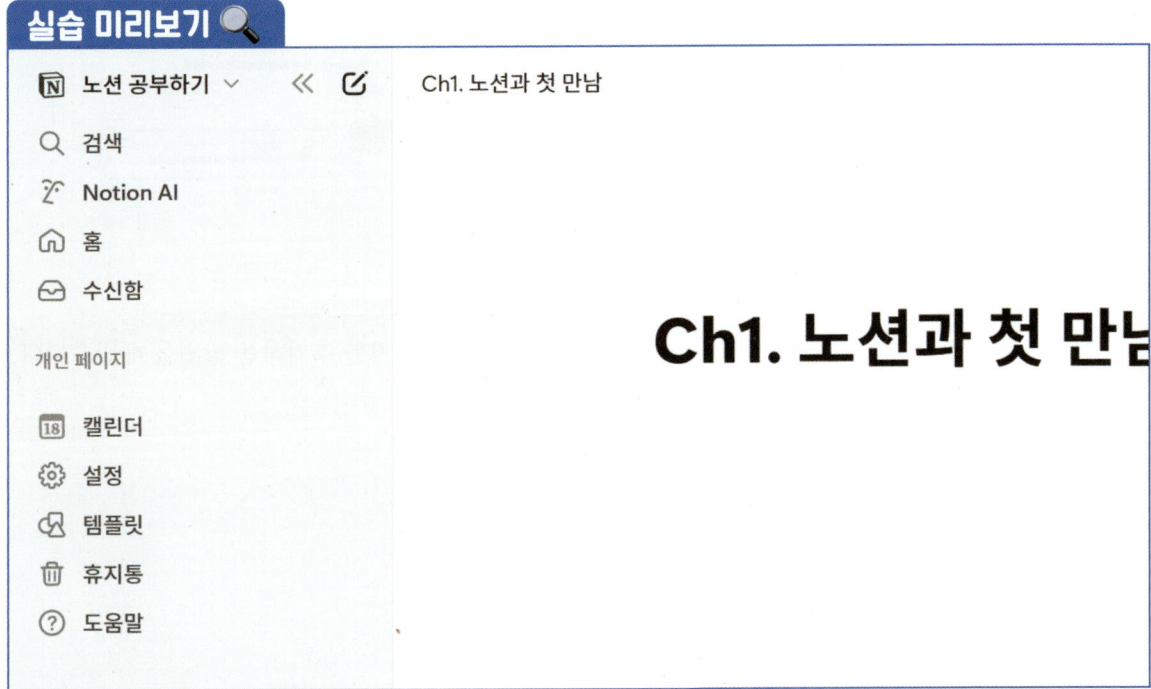

01 워크스페이스 생성하기

사이드바 상단의 드롭다운 버튼을 클릭하고, 점 3개를 클릭하여 [워크스페이스 생성 또는 참여] 버튼을 클릭합니다. '업무용', '개인용', '학교용' 중 '개인용'을 클릭해 새로운 워크스페이스를 생성합니다.

02 워크스페이스 설정 변경하기

설정에 들어가서 워크스페이스 이름을 "노션 공부하기"로 변경하고 아이콘은 원하는 아이콘으로 변경합니다.

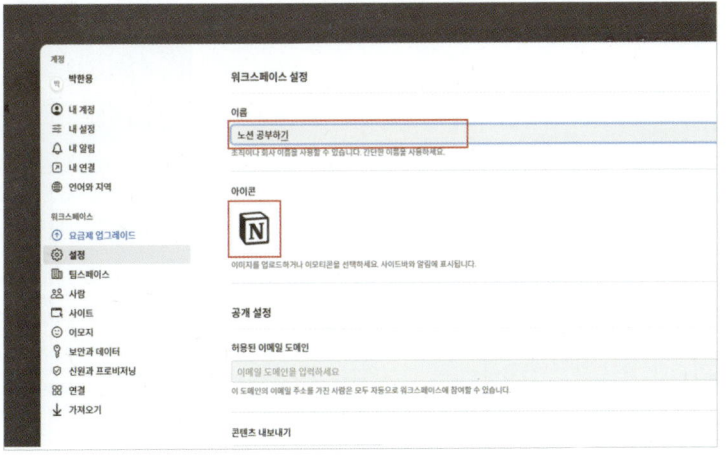

LESSON 02 _ 노션의 구성 워크스페이스, 페이지, 블록 31

이제 이렇게 생성된 워크스페이스에 앞으로 배울 내용들을 한 페이지씩 생성하여 기록해 봅시다.

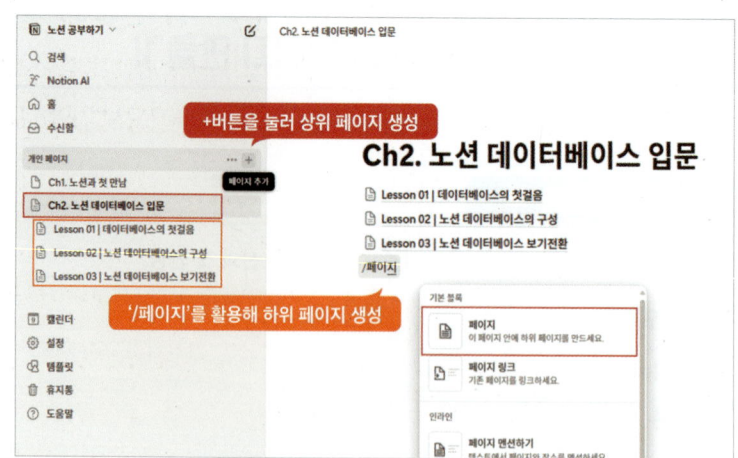

이번 실습을 통해 노션 계정에 워크스페이스를 추가하는 방법과 페이지를 추가하는 방법을 배웠습니다. 이를 활용해 노션 페이지를 목적에 맞게 체계적으로 관리해 보세요.

LESSON 03 노션 단축키 마스터

노션으로 꾸준한 메모를 하기 위해서는 노션이 편한 툴이 되어야 합니다. 단축키는 편한 노션으로 가는 지름길과 같습니다. 이번 Lesson에서는 자주 사용하는 노션 단축키를 배워 봅시다.

만능 단축키

노션에서 /는 모든 기능을 모은 일명 **만능 단축키**입니다. 노션에 단축키를 몰라도 /로 노션의 기능을 찾을 수 있습니다.

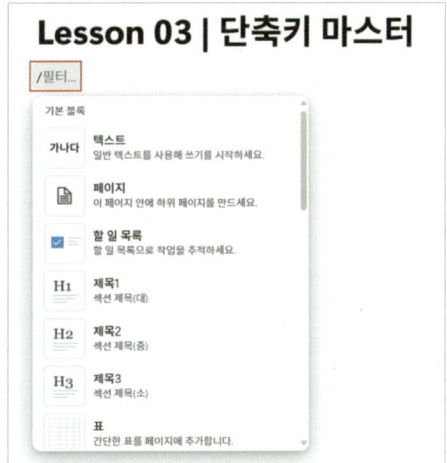

TIP / 단축키 앞에 기능 명령어를 쓰면 검색이 가능합니다.

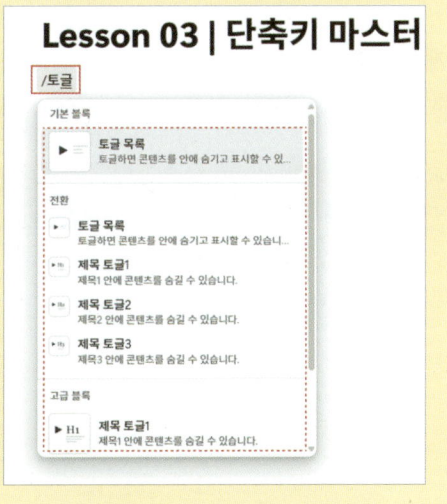

하지만 이렇게 노션을 사용한다면 어떨까요? 적절한 기능을 찾는데 사용하는 시간이 길어지고 작업의 흐름이 계속 끊기게 됩니다. 노션에서 아이디어를 정리하거나 데이터를 입력할 때, 마우스를 찾느라 손을 멈추는 순간마다 우리의 집중력은 흐트러집니다. **단축키를 활용하게 되면 생각의 속도와 작업의 속도가 일치하게 되고 메모의 본질인 기록에 집중할 수 있게 됩니다.**

이처럼 단축키를 익히는 것은 단순히 속도만을 위한 것이 아니라, 더 나은 경험을 위한 투자입니다. 이제 본격적으로 노션 단축키를 배우러 가볼까요?

기본 블럭 10가지 필수 단축키

노션을 5년 동안 매일 사용하면서, 자연스럽게 손이 가는 단축키들이 있습니다. 특히 기본 블록을 빠르게 삽입하는 단축키는 페이지 내 빠르고 효율적인 메모를 가능하게 하는 데 큰 역할을 합니다.

노션을 쓰면서 가장 자주 사용했던 기본 블록 단축키 10가지를 정리해 보았습니다. 이 단축키들을 익히면 기본적인 노션 작업에 바로 활용할 수 있습니다.

01. 제목

단축키

- `#` + `Space Bar` = 제목 1
- `#``#` + `Space Bar` = 제목 2
- `#``#``#` + `Space Bar` = 제목 3

Lesson 03 | 단축키 마스

제목1 : # + Space bar
제목2 : ## + Space bar
제목3 : ### + Space bar

'제목'은 노션 블록 중 가장 많이 활용됩니다. 일반 텍스트 블록보다 글씨가 크고 두꺼워, 제목 하단에 다른 블록들을 배치하면 시각적으로 보기 좋은 메모를 할 수 있습니다.

> **TIP** '목차'는 제목을 기준으로 생성됩니다.

02. 서식상자

노션에서 텍스트를 드래그하면, 바로 위에 '서식상자'가 나타납니다. '서식상자'는 텍스트를 더 빠르고 쉽게 편집할 수 있게 도와줍니다. 기본적으로 다음과 같은 옵션들이 포함되어 있습니다.

❶ **굵게(B)**: 텍스트를 굵게 표시할 수 있습니다. `Ctrl` + `B`
❷ **기울임꼴(I)**: 선택한 텍스트를 이탤릭체로 변경합니다. `Ctrl` + `I`
❸ **밑줄(U)**: 밑줄을 추가하여 강조할 수 있습니다. `Ctrl` + `U`
❹ **취소선(S)**: 선택한 텍스트에 취소선을 그어 줍니다. `Ctrl` + `Shift` + `S`/`X`
❺ **코드(E)**: 선택한 텍스트를 인라인 코드로 표시합니다. `Ctrl` + `E`
❻ **텍스트 색상 및 강조 색상**: 텍스트의 색상 또는 배경 색상을 변경할 수 있습니다. `Ctrl` + `Shift` + `H`

> **TIP** 코드 블록을 활용해 텍스트를 색다른 느낌으로 디자인할 수 있습니다.

❼ **링크**: 텍스트에 다른 페이지나 사이트로 이동할 수 있는 하이퍼링크를 삽입할 수 있습니다. `Ctrl` + `K`

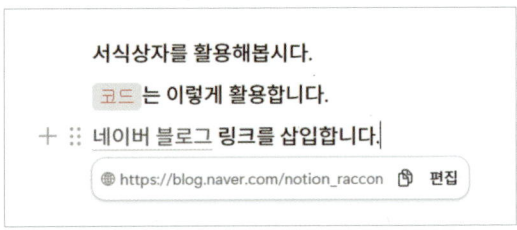

❽ **댓글**: 특정 텍스트에 댓글을 달아 협업 시 의견을 추가할 수 있습니다. `Ctrl` + `Shift` + `M`

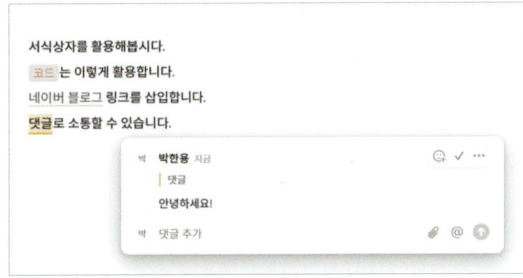

한 스푼 더 **댓글 사이드바**

댓글은 [해결] 항목을 클릭하면 페이지 화면에서 노출되지 않습니다. 이 내용은 [댓글 사이드바]에서 확인할 수 있습니다.

❶ 페이지 우측의 [댓글 사이드바] 아이콘 클릭
❷ [필터] 아이콘을 클릭
❸ 필터 메뉴에서 [해결] 항목 클릭

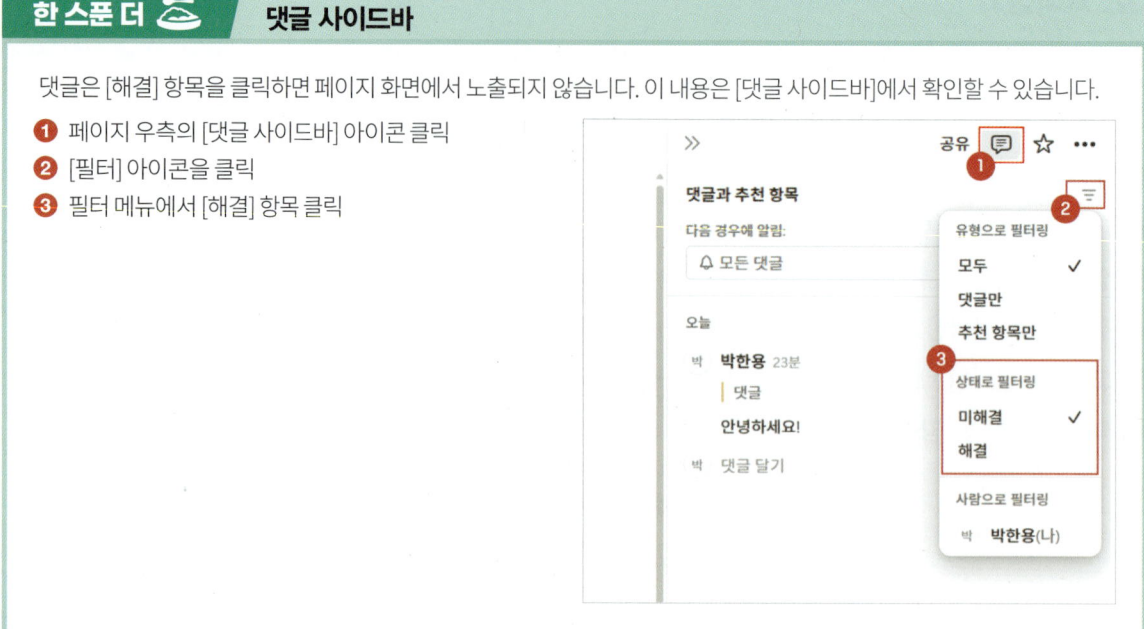

03. 체크박스

단축키: `[` + `]` + `Space Bar`

체크리스트의 형태로 할 일을 관리할 수 있도록 도와줍니다. 완료된 항목은 체크 표시를 통해 표시가 가능합니다.

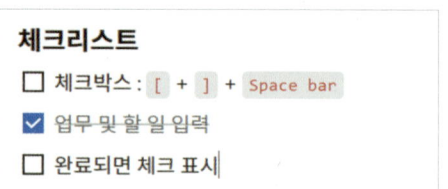

04. 글머리 기호

단축키

- `*` + `Space Bar`
- `+` + `Space Bar`
- `-` + `Space Bar`

긴 문단을 체계적으로 요약하거나, **비순차적인 목록을 만들 때 유용**합니다. 노션에서 빠른 메모를 할 때 유용하게 사용할 수 있습니다(이때 사용하는 단축키는 3개 중 어떤 것을 사용해도 무방합니다.).

05. 번호매기기

단축키: [1](숫자) + [.] + [Space Bar]

순서가 중요한 항목을 나열할 때 사용하는 기능입니다. 단계별 작업, 절차 또는 우선순위를 나타낼 때 유용합니다.

번호 매기기
1. 단축키 : `1(숫자)` + `.` + `Space bar`
2. `Tab` 을 누르면 들여쓰기
3. `Shift` + `Tab` 을 누르면 다시 원래대로

06. 토글

단축키: [.] + [Space Bar]

내용을 숨기고 필요할 때만 펼쳐서 볼 수 있는 기능입니다. 긴 내용이나 세부 정보를 깔끔하게 숨기고 클릭하면 보이게 하여 **페이지를 깔끔하고 효율적으로 관리**할 수 있게 도와줍니다. 페이지 영역을 많이 차지하는 이미지나, 표, 당장은 중요하지 않은 정보를 숨겨 둘 수 있습니다.

토글
▼ 단축키 : `>` + `Space bar`
▼을 누르면 숨겨졌던 블록이 보임

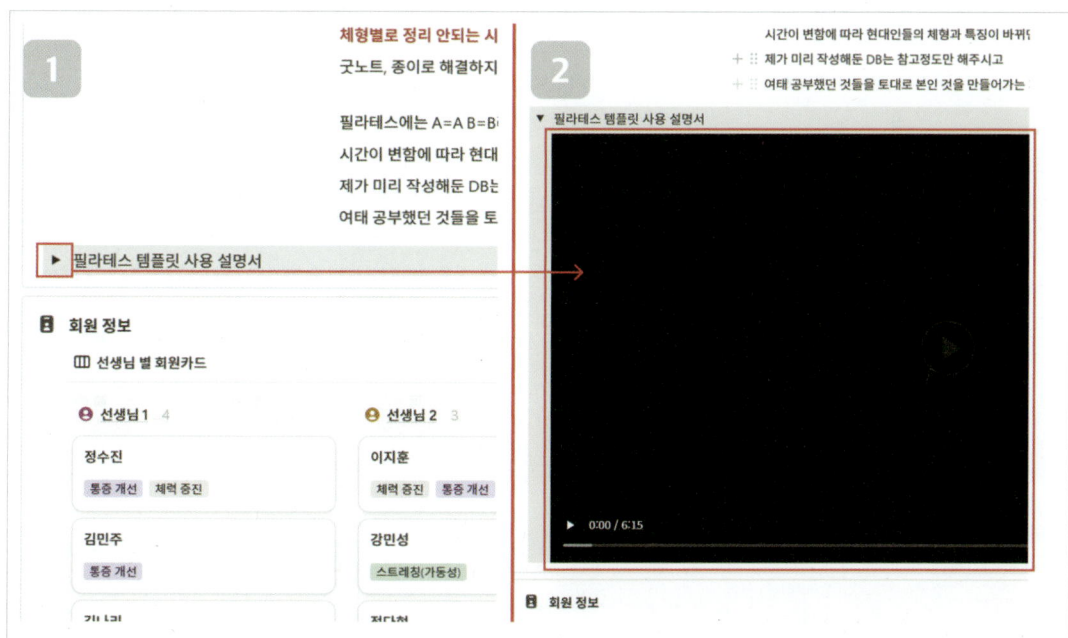

07. 구분선

단축키: `-` + `-` + `-`

페이지에 삽입된 섹션을 시각적으로 구분할 때 사용됩니다. 구분선은 블록의 길이와 동일하게 생성됩니다.

> **TIP** 노션에서 단락을 나눈 후 구분선을 활용해 단락이 어떻게 구성되어 있는지 알 수 있습니다.

08. 콜아웃

단축키: `/call` + `Enter↵`

아이콘을 활용해 중요한 정보나 메모를 눈에 띄게 만들거나 깔끔한 대시보드를 구성할 때 주로 사용하는 기능입니다(실무에서는 /ca만 입력하여도 콜아웃 기능을 활용할 수 있습니다.).

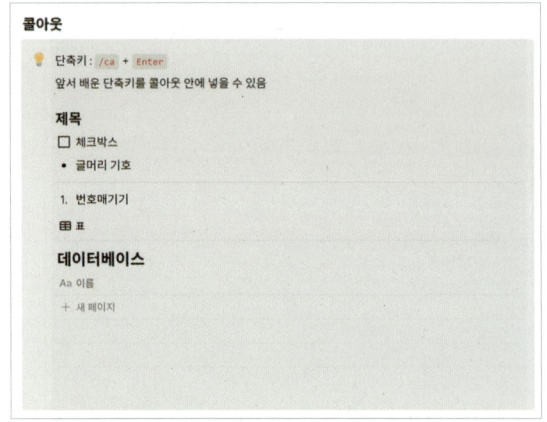
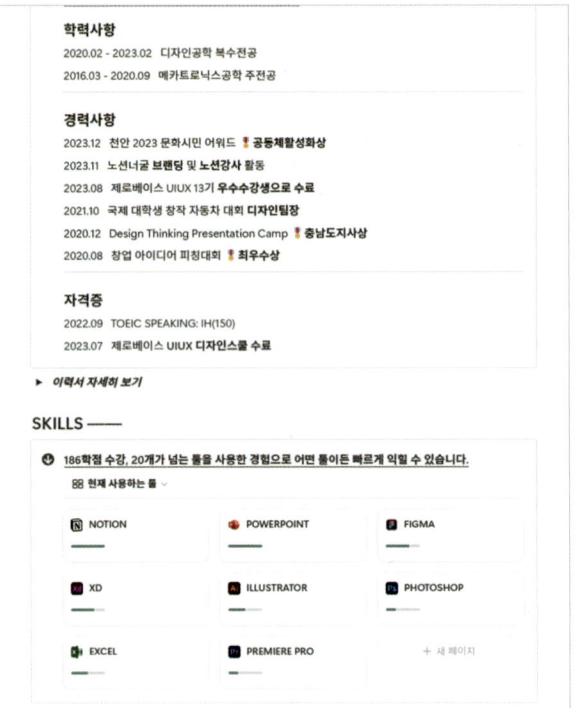

> **TIP** 콜아웃 박스 안에는 기본 블록 외에도 이후에 배울 데이터베이스 블록도 넣을 수 있습니다. 이를 활용해 깔끔한 구성의 대시보드를 만듭니다.

09. 인용

단축키: `"` + `Space Bar`

특정 문장이나 텍스트를 강조하면서도 간결하게 표현하고 싶을 때 사용하는 블록입니다. 주로 아이디어를 기록하거나, 참고해야 할 문구, 명언 등을 표현하는 데 유용합니다.

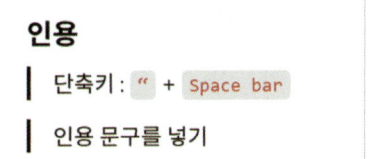

10. 이모지

단축키

- `:` + <단어(예: 별, 하트, 메모)>
- [window] 키 + `.` (윈도우 이모티콘 메뉴)

이모지를 활용해 페이지를 더 생동감 있게 만들고, 직관적인 메시지 전달에 도움을 줍니다.

프로들의 단축키

앞선 필수 단축키 10가지에 익숙해졌다면 다음 단축키도 익혀볼까요? 필수 10가지 단축키와 함께 사용한다면 노션 메모를 더 효율적으로 사용할 수 있습니다.

01. `/` + <번호>로 단 나누기

단축키: `/` + <번호>

단은 기본적으로 블록을 이동해서 나눌 수 있습니다. 하지만 빠르고 정확한 단 나누기를 하고 싶다면 단축키를 활용해 보세요.

02. Alt 로 쉽게 복사하기

복사+붙여넣기는 일반적으로 Ctrl + C, Ctrl + V를 많이 활용하지만, 노션에서는 Alt 하나로 복사+붙여넣기가 가능합니다. Alt 를 누른 상태에서 블록을 드래그합니다.

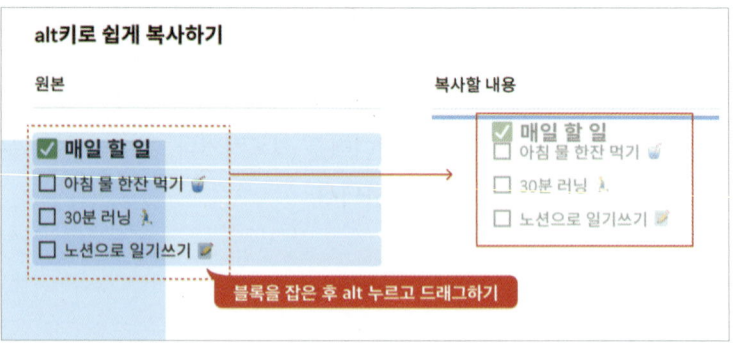

03. Shift + Enter 로 데이터베이스 페이지 추가

뒤에서 배울 데이터베이스에서 페이지를 추가하는 방법입니다. 가장 기본적인 표에 대해서 배우는데, 이때 [새 페이지] 버튼을 일일이 클릭하여 페이지를 추가하는 것은 꽤나 번거로운 일입니다. 이때 Shift + Enter 를 누르면 페이지를 쉽게 늘릴 수 있습니다.

04. Ctrl + Shift + H 로 빠른 색상 적용

노션에서 논문을 검토하거나, 독서 노트를 정리하다 보면 페이지 내에 긴 내용을 적게 됩니다. 그리고 그 과정 중 중요한 정보를 따로 표시하기 위해 텍스트의 색상이나 배경색을 변경해 주게 되는데요, 이때 일일이 텍스트를 선택해서 마우스로 변경해 주는 것은 꽤나 번거로운 일입니다. 이럴 때 Ctrl + Shift + H 를 누르면 최근 사용한 색상 정보를 적용하여 색상 서식을 반복할 수 있게 도와줍니다.

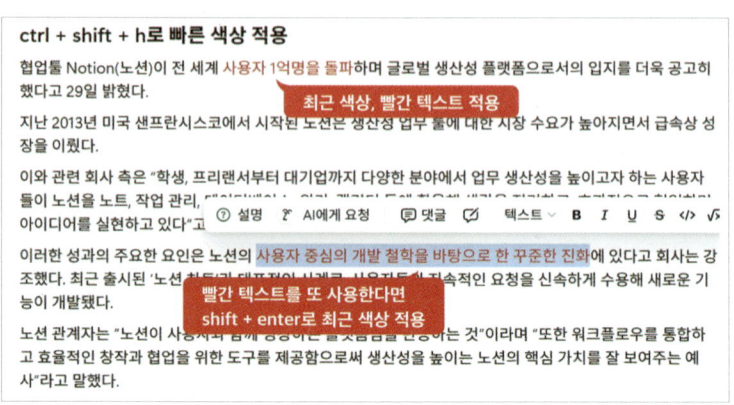

실습 | 기본 블록으로 프로젝트 정리하기

이번 실습은 앞서 배운 노션의 기본 블록을 활용해 캠페인 프로젝트의 결과물을 정리해 보겠습니다. 실습을 진행할 때는 **최대한 앞서 배운 노션 단축키를 활용해 주세요.**

- **실습 자료 파일**: 기본 블록으로 프로젝트 정리하기

실습 미리보기 🔍

「2025 여름 브랜드 캠페인」

📌 **프로젝트 개요**
- 기간: 2025.07.15 ~ 2025.09.15 (총 2개월)
- 참여 인원: 총 4명
- 기여도: 기획 100% / 운영 100% / 콘텐츠 50%

목표
1. 브랜드 인지도 30% 증가
2. 여름 시즌 중심의 온라인 캠페인 성공적으로 운영
3. 핵심 고객층의 브랜드 호감도 향상

🛠 **주요 역할 및 기여**

🧑‍💼 **프로젝트 매니저 (PM)**
- 전체 일정 관리 및 커뮤니케이션
- 팀 회의 아젠다 및 회의록 작성
- 산출물 퀄리티 체크 및 최종 보고

🍱 **콘텐츠 전략 수립**
- 타깃 페르소나 분석 및 메시지 기획
- 브랜드 가치에 부합하는 슬로건 제안
- 콘텐츠 플랜 작성 (3개 주제, 총 12개 콘텐츠)

🎨 **비주얼 디렉션 참여**
- 레퍼런스 조사 및 무드보드 정리
- 디자인팀과 커뮤니케이션하여 피드백 제공

💼 **프로젝트 스냅샷**
(이미지 캡처나 시안이 들어갈 자리)

🔍 **콘텐츠 구성 예시**
- 캠페인 슬로건: "여름을 리셋하다"
- 대표 콘텐츠:
  - '여름 스트레스 테스트' 인터랙티브 퀴즈
  - 인스타 릴스 6편
  - 블로그형 콘텐츠 카드뉴스 3종

✅ **성과 및 결과**
- ☑ 콘텐츠 도달 수: 약 120,000회
- ☑ 브랜드 검색량 전월 대비 +28%
- ☑ 신규 인스타그램 팔로워 +2,100명 증가
- ☑ 내부 보고서 만족도 95% (피드백 평균)

📘 **회고 및 배운 점**
- 기획이 명확할수록 콘텐츠 제작이 수월했다.
  특히, 협업 시 역할을 세분화한 것이 일정 지연 없이 마무리할 수 있었던 핵심.
- 다음 프로젝트에는 슬랙+노션 연동을 더욱 적극 활용해 자동화된 체크인을 해보고 싶다.

🔗 **참고 링크 모음**
- 기획안 PDF
- 디자인 시안 PDF
- 캠페인 게시물 링크 모음

01 제목과 인용 활용하기

제목2(`#` `#` + `Space Bar`) 블록과 인용(`"` + `Space Bar`)을 활용해 제목과 부제를 작성합니다.

02 콜아웃 활용하기

콜아웃으로 주요 역할 및 기여 내용을 작성합니다. 주요 역할의 갯수만큼 콜아웃(`/`call + `Enter↵`)을 생성하고 단 나누기(`/` + `2`)를 활용해 페이지의 가로 영역을 최대한 활용합니다. 콜아웃 안에는 제목3(`#` `#` `#` + `Space Bar`) 블록과 글머리 기호(`*` + `Space Bar`)를 활용해 주요 역할을 작성합니다.

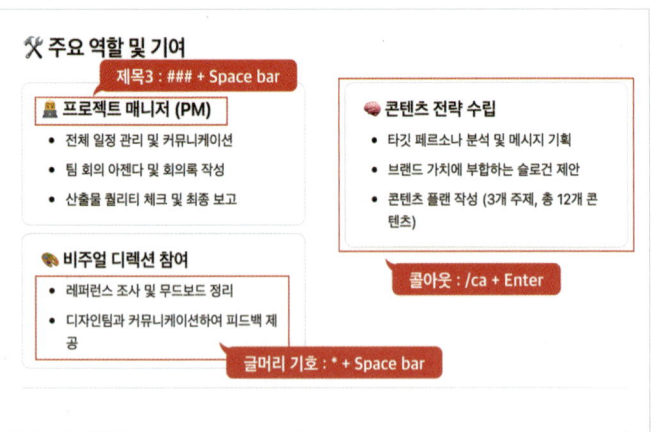

03 만능 단축키 `/`의 검색 기능 활용하기

프로젝트에 들어갈 이미지나 영상 자료를 넣을 때는 만능 단축키 `/` + 검색 기능을 활용합니다. 이와 같이 단축키가 없는 노션 기능은 `/` + 검색을 통해 해당 기능을 찾아 활용할 수 있습니다.

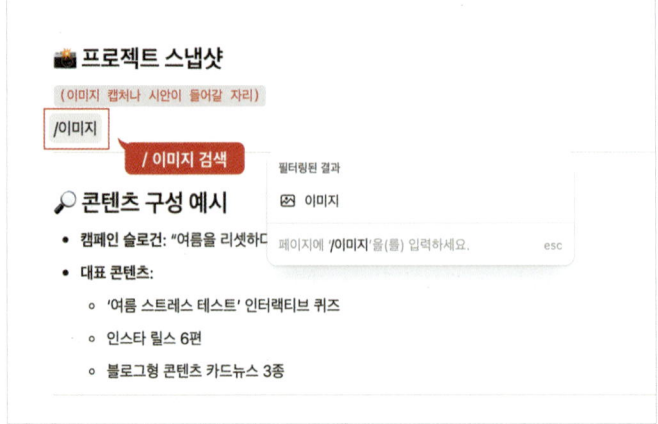

04 체크박스 활용하기

체크박스([]+[]+ Space Bar)를 활용해서 프로젝트의 성과와 결과를 작성합니다. 목표 달성이 된 성과의 체크박스는 체크 표시를 통해서 목표 달성 여부를 표시합니다.

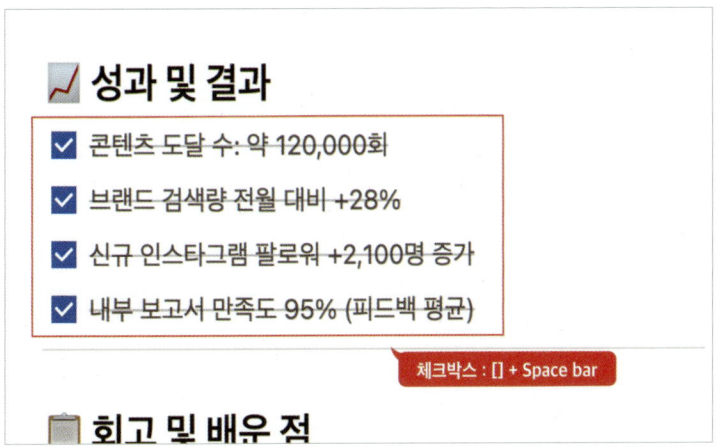

05 인용 활용하기

프로젝트를 진행하다 보면, 프로젝트의 회고나 느낀점, 또는 사용자 리뷰와 같이 누군가의 대화를 기록해야 할 경우가 있습니다. 이럴 때, 기록해야 하는 내용을 노션에 옮겨적을 때는 인용("+ Space Bar)을 활용할 수 있습니다.

06 링크 추가

외부 링크를 넣는다면, 텍스트를 입력한 다음 텍스트를 드래그하여 나타난 서식상자의 기능인 '하이퍼링크'를 클릭하여 하이퍼링크로 만들 수 있습니다. 또는 페이지에 외부 링크의 URL을 입력한 후, '붙여넣기 형식'의 '북마크' 항목을 클릭하는 것으로 입력할 수 있습니다.

이번 실습을 통해 단축키를 활용해 다양한 노션 기본블록을 활용하면서 프로젝트를 수정해 보았습니다. 실습 내용과 동일하게 따라하기보다는 **실습 과정에서 단축키를 활용해 노션으로 메모하는 감을 잡는 것이 중요합니다.** 이를 통해 자신만의 페이지를 구성해 보는 연습을 해봅시다.

LESSON 04 노션 요금제의 이해

상황에 맞는 요금제를 선택하는 것은 노션을 경제적이고 효율적으로 사용하는 데 있어 매우 중요합니다. 사용 빈도, 팀 규모, 기능 필요성 등을 고려해 자신에게 가장 적합한 플랜을 골라 봅시다.

어떤 요금제가 나에게 적합할까?

노션으로 컨설팅을 하다 보면, 필요 이상의 큰 비용이 드는 요금제로 노션을 쓰는 분들이 있습니다. 하지만 **노션은 저렴한 비용으로도 충분히 다양한 기능을 활용할 수 있는 도구**입니다. 우선 노션에 어떤 요금제가 있고 나에게는 어떤 요금제가 적합한지 알아보겠습니다.

노션에는 총 5가지의 요금제가 있습니다. 무료 요금제, 교육용 플러스 요금제, 플러스 요금제, 비즈니스 요금제, 엔터프라이즈 요금제가 있습니다. 이 중에서 교육용 플러스 요금제, 플러스 요금제, 비즈니스 요금제에 대한 설명을 진행하겠습니다.

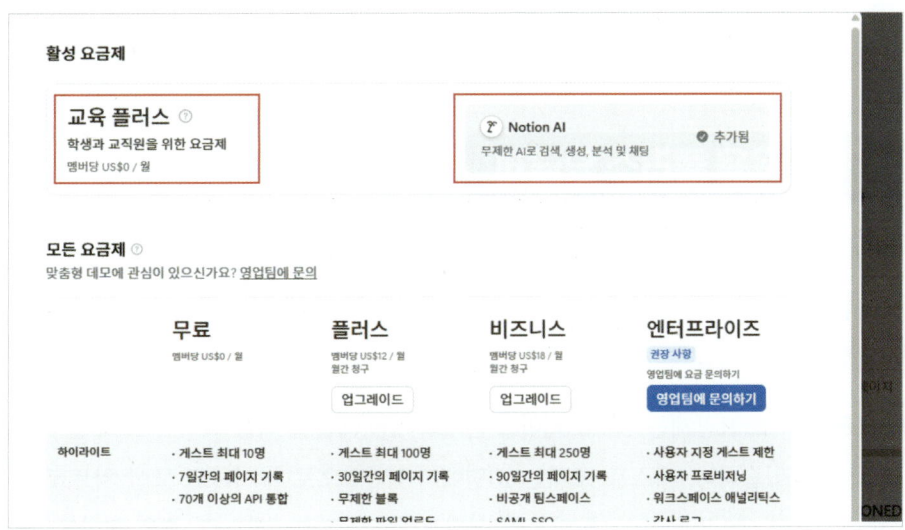

노션을 통해 저의 일상을 기록하고, 프리랜서로 다른 회사와 협업하며, 템플릿을 제작해 판매하고 수익을 창출하기도 합니다. 이렇듯, 노션은 지혜롭게 사용한다면 적은 비용으로도 원하는 기능을 충분히 활용할 수 있습니다.

그러나 때로는 요금제 업그레이드가 필요한 경우도 있습니다. 이러한 경우, 필요한 기능을 파악하고 자신의 필요에 맞는 요금제를 선택하면, **불필요한 비용을 줄이면서도 최적의 기능을 활용할 수 있습니다.**

다음은 노션 요금제 설정의 기준을 그림으로 표현한 내용입니다. 이를 참고하여 어떤 요금제가 자신에게 필요한지 스스로 점검해 보세요.

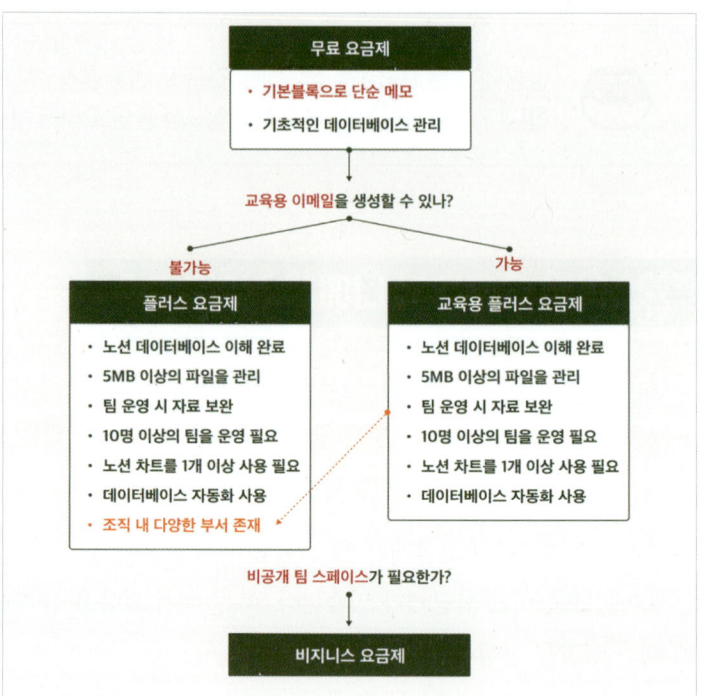

교육용 플러스 요금제

앞서 설명한 요금제 중 가장 가성비가 좋은 건 교육용 플러스 요금제입니다. 교육용 플러스 요금제는 WHED(World Higher Education Database)에 등록된 교육기관의 이메일로 가입하는 학생과 교사가 사용할 수 있습니다.

교육용 플러스 요금제는 **워크스페이스 멤버 수 1인 제한을 적용하지만, 그 외 플러스 요금제의 기능을 무료로 사용**할 수 있습니다. 게스트 초대는 10명에서 100명으로 늘어나고 노션 차트도 무제한으로 생성할 수 있습니다. 노션 데이터베이스 내 자동화 설정도 가능합니다. 게스트 공유 권한도 늘어나고, 5MB 이상의 파일도 맘 편히 업로드할 수 있죠.

> **TIP** 교육용 플러스 요금제는 대학을 졸업해도 유지 가능합니다. 가입 이메일에 접속해 인증 코드를 받아 인증이 가능하다면 교육용 플러스 요금제를 사용할 수 있습니다.

플러스 요금제

교육용 플러스 요금제의 기능을 쓰고 싶지만, 교육용 이메일이 없다면 플러스 요금제를 결제해 사용해야 합니다. 플러스 요금제의 금액은 멤버 1인당 월 14,000원이기에, 멤버가 늘어날수록 비용은 계속 늘어나게 됩니다. 그렇기에 **플러스 요금제는 노션을 메인 툴로 많이 사용하는 개인 사용자 또는 노션을 전사적으로 사용하는 소규모 팀에게 추천**합니다.

비즈니스 요금제

비즈니스 요금제부터는 **비공개 팀스페이스를 생성**할 수 있습니다. 조직에서 노션을 운영할 때, 관계자 외 열람금지인 보안자료와 같은 내용을 해당 팀스페이스에 저장해 둘 수 있습니다. 또한 통합 로그인 기능도 추가되는데요, 각각의 아이디와 비밀번호를 기억하지 않아도, 한 번의 로그인으로 모든 곳에 접속할 수 있게 해줍니다. 비즈니스 요금제의 금액은 멤버당 월 30,000원입니다. 비즈니스 요금제는 노션을 전사적으로 사용하는 소규모, 중견 기업인 경우에 추천합니다.

게스트로도 팀 프로젝트 할 수 있어요

노션으로 팀 프로젝트를 하거나 팀을 운영할 생각으로 노션을 쓰고자 하는 경우, 무조건 플러스 요금제를 써야 하는 건 아닙니다. 무료 요금제로도 팀 프로젝트가 충분히 가능합니다. 무료 요금제에는 최대 10명까지 게스트로 페이지에 초대 가능합니다. 게스트로 초대받아도 공유받은 페이지 내 편집 권한을 받습니다. 즉, 멤버가 아닌 **게스트라도 공유 받은 페이지에서 아이디어를 기록하고, 메모하며 프로젝트를 함께 관리할 수 있습니다.**

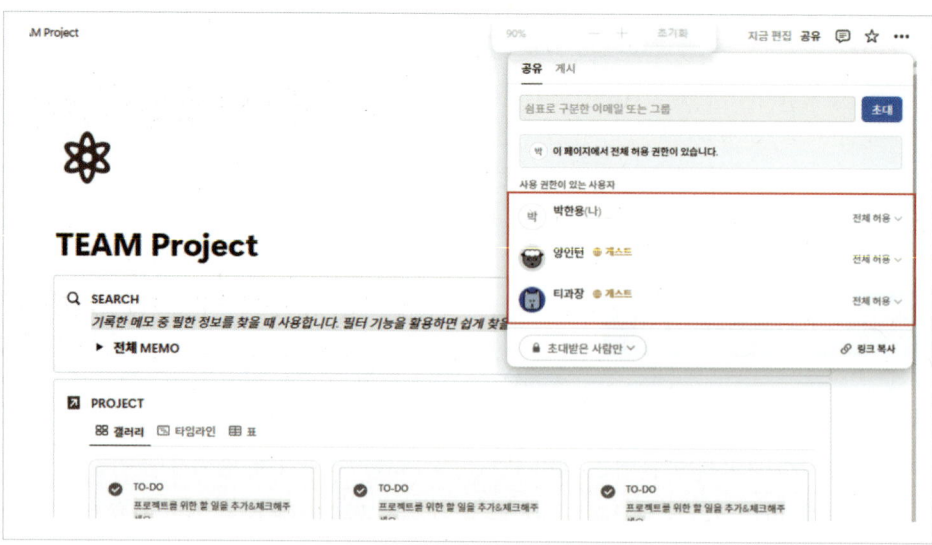

> **TIP** 멤버의 경우 워크스페이스 내 팀스페이스에 초대됩니다. 게스트의 경우 공유를 받은 페이지에만 초대가 됩니다. 멤버는 회사 내 직원, 게스트는 타 회사 담당자 정도로 생각하면 이해하기 쉽습니다.

하지만 게스트로 팀원을 초대할 때 공유 권한을 전체 허용으로 해야 함께 작업이 가능합니다. 다시 말해, **초대받은 팀원이 자료를 외부에 공유할 수 있는 권한을 가지게 되기 때문에 보안이 취약해질 수 있습니다.**

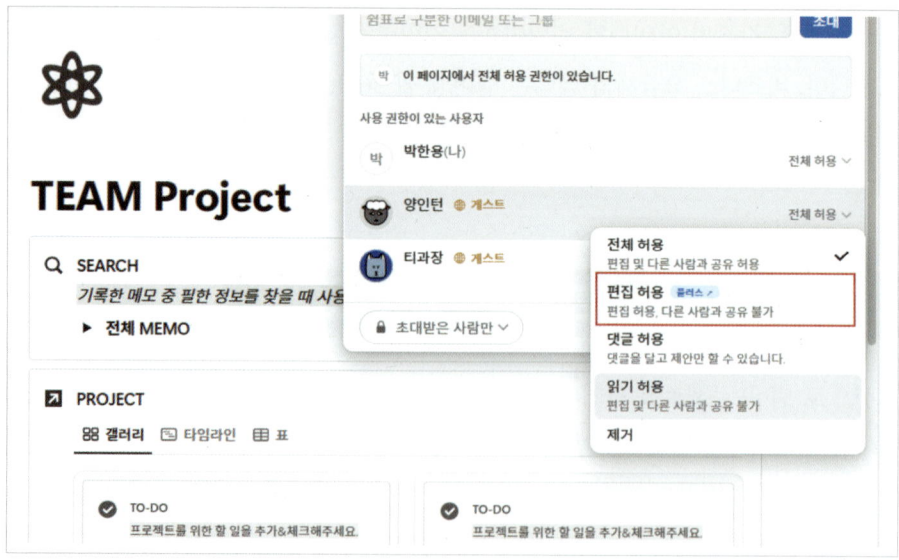

한 스푼 더 | 블록 제한을 풀고 싶어요!

노션을 쓰다가 갑자기 블록 제한이 걸려 메모를 못하는 경우가 있습니다. 그 이유는 무료 요금제에서는 초대 가능한 멤버 수에 제한이 있기 때문입니다. 무료 요금제의 경우 게스트 10명만 초대할 수 있기 때문에 멤버로 초대한 사람을 제거하고, 게스트로 다시 초대해야 합니다.

01 노션 워크스페이스 설정 창의 [사람] 항목을 클릭해 현재 워크스페이스 내 초대된 멤버를 확인합니다.

02 자신을 제외한 모든 멤버는 [워크스페이스에서 제거] 버튼을 클릭하여 삭제합니다.

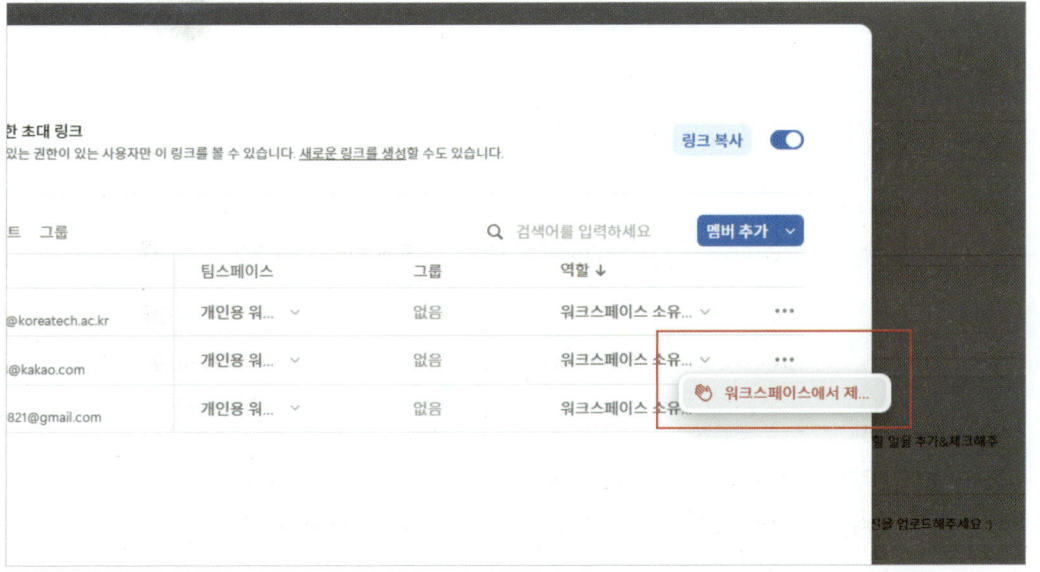

LESSON 04 _ 노션 요금제의 이해

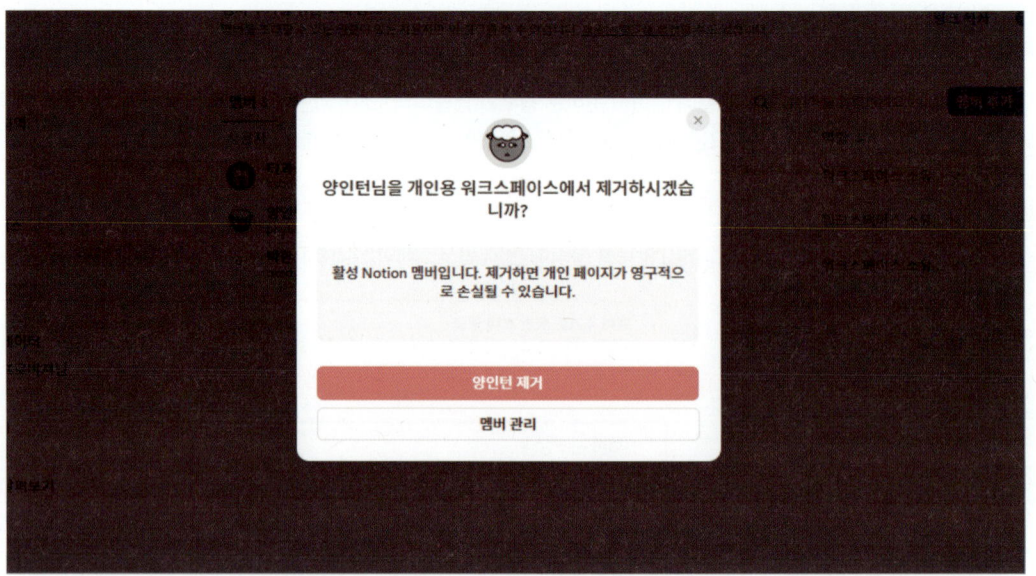

03 [팀스페이스 보관]을 클릭해 팀스페이스를 삭제합니다. 이때 팀스페이스에서 작업한 내용은 페이지 옮기기를 통해 [개인 페이지] 섹션으로 옮겨 주세요.

이렇게 작업하면 블록 제한 없이 노션을 다시 쾌적하게 사용할 수 있습니다.

UX 꿀팁 — 가독성을 높이는 노션 페이지 글쓰기 비법

우리는 왜 메모를 할까요? 수많은 이유가 있겠지만, 아이디어를 '저장'하고 '재활용'하기 위해서라고 생각합니다. 그런 의미에서 디지털 메모는 더욱 큰 가치를 지니고 있습니다. 타이핑으로 작성한 메모는 손 글씨로 작성한 메모보다 읽기 쉬우며, 검색 기능을 통해 이전에 작성한 메모를 쉽게 찾아볼 수도 있습니다. 더 나아가 AI를 활용하여 같은 카테고리에 속한 메모들을 조합하여 새로운 아이디어나 답을 찾아낼 수도 있습니다.

이렇듯 메모가 가치를 지니려면 가독성이 높은 글쓰기, 즉 '재활용'이 가능한 방식으로 기록하는 것이 중요합니다. 이번에는 가독성을 높이는 노션 글쓰기 꿀팁을 소개하고자 합니다.

01 강조하기

'서식상자'의 기능을 활용해 중요한 부분을 눈에 띄게 만드세요. 굵게, 색상, 하이라이트를 활용해 중요한 부분을 눈에 띄게 만들 수 있습니다. 코드를 이용한다면 텍스트를 또 다른 느낌으로도 표현이 가능합니다.

02 구조 구분하기

제목을 활용하면 내용을 구조적으로 구분할 수 있습니다. 강조해야 하는 내용은 콜아웃을 활용해 보세요. 텍스트 박스 안에 내용을 넣음으로써 자연스럽게 본문과 분리할 수 있습니다. 문단 사이에 구분선을 삽입하면 단락의 끝을 명확히 표시할 수 있습니다.

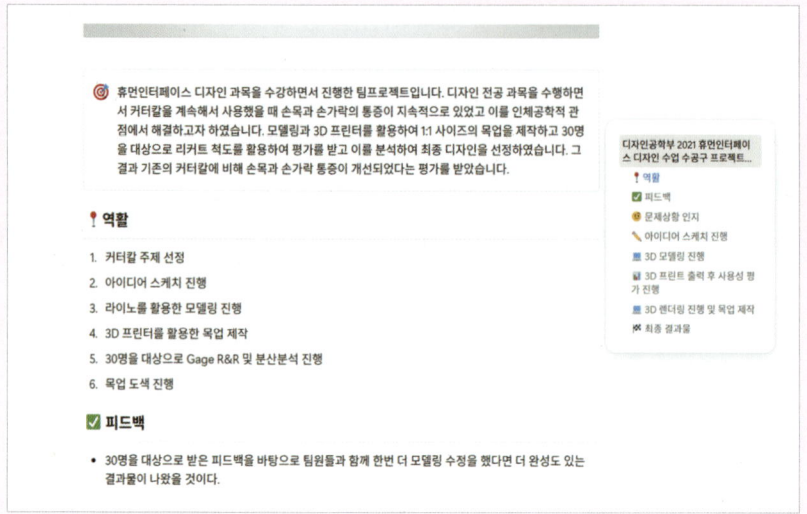

03 시각적 요소를 추가하기

이모지와 이미지를 적절히 활용하면 가독성이 높아지고 기억에 더 오래 남을 수 있습니다. 특히 이모지는 텍스트 중간에 삽입해 중요한 부분을 강조하는 데 유용하며, 별 모양과 같은 이모지를 사용하면 효과적입니다.

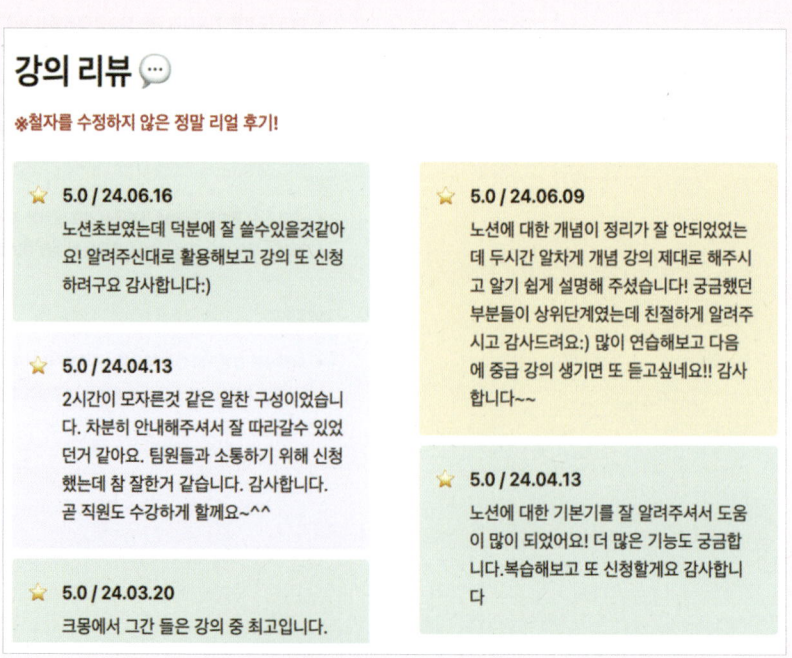

04 짧고 간결하게 쓰기

문장을 짧고 명확하게 작성해 핵심이 잘 드러나도록 작성하세요. 글머리 기호와 들여쓰기 기능을 활용하면 내용을 빠르게 정리하고 구조화할 수 있습니다.

서문
- **Thoughts are things(생각은 실체다)** = 생각이 결국 현실이 된다는 것이다.
- 자신이 무엇을 원하는지만 아는가?
- 모든 성취와 부는 하나의 아이디어에서 시작

1장 | 도입 : '생각'으로 에디슨의 동업자가 된 남자
- 생각 + 명확한 목표, 끈기, 불타는 열망 = 강력한 실체
- 심리학자, 무언가에 진심으로 준비되어 있으면 그것은 이루어진다.
- 반스, 진심으로 에디슨과 동업하고 싶어했고 이를 실체로 이룸
- 방앗간 앞에서 삼촌을 압도한 아이의 이야기
- 사람들의 약점, 모든 것을 자기만의 인상과 신념으로 재단하려고 함
  - 포드(ford) 8기통 엔진 제작 스토리
  - "가서 계속해보세요. 난 그 엔진을 갖고 말 겁니다."
- 열망, 자기가 원하는 것을 정확히 아는 것

> 🗨️ 내가 진짜 원하는 것은 나라는 사람 자체를 브랜딩하여 **내가 좋아하는 일로 스트레스를 덜 받고 내 시간을 자유롭게 쓰면서 월천만원을 버는 것** 그리고 나와 같은 길을 걸어가는 사람들에게 도움을 줄 수 있는 사람이 되는 것이다.
>
> 우선 월천만원 한번 달성해보자..!

CHAPTER 02

노션 데이터베이스 입문

노션의 꽃 데이터베이스! 앞으로 배울 노션의
90% 이상이 데이터베이스와 관련된 만큼,
데이터베이스의 기초를 제대로 배워 봅시다.

LESSON 01 데이터베이스 원리와 이해

 노션의 꽃은 데이터베이스라고 말할 만큼 노션의 데이터베이스 활용도는 정말 무궁무진합니다. 이후에 배우는 모든 과정 역시 노션 데이터베이스와 밀접한 관련이 있습니다. 이번 Lesson에서는 노션 데이터베이스의 원리에 대해 배워 봅시다.

가로방향 데이터베이스와 세로방향 데이터베이스

우리는 일상생활에서 다양한 표들을 봅니다. 급식 메뉴판, 수업 시간표, 대중교통 노선도, 병원 접수 순서표 등 자세히 보면 표 형태로 우리에게 정보를 간결하고 보기 쉽게 제공해 주고 있죠. 노션의 '데이터베이스'도 마찬가지입니다. 칸 하나하나가 모여 표가 되듯이, 노션의 페이지 하나하나가 모인 것을 '데이터베이스'라고 합니다.

식단표(출처: 한국기술교육대학교)

우리가 흔히 보는 표를 노션의 데이터베이스에 대입하면, 크게 '가로방향 데이터베이스'와 '세로방향 데이터베이스', '다중방향 데이터베이스'로 나누어 볼 수 있습니다.

1. 가로방향 데이터베이스
- 예시: 대학교 강의 수강 및 학생 관리

항목	1월	2월	3월	4월	5월
매출액(천 원)	12,000	15,500	18,000	14,500	16,000
신규 고객 수	120	150	200	140	180
재구매율(%)	35	38	40	37	39

2. 세로방향 데이터베이스
- 예시: 학생별 성적 관리

이름	수학	영어	과학	역사	총점	평균
김영희	90	85	88	92	355	88.75
이철수	80	78	85	89	332	83.00
박민수	85	90	92	88	355	88.75

3. 다중방향 데이터베이스
- 예시: 대학 학과별 학생 성적 관리

학과/학생 이름	김영희	이철수	박민수	장다은
컴퓨터공학	A	B	A	A+
경영학	B+	A	B	A
통계학	A-	B+	A	A+
철학	B	B+	B+	A-

데이터베이스의 방향을 쉽게 파악하는 방법은, 새로 만든 데이터베이스가 어떤 방향으로 확장되는지 확인하는 것입니다. '가로방향 데이터베이스'는 열을 기준으로 가로 방향으로 데이터를 추가하고, '세로방향 데이터베이스'는 행을 기준으로 세로 방향으로 추가합니다.

표의 목적이 정보 전달에만 있다면, 어떤 방향으로 표를 제작하더라도 큰 문제는 없습니다. 하지만 **노션에서 데이터베이스를 활용하여 정보를 구상한다면, 그때부터는 방향성과 구조를 신중하게 고려**해야 합니다.

왜 데이터베이스의 방향성이 중요한지, 그 이유를 함께 알아보겠습니다.

표 보기로 이해하는 데이터베이스 구조

노션의 데이터베이스는 어떤 방향성을 가질까요? **노션은 '세로방향 데이터베이스'로만 데이터베이스를 제작하고 관리할 수 있습니다. 이외에 다른 방향은 불가능합니다.** 그렇기에 우리는 노션으로 데이터베이스를 구축할 때 우리가 만들고 싶었던 표가 세로 방향이 아니었더라도 이를 세로 방향으로 전환해 주는 작업이 필요합니다.

다음 표를 '세로방향 데이터베이스'로 바꿔 볼까요?

- 예시: 대학 학과별 학생 성적 관리

학과/학생 이름	김영희	이철수	박민수	장다은
컴퓨터공학	A	B	A	A+
경영학	B+	A	B	A
통계학	A-	B+	A	A+
철학	B	B+	B+	A-

바꾸기 전의 표는 기준이 행과 열 모두 있기에 다중방향으로 제작된 표라는 것을 알 수 있습니다. 이 표를 세로 방향으로 만들어 주기 위해서는 기준을 세로 방향으로만 배치해야 합니다. 그럼 우측의 그림과 같이 배치할 수 있습니다. 가로로 분포돼 있던 기준행을 세로 열로 바꾸고 여기에 맞춰 각각의 값을 재배치합니다.

학생	학과	성적
김영희	컴퓨터공학	A
김영희	경영학	B+
김영희	통계학	A-
김영희	철학	B
이철수	컴퓨터공학	B
이철수	경영학	A
이철수	통계학	B+
이철수	철학	B+
박민수	컴퓨터공학	A
박민수	경영학	B
박민수	통계학	A
박민수	철학	B+
장다은	컴퓨터공학	A+
장다은	경영학	A
장다은	통계학	A+
장다은	철학	A-

이렇게 제작한다면, 새로운 데이터베이스가 추가되어도 세로로 쌓이는 걸 확인할 수 있습니다. 데이터베이스를 세로 방향으로 가공하는 연습을 한다면, 노션 데이터베이스를 쉽게 이해하고 제작할 수 있습니다.

자, 그럼 세로 방향으로 제작한 데이터베이스를 노션에 직접 구현해 볼까요?

한 스푼 더 — 엑셀과 노션의 차이점

노션으로 강의나 컨설팅을 하다 보면, 많은 분들이 노션 데이터베이스를 엑셀이나 구글 스프레드시트의 데이터베이스와 동일하게 생각하여 질문을 하곤 합니다. 특히 이런 질문들이 자주 나옵니다.

"셀 병합 기능은 어디 있나요?"

"이 셀의 정보만 따로 불러올 수 있나요?"

안타깝게도 노션에서는 이러한 작업이 불가능합니다. 애초에 노션 데이터베이스와 엑셀 데이터베이스는 완전히 다른 구조로 되어 있기 때문입니다. 엑셀 데이터베이스는 셀을 기준으로 설계됩니다. 하나의 표 안에서 셀이 독립적으로 존재하며, 각 셀에 개별적인 데이터를 입력하고 편집할 수 있습니다.

반면, **노션 데이터베이스는 행을 기준으로 작동**합니다. 노션 데이터베이스의 한 행은 하나의 페이지를 의미하며, 행에 속하는 정보는 각 속성을 통해 설명됩니다. 따라서 노션에서는 셀 단위의 작업이 아닌, 행 단위의 객체와 속성을 중심으로 데이터를 관리합니다.

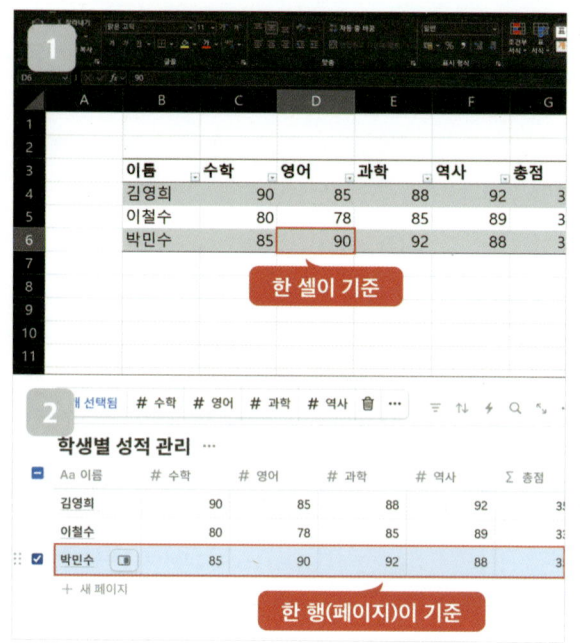

그래서 우리는 노션 데이터베이스를 바라보는 시각을 기존에 사용하던 엑셀이나 구글 스프레드시트와는 다르게 전환해야 합니다. 이후 내용을 통해 노션 데이터베이스를 제대로 보는 시야를 갖춰 봅시다.

LESSON 02 데이터베이스의 구성

 글을 잘 쓰기 위해서는 글의 뼈대를 잘 잡아야 하는 것처럼, 데이터베이스 역시 뼈대를 잘 잡아야 합니다. 이번 Lesson에서는 노션 데이터베이스의 뼈대를 잡는 연습을 해보겠습니다.

데이터베이스 생성하기

이제 본격적으로 데이터베이스를 만들어 보겠습니다.

01. 새로운 데이터베이스 생성하기

노션 페이지에 "/표보기"를 입력해 데이터베이스 표를 생성하겠습니다. 데이터베이스를 새롭게 만드는 것이기 때문에 [새 표]를 클릭해서 [빈 데이터베이스 새로 만들기] 항목을 클릭해 빈 데이터베이스를 새로 만들어 주었습니다.

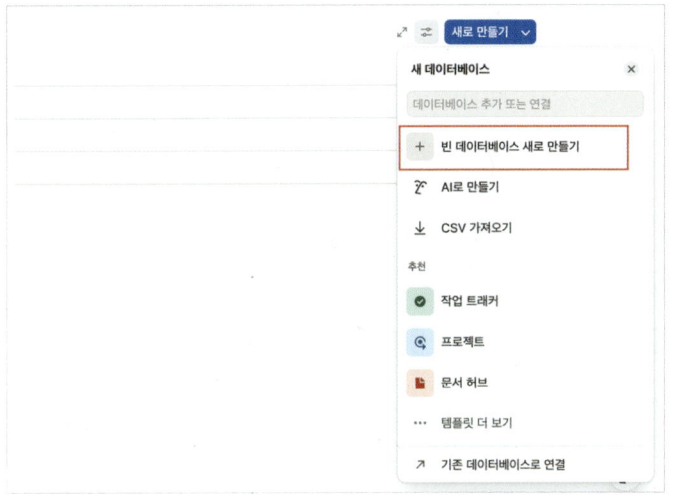

02. 데이터베이스 제목 입력하기

데이터베이스를 제작할 때 쉽게 간과하는 것이 제목을 입력하지 않는 것인데요, 데이터베이스에 내용을 바로 채우기 전에 제목을 먼저 채워 주세요. **제목을 입력하지 않으면 이후 관계형을 활용해 데이터베이스간 연결을 시도할 때 제목이 없어 헷갈리게 됩니다.** 관계형에 대한 자세한 설명은 "Chapter 04. 노션 데이터베이스 심화"에서 자세히 다뤄 보겠습니다.

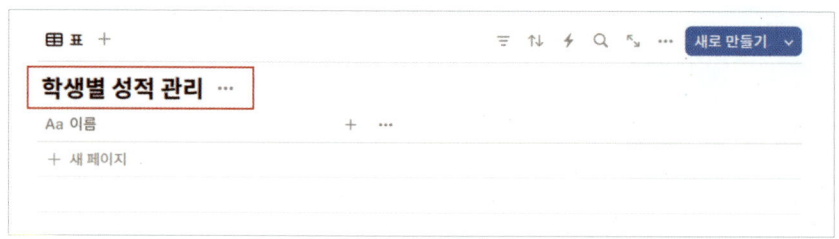

03. 데이터베이스 전체 보기

데이터베이스 제목을 생성했다면, ❶ [확대] 아이콘을 클릭해 데이터베이스를 전체 페이지로 확대해서 보도록 하겠습니다. 확대한 후 페이지 최상단을 볼까요? ❷ 현재 페이지의 위치를 표시하는 [브레드크럼]이 생성되는 걸 볼 수 있습니다.

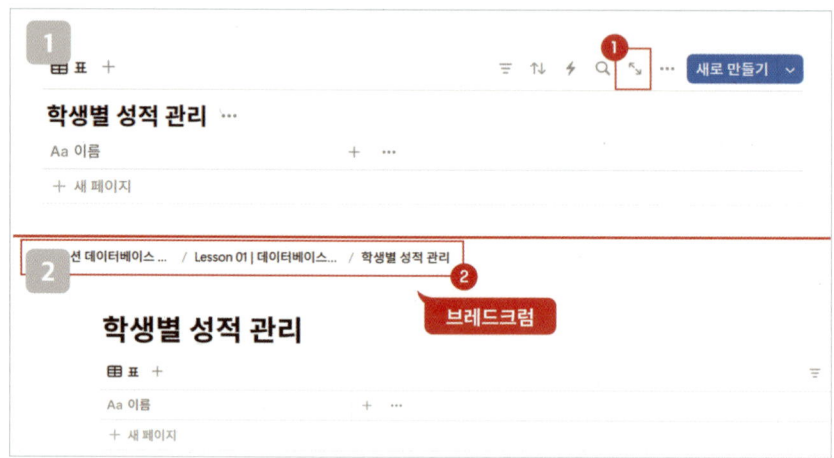

04. 데이터베이스 아이콘 넣기

해당 페이지의 ❶ 아이콘과 커버를 넣은 후 [브레드크럼]을 클릭하여 다시 기존 페이지로 돌아가 보겠습니다. 그럼 ❷ 데이터베이스에 위에서 넣은 아이콘이 반영된 걸 알 수 있습니다.

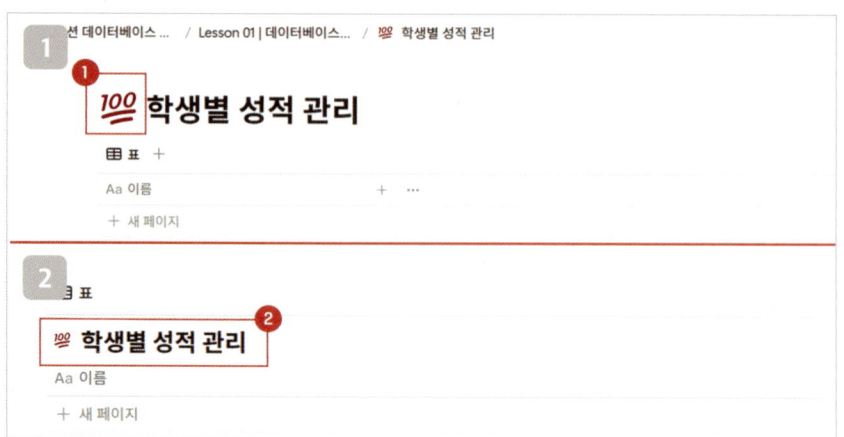

이제 데이터베이스의 세팅은 끝났습니다. 이제부터는 데이터베이스에 내용을 넣기 위해 가장 중요한 '제목 속성'에 대해 배워 보도록 하겠습니다.

제목 속성으로 데이터베이스 기준잡기

앞서 생성한 노션 데이터베이스에 마우스 포인터를 올려 볼까요? [열기] 버튼이 생기는 걸 볼 수 있는데요, 이 버튼은 데이터베이스의 기준인 '제목 속성'에서만 생깁니다. [열기] 버튼을 클릭해 볼까요?

[열기] 버튼을 클릭하면 우측으로 새로운 페이지가 나오는 걸 알 수 있습니다. 이 페이지는 어떤 걸 의미할까요? 해당 페이지는 데이터베이스 [열기] 버튼이 클릭된 행을 확대해서 보여 주게 됩니다. 그래서 페이지에 제목과 아이콘을 넣게 되면 해당 행에 반영됩니다.

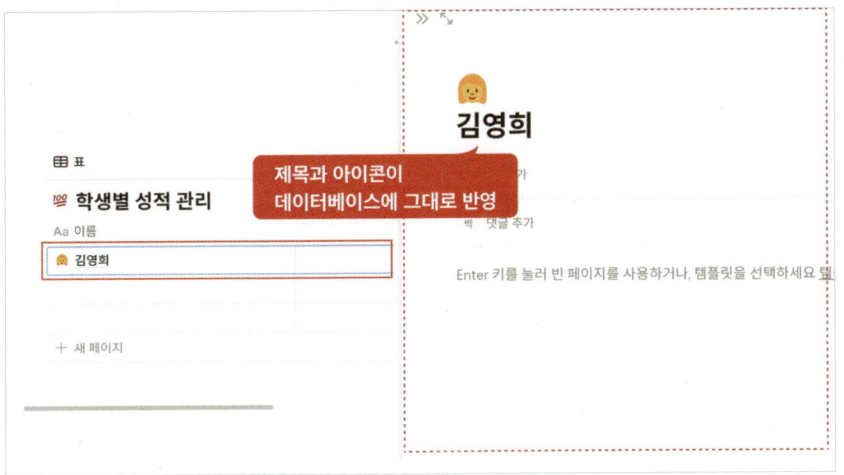

앞서 설명한 것처럼 노션의 데이터베이스 표는 행 하나하나가 페이지라는 의미를 가집니다. **그래서 노션의 표는 페이지들을 모아 두었다고 해서 "페이지의 모음집"이라고도 부릅니다.**

페이지에는 반드시 제목이 들어가야 합니다. 제목이 없는 페이지는 없습니다. 그래서 노션 데이터베이스

표에서도 '제목 속성'은 삭제가 불가능합니다. 종종 "선생님 여기 삭제가 안 돼요!"라는 질문을 하는데, 해당 속성은 '제목 속성'이라 삭제가 불가능했던 것입니다.

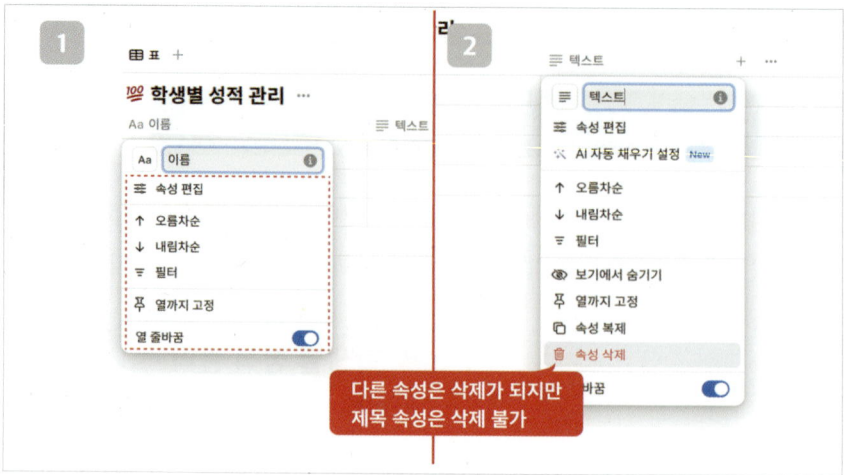

그렇기에 '제목 속성'은 페이지의 제목이자 데이터베이스의 기준이 되어야 합니다. 이 기준을 잘 잡아 주는 것이 노션 데이터베이스를 100% 활용하기 위한 시작입니다. **데이터베이스의 기준인 '제목 속성'을 잘 정하기 위해서는 ❶ 고유한 값과 ❷ 제작 목적을 고려해야 합니다.** 왜 이 2가지를 고려해 기준을 설정해 줘야 하는지 예시를 들어 확인해 봅시다.

저는 1,500명 정도의 원생을 보유하고 있는 학원 원장입니다. 학생들에 대한 정보를 노션을 활용하여 정리해 체계적으로 학원 운영을 하고자 합니다. 이때 학생들의 정보를 노션 데이터베이스를 활용해 기록하기 위해서 데이터베이스의 기준인 '제목 속성'을 정해 주고자 합니다. 다음 항목 중 어떤 것을 기준으로 잡아 줘야 할까요?

❶ 학생 이름
❷ 학부모 이름
❸ 재학 중인 학교

정답은 ❶번입니다. 왜 ❶번이 정답인지 앞서, 2가지 요소를 들어서 살펴보도록 하겠습니다.

첫 번째, **고유한 값임을 확인**해야 합니다. 이때는 ❸번이 배제됩니다. 학원에 등록된 많은 학생 중 같은 학교에 다니는 학생들은 많이 있을 겁니다. **학생마다 다 다른 학교에 다니지는 않겠죠. 그렇기 때문에 학생들이 다니고 있는 학교는 고유한 값이 될 수 없습니다.**

두 번째, **제작 목적을 고려**해야 합니다. 이번 케이스의 경우 **학생들의 정보를 체계적으로 관리하고자 하는 목적**이 있었기 때문에 학부모 이름을 기준으로 잡기보다는 학생 이름을 기준으로 잡는 것이 좋습니다. 그리고 이렇게 제작했을 경우, 데이터베이스에서 페이지를 열게 되면 학생의 이름이 페이지 제목으로 들어가기 때문에 '학생 관리 데이터베이스'의 역할을 제대로 한다고 볼 수 있습니다.

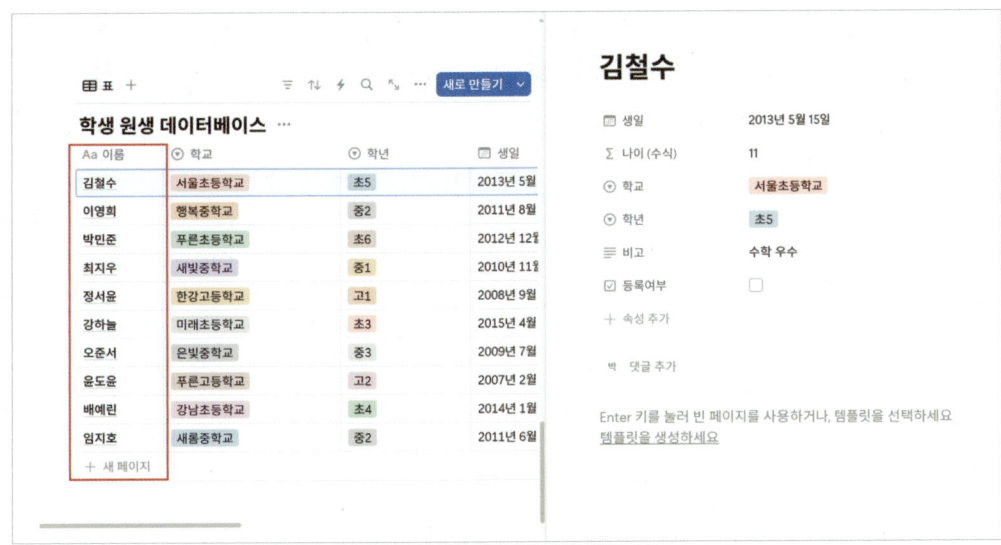

이렇게 '제목 속성'으로 데이터베이스의 기준을 잡는 방법을 알아보았습니다. 사소한 부분이라고 생각할 수 있지만, 노션을 배울 때 가장 중요한 부분이라고 생각합니다. 데이터베이스를 제작할 때, 항상 앞서 설명한 요소 2가지를 고려하면서 데이터베이스의 기준을 잡아 주는 연습을 해봅시다.

다음은 '제목 속성'으로 기준을 잡았다면, 기준으로 잡은 내용을 설명할 때 사용할 수 있는 다양한 데이터베이스 속성에 대해서 알아보도록 하겠습니다.

상황에 맞는 속성 활용 방법

이제는 '제목 속성'을 기준으로 노션의 다양한 속성을 추가하는 작업이 필요합니다. 우선 새로운 속성을 추가하는 방법부터 속성을 고정하는 방법까지, 속성을 다루는 방법을 살펴보겠습니다. 여기서는 학생 관리 데이터베이스를 예시로 설명합니다.

01. 속성 추가하기

데이터베이스를 생성하게 되면 '제목 속성'은 생성되어 있습니다. '제목 속성'임을 알 수 있는 방법은 **마우스 포인터를 올려 보았을 때 [열기] 버튼**이 나오는지 확인하는 것입니다.

'제목 속성' 옆에 ❶ [+] 버튼을 클릭해 볼까요? 그럼, ❷ 우측에 새로운 속성을 넣기 위한 창이 나오는 것을 볼 수 있습니다. 다양한 속성이 있는 것을 볼 수 있는데요, 이 중에서 자신이 추가하고자 하는 속성의 특징을 고려해 한 가지를 골라 줄 수 있습니다.

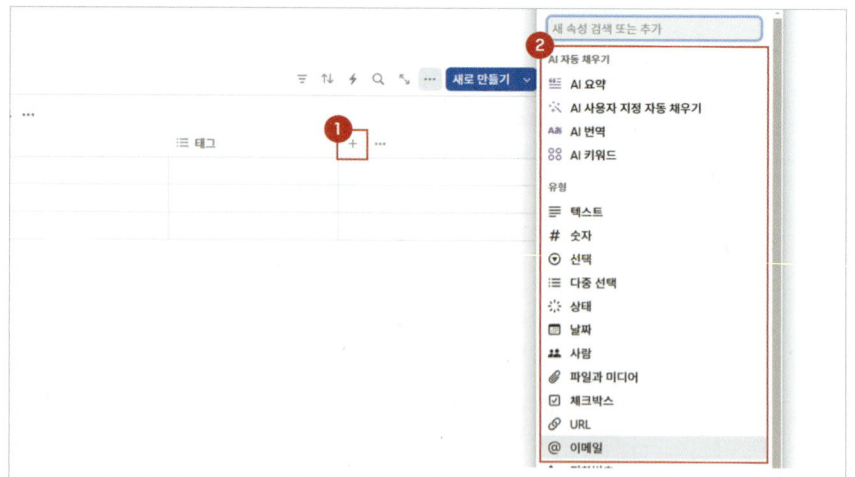

02. 속성 삭제하기

속성을 여러 개 제작했다면 다음과 같은 모습이 나타나게 됩니다. 여기서 만약 더 이상 사용하지 않는 속성이라면 삭제를 해주세요. ❶ 사용하지 않는 속성을 클릭하면 속성 탭이 나오게 되고 하단의 [속성 삭제] 항목을 볼 수 있습니다. ❷ [속성 삭제] 항목 클릭 후 나타나는 창에서 해당 항목을 클릭하면 속성이 삭제됩니다.

> **TIP** 다른 속성은 다 삭제가 가능하지만, 데이터베이스의 기준인 '제목 속성'은 삭제가 불가능합니다.

03. 속성 숨기기

속성을 숨길 수 있습니다. ❶ 숨기고자 하는 속성을 클릭한 후 ❷ 메뉴에서 [보기에서 숨기기] 항목을 클릭해 속성을 숨길 수 있습니다.

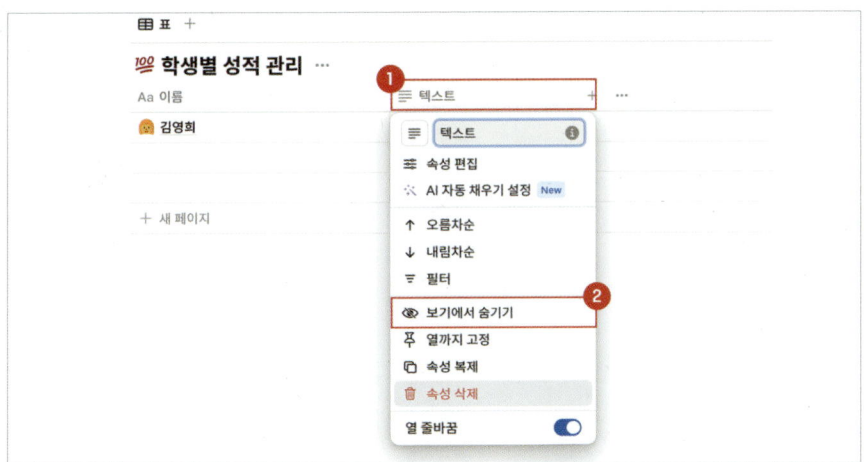

04. 속성 순서 변경

속성의 순서를 변경해 줄 수 있습니다. 옮기고자 하는 속성을 마우스 포인터로 드래그하여 순서를 변경해 주는 게 가장 직관적인 방법입니다.

05. 속성 고정하기

속성이 많아 한 화면에 모든 속성을 보기 어려운 경우, 중요한 속성들은 고정해 줄 수 있습니다. **고정된 속성은 좌우로 스크롤 시 화면에서 사라지지 않습니다.** ❶ 고정한 속성을 클릭 후 ❷ [열까지 고정] 항목을 클릭합니다.

> **TIP** 속성 사이를 더블클릭하면 속성 간격이 자동으로 조절됩니다.

속성의 종류

앞선 "상황에 맞는 속성 활용 방법"을 통해 속성을 다루는 방법에 대해서 살펴보았습니다. 이제는 어떤 속성 유형들이 있고 유형별 특징이 무엇인지 살펴보겠습니다. 단, 속성 중 '관계형', '롤업', '수식'의 경우 "Chapter 04. 노션 데이터베이스 심화"와 "Chapter 05. 노션 마스터만 쓴다는 수식과 자동화"에서 자세히 다루겠습니다.

01. 텍스트

'텍스트 속성'은 텍스트를 입력할 수 있는 속성입니다. 요약, 설명, 비고와 같이 필터와 정렬이 필요 없이 텍스트로 구성이 된 내용을 기입할 때 사용합니다. 기입되는 내용이 많은 경우 [열 줄바꿈] 토글을 활성화합니다.

02. 숫자

'숫자 속성'은 숫자를 입력할 수 있는 속성입니다. 숫자는 일반적인 숫자(1, 2 …)와 **단위(원, 달러, %, 쉼표가 있는 숫자)로 변경이 가능**합니다.

❶ 변경할 속성을 클릭한 후 [속성 편집] 항목을 클릭한 후 ❷ [숫자 형식] 항목을 클릭하여 표시 옵션을 설정합니다.

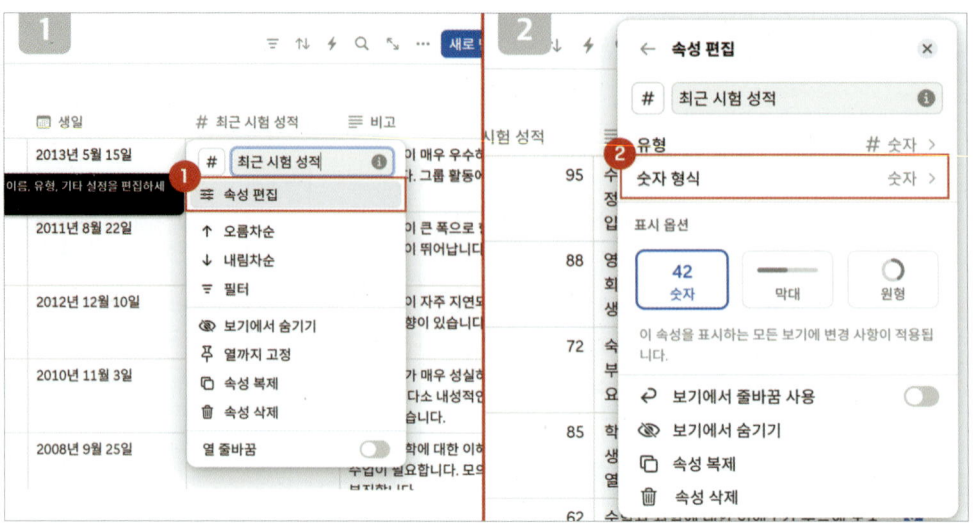

03. 선택

'선택 속성'은 선택 가능한 복수의 항목을 생성하고 단일 항목을 선택할 때 사용합니다. 이미지의 예시로는 학교, 학년이 있습니다. 이 항목은 중첩이 되지 않기 때문에 '선택 속성'의 적절한 예시라고 볼 수 있습니다.

04. 다중 선택

'다중 선택 속성'은 선택 가능한 복수의 항목을 생성하고 다중 항목을 선택할 때 사용합니다. 이미지의 예시로는 참여 수업이 있습니다. 학생들마다 듣는 수업이 중복될 수 있기 때문에 '다중 선택 속성'의 적절한 예시라고 볼 수 있습니다.

05. 상태

'상태 속성'은 데이터베이스의 상태를 **할 일, 진행 중, 완료라는 세 가지 그룹으로 나눠서 관리**합니다. 할 일을 데이터베이스로 생성해 관리할 때 유용하게 사용할 수 있습니다.

TIP 데이터베이스 설정 창에서 [과제 상태] 항목을 클릭하고, [조건부 색상] 항목을 클릭하면 상태를 더 효과적으로 볼 수 있습니다. ❶ 데이터베이스 [설정] 팝업창에서 [조건부 색상] 항목을 클릭합니다. ❷ [조건부 색상] 항목의 기준으로 표에서 만든 '과제 상태(상태 속성)'를 선택합니다. ❸ [새로운 색상 설정하기] 버튼을 클릭하면 선택한 '과제 상태(상태 속성)'의 색상에 따라 행의 색이 변경된 것을 볼 수 있습니다.

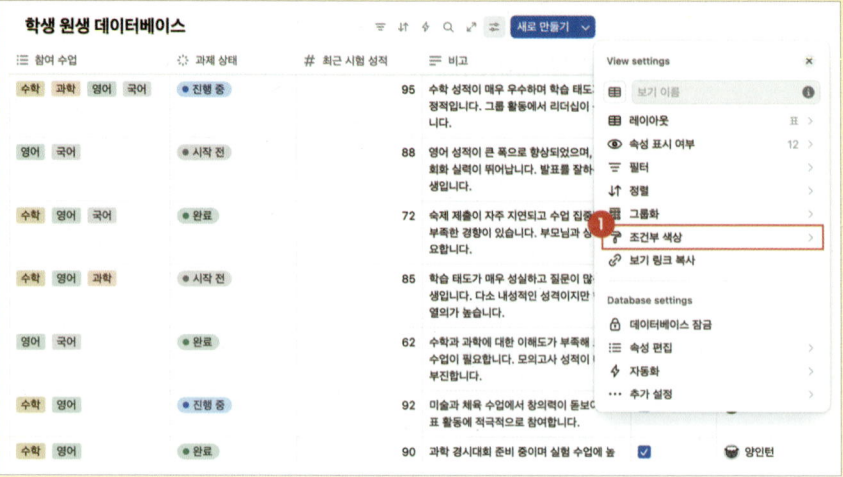

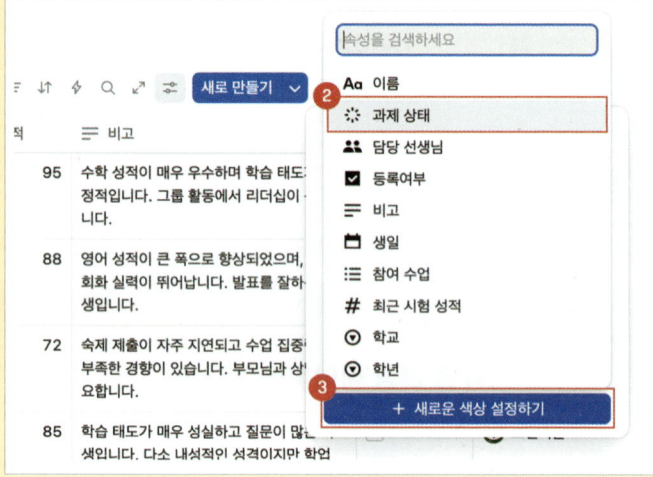

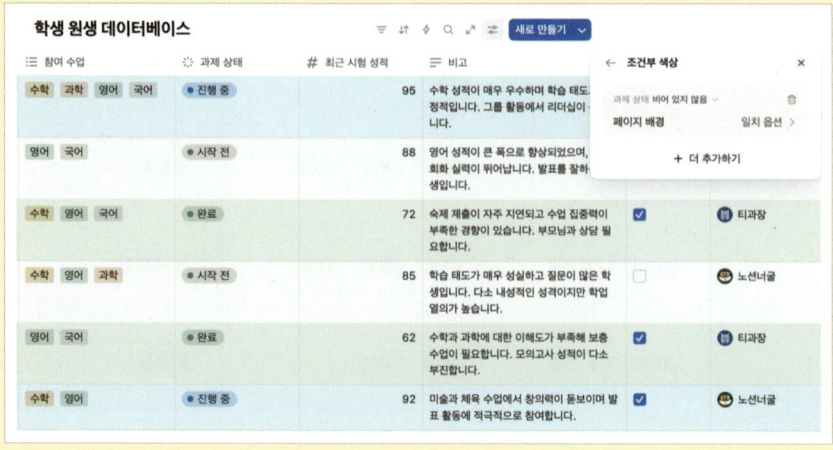

06. 날짜

'날짜 속성'은 데이터베이스별 날짜를 입력할 때 사용합니다. 입력하는 날짜의 예시로는 시작일, 종료일을 포함하는 기간과 시간 등을 입력할 수 있습니다.

07. 사람

'사람 속성'에는 노션 페이지에 초대된 멤버나 게스트를 입력할 수 있습니다. ❶ 페이지에 초대된 멤버, 게스트들은 ❷ '사람 속성'에 입력할 수 있습니다.

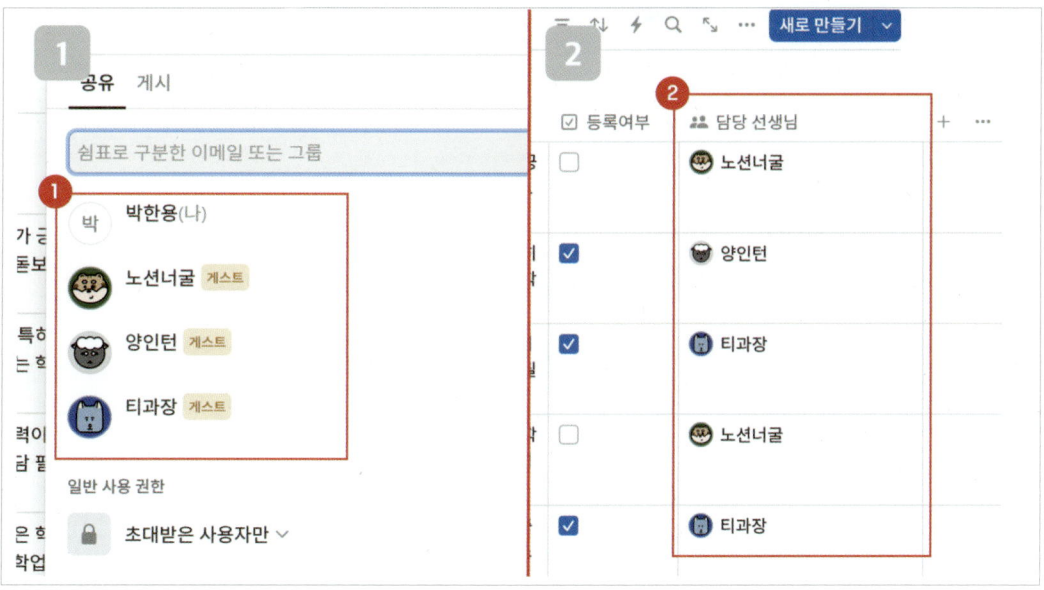

> **TIP** '사람 속성'에 노션 사용자의 노션 가입 이메일을 입력하면 페이지 초대 권한을 설정해 초대할 수 있습니다. ❶ 클릭한 '사람 속성'의 팝업창에서 초대받는 대상의 노션 가입 이메일을 입력합니다. ❷ 초대받는 사람의 [권한 설정]에서 [편집 허용] 권한을 선택합니다(무료 요금제는 전체 허용 또는 읽기 허용을 선택합니다.). ❸ 팝업창 하단의 [페이지에만 추가] 버튼을 클릭하면 게스트 형태로 초대가 가능합니다.

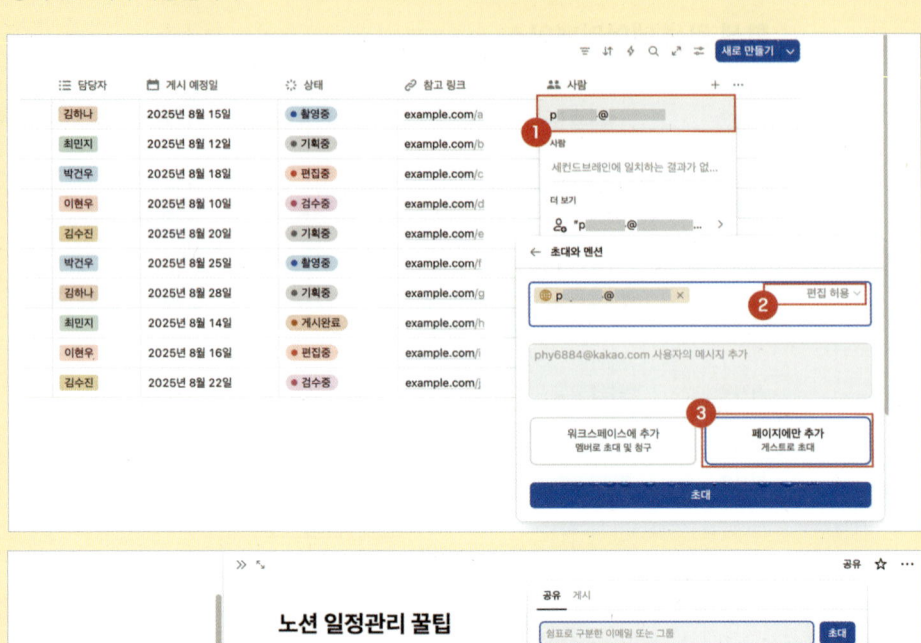

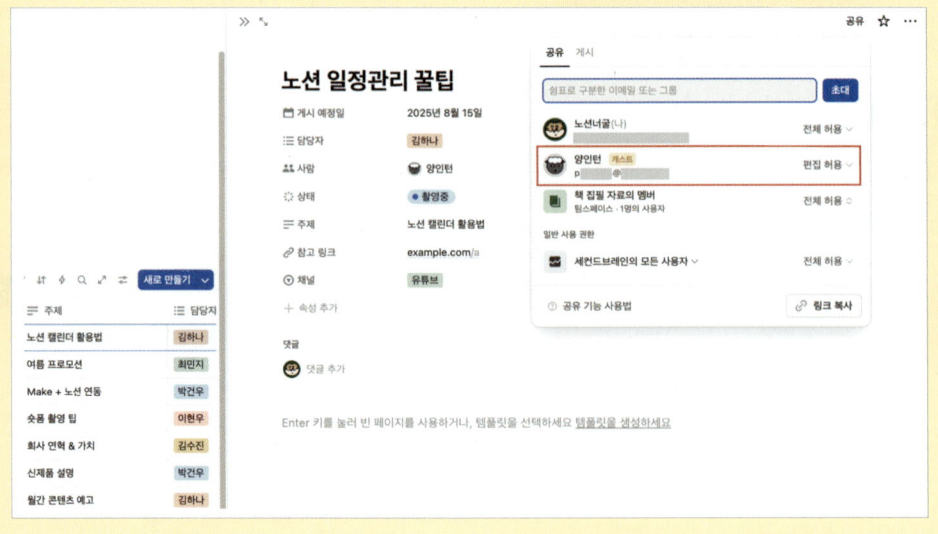

08. 파일과 미디어

'파일과 미디어 속성'은 사진이나 PDF 등의 파일을 업로드하거나 외부 URL을 입력할 때 사용합니다. 무료 요금제 기준으로 파일은 여러 개 업로드할 수 있지만, 파일 용량은 각각 5MB로 한계가 있습니다.

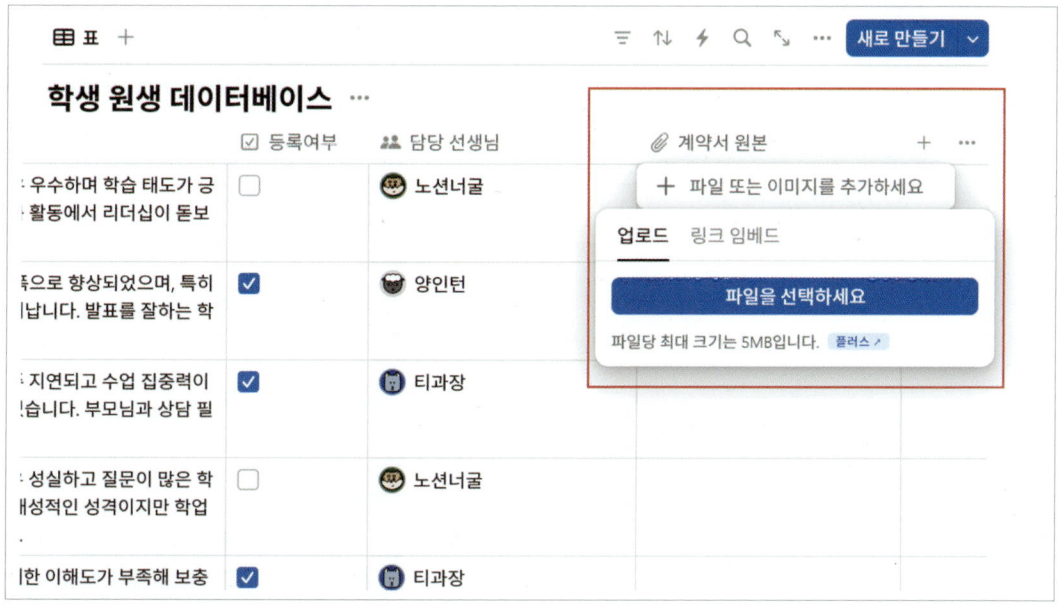

09. 체크박스

'체크박스 속성'은 데이터베이스를 해결(true)과 미해결(false)로 구분해 관리합니다. '상태 속성'이 3가지 그룹으로 구분한다면, '체크박스 속성'은 체크된 박스와 체크되지 않은 박스 2가지로 구분됩니다.

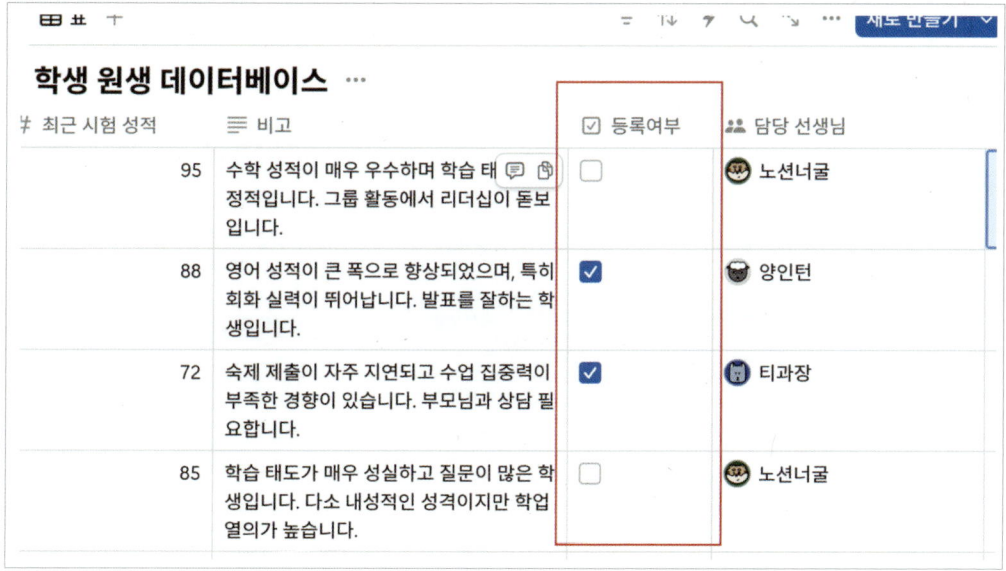

10. 버튼

'버튼 속성'은 다른 속성을 바꾸는 **간단한 자동화부터, 수식을 활용한 고급 자동화까지 자동화 과정을 구현**할 때 주로 사용합니다. '버튼 속성'을 활용한 자동화 세팅은 "Chapter 05. 노션 마스터만 쓴다는 수식과 자동화"에서 자세히 다루겠습니다.

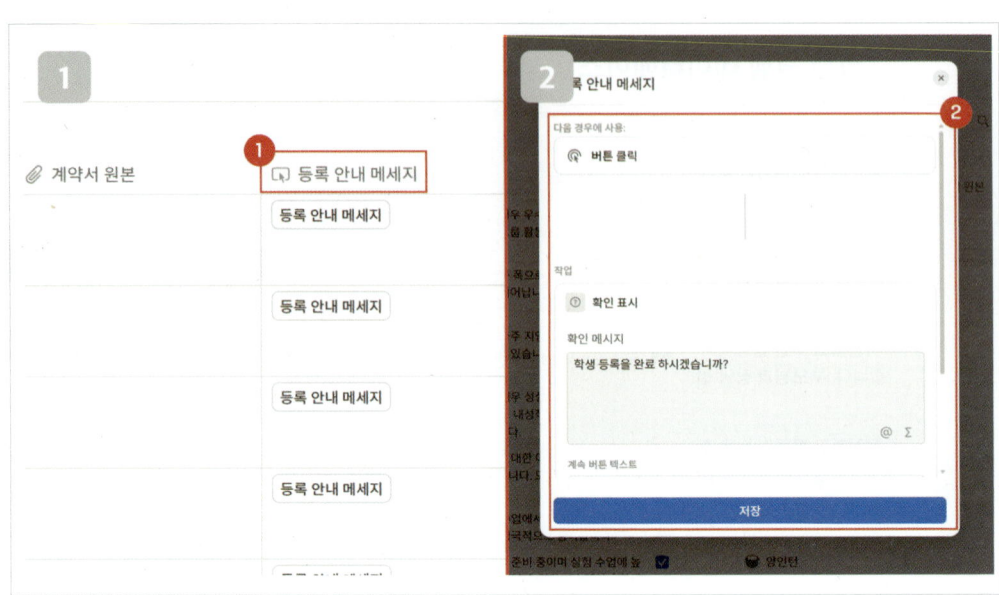

한 스푼 더 🥄 계산을 활용한 노션 데이터베이스의 개수 확인

노션 데이터베이스를 생성하다 보면 총 몇 개의 데이터베이스를 만들었는지 확인해야 할 필요가 있습니다. 이럴 때는 노션 데이터베이스 속성 클릭, [계산]을 활용해 알 수 있습니다. ❶ '제목 속성'을 클릭하여 ❷ 메뉴의 [계산] 항목을 클릭합니다. ❸ [수] 항목을 클릭 후, ❹ [모두 세기] 항목을 클릭하면 데이터베이스의 개수를 쉽게 확인할 수 있습니다.

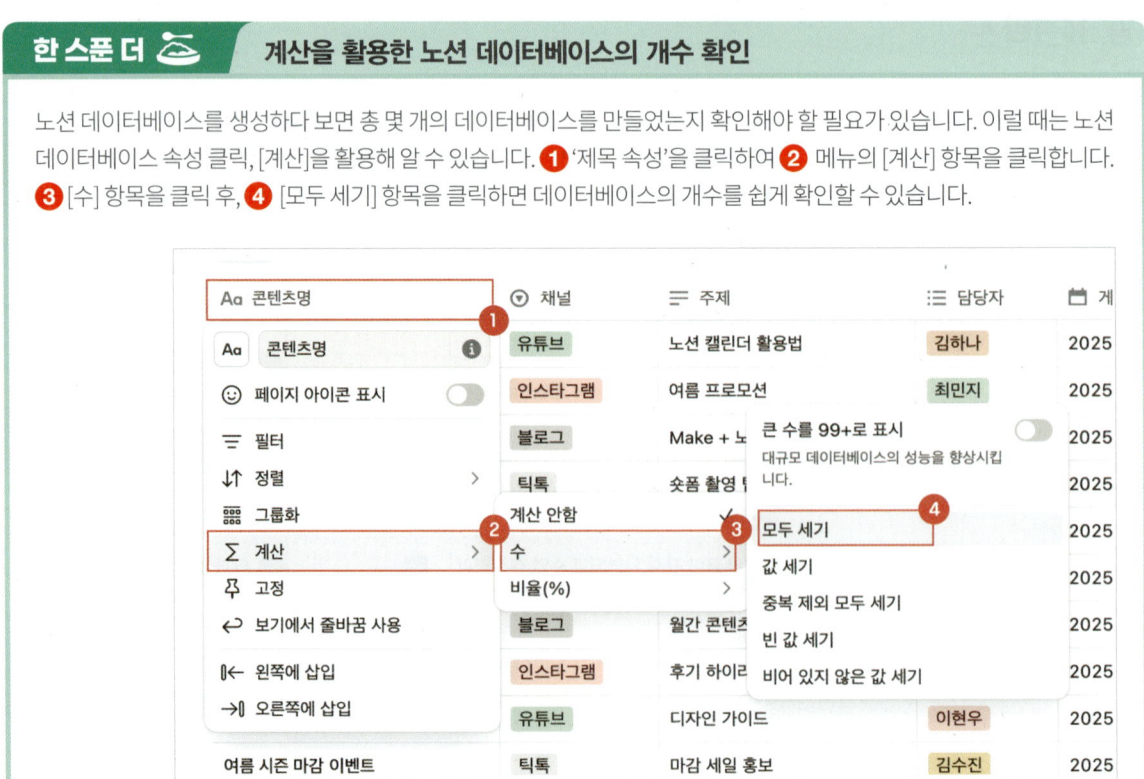

사실 [계산]은 모든 속성에서 활용할 수가 있습니다. '상태 속성'에서는 그룹별 비율을 계산할 수 있고 '체크박스 속성'에서는 체크 표시된 비율을 계산할 수 있습니다. 노션에서 수치화를 가장 쉽게 할 수 있는 방법인 만큼 필요한 경우 활용해 보면 좋습니다.

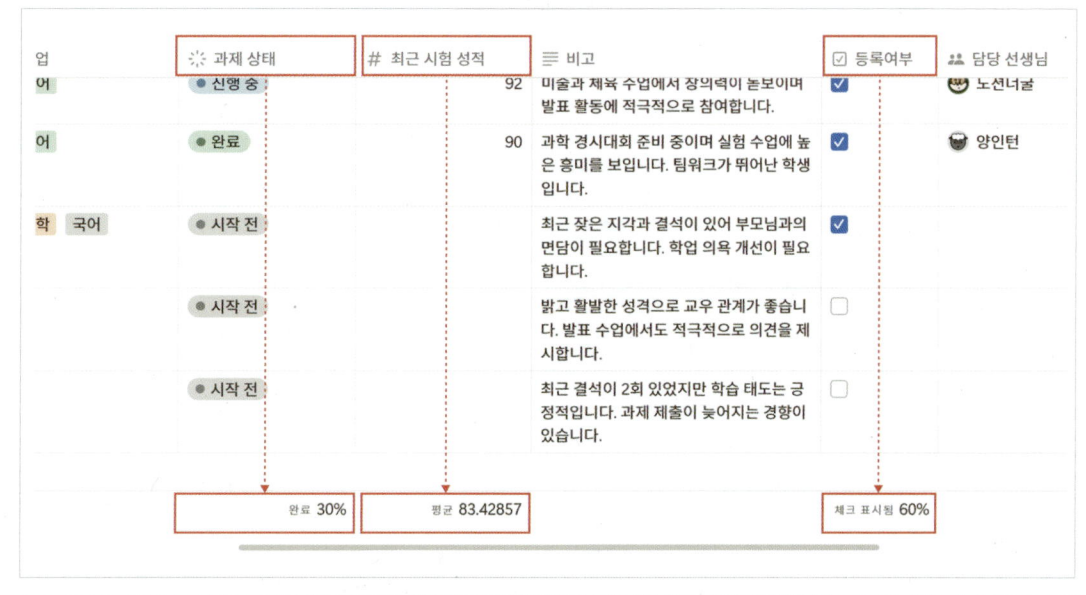

페이지 레이아웃 정리하기

데이터베이스 '제목 속성'으로 데이터베이스의 기준을 잡고 기준에 대한 설명을 다양한 속성 유형을 통해 데이터베이스를 제작해 보았습니다. 이제는 데이터베이스의 [열기] 버튼을 클릭했을 때 나오는 페이지의 레이아웃을 정리해 보겠습니다.

'제목 속성'에 있는 [열기] 버튼을 클릭해 보면 페이지에 데이터베이스 제작을 하며 만들었던 속성 유형들이 세로로 나열된 것을 볼 수 있습니다. 아무래도 정보들이 세로로 나열되어 있다 보니 한눈에 들어오지도 않고 속성들의 순서도 중요도에 상관없이 배치가 되어 있어 이 부분을 정리해 줄 필요가 있어 보입니다.

이를 위해서는 페이지 상단 [레이아웃 사용자 지정] 버튼을 클릭해 줍니다. 그럼 우측과 같은 화면이 나옵니다.

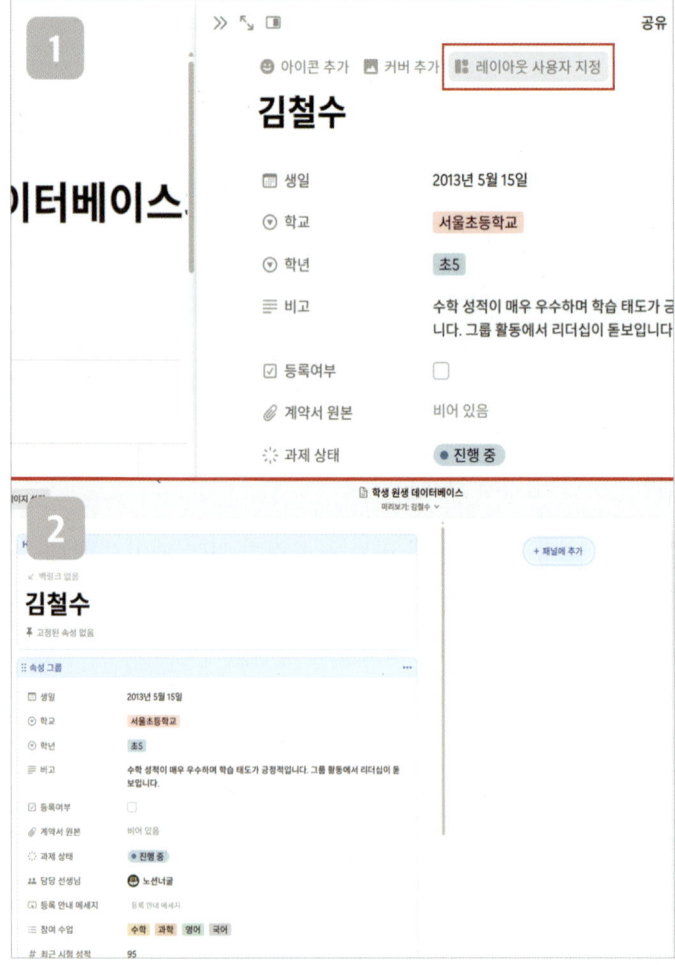

첫 번째, ① 자주 확인해야 하는 중요한 속성은 상단에 고정해 주겠습니다. ② 최대 4개까지 고정 가능하며 순서에 따라 좌측에서 우측으로 속성이 배치되는 것을 볼 수 있습니다.

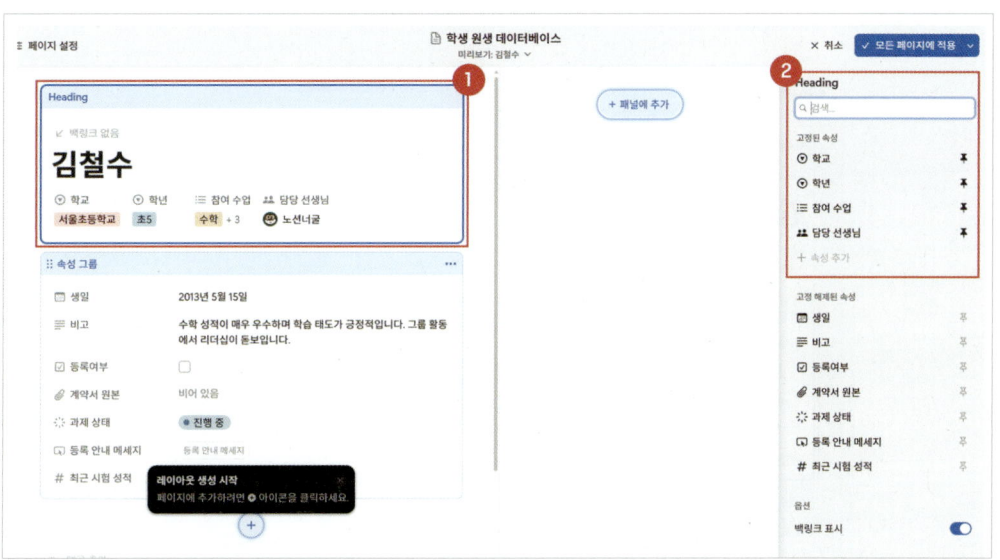

두 번째, 중요한 속성을 [+] 버튼으로 개별 레이아웃에 추가해 주겠습니다.

① [+] 버튼을 클릭하여 레이아웃을 추가하면, 속성을 추가할 수 있는 빈 공간이 생성됩니다.

② '텍스트 속성'과 '파일과 미디어 속성'을 추가하여 설명과 참고 자료를 업로드할 수 있게 추가해 주는 것이 적절합니다.

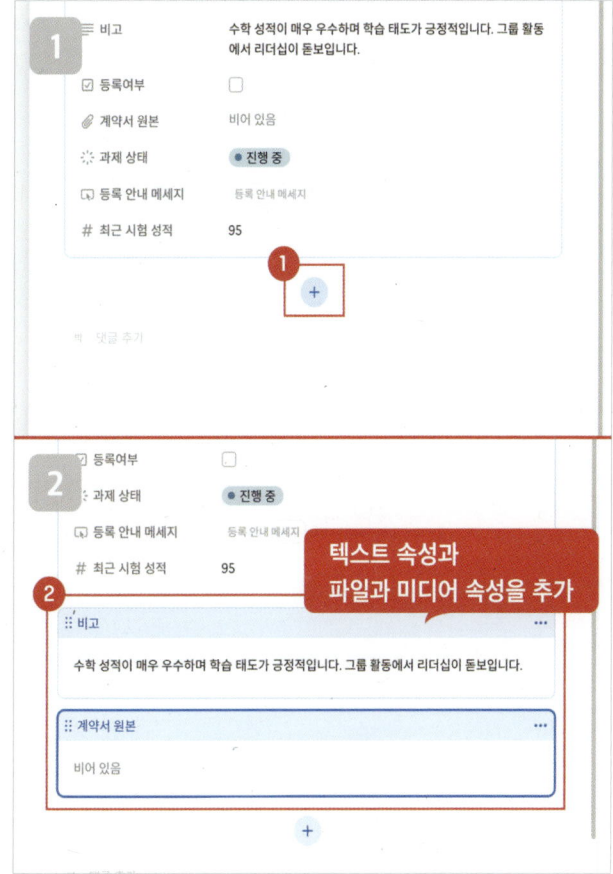

LESSON 02 _ 데이터베이스의 구성

세 번째, 상단에 고정하지 않은 속성들을 **섹션별로 분류하기 위해 [섹션 추가]** 버튼을 클릭하여 빈 공간에 섹션을 추가하겠습니다. ❶ 속성을 정리하는 데 필요한 섹션만큼 생성한 후 ❷ 속성을 드래그해 해당하는 섹션에 배치해 주겠습니다.

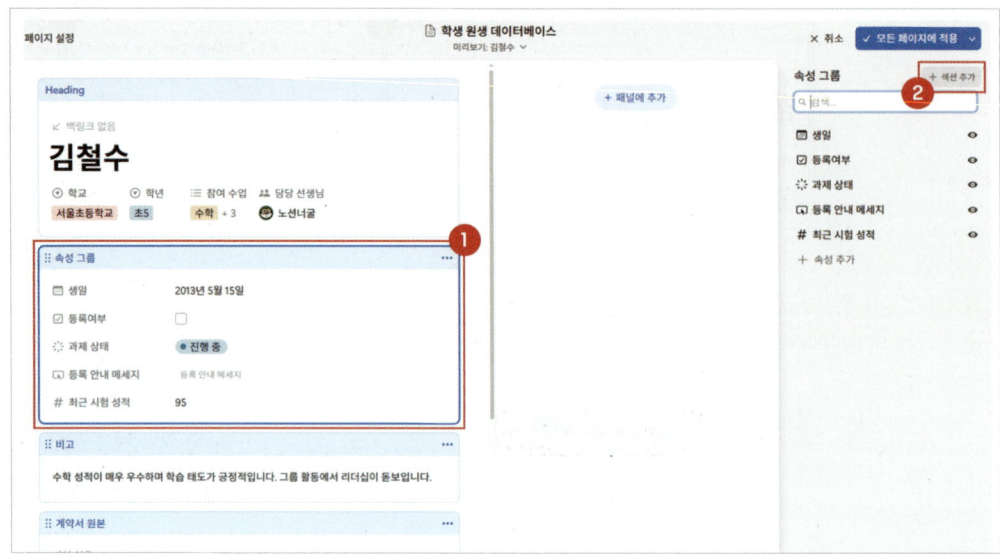

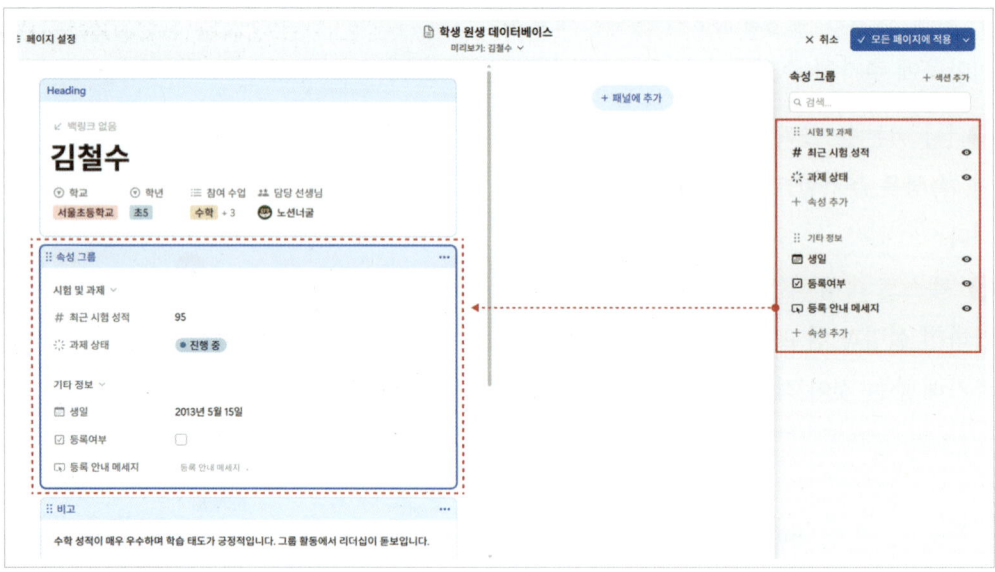

마지막으로 ❶ 앞서 정리한 속성 그룹을 패널로 옮기거나 ❷ 속성 숨김 처리를 하여 정리합니다. ❸ 정리가 끝난 후, 우측 상단의 [모든 페이지에 적용] 버튼을 클릭합니다.

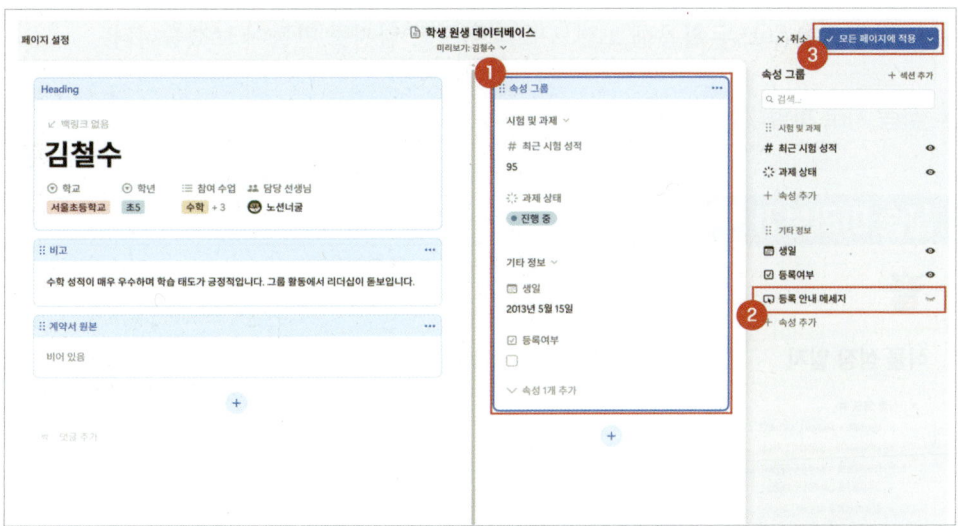

이렇게 한 페이지에 레이아웃을 정해 주면, **같은 데이터베이스 내 다른 페이지도 같은 형태로 레이아웃이 정리**된 것을 볼 수 있습니다.

LESSON 02 _ 데이터베이스의 구성

실습 식물 성장 일지

앞서 배운 내용을 모두 활용해 노션으로 식물 성장 일지를 만들어 보겠습니다.

- **실습 자료 파일**: 식물 성장 일지

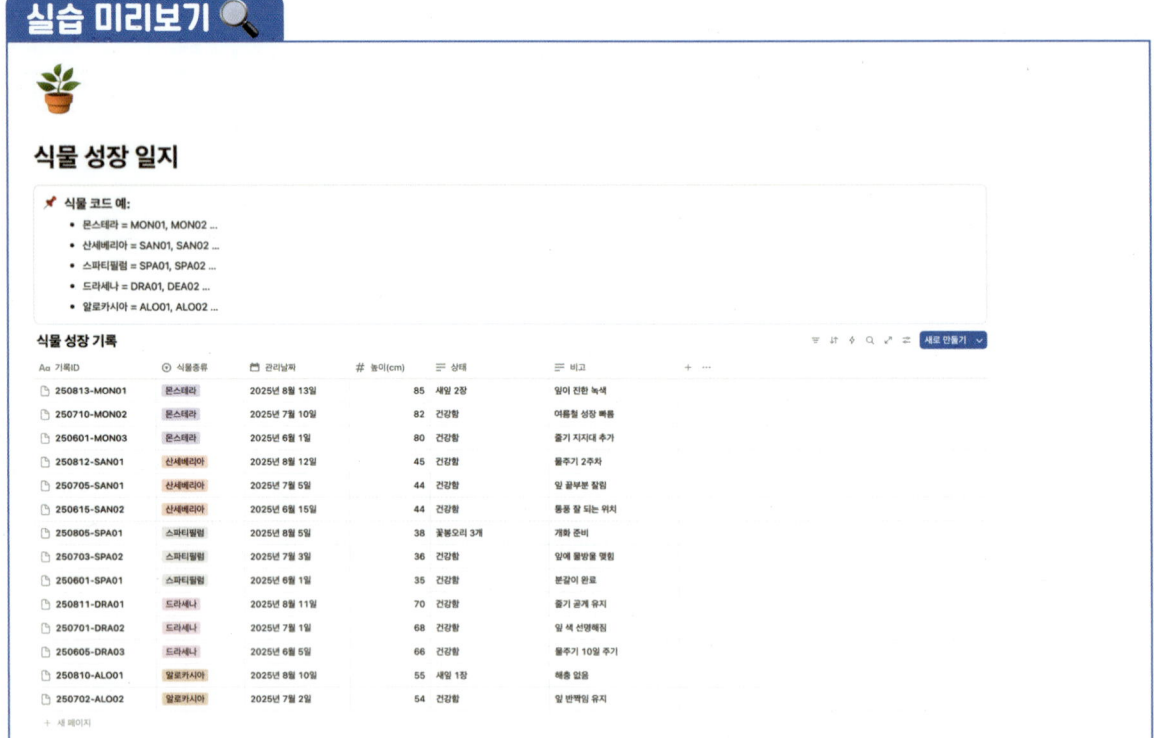

01 데이터베이스 생성하기

가장 먼저 데이터베이스 생성을 해야 합니다. '/표보기'를 입력해 새로운 데이터베이스 표를 생성합니다. 생성한 후에는 데이터베이스에 "식물 성장 기록"이라는 제목을 붙여 주겠습니다.

02 제목 속성으로 기준 잡기

이제는 데이터베이스의 기준을 잡아 줘야 합니다. 데이터베이스의 '제목 속성'은 고유한 값과 제작 목적을 고려해서 설정해 줍니다. 이번 예시는 식물 관리 시 여러 식물을 매일 관리할 수 있기 때문에 제목을 식물의 이름으로만 설정하면 안됩니다. 이런 경우 식물별 기록 ID를 생성해 고유 값을 제작합니다. 다음과 같이 식물마다 공유 코드를 붙이고 관리 날짜를 앞에 붙여 기록 ID를 제작했습니다.

03 다양한 속성 유형 추가하기

이제는 식물 성장 기록에 필요한 내용을 속성 유형에 맞춰 제작합니다. '제작 속성' 우측의 [+] 버튼을 클릭해서 각 속성을 생성해 주고 내용을 기입합니다. 식물종류는 '선택 속성'으로, 관리날짜는 '날짜 속성'으로 식물의 높이는 '숫자 속성'으로 제작했고, 상태와 비고는 '텍스트 속성'으로 제작했습니다. 이외에도 추가로 제작해야 할 속성이 있다면 더 제작해도 좋습니다.

식물 성장 기록						
Aa 기록ID	⊙ 식물종류	📅 관리날짜	# 높이(cm)	≡ 상태	≡ 비고	
📄 250813-MON01	몬스테라	2025년 8월 13일	85	새잎 2장	잎이 진한 녹색	
📄 250710-MON02	몬스테라	2025년 7월 10일	82	건강함	여름철 성장 빠름	
📄 250601-MON03	몬스테라	2025년 6월 1일	80	건강함	줄기 지지대 추가	
📄 250812-SAN01	산세베리아	2025년 8월 12일	45	건강함	물주기 2주차	
📄 250705-SAN01	산세베리아	2025년 7월 5일	44	건강함	잎 끝부분 잘림	
📄 250615-SAN02	산세베리아	2025년 6월 15일	44	건강함	통풍 잘 되는 위치	
📄 250805-SPA01	스파티필럼	2025년 8월 5일	38	꽃봉오리 3개	개화 준비	
📄 250703-SPA02	스파티필럼	2025년 7월 3일	36	건강함	잎에 물방울 맺힘	
📄 250601-SPA01	스파티필럼	2025년 6월 1일	35	건강함	분갈이 완료	
📄 250811-DRA01	드라세나	2025년 8월 11일	70	건강함	줄기 곧게 유지	
📄 250701-DRA02	드라세나	2025년 7월 1일	68	건강함	잎 색 선명해짐	
📄 250605-DRA03	드라세나	2025년 6월 5일	66	건강함	물주기 10일 주기	
📄 250810-ALO01	알로카시아	2025년 8월 10일	55	새잎 1장	해충 없음	
📄 250702-ALO02	알로카시아	2025년 7월 2일	54	건강함	잎 반짝임 유지	

04 페이지 레이아웃 정리하기

속성 제작이 완료되었다면 [열기] 버튼을 클릭해서 페이지를 열어 주겠습니다. 세로로 나열된 속성들을 레이아웃 사용자 지정을 통해 정리해 주겠습니다. ❶ 먼저 페이지에 들어왔을 때 바로 보이면 좋은 내용인 높이(cm)와 상태는 고정을 해주겠습니다. ❷ 다음 줄글의 형태로 기록될 비고는 개별로 레이아웃에 추가해 주겠습니다. ❸ 나머지 속성은 제목을 통해서 파악할 수 있기 때문에 섹션에 추가합니다. ❹ 마지막으로 우측 상단에 위치한 [모든 페이지에 적용] 버튼을 클릭하여 작성한 데이터베이스에 적용하는 것으로 마무리합니다.

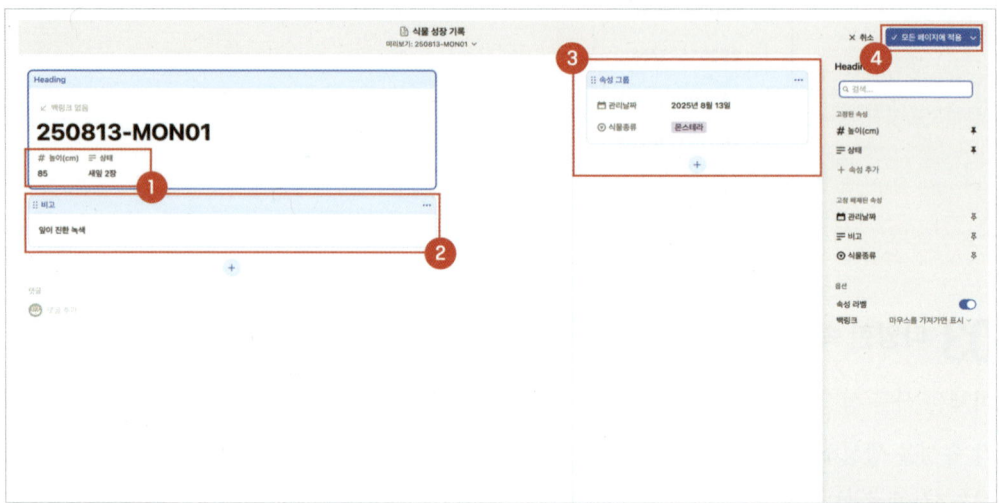

이번 실습을 통해 데이터베이스 기준을 잡아 식물 성장 기록을 제작해 보았습니다. 앞으로 노션 데이터베이스를 생성할 때 위 방법과 순서를 항상 유지해 다양한 목적의 데이터베이스도 쉽게 제작해 보세요.

LESSON 03 데이터베이스 보기 전환

표로 정리한 노션 데이터베이스가 쌓일수록 필요한 정보를 빠르게 찾기가 어렵습니다. 이럴 때는 데이터베이스의 형태를 바꿔 필요한 정보를 빠르게 파악할 수 있습니다. 이번 Lesson에서는 노션 데이터베이스의 형태를 바꿔 보는 연습을 해보겠습니다.

왜 노션을 사용해서 데이터베이스를 정리해야 할까?

01. 새로운 데이터베이스 생성하기

앞서 노션으로 만들어 본 데이터베이스는 엑셀에서도 구글 스프레드시트에서도 쉽게 만들 수 있습니다. 그렇다면 왜 노션을 사용해서 데이터베이스를 만들어야 할까요? 저는 이 질문의 명확한 답을 **노션 데이터베이스 보기 전환**이라고 강조하고 싶습니다.

다음의 이미지는 실습을 통해 만들어 볼 노션 독서기록장입니다. 독서기록장을 표로도 볼 수 있지만 보드를 클릭해 주면 읽기 전, 독서 중, 완독처럼 상태를 기준으로 묶어서 볼 수 있습니다. 갤러리를 클릭해 주면 책 커버 이미지가 보여 전자책 앱과 같은 형태로 볼 수 있습니다. 캘린더를 클릭해 주면 독서 기간을 달력의 형태로 볼 수 있습니다.

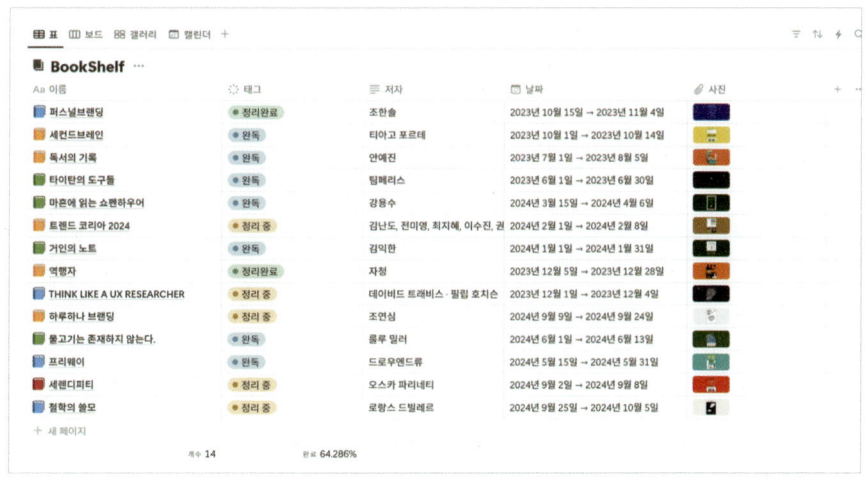

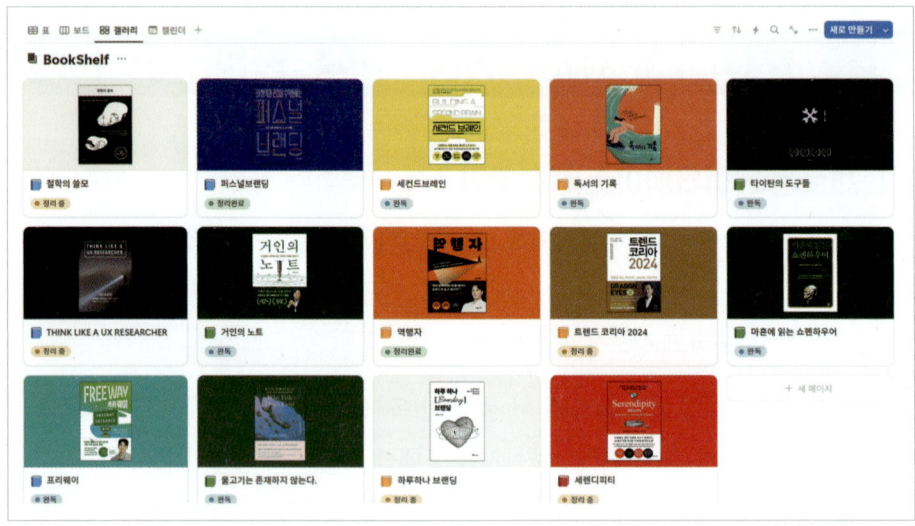

노션에서는 이러한 **형태 변환을 버튼 몇 번 클릭하는 것으로 쉽게 바꿀 수 있습니다.** 또한 이렇게 생성한 데이터베이스 보기는 한 가지 데이터베이스로 만든 것이기 때문에 간단한 드래그와 확장으로도 데이터의 값을 바꿔 줄 수 있습니다. 또한 이런 간단한 작업만으로도 **작업을 하지 않은 보기의 값이 수정**되어 있는 것을 확인할 수 있습니다.

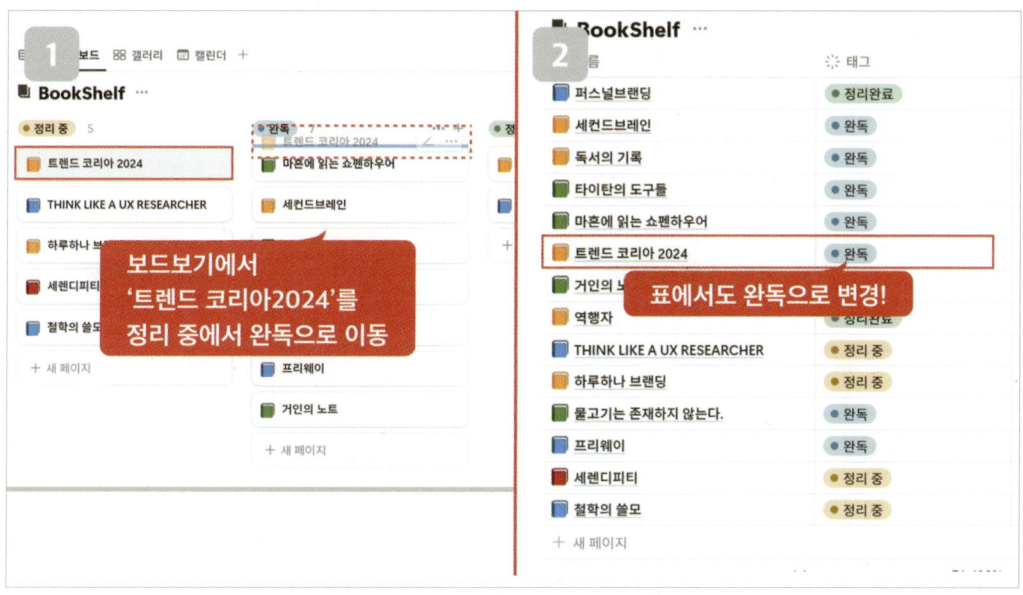

노션에서 제공하는 보기는 6가지 기본 보기(표, 보드, 갤러리, 타임라인, 캘린더, 리스트)와 업데이트를 통해 추가로 생긴 차트, 피드, 양식을 포함해 총 9가지입니다. 자, 그럼 어떻게 데이터베이스 보기 전환을 하는지 살펴보겠습니다.

노션 데이터베이스 보기 전환 방법

"Lesson 02 데이터베이스의 구성"에서 '표 보기'로 데이터베이스의 뼈대를 잡고 페이지 레이아웃을 구성하는 방법을 배웠습니다. 이에 이어서 '표 보기'를 다른 '보기'로 변환하는 방법을 살펴보겠습니다.

01. [+] 버튼을 클릭하여 새 보기 생성

데이터베이스 상단의 '표' 우측 [+] 버튼이 있는 것을 볼 수 있습니다. ❶ [+] 버튼을 클릭하면 노션으로 생성할 수 있는 보기들이 나오는 것을 볼 수 있습니다. ❷ 임의의 보기 한 가지를 선택해 줍니다.

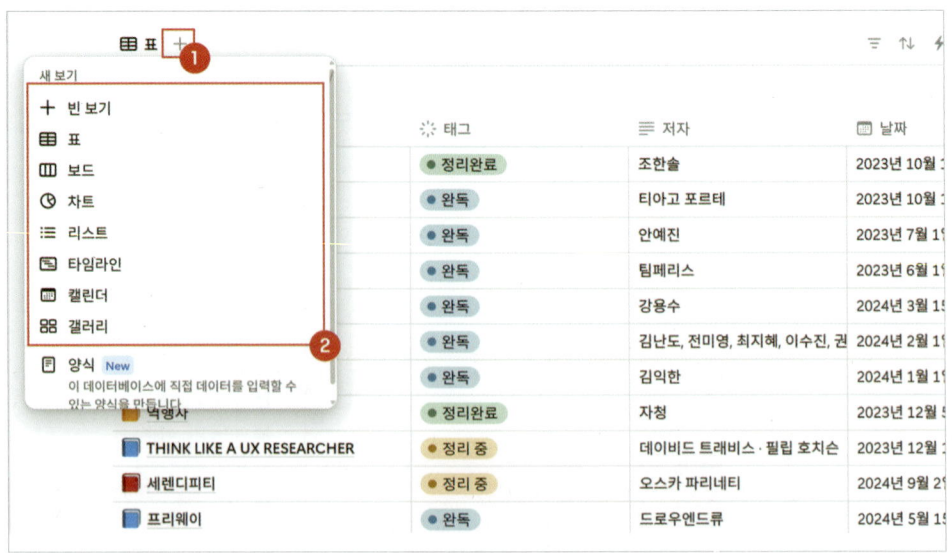

02. 속성 변경

보기를 선택했다면 새로운 보기 탭이 생기면서 보기 전환이 된 것을 볼 수 있습니다. 여기서 몇 가지 설정을 해줘야 합니다. ❶ 데이터베이스 우측 상단의 점 3개를 클릭한 후 ❷ [속성] 항목을 클릭해 주세요. 앞서 '표 보기'를 제작했을 때 생성한 속성 유형들이 보이는 것을 알 수 있습니다.

❸ 보기에 표시해 줄 속성의 눈을 켜주겠습니다. 그럼 화면에 눈을 켜준 속성들이 표시되는 것을 볼 수 있습니다. (속성 이름 옆의 눈 모양 아이콘이 켜지는 것으로 온, 오프를 구별할 수 있습니다.)

> **TIP** 속성의 순서는 드래그하여 바꿔 줄 수 있습니다.

03. 레이아웃 변경

속성 작업이 끝났다면 다음으로는 레이아웃 작업을 해 줍니다. ❶ 동일하게 데이터베이스 우측 상단 점 3개를 클릭해 ❷ 데이터베이스 설정 창에서 레이아웃을 클릭합니다. 현재 보기에 대한 화면 레이아웃을 설정할 수 있는 옵션을 제공하여, **'보기'에 따라서 다르게 구성이 되어 있습니다.**

예를 들어 '보드 보기'의 경우 ❶ [그룹화 기준] 항목이 [태그] 항목으로 설정되어 있습니다. ❷ [그룹화 기준] 항목을 클릭하여 [날짜] 항목으로 변경합니다. 이처럼 원하는 그룹 기준으로 설정할 수 있습니다.

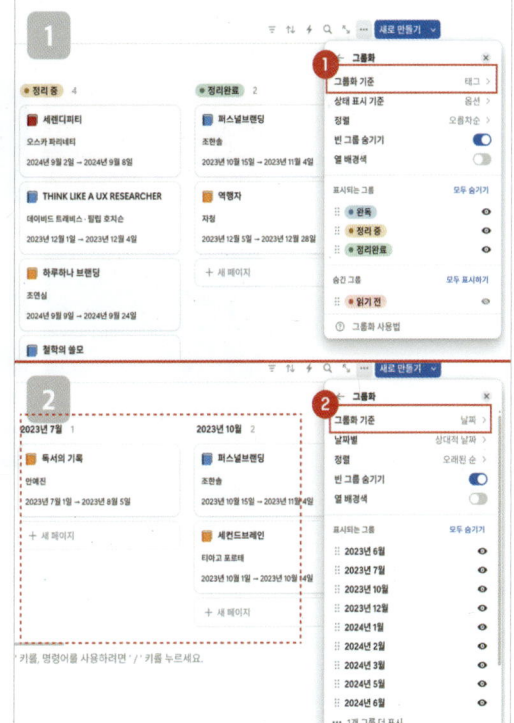

노션에서는 이러한 **형태 변환을 버튼 몇 번만 클릭하면 될 만큼 매우 쉽게** 할 수 있습니다. 또한 이렇게 **'캘린더 보기'의 경우 달력 형태를 월별**로 표시하지만 설정을 바꾸면 주간 형태로 볼 수 있습니다.

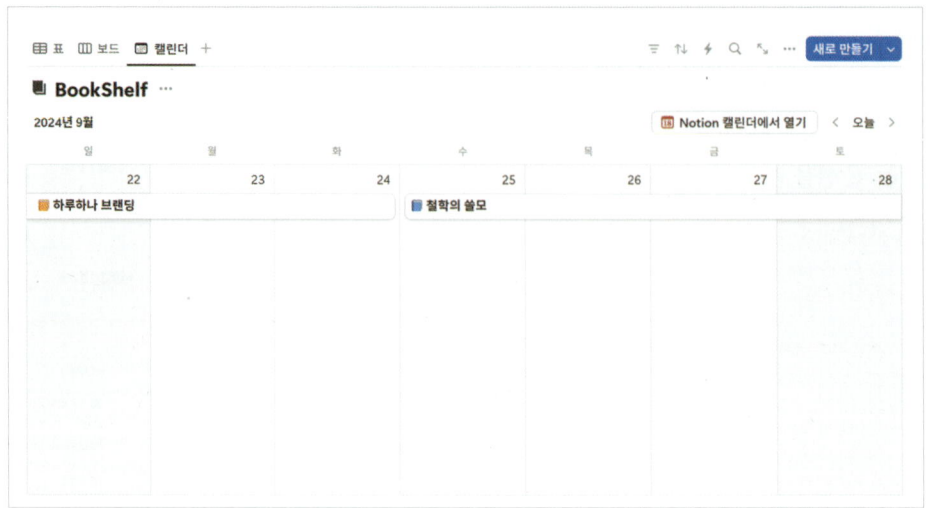

'갤러리 보기'의 경우 ❶ **[카드 미리보기] 항목**을 설정할 수 있습니다. ❷ 기본적으로는 콘텐츠에 내용을 보여 주지만, 커버의 이미지를 보여 주거나 '파일과 미디어 속성'에 들어간 사진으로 미리보기를 설정할 수 있습니다.

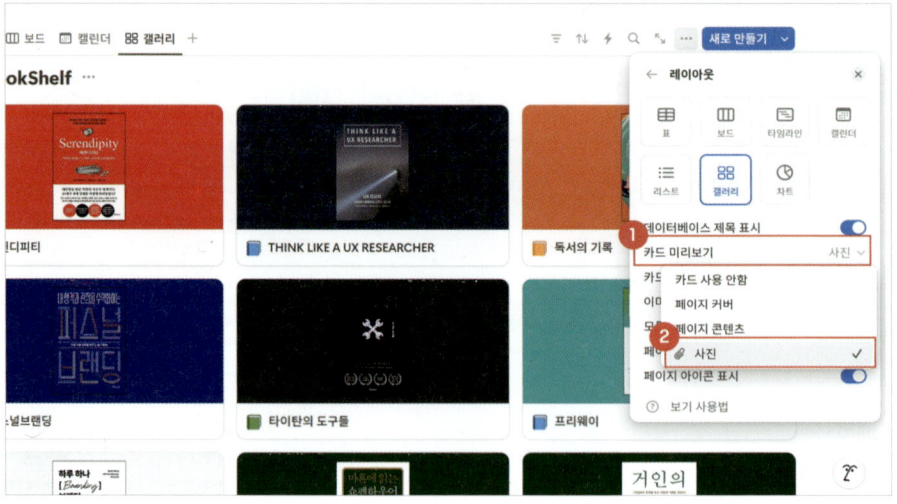

정리하자면 **'표 보기'를 통해 데이터베이스의 구조를 잡은 후, 새 보기 생성, 속성 설정, 레이아웃 설정의 순서로 제작하는 과정이 노션 데이터베이스 제작 과정입니다.** 노션에는 총 9가지 보기가 있지만 모든 보기가 동일한 제작 과정을 통해 생성된다는 점을 잊지 마세요.

이후에는 노션 데이터베이스 6가지 기본 보기가 언제 사용되고 어떻게 사용하면 좋은지 사례를 통해 보기별 특징에 대해 배워 보겠습니다.

노션 데이터베이스 6가지 기본 보기

노션에는 '표 보기', '갤러리 보기', '보드 보기', '캘린더 보기', '타임라인 보기', '리스트 보기' 총 6가지 기본 보기를 제공합니다. 각 보기별 특징과 장단점, 활용 예시를 살펴보겠습니다.

01. 표 보기

'표 보기'는 데이터베이스의 뼈대를 가장 잘 볼 수 있는 보기입니다. 그래서 노션 데이터베이스 생성을 할 때 가급적 먼저 생성해서 데이터베이스의 구조를 잡아준 후 다른 보기로 전환하게 됩니다. '표 보기'는 데이터베이스의 구조 파악이 쉽고 속성 편집이 쉽다는 장점을 가지고 있지만, 많은 양의 데이터가 쌓이게 되면 필요한 정보를 파악하기 어렵다는 단점이 있습니다.

정리하지만, '표 보기'는 **데이터베이스의 원본을 관리할 때 주로 사용**합니다. 데이터베이스의 구조를 쉽게 파악할 수 있으며, 필요한 경우 **검색이나 필터를 통해 빠른 수정도 가능하기 때문**입니다.

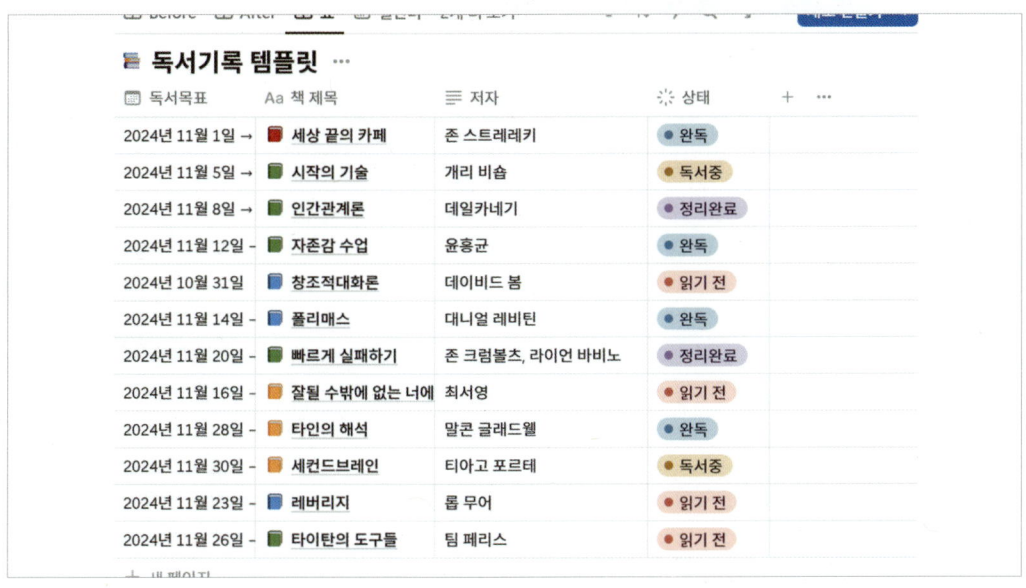

02. 갤러리 보기

'갤러리 보기'는 페이지 내 콘텐츠나 외부에서 제작된 이미지를 카드 형태로 볼 수 있습니다.

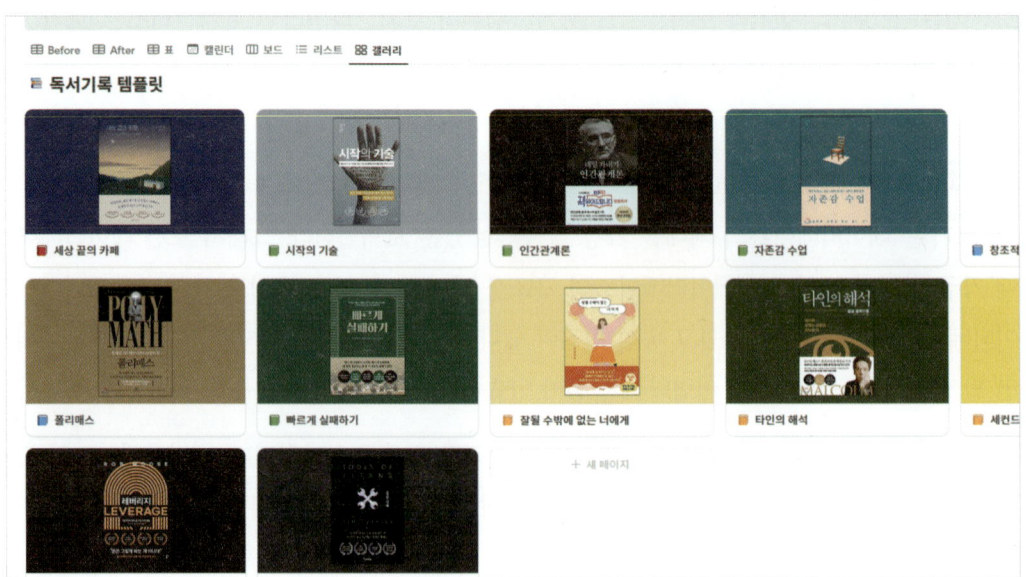

'갤러리 보기'에서 레이아웃으로 가면 카드에 대한 옵션이 생긴 것을 볼 수 있습니다. 먼저 [카드 미리보기] 항목부터 볼까요? ❶ [카드 미리보기] 항목은 '갤러리 보기'에서 보이는 화면을 어떤 걸로 할지 설정해 주는 역할을 합니다. ❷ [페이지 콘텐츠] 항목의 경우 페이지의 내용을 보여 줍니다.

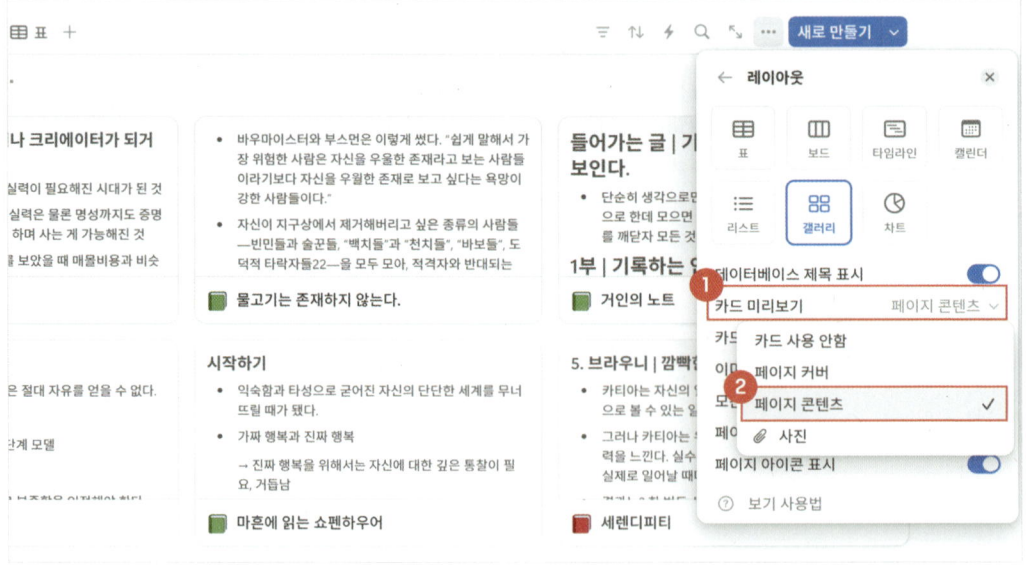

[페이지 커버] 항목은 페이지 커버 이미지를 보여 줍니다.

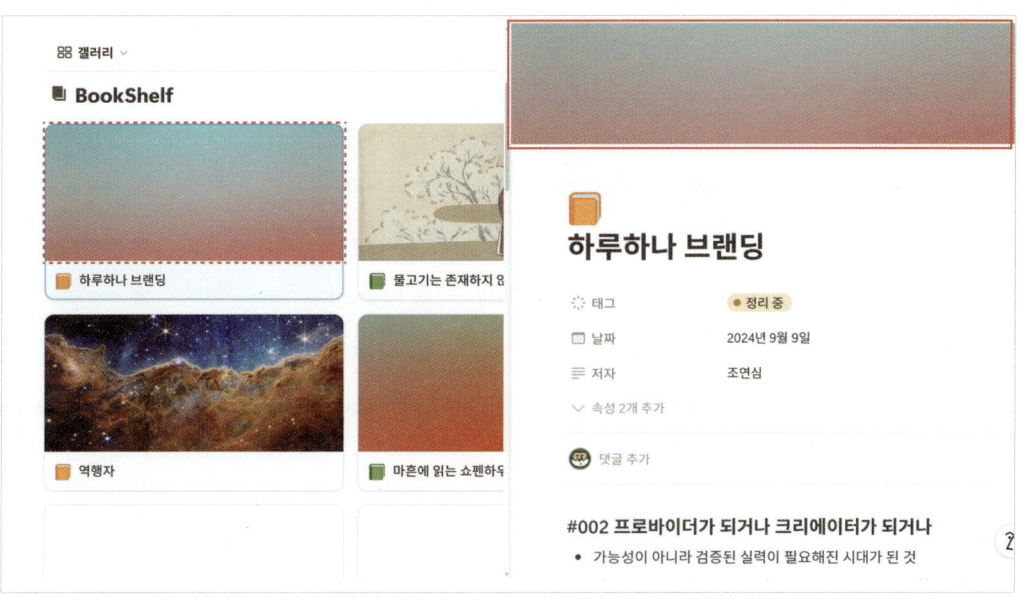

❶ '파일과 미디어 속성'을 활용할 수도 있습니다. ❷ 해당 속성에 사진 파일을 넣어 두게 되면 해당 사진을 미리보기로 볼 수 있습니다.

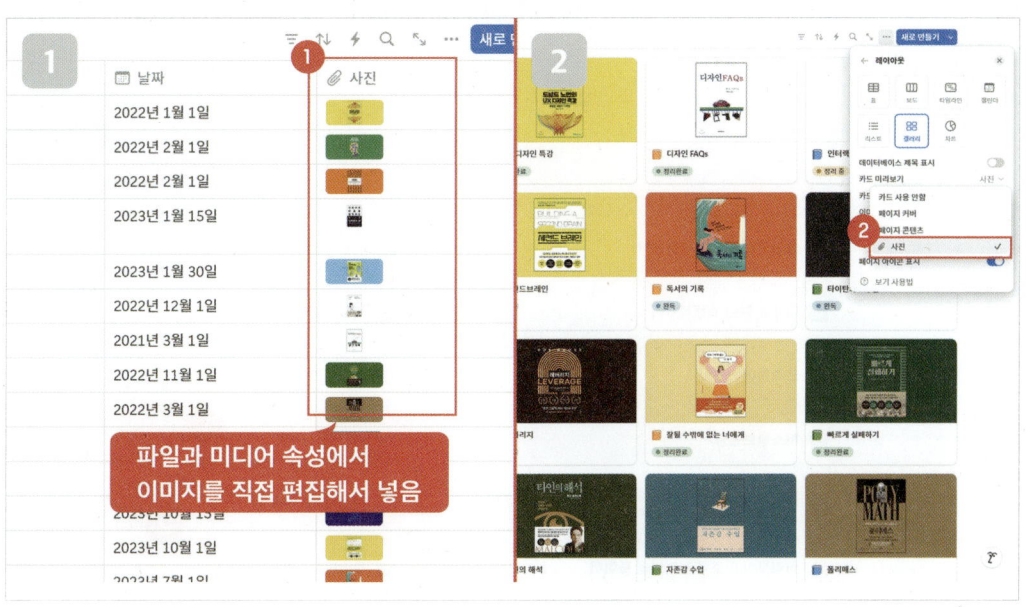

TIP 노션 '갤러리 보기'에 넣을 이미지를 제작한다면 가로와 세로의 비율을 2:1 정도로 제작하는 것이 좋습니다.

[카드 미리보기] 항목을 클릭한 후, [카드 사용 안함] 항목을 클릭하면 이미지 없이 페이지로 이동하는 버튼처럼 활용할 수 있습니다.

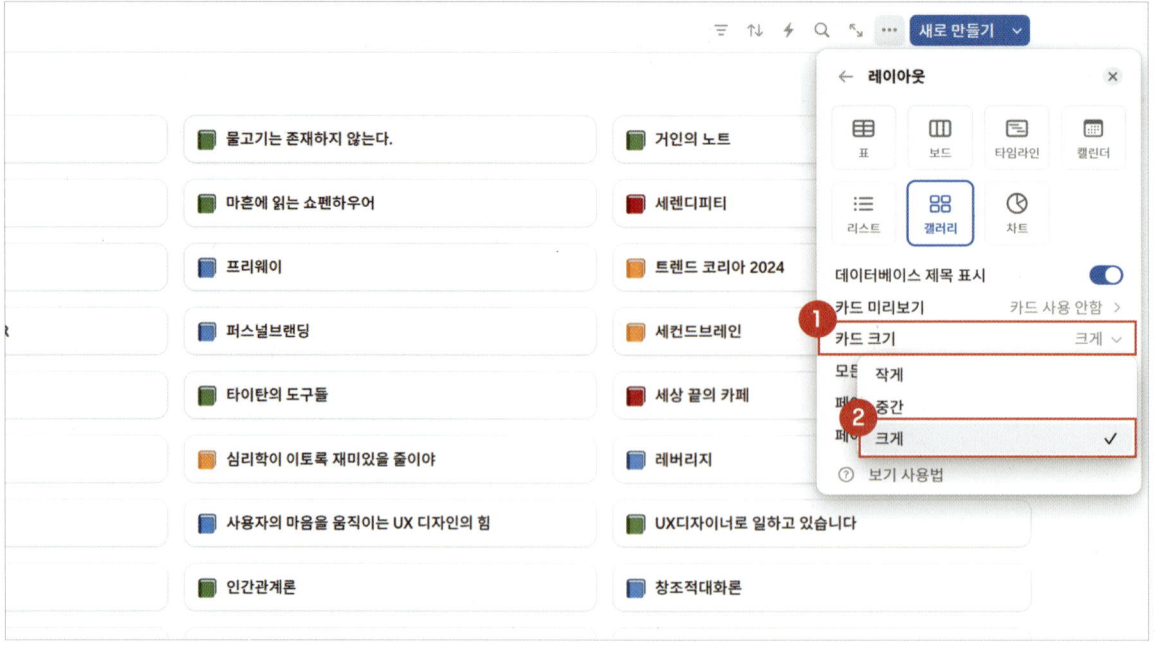

❶ [카드 크기] 항목의 경우 카드의 사이즈를 설정할 수 있습니다. ❷ [작게], [중간], [크게]의 3가지 항목으로 설정을 할 수 있습니다.

❶ [이미지 맞추기] 토글을 클릭하여 활성화하면 사진 원본 비율 그대로 카드에 반영되는 것을 볼 수 있습니다.

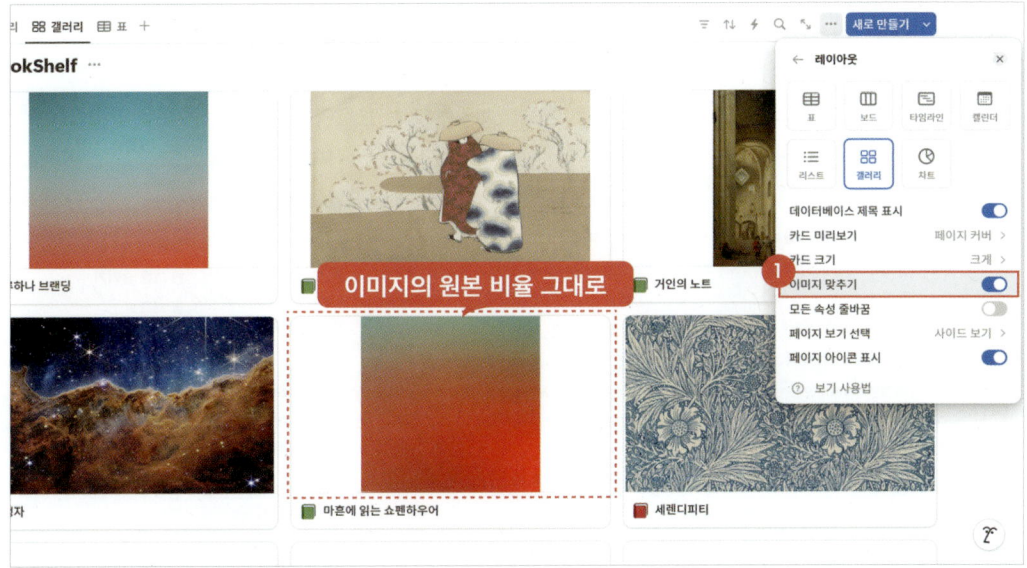

'갤러리 보기'는 **데이터베이스를 시각적이고 매력적으로 꾸밀 수 있다는 장점**이 있지만, 그만큼 데이터베이스의 구조를 한눈에 파악하거나 수정하기가 어렵다는 단점이 있습니다. 주로 취업·이직을 위한 **포트폴리오나 노션을 활용한 홈페이지 제작 시 많이 사용**됩니다.

03. 보드 보기

'보드 보기'는 데이터베이스를 한 속성을 기준으로 그룹을 지을 때 사용합니다. 나누어진 그룹을 기준으로 데이터베이스 생성 및 수정이 가능합니다.

'보드 보기'의 레이아웃에도 여러 가지 설정해 줄 수 있습니다. **가장 중요한 [그룹화 기준]** 항목을 클릭해 보겠습니다. 현재는 '상태 속성' 유형을 기준으로 그룹화가 되어 있는 것을 볼 수 있는데요, 이를 다른 속성 유형으로 변경하고 싶은 경우 **[그룹화 기준] 항목에서 다른 속성을 클릭하여 변경**할 수 있습니다.

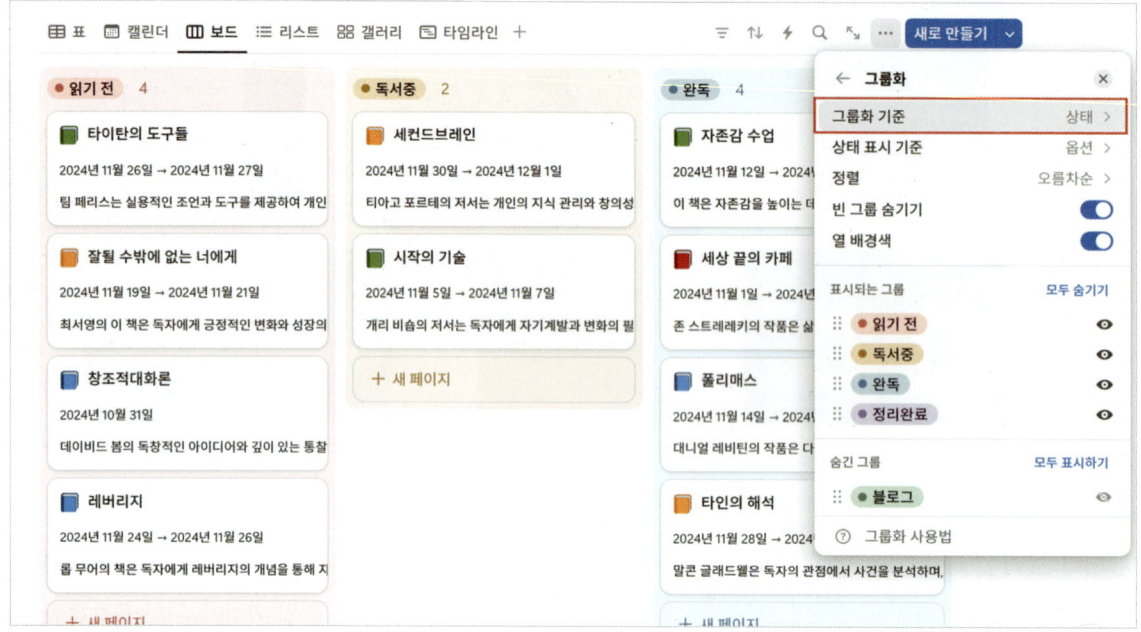

대표적으로 많이 변경하는 속성 유형은 '선택 속성'과 '날짜 속성'입니다. '선택 속성'의 경우 '상태 속성'과 비슷하게, '선택 속성' 유형에 생성한 **카테고리를 기준으로** 그룹이 묶입니다.

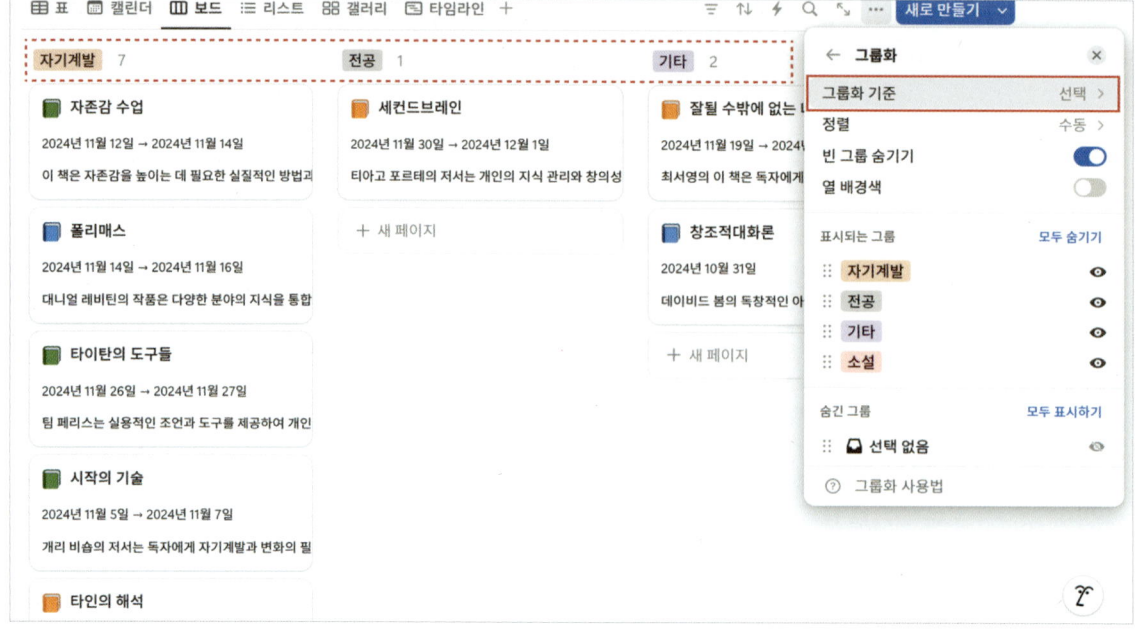

'날짜 속성'을 선택하는 경우 [날짜별] 항목을 클릭해 주세요. **[상대적 날짜], [일별], [주별], [월별], [연도별] 항목으로 정보를 묶어서** 볼 수 있습니다.

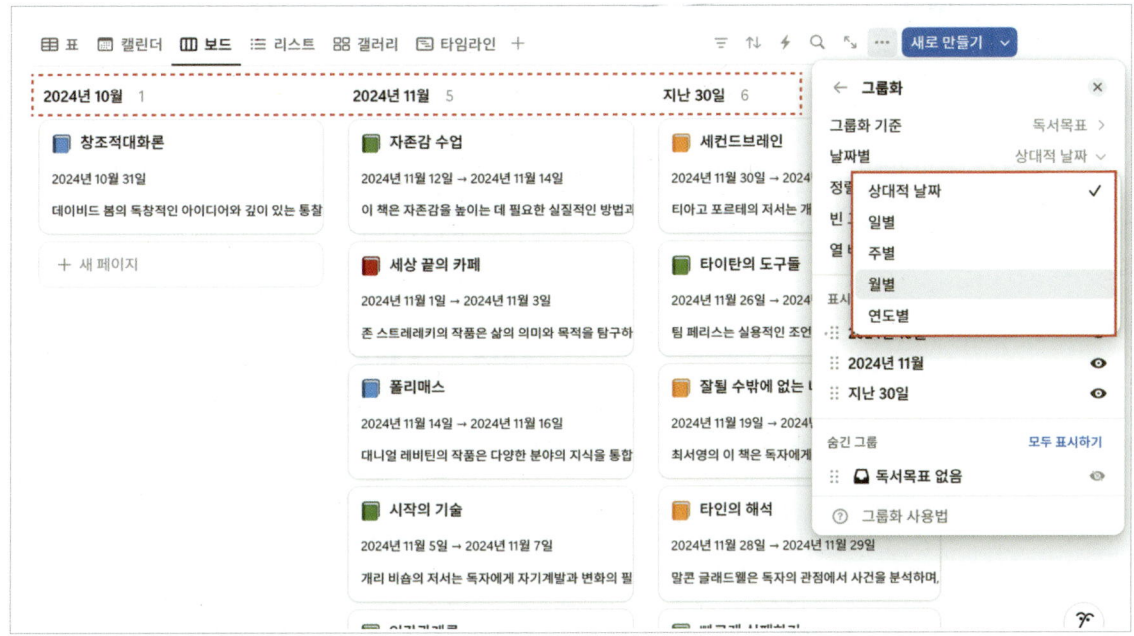

[열 배경색] 토글을 클릭해 볼까요? [열 배경색] 토글을 클릭하여 활성화해 주면 속성의 유형 색과 동일하게 그룹 색상이 반영되는 것을 볼 수 있습니다.

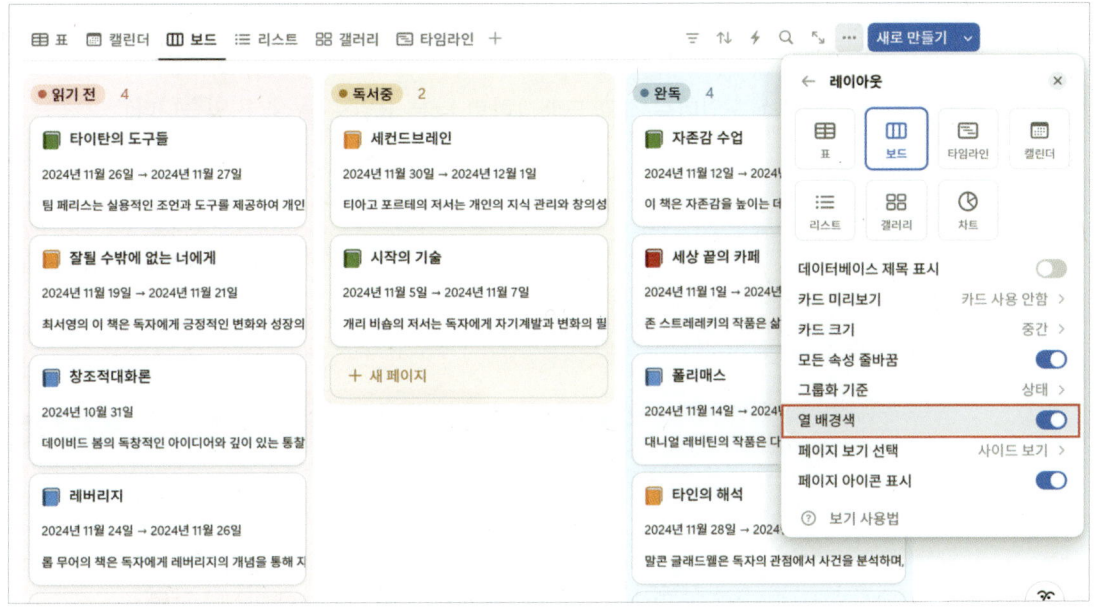

'보드 보기'의 경우 데이터베이스를 자신이 만든 **속성 유형을 기준으로 정보를 그룹 지어 볼 수 있다는 장점**을 가지고 있지만, 가로로 영역을 많이 차지해 끝에 있는 그룹은 보기 힘들고, 데이터베이스 구조를 보기 힘들다는 단점이 있습니다.

04. 캘린더 보기

날짜가 들어간 데이터베이스는 '캘린더 보기'를 사용한다면 **달력의 형태로 데이터베이스를 관리**할 수 있습니다. 달력의 형태로 관리하기 때문에 **직관적으로 요일을 파악**할 수 있습니다.

캘린더에 표시된 카드를 마우스 포인터로 잡고 드래그하면 다른 요일로 옮길 수 있습니다.

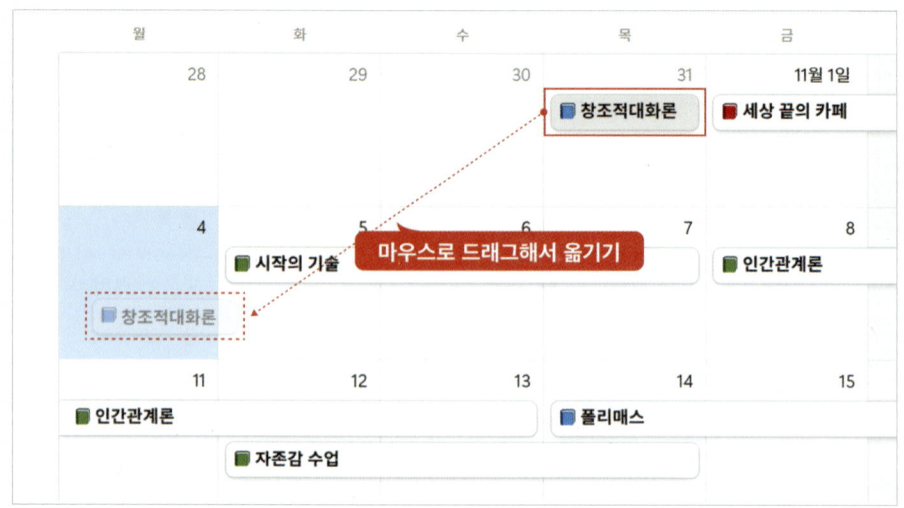

카드의 끝부분에 **마우스 포인터를 두고 드래그하는 것으로 카드를 좌우로 늘리거나 줄일 수 있습니다.** 이를 활용해 일정의 종료일을 쉽게 생성할 수 있습니다.

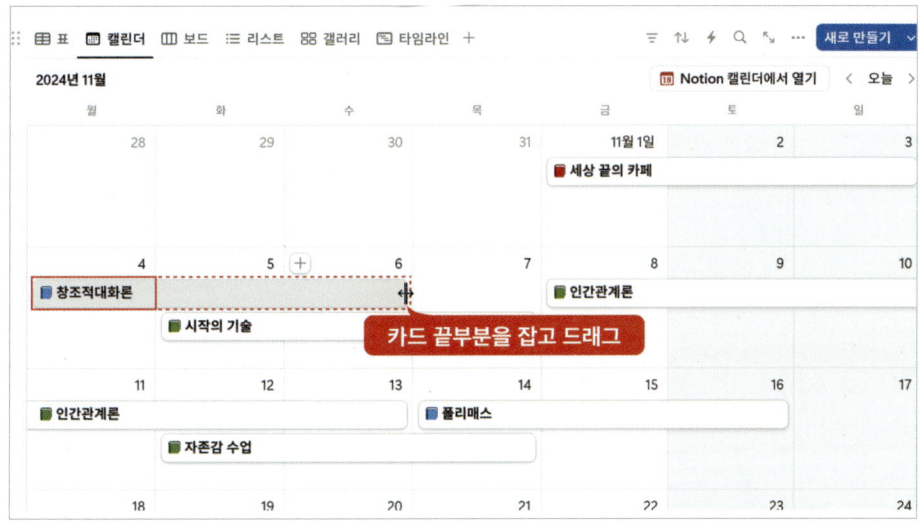

'캘린더 보기'의 레이아웃으로 가보겠습니다. [캘린더 표시 기준 보기] 항목의 경우 '날짜 속성'이 여러 개인 경우, 어떤 '날짜 속성'을 표시할 것인지 선택할 수 있는 옵션입니다. 만약 수식을 활용한 결과물이 '날짜 속성'인 경우, '수식 속성'을 클릭해 주면 수식으로 제작한 날짜가 캘린더에 표시되는 것을 볼 수 있습니다.

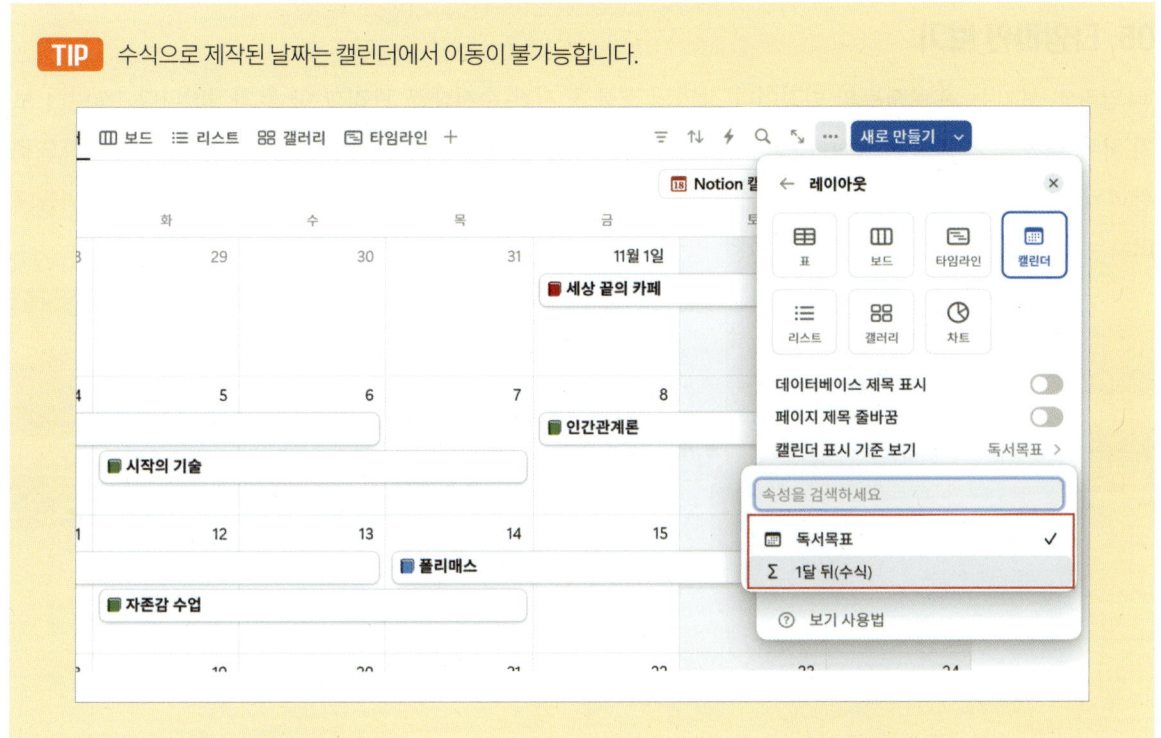

LESSON 03 _ 데이터베이스 보기 전환

[캘린더 표시 기준] 항목이 현재는 [월] 항목으로 되어 있는데요, 표시 기준을 [주] 항목으로 변경하면 일주일 단위로 볼 수 있습니다.

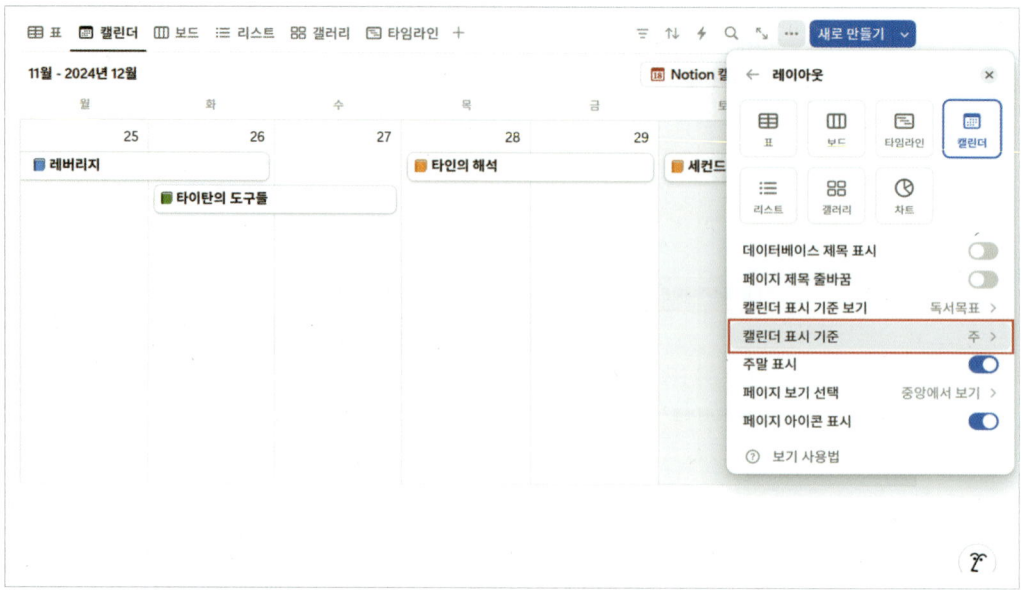

'캘린더 보기'는 달력 형태로 관리하기 때문에 **일정 관리가 직관적이라는 장점**이 있지만, 복잡한 데이터 구조를 한눈에 파악하기 어렵고, 세부 내용을 확인하려면 일일이 클릭해야 하는 번거로움이 있습니다.

05. 타임라인 보기

'타임라인 보기'는 프로젝트의 일정이나 작업의 흐름을 시간 순서대로 관리할 때 효과적입니다. '캘린더 보기'처럼 날짜를 기반으로 생성이 됩니다. '캘린더 보기'는 데이터베이스가 서로 연결되지 않고 독립적으로 관리될 때 사용한다면, **'타임라인 보기'의 경우 데이터베이스가 서로 순서가 있고 작업 흐름에 서로가 영향을 미치는 상황**에서 사용합니다.

'타임라인 보기'의 레이아웃 설정에 들어가 보겠습니다. 설정창에서 [타임라인 표시 기준] 항목을 설정할 수 있는데요, '캘린더 보기'와 동일하게 '날짜 속성'을 클릭해서 설정할 수 있습니다.

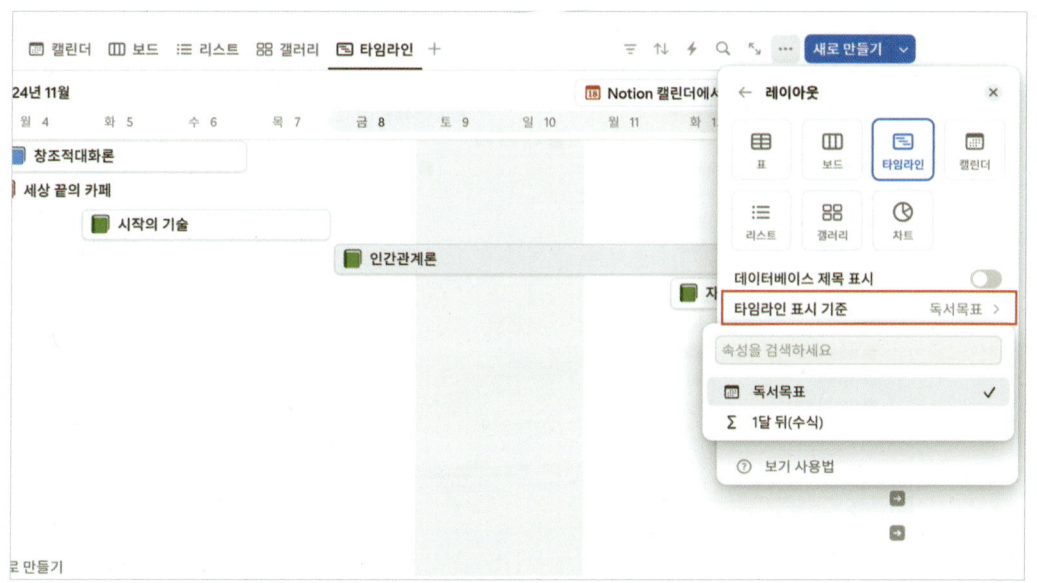

❶ 만약 '날짜 속성'이 **두 개 이상인 경우** ❷ **[별도의 시작일과 종료일 사용] 토글을 활성화하여 사용**할 수 있습니다. 해당 부분을 활성화하면 '날짜 속성'을 각각 [시작일]과 [종료일] 항목으로 설정해서 관리할 수 있습니다.

LESSON 03 _ 데이터베이스 보기 전환 **101**

[표 보기] 토글을 활성화하면 타임라인 좌측으로 표가 생성되는 것을 볼 수 있습니다. '표 속성'을 클릭하면 표에서 제작된 속성을 추가해서 볼 수 있습니다.

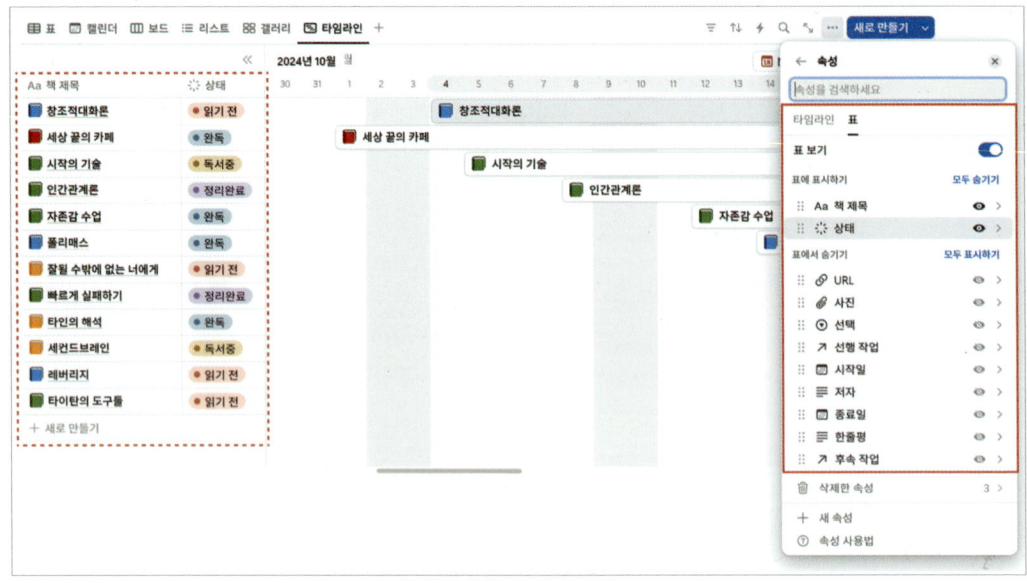

[그룹화] 항목을 설정하여 사용한다면 설정된 그룹을 기준으로 전체적인 진행 프로세스를 확인할 수 있습니다.

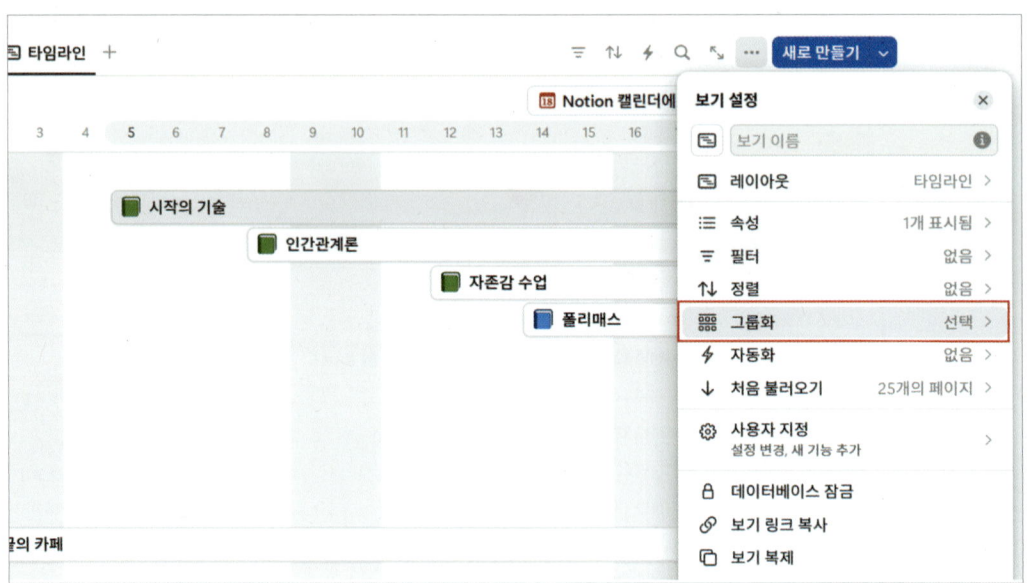

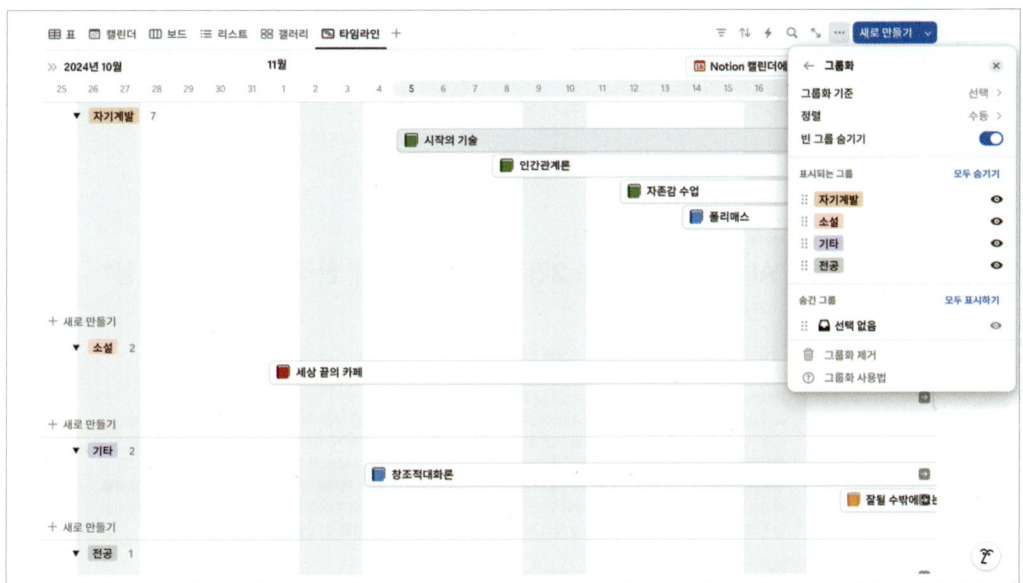

주로 프로젝트 관리, 장기적인 계획 수립, 여러 작업의 시작일과 종료일을 한 번에 확인할 때 많이 사용합니다. **시간 경과에 따른 작업 진행 상황을 한눈에 파악할 수 있다는 점이 큰 장점**이지만, 세부 데이터를 수정하거나 구조를 이해하는 데는 어려움이 있습니다.

06. 리스트 보기

'리스트 보기'는 데이터를 간단하게 확인하거나, 핵심만 간략하게 확인할 때 사용됩니다. 단, 속성 정보를 바로 파악하기 어렵기 때문에 데이터베이스 페이지로 이동해 정보를 확인하는 경우 주로 사용합니다.

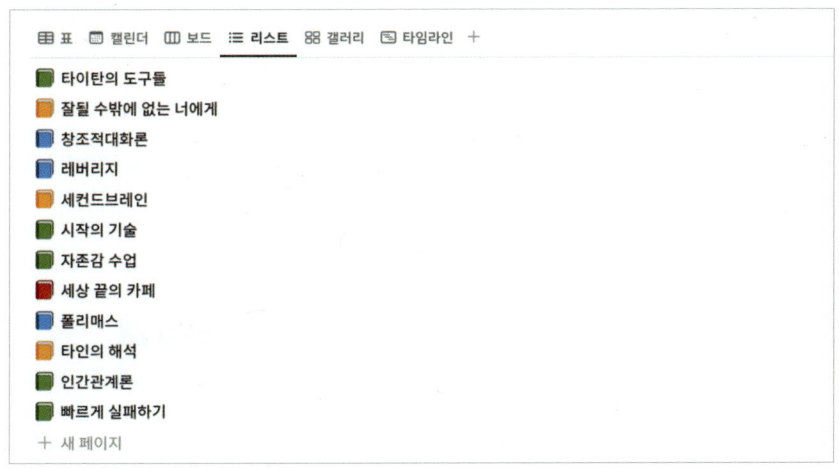

'리스트 보기'는 핵심 정보를 간략하게 표시하고 있어 쾌적한 관리를 할 수 있다는 장점은 있지만 생성한 속성 유형을 바로 확인하기 어렵다는 단점이 있습니다.

> **한 스푼 더** 　**새롭게 추가된 피드 보기**

2025년 7월, 노션은 새로운 보기 유형인 '피드 보기'를 업데이트했습니다. '피드 보기'는 페이지의 내용을 카드 형태로 시각화해, 페이지 내부를 보다 쉽고 직관적으로 탐색할 수 있도록 만든 것이 특징입니다.

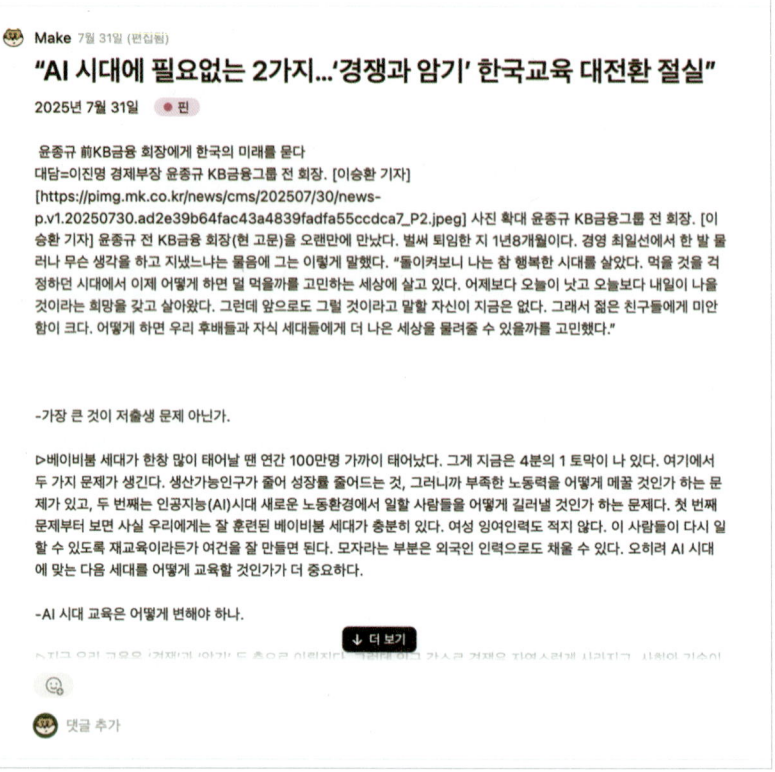

또한, 카드 내에서 ❶ 이모지 반응이나 ❷ 댓글 작성과 같은 소셜 상호작용 기능을 바로 이용할 수 있습니다.

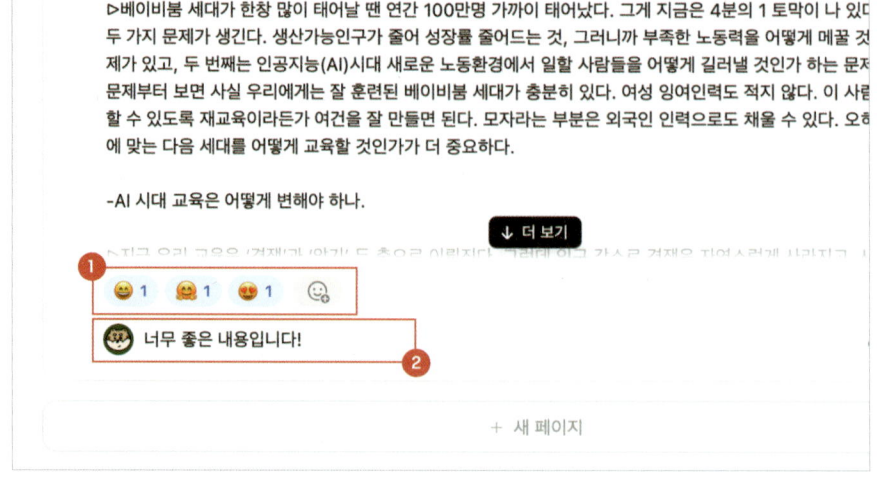

실습 콘텐츠 제작 일지

이번 실습에서는 앞서 배운 노션의 데이터베이스 보기를 활용해 콘텐츠 제작 일지를 만들어 보겠습니다. 이번 콘텐츠 제작 일지에 사용된 데이터베이스 표는 다음과 같이 구성했습니다. 해당 데이터베이스 제작 방법은 "Lesson 02 데이터베이스의 구성"을 참고해 주세요.

■ **실습 자료 파일**: 콘텐츠 제작 일지

제목	속성 유형	세부 옵션
콘텐츠 명	제목 속성	
채널	선택 속성	블로그, 유튜브, 틱톡, 인스타그램
주제	텍스트 속성	
담당자	다중 선택 속성	박건우, 김하나, 김수진, 이현우, 최민지
게시 예정일	날짜 속성	
상태	상태 속성	할 일 – 시작 전, 검수중 진행 중 – 기획중, 촬영중, 편집중 완료 – 게시완료
참고 링크	URL 속성	

콘텐츠 제작 일정표

콘텐츠명	채널	주제	담당자	게시 예정일	상태	참고 링크
노션 일정관리 꿀팁	유튜브	노션 캘린더 활용법	김하나	2025년 8월 15일	촬영중	example.com/a
8월 마케팅 캠페인 소개	인스타그램	여름 프로모션	최민지	2025년 8월 12일	기획중	example.com/b
스타트업 업무자동화 사례	블로그	Make + 노션 연동	박건우	2025년 8월 18일	편집중	example.com/c
1분 숏폼 제작 비법	틱톡	숏폼 촬영 팁	이현우	2025년 8월 10일	검수중	example.com/d
브랜드 스토리 영상	유튜브	회사 연혁 & 가치	김수진	2025년 8월 20일	기획중	example.com/e
제품 사용법 튜토리얼	유튜브	신제품 설명	박건우	2025년 8월 25일	촬영중	example.com/f
9월 콘텐츠 미리보기	블로그	월간 콘텐츠 예고	김하나	2025년 8월 28일	기획중	example.com/g
고객 후기 모음	인스타그램	후기 하이라이트	최민지	2025년 8월 14일	게시완료	example.com/h
노션 대시보드 디자인	유튜브	디자인 가이드	이현우	2025년 8월 16일	편집중	example.com/i
여름 시즌 마감 이벤트	틱톡	마감 세일 홍보	김수진	2025년 8월 22일	검수중	example.com/j

+ 새 페이지

실습 미리보기 🔍

콘텐츠 제작 일정표

| 표 | 보드 | 캘린더 | 리스트 |

Aa 콘텐츠명	⊙ 채널	≡ 주제	≡ 담당자	📅 게시 예정일	☀ 상태
노션 일정관리 꿀팁	유튜브	노션 캘린더 활용법	김하나	2025년 8월 15일	● 촬영중
8월 마케팅 캠페인 소개	인스타그램	여름 프로모션	최민지	2025년 8월 12일	● 기획중
스타트업 업무자동화 사례	블로그	Make + 노션 연동	박건우	2025년 8월 18일	● 편집중
1분 숏폼 제작 비법	틱톡	숏폼 촬영 팁	이현우	2025년 8월 10일	● 검수중
브랜드 스토리 영상	유튜브	회사 연혁 & 가치	김수진	2025년 8월 20일	● 기획중
제품 사용법 튜토리얼	유튜브	신제품 설명	박건우	2025년 8월 25일	● 촬영중
9월 콘텐츠 미리보기	블로그	월간 콘텐츠 예고	김하나	2025년 8월 28일	● 기획중
고객 후기 모음	인스타그램	후기 하이라이트	최민지	2025년 8월 14일	● 게시완료
노션 대시보드 디자인	유튜브	디자인 가이드	이현우	2025년 8월 16일	● 편집중
여름 시즌 마감 이벤트	틱톡	마감 세일 홍보	김수진	2025년 8월 22일	● 검수중

+ 새 페이지

01 보드 보기 생성

먼저 표의 업무 상태를 구분 지어서 보고자 합니다. 이럴 때는 '보드 보기'를 활용합니다. '표 보기' 우측의 ❶ [+] 버튼을 클릭하여 '새 보기'를 생성해 주겠습니다. ❷ [보드] 항목을 클릭하여 '보드 보기'를 만들어 주세요.

다음으로는 속성을 설정해 주겠습니다. 많은 속성이 보이게 설정하면 카드가 길어지기 때문에 유용한 몇 가지 속성만 표시하는 것이 좋습니다. ❶ [설정] 아이콘을 클릭하여 ❷ [속성 표시 여부] 항목을 클릭한 후 '예상 마감일 속성'과 '유형 속성'만 켜줍니다.

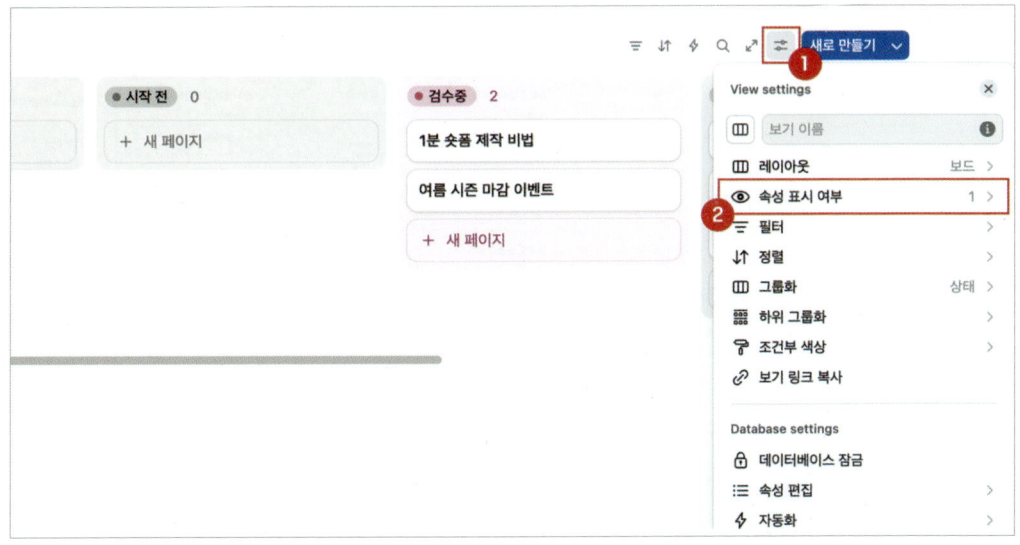

레이아웃 설정을 해볼까요? [카드 크기] 항목은 [작게], [열 배경색] 항목의 토글을 활성화하여 그룹의 가독성을 높여 주겠습니다. 이렇게 하면 업무의 상태를 한눈에 확인할 수 있습니다.

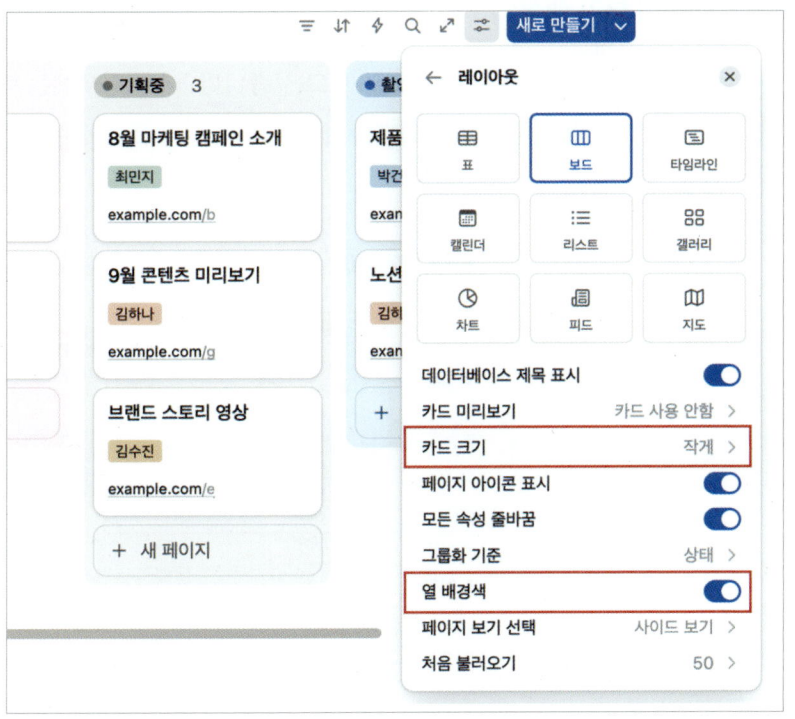

추가로 콘텐츠 별로 일정을 쉽게 관리할 수 있도록 [하위 그룹화] 항목을 클릭하여 [채널] 항목을 클릭하겠습니다.

02 캘린더 보기 생성

다음은 업무를 시작한 날짜를 달력으로 보고 싶습니다. 이런 경우에는 '캘린더 보기'를 활용합니다. ❶ [+] 버튼을 클릭해서 '새 보기'를 생성하겠습니다. ❷ '새 보기'를 생성한 다음 [캘린더] 항목을 클릭하여 '캘린더 보기'를 생성해 주세요.

다음으로는 속성을 설정해 주겠습니다. '캘린더 보기'도 '보드 보기'와 같이, 많은 속성을 켜주면 카드가 길어지기 때문에 오히려 가독성이 떨어집니다. 필수적인 속성만 켜주세요. 저는 '채널 속성'과 '상태 속성'만 켜주겠습니다.

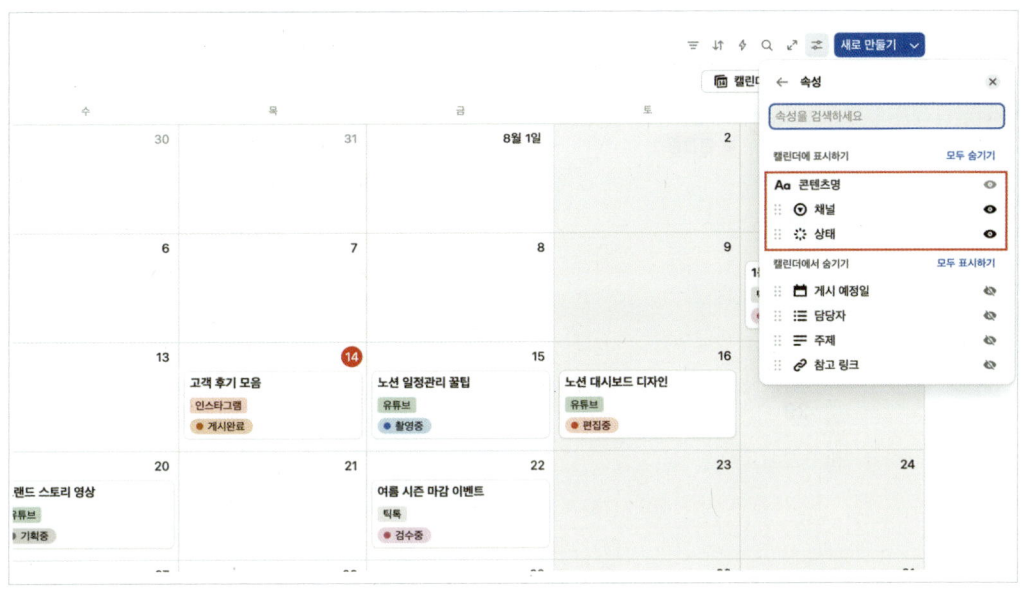

레이아웃도 설정을 해보겠습니다. 캘린더는 월별로 일정을 확인할 것이기 때문에 [캘린더 표시 단위] 항목을 [월] 항목으로, [페이지 보기 선택] 항목의 경우 [중앙에서 보기] 항목을 선택해 카드를 눌렀을 때 중앙으로 오도록 설정해 주었습니다.

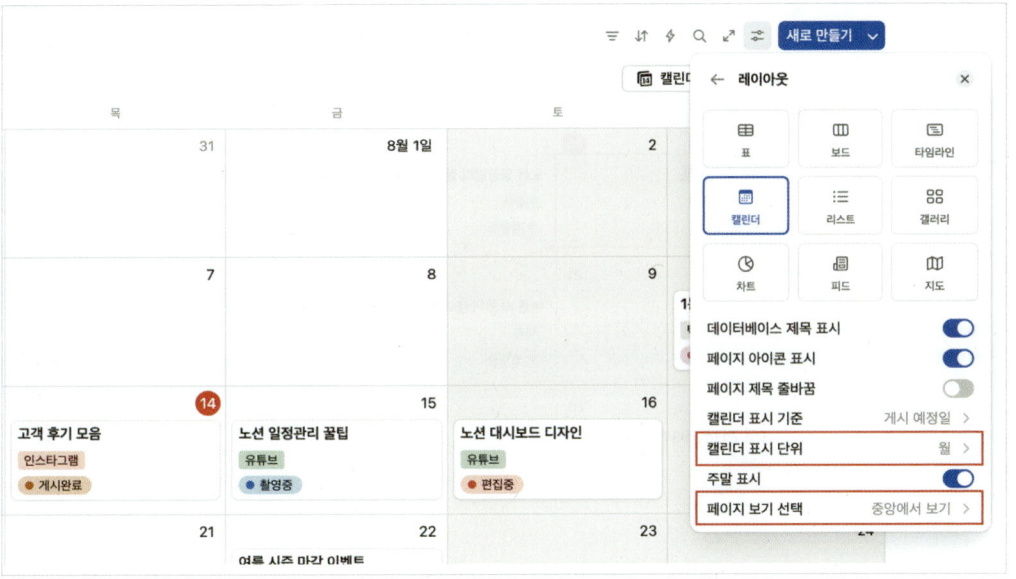

> **TIP** [페이지 보기 선택] 항목은 페이지를 클릭했을 때 열리는 방법을 설정해 줍니다. '캘린더 보기'는 [중앙에서 보기] 항목이 기본으로 설정되어 있습니다.

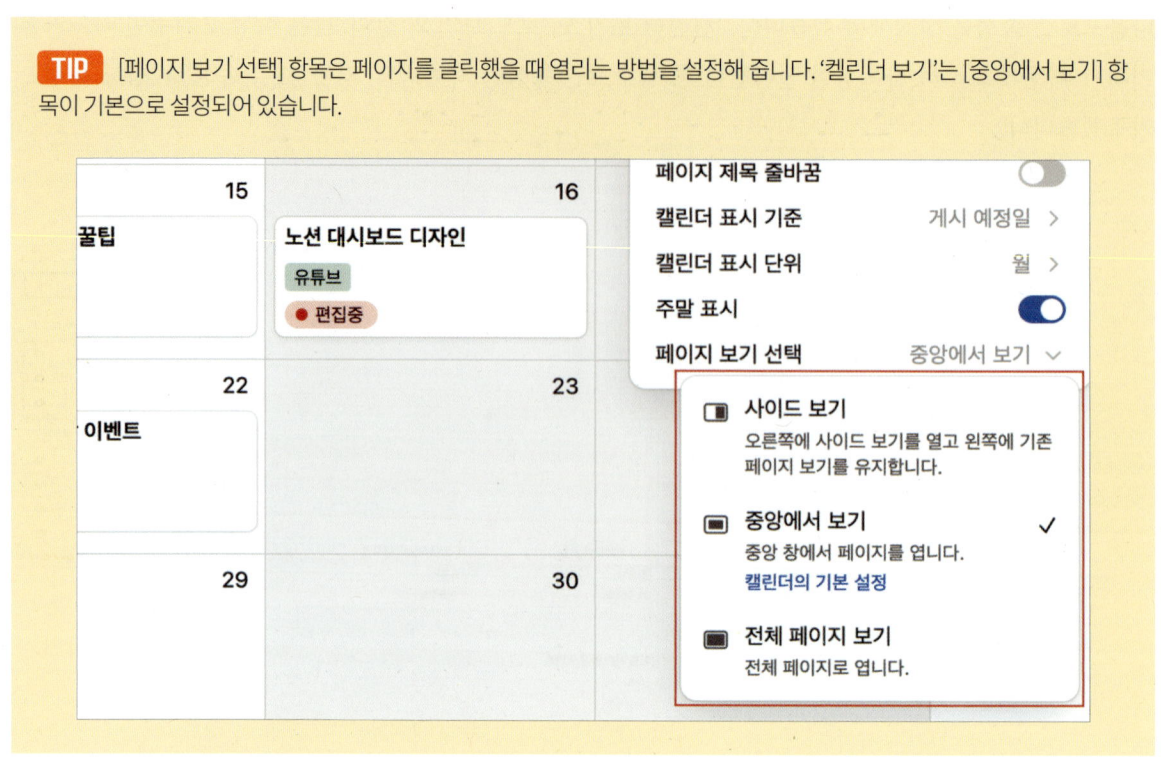

시작일을 수정한다면 카드를 마우스 포인터로 드래그하여 일정을 조율할 수 있습니다.

03 리스트 보기 생성

프로젝트별 담당자를 직관적으로 보고 싶은 경우에는 '리스트 보기'를 활용합니다. ❶ [+] 버튼을 클릭하여 '새 보기'를 생성해 주겠습니다. ❷ [리스트] 항목을 클릭해서 '리스트 보기'를 생성해 주세요.

다음으로는 속성을 설정해 주겠습니다. '리스트 보기'도 필수적인 속성만 켜주세요. 예시에서는 '담당자 속성'만 켜도록 하겠습니다.

담당자별 업무를 보는 것이 가독성이 떨어져 보입니다. 이를 해결하기 위해 레이아웃을 설정해 담당자별로 그룹화를 해서 해결하도록 하겠습니다. [그룹화] 항목에서 '담당자 속성'을 사용했기 때문에 [속성 표시 여부] 항목을 클릭하여 '상태 속성'만 보이도록 다시 설정하겠습니다.

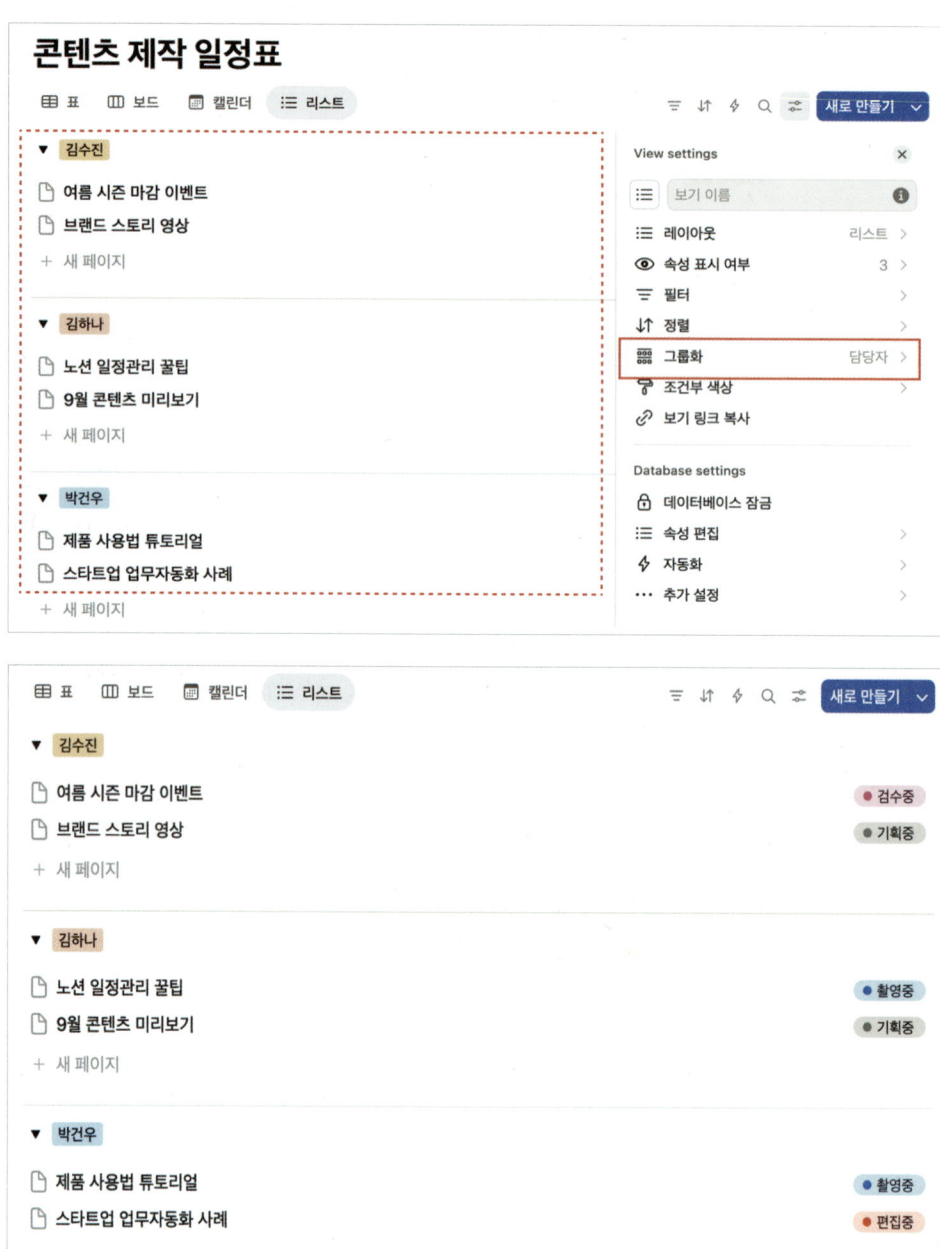

이렇게 표로 정리되어 있던 내용을 '보드', '캘린더', '리스트 보기'로 전환해 주었습니다. 데이터베이스가 표로만 잘 정리되어 있다면 '새 보기' 생성 → '속성' 편집 → '레이아웃' 편집 순서대로 작업한다면 어렵지 않게 노션 데이터베이스를 다양한 보기로 활용할 수 있습니다.

UX 꿀팁 많은 데이터를 쉽게 다루는 필터, 정렬 사용법

노션 데이터베이스를 활용해 꾸준히 메모를 작성하다 보면, 어느새 100개 이상의 데이터가 쌓이는 경우가 있습니다. 이런 상황에서 노션을 더욱 효율적으로 사용하는 방법을 안내하겠습니다.

01 필터를 활용해 쾌적하게 노션 사용하기

노션의 속도는 화면에 보이는 데이터베이스 개수에 비례합니다. 그렇기 때문에 원본에는 데이터베이스가 1,000개 이상 있어도 필터로 인해 10개의 데이터베이스만 보인다면 원본을 볼 때보다 훨씬 쾌적하게 노션 사용이 가능해집니다.

필터의 경우 ❶ 노션 데이터베이스 우측 상단 [필터] 아이콘을 활용해서 지정해 줄 수 있습니다. ❷ 필터의 기준은 데이터베이스에 만든 속성 유형을 기준으로 설정이 가능합니다. 또한 여러 개를 중첩해서 생성이 가능합니다.

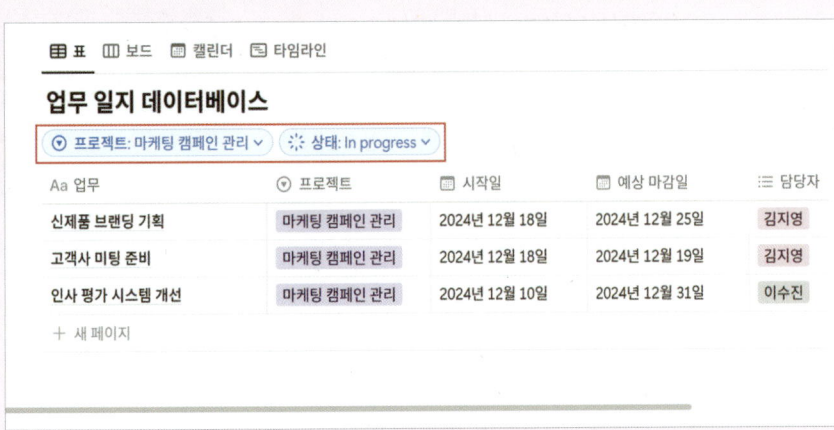

앞서 새로운 보기를 생성했던 것처럼 속성별 필터 지정을 한 보기를 목적에 맞게 여러 개 생성해 관리한다면 효율적이고 쾌적한 노션 사용을 경험할 수 있습니다.

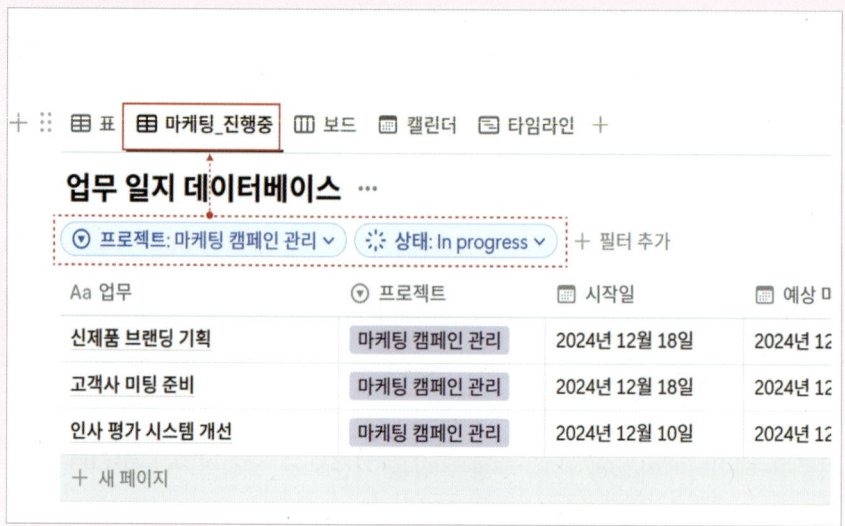

02 우선순위를 기준으로 정렬하기

많은 데이터베이스를 관리할수록 중요도를 구분 짓는 것이 중요합니다. '선택 속성'을 활용해 우선순위 카테고리(높음, 중간, 낮음)를 생성해 주세요.

이제는 우선순위에 맞게 데이터베이스를 정렬해 주겠습니다. 데이터베이스 좌측 상단 [정렬] 아이콘을 클릭하여 우선순위를 선택해 주세요.

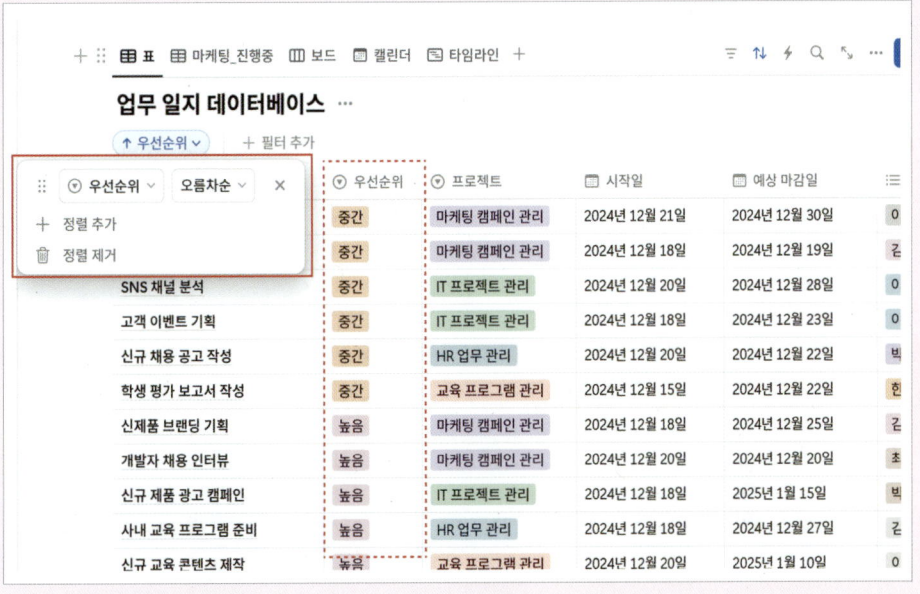

정렬을 높음, 중간, 낮음 순서대로 배치하기 위해서 선택 속성 편집 창을 열어 줍니다. 옵션의 순서를 높음, 중간, 낮음으로 설정해 주면 끝납니다.

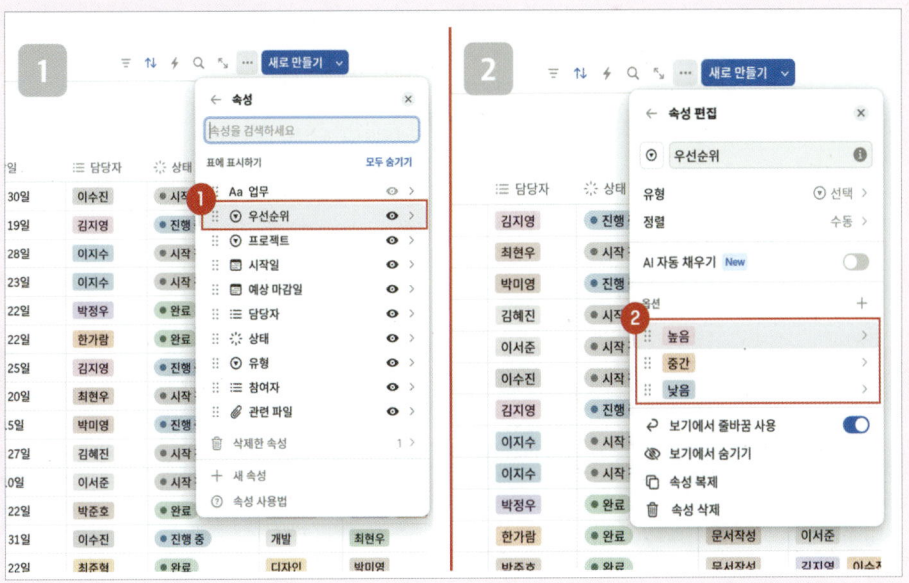

03 속성 유형 한 번에 변경하기

많은 데이터베이스의 내용을 변경해야 하는 경우가 있습니다. 이런 경우에는 바꿔야 할 속성을 하나하나 체크하기보단, 체크박스를 이용해 한 번에 변경해 줄 수 있습니다.

데이터베이스 속성의 좌측 부분에 마우스 포인터를 가져가면 체크박스가 나오는 것을 볼 수 있습니다. ❶ 해당 부분을 클릭하면 속성 유형 중 '제목 속성'을 제외하고 가장 좌측에 있는 4개의 유형이 나오게 됩니다. ❷ 변경하고자 하는 속성을 클릭하고 ❸ 값을 입력해 주면 한 번에 속성이 바뀌게 됩니다.

CHAPTER 03
노션 데이터베이스 활용

노션 데이터베이스의 원리와 구조,
그리고 6가지 보기를 배웠다면, 이제 데이터베이스를 활용해
자신만의 노션 대시보드를 만들어 봅시다.

LESSON 01 데이터베이스 페이지 템플릿

노트는 제조사나 목적에 따라 내지 구성이 다른 것처럼, 노션도 목적에 따라 데이터베이스 페이지의 내지 구성을 목적에 맞게 설정해 줄 수 있습니다. 이번 Lesson에서는 노션 데이터베이스 페이지 템플릿을 만들어 보겠습니다.

페이지 템플릿이란?

우리가 자주 가는 문구점에는 정말 많은 종류의 노트가 있습니다. 예를 들어, 초등학생이 쓰는 노트의 경우 초등학생의 필기를 고려해 칸이 넓게 구성되어 있고, 수학 오답 노트는 문제와 풀이 과정을 충분히 적을 수 있도록 한 페이지를 가로세로로 나눠 널찍한 4칸으로 구성하여 한 칸에 문제와 풀이 과정, 답을 적을 수 있도록 구성했습니다. 영어 단어 노트의 경우 단어와 뜻 그리고 몇 번 검토했는지 체크할 수 있는 체크박스가 들어 있습니다.

노션에서도 이와 같은 내지, 즉 페이지를 설정해 줄 수 있습니다. 노트의 내지처럼 일관된 양식을 설정한 것을 '페이지 템플릿'이라고 부릅니다. 사용자가 관리하는 데이터베이스의 목적에 따라 페이지 옵션을 만들고 선택해 줄 수 있습니다. 또한 새로운 데이터를 추가했을 때 빈 페이지가 아니라 만들어 둔 페이지가 나오도록 설정할 수 있습니다. 이에 따라 **페이지의 양식을 통일하여 기입되는 내용을 일관성 있게 작성**할 수 있습니다.

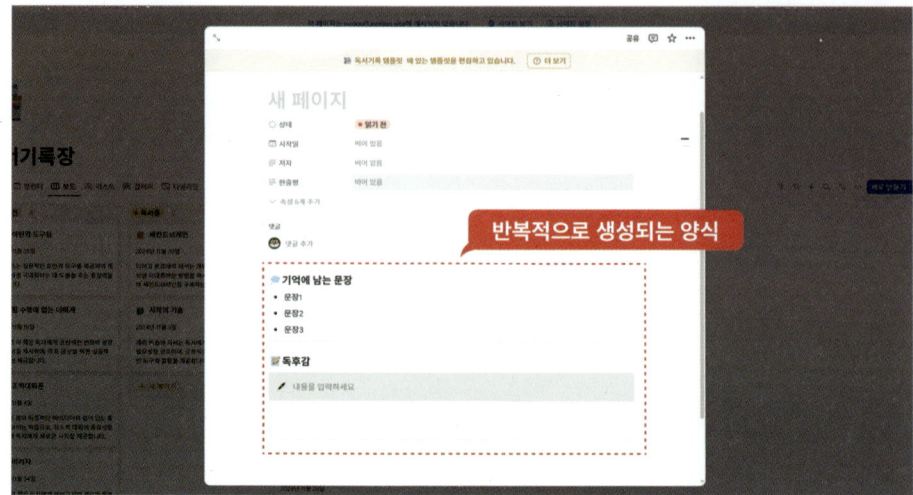

페이지 템플릿 생성 방법

'페이지 템플릿'은 노션 데이터베이스를 활용할 때만 생성이 가능합니다. 그렇기 때문에 노션 데이터베이스를 미리 준비하는 것이 좋습니다. 저는 노션 독서기록장을 활용해서 '페이지 템플릿'을 제작하겠습니다.

01. 페이지에 어떤 게 들어가면 좋을지 생각해 보기

'페이지 템플릿'의 경우 모든 데이터베이스 페이지에 동일하게 적용되는 양식입니다. 그렇기 때문에 최대한 범용성을 고려함과 동시에 통일성 있는 기록이 가능하도록 제작해야 합니다. 이를 위한 페이지 구성을 생각해 봅시다.

제작하는 독서기록장의 경우 저는 다음과 같은 항목을 공통적으로 기입하고자 합니다.

- 책 요약
- 함께 보면 도움이 되는 자료
- 기록해 두고 싶은 문장
- 독후감

02. 페이지 템플릿 생성하기

앞서 설명한 내용을 담은 페이지 템플릿을 생성하기 위해서, 데이터베이스 우측 상단의 파란색 [새로 만들기] 버튼을 주목해 주세요. ❶ 이 버튼 우측에 위치한 드롭다운 버튼을 클릭하면 템플릿을 생성하는 창이 나오게 됩니다. ❷ [새 템플릿] 버튼을 클릭해 템플릿 생성 창을 열어 줍니다.

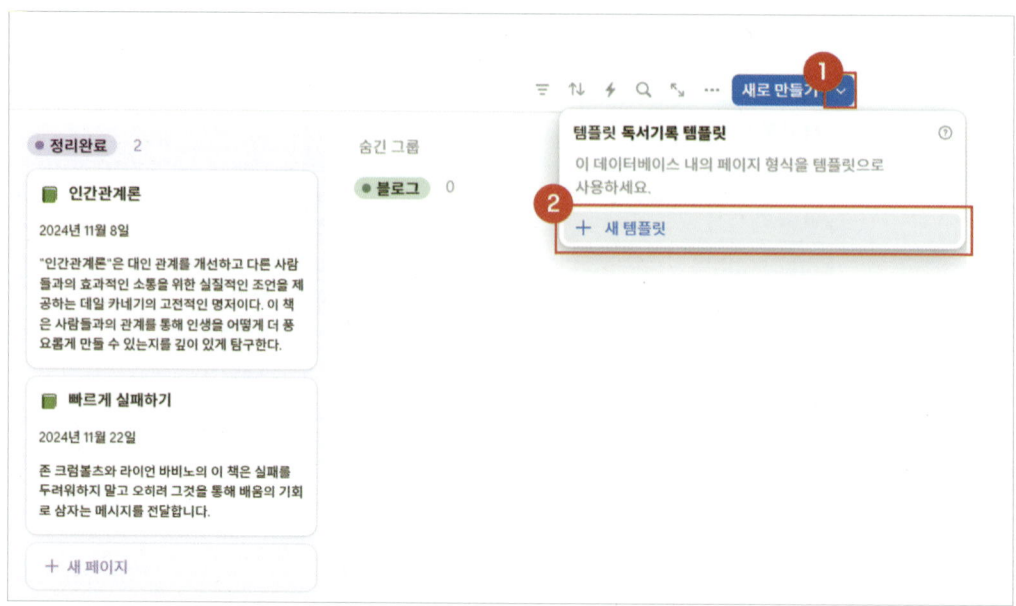

템플릿 생성 창은 일반 페이지와는 다르게 상단 노란색 박스 안에 "~에 있는 템플릿을 편집하고 있습니다."라는 문구가 있는 것을 확인할 수 있습니다. ❶ 템플릿 생성 창 좌측 상단의 [확대] 아이콘을 클릭해 창을 확대해 줍니다.

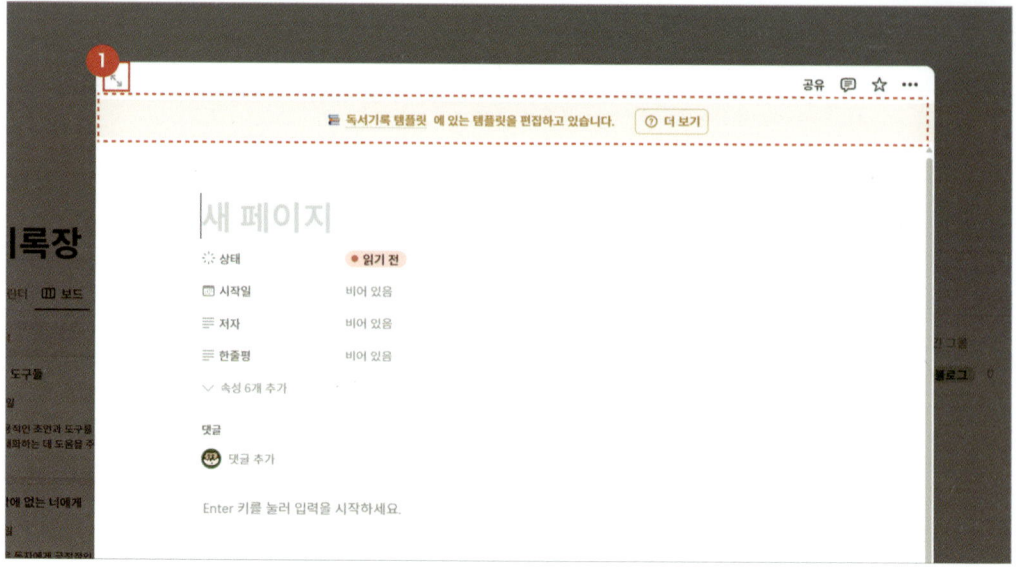

03. 기본 블록으로 템플릿 작업하기

이제 생성된 템플릿에 앞서 기입할 내용을 기본 블록을 활용해 작업해 주겠습니다. 템플릿 작업은 정답이 없습니다. 본문의 과정을 참고해서 자신만의 템플릿을 제작해 봅시다.

가장 먼저 페이지의 아이콘과 제목을 설정해 주겠습니다. ❶ 아이콘은 책 모양의 아이콘으로 설정하고 ❷ 제목은 "독후감 템플릿"이라고 변경해 주겠습니다.

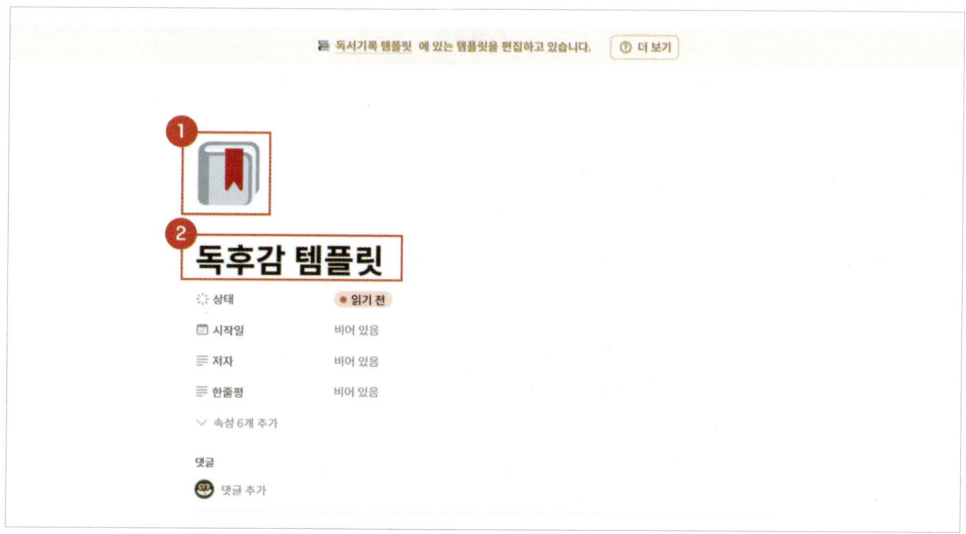

다음은 먼저 책 요약 기입은 콜아웃(/call + Enter↵)을 활용해 제작하겠습니다. 요약에 어울리는 아이콘을 넣어 주고 콜아웃 박스 내 제목 3(### + Space Bar) 블록을 활용해 제목으로 "책 요약", 기본 텍스트를 활용해 "책 요약을 넣어주세요"라는 멘트를 적어 줍니다. 박스 색은 흰색으로 설정해 주겠습니다.

다음은 "함께 보면 도움이 되는 자료"를 만들어 주겠습니다. 제목 3(`#`+`#`+`#` + `Space Bar`) 블록을 활용해 텍스트를 입력해 줍니다. 텍스트 앞에 적절한 이모지를 넣습니다. 텍스트 좌측의 점 6개를 클릭한 후 색상을 주황색으로 바꿔 주겠습니다. 자료를 넣기 위해 3칸 정도 띄우고 구분선(`-`+`-`+`-`)으로 단락을 구분해 줍니다.

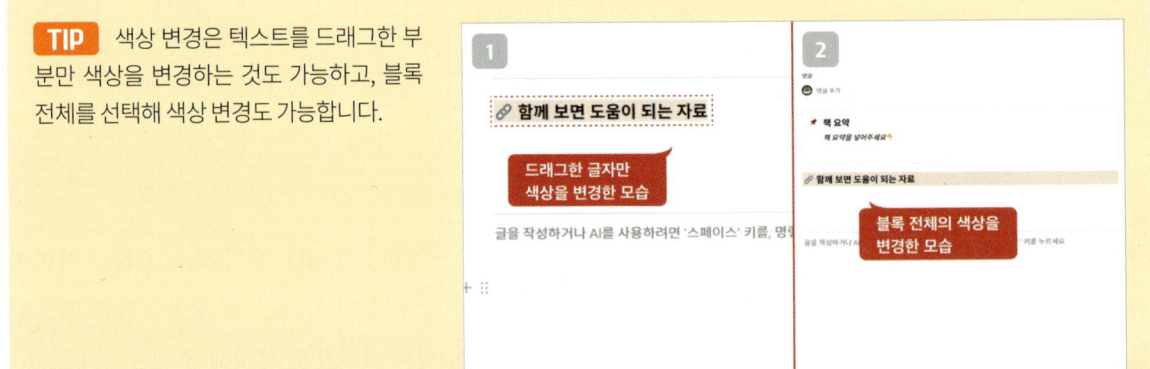

TIP 색상 변경은 텍스트를 드래그한 부분만 색상을 변경하는 것도 가능하고, 블록 전체를 선택해 색상 변경도 가능합니다.

다음은 "기록해 두고 싶은 문장"을 만들어 주겠습니다. 위와 동일한 방식으로 제작하되 문장을 기입하는 부분은 글머리 기호(`*` + `Space Bar`)를 활용하여 제작하겠습니다.

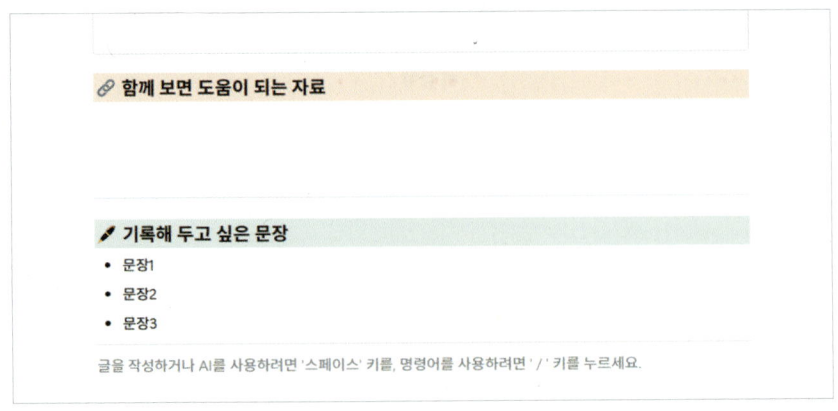

다음으로 "독후감"을 만들어 주겠습니다. 독후감이 가장 중요한 메모라고 생각하기에 저는 제목 2(#(#)+ Space Bar) 블록을 활용해 주었습니다. 추가로 "독후감을 적어주세요"라는 안내 멘트를 작성하겠습니다. 안내 멘트는 기울임꼴을 넣고 배경색을 회색으로 작업해 주었습니다. 이렇게 템플릿 작업을 마치겠습니다.

04. 새로 만든 템플릿 기본으로 설정하기

창을 나간 후, 다시 한번 ① [새로 만들기] 버튼 우측의 드롭다운 버튼을 클릭하여 설정 창을 들어가면 ② 새롭게 만든 템플릿이 생성된 것을 볼 수 있습니다. 새롭게 생성한 템플릿에 점 3개를 클릭해 ③ [기본으로 설정] 항목을 클릭하여 해당 템플릿이 새 페이지를 생성할 때마다 기본적으로 업로드되도록 설정하겠습니다.

이제 데이터베이스에서 새로운 페이지를 생성해 볼까요? 그럼 빈 페이지가 나오지 않고 앞서 만든 템플릿이 로딩되면서 생성되는 것을 볼 수 있습니다.

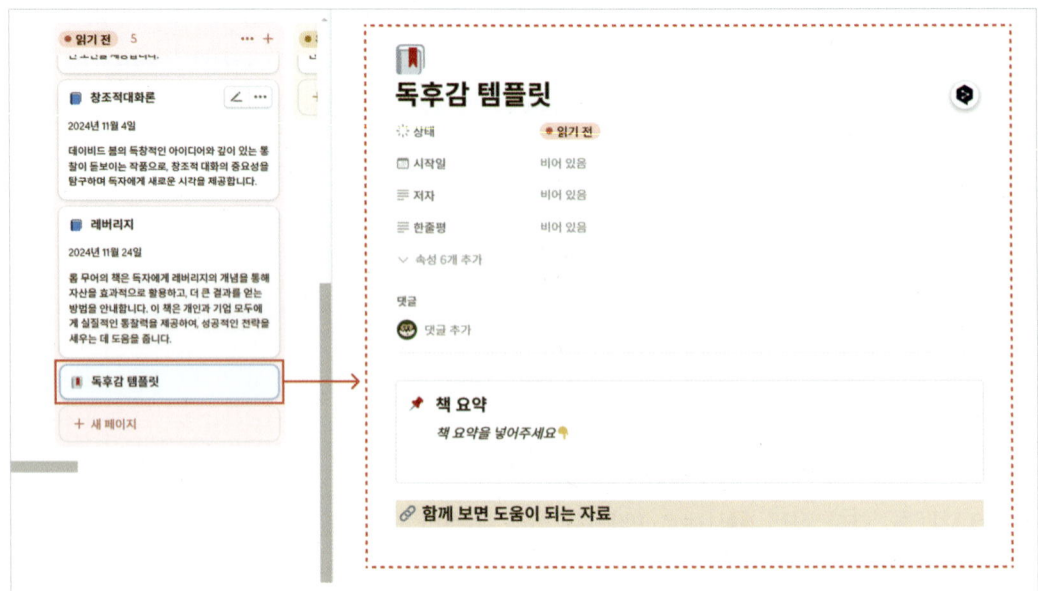

LESSON 02 링크된 데이터베이스를 활용한 데이터베이스 재활용

 분산되어 있는 데이터베이스를 하나의 통합된 데이터베이스로 관리하기 위해선 링크된 데이터베이스 기능을 활용하는 것이 효과적입니다. 이번 Lesson에서는 링크된 데이터베이스를 활용한 데이터베이스 재활용 방법에 대해 배워 보겠습니다.

링크된 데이터베이스란?

링크된 데이터베이스는 기존 데이터베이스를 다른 페이지에서 참조하여 새로운 보기, 필터, 정렬 등을 적용할 수 있는 강력한 기능입니다. 이를 통해 동일한 데이터베이스를 다양한 맥락에서 활용할 수 있습니다.

링크된 데이터베이스의 개념을 더 쉽게 이해하기 위해 특정 상황을 가정해 보겠습니다.

> **가정**
> 한 회사에는 운영지원팀, 마케팅팀, 제품개발팀 이렇게 3개의 팀이 있습니다. 회사는 앞으로 노션을 전사적으로 도입하여 회의록부터 데이터베이스 형태로 정리하려고 합니다.
> **회의록은 각 부서별로 작성할 수도 있고, 여러 부서가 함께 회의를 한 후 작성할 수도 있습니다.** 모든 회의록은 **동일한 형식으로 작성**되어 통일성 있는 문서 관리를 목표로 하고 있으며, 각 **부서별로 보기 쉽게 구성되도록 설정**하고자 합니다.

이러한 상황에서 효율적인 데이터베이스를 구축하려면 다음 3가지 사항을 고려해야 합니다.

① 부서별로 독립적으로 회의를 진행하거나 여러 부서가 함께 회의를 진행할 수 있다.
② 모든 회의록을 동일한 형식으로 작성해야 한다.
③ 각 부서별로 회의록을 보기 쉽게 구성해야 한다.

이 3가지를 고려해서 제작해 보겠습니다. 첫 번째, '참여 부서'의 경우 부서별 또는 복수의 부서가 참여하는 회의를 고려해 '다중 선택 속성'으로 제작해야 합니다. 두 번째, 모든 회의록을 동일한 형식으로 작성하기 위해 '페이지 템플릿'을 활용합니다. 마지막 부서별 데이터를 보기 쉽게 구성하기 위해서 앞으로 배울 링크된 데이터베이스를 사용합니다.

다음 이미지는 링크된 데이터베이스를 활용해 부서별로 보기 쉽게 데이터베이스를 구성한 것입니다.

우선 사이드바를 보면 부서별 회의록 페이지가 존재하고 **해당 부서에 관련된 회의록만** 보이는 것을 확인할 수 있습니다. 각 페이지에는 해당 부서와 관련된 회의록만 표시되므로 직관적으로 데이터를 확인할 수 있습니다.

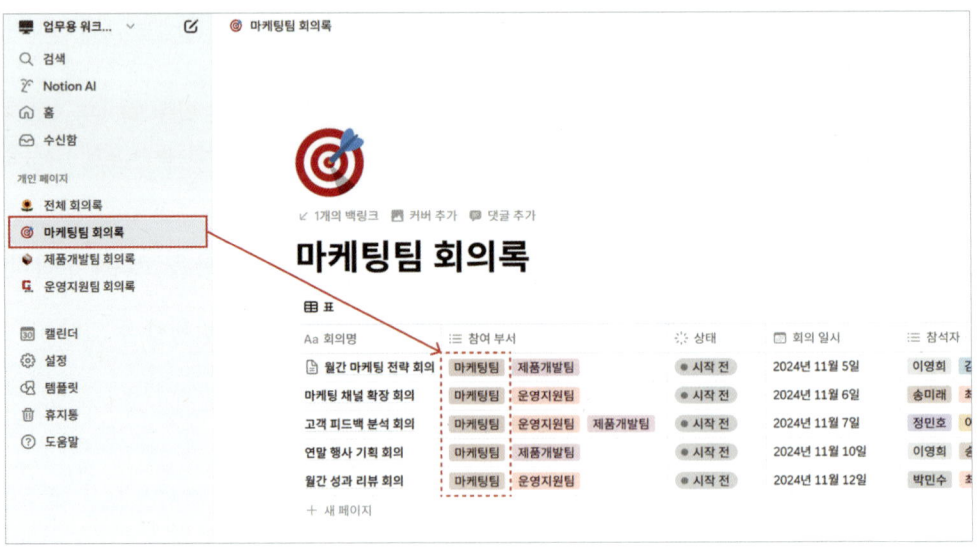

❶ 각 부서 페이지에서 회의록을 생성할 경우, ❷ 해당 회의록은 전체 회의록 데이터베이스에도 자동으로 반영됩니다.

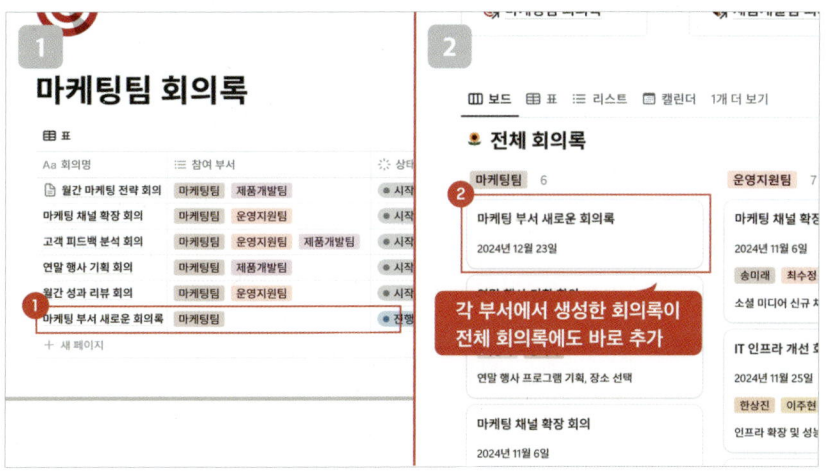

만약 부서별로 개별 데이터베이스를 생성했다면, 변경 사항이 전체 데이터베이스에 반영되지 않아 관리가 복잡해졌을 것입니다. 그러나 **링크된 데이터베이스를 활용하면, 각 부서에서 작성하거나 수정한 내용이 전체 데이터베이스에 즉시 반영**되므로 중복 없이 데이터를 효율적으로 관리할 수 있습니다.

추가적으로, 한가지 데이터베이스로 관리되기 때문에 통일된 문서 템플릿을 사용할 수 있고 이로 인해 모든 회의록이 동일한 형식으로 작성됩니다. 이렇게 작성된 회의록은 가독성이 높고, 필요한 데이터를 분석하거나 공유할 때 활용도가 더욱 증가합니다.

링크된 데이터베이스는 데이터를 중앙에서 체계적으로 관리하면서도, 데이터를 각 페이지의 목적과 맥락에 맞게 다양한 방식으로 활용할 수 있는 강력한 도구입니다. 이를 통해 데이터 중복 없이 효율성을 극대화하고, 통일성 있는 관리와 유연한 접근을 동시에 실현할 수 있습니다. 이제 직접 링크된 데이터베이스를 제작해 보겠습니다.

링크된 데이터베이스 생성 방법

설명을 위해 이미 제작된 회의록 데이터베이스를 활용하겠습니다. 링크된 데이터베이스는 원본 데이터베이스를 참조하여 다양한 보기와 설정을 추가로 적용할 수 있는 강력한 기능입니다. 다음의 단계에 따라 링크된 데이터베이스를 생성하고 활용해 보겠습니다.

01. 보기 링크 복사

링크된 데이터베이스를 생성하려면 우선 참조하려는 데이터베이스에서 특정 보기를 선택해야 합니다. ❶ 데이터베이스 설정 창에서 참조하려는 임의의 보기를 클릭한 후, ❷ [보기 링크 복사] 항목을 클릭하세요.

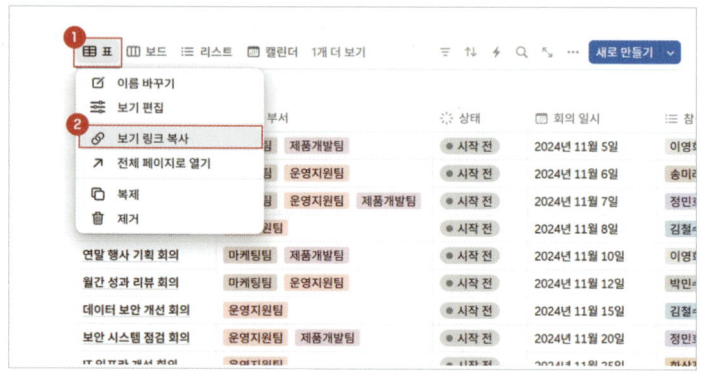

02. 복사한 내용을 다른 곳에 붙여넣기

이제는 복사한 내용을 다른 곳에 붙여넣기 위해서 참조할 페이지나 블록으로 이동하겠습니다. ❶ Ctrl + V를 눌러 링크된 데이터베이스를 생성합니다.

링크된 데이터베이스와 일반 데이터베이스의 차이점은 아이콘에서 확인할 수 있습니다. ❷ 링크된 데이터베이스는 원본 데이터베이스 아이콘에 화살표 모양이 추가되어 표시됩니다.

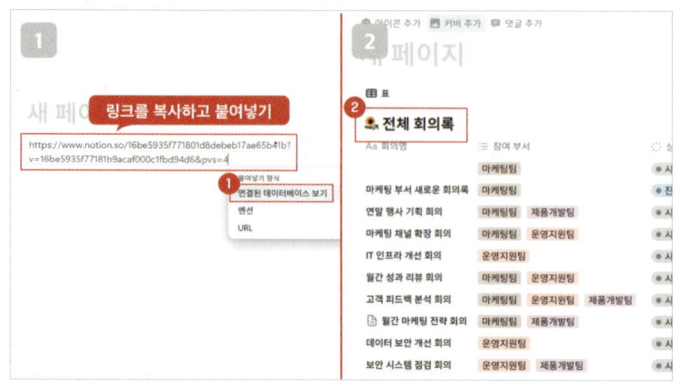

TIP 해당 제목을 클릭하면 링크된 데이터베이스의 원본 데이터베이스로 이동하게 됩니다. 이때, 링크된 데이터베이스를 생성하는 방법은 여러 가지 방법이 있습니다. 그중 가장 편한 방법은 원본 데이터베이스에서 링크된 데이터베이스로 복사+붙여넣기할 보기를 먼저 생성한 후, 링크된 데이터베이스로 복사하여 붙여 넣는 것이 가장 편합니다.

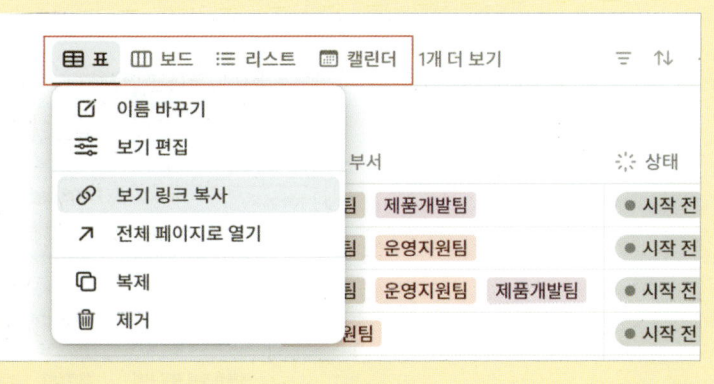

03. 필터 설정하기

링크된 데이터베이스는 원본 데이터베이스와 동일한 데이터를 공유하지만, 개별적으로 필터와 정렬을 설정할 수 있습니다.

❶ 링크된 데이터베이스 상단 메뉴에서 원하는 조건으로 필터를 설정하세요. ❷ 예를 들어, 특정 부서(예: 운영지원팀)와 관련된 데이터만 표시되도록 필터를 추가할 수 있습니다.

필요에 따라 정렬 옵션도 추가하여 데이터를 보기 쉽게 구성하세요.

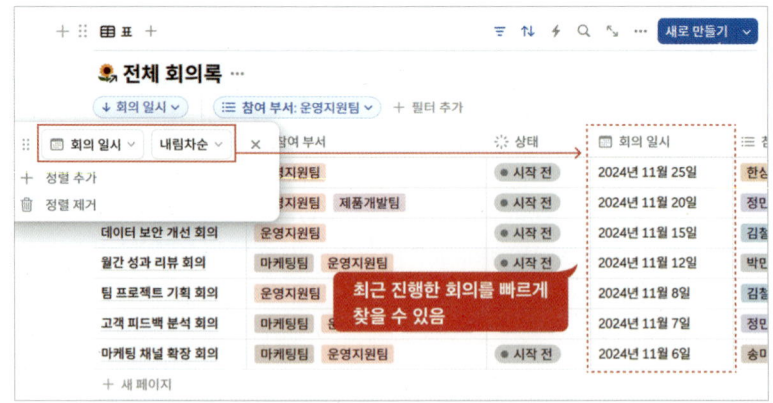

04. 데이터베이스 제목 숨기고 새로운 제목 추가하기

링크된 데이터베이스는 기본적으로 원본 데이터베이스의 제목을 그대로 참조합니다. 하지만, 페이지 맥락에 따라 새롭게 제목을 지정하고 싶다면 다음 단계를 따라주세요.

먼저 데이터베이스 제목을 숨기기 위해, ❶ 데이터베이스 제목 우측의 점 3개를 클릭해 주세요. ❷ 데이터베이스 옵션에서 [데이터베이스 제목 숨기기] 항목을 클릭해 주세요.

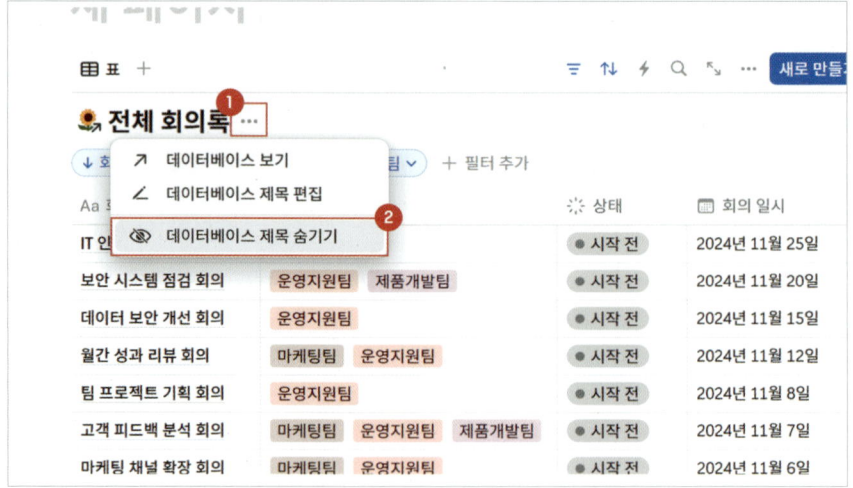

데이터베이스 바로 위에 제목을 추가합니다. 이때, 제목 3(### + Space Bar) 블록을 활용하여 새로운 제목을 작성하면 간결하면서도 보기 좋은 구성을 만들 수 있습니다.

링크된 데이터베이스는 위와 같은 방법으로 제작이 가능하지만 다른 방법으로도 제작이 가능합니다. 빈 블록에 '/표보기'를 입력해 데이터베이스를 생성합니다. 이때 [새 표] 항목을 클릭하는 것이 아니라 [기존 데이터베이스로 연결] 항목을 클릭하게 되면 링크된 데이터베이스를 생성할 수 있습니다.

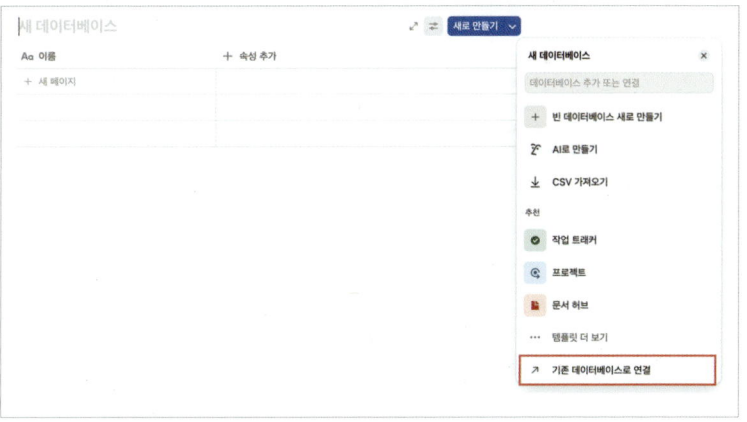

링크된 데이터베이스 복사를 주의해야 하는 이유

노션으로 제작된 템플릿 중 상당수는 효율적인 구성을 위해 링크된 데이터베이스를 활용하고 있습니다. 하지만 링크된 데이터베이스의 제목이 숨겨져 있는 경우, 그것이 링크된 데이터베이스인지 아닌지 한눈에 확인하기 어려울 때가 있습니다. 특히, 데이터베이스 복사 과정에서 이를 정확히 구분하지 못하면 예상치 못한 결과를 초래할 수 있습니다.

우리는 종종 한글, 워드, 엑셀 등 OA 프로그램에서 복사+붙여넣기로 기존에 만들어 둔 형식을 재활용합니다. 이와 같은 방법을 노션에서도 적용하려다 보면 링크된 데이터베이스와 관련된 복사 원리를 이해하지 못한 채 적용하여 작업이 꼬이는 경우가 생깁니다. 노션의 데이터베이스 복사는 기본 데이터베이스와 링크된 데이터베이스에 따라 다르게 작동합니다.

기본 데이터베이스를 복사+붙여넣기하면, 새로운 데이터베이스가 생성됩니다. 이 새로 생성된 데이터베이스는 **원본과 완전히 독립된 별개의 데이터베이스로 작동**합니다. 제목 옆에는 (1)과 같은 숫자가 붙어 구분됩니다. 예를 들어, 원본 데이터베이스에 새 데이터를 입력해도 복사된 데이터베이스에는 반영되지 않습니다. 두 데이터베이스가 서로 연동되지 않았기 때문입니다.

반면, 링크된 데이터베이스를 복사하면 새로운 링크된 데이터베이스가 생성됩니다. 하지만, 이 새 링크된 데이터베이스는 여전히 원본 데이터베이스와 연결되어 있습니다.

즉, 복사한 링크된 데이터베이스에 새 데이터를 입력하거나 수정하면, **기존의 링크된 데이터베이스와 원본 데이터베이스에도 실시간으로 반영됩니다.**

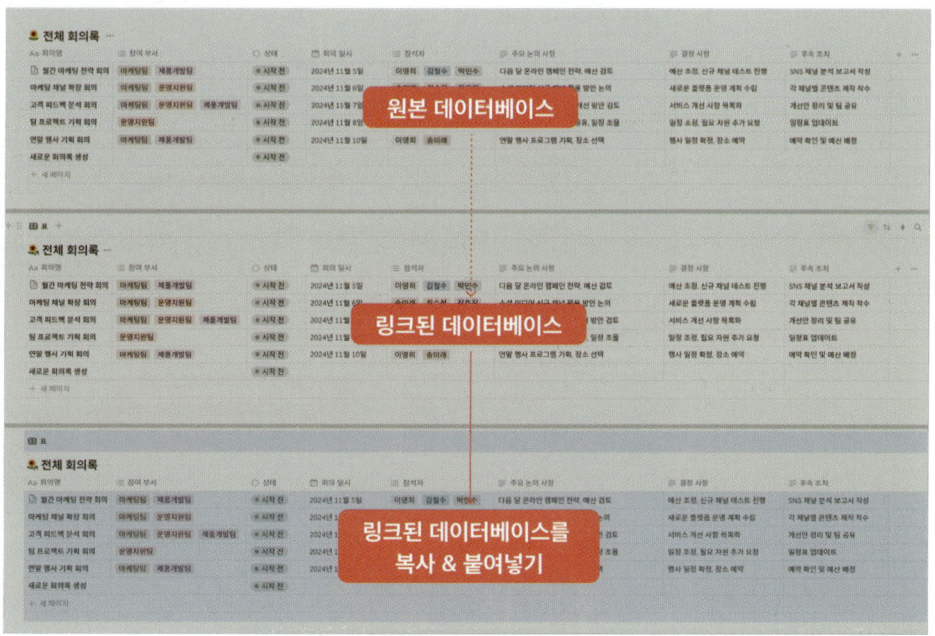

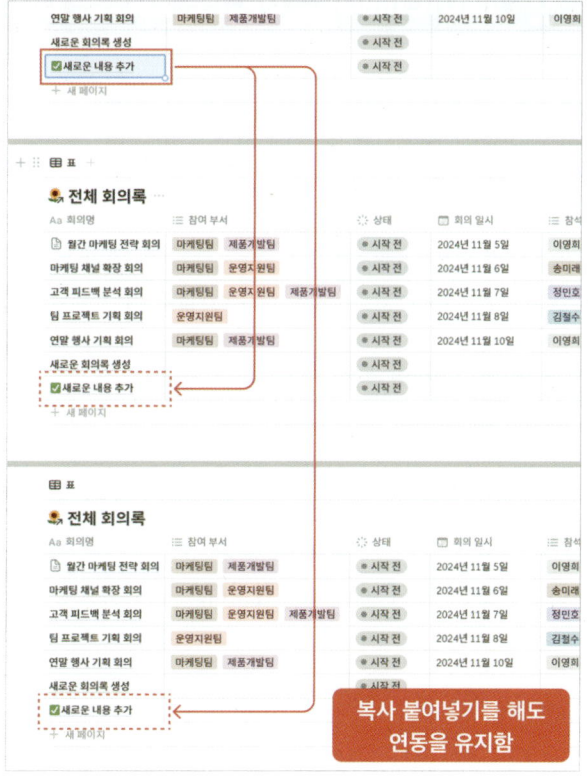

이러한 이유로 데이터베이스의 형식이 같다고 해서 무작정 복사하기 전에, 그것이 **원본 데이터베이스인지 링크된 데이터베이스인지 먼저 확인하는 습관**이 중요합니다.

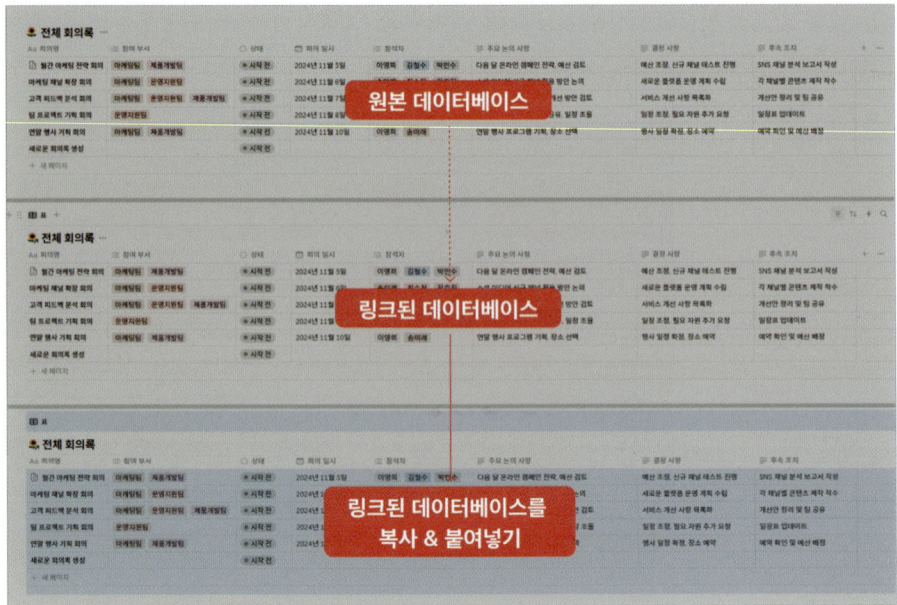

데이터베이스 하나로 만드는 대시보드

링크된 데이터베이스는 단순히 원본 데이터베이스의 보기를 참조하기 위한 용도뿐 아니라, 다양한 보기를 한 페이지에 집합시켜 한눈에 정보를 확인할 수 있는 대시보드를 만드는 데도 활용됩니다. 이번에는 재무 관리 시스템 데이터베이스를 예시로 대시보드를 만들어 보겠습니다.

지출관리 데이터베이스에는 지출 분류를 위한 카테고리, 금액, 지급 방법, 부서 등의 속성이 포함되어 있습니다. 이 데이터를 기반으로, 대시보드에서 확인하고자 하는 핵심 정보는 다음과 같습니다.

① 이번 달 마케팅 전체 비용
② 이번 달 인건비 전체 비용
③ 한 달 지출 내역의 현황을 볼 수 있는 달력

해당 내용을 바로 확인할 수 있는 대시보드를 함께 만들어 보겠습니다. 대시보드에 들어갈 보기는 원본 데이터베이스에서 미리 제작합니다.

01. 이번 달 마케팅 비용을 볼 수 있는 표 보기 생성

먼저, 이번 달 마케팅 비용을 확인하기 위한 보기를 만듭니다. 이 보기에는 두 가지 필터가 필요합니다. 부서별 기준을 나눠 둔 '카테고리 속성'에서 '마케팅' 데이터만 보도록 필터를 설정하고, 날짜를 입력해 둔 '날짜 속성'에서 '이번 월' 지출 내역만 보도록 필터를 설정합니다. 이렇게 하면 이번 달 마케팅 부서의 지출 내역만 깔끔하게 정리됩니다.

02. 이번 달 인건비 비용을 볼 수 있는 표 보기 생성

같은 방식으로 이번 달 인건비를 확인하기 위한 보기도 생성할 수 있습니다. '카테고리 속성'을 기준으로 '인건비'를 필터링하고, '날짜 속성'을 기준으로 '이번 월' 데이터만 표시되도록 설정합니다. 이를 통해 인건비 관련 지출 데이터를 별도로 확인할 수 있습니다.

03. 전체 지출 내역 현황을 볼 수 있는 캘린더 보기 생성

한 달간의 전체 지출 내역을 직관적으로 보기 위해 '캘린더 보기'를 생성합니다. 이 보기에서는 '카테고리 속성'과 '금액 속성'을 표시하고, 레이아웃을 월별로 설정하여 달력 형태로 지출 내역을 확인할 수 있습니다.

04. 데이터베이스 입력을 위한 표 보기 생성

마지막으로, 새로운 데이터를 입력할 전용 입력창을 만듭니다. 이를 위해 부서 정보가 비어 있는 데이터를 표시하는 필터를 설정합니다. 부서 정보를 새로 입력하는 데이터로 간주하고, 입력창에서만 보이도록 설정합니다. 데이터를 입력하고 나면 필터 조건이 충족되지 않으므로 입력창에서 자동으로 사라지게 됩니다. 이 설정은 전체 데이터베이스를 노출하지 않고도 쾌적하게 데이터를 입력할 수 있도록 도와줍니다.

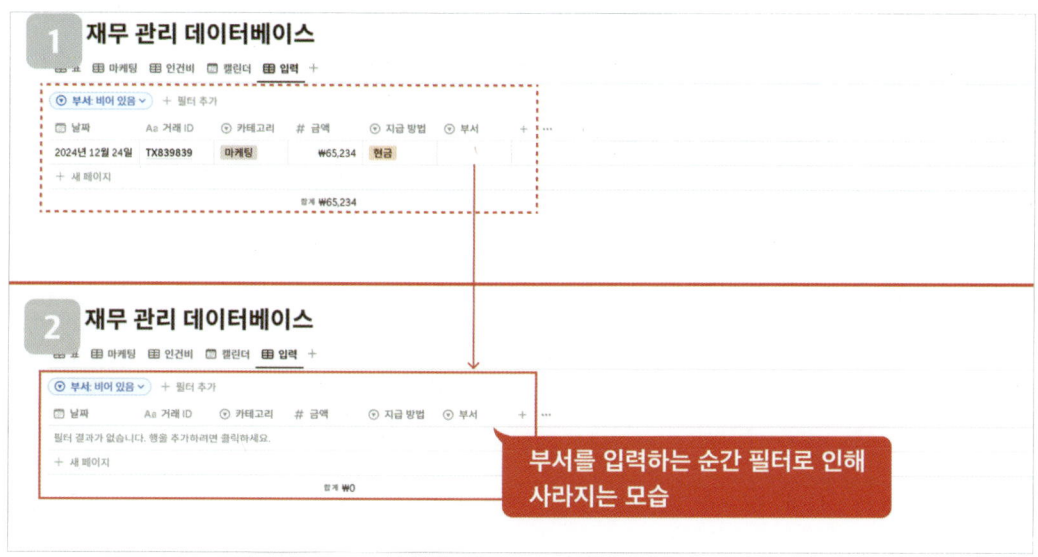

이렇게 대시보드에 들어갈 4개의 보기를 다 제작했습니다. 제작을 완료했다면 다음과 같은 모습으로 원본 데이터베이스가 세팅된 것을 볼 수 있습니다.

05. 대시보드 구성을 위한 세팅

필요한 보기들을 모두 생성한 후, 대시보드를 구성할 새 페이지를 만듭니다. 대시보드 페이지는 작업의 효율성을 위해 [전체 너비] 토글을 클릭하여 확장합니다. 이렇게 하면 페이지를 열로 나누어 데이터를 배치하기에 더 적합합니다.

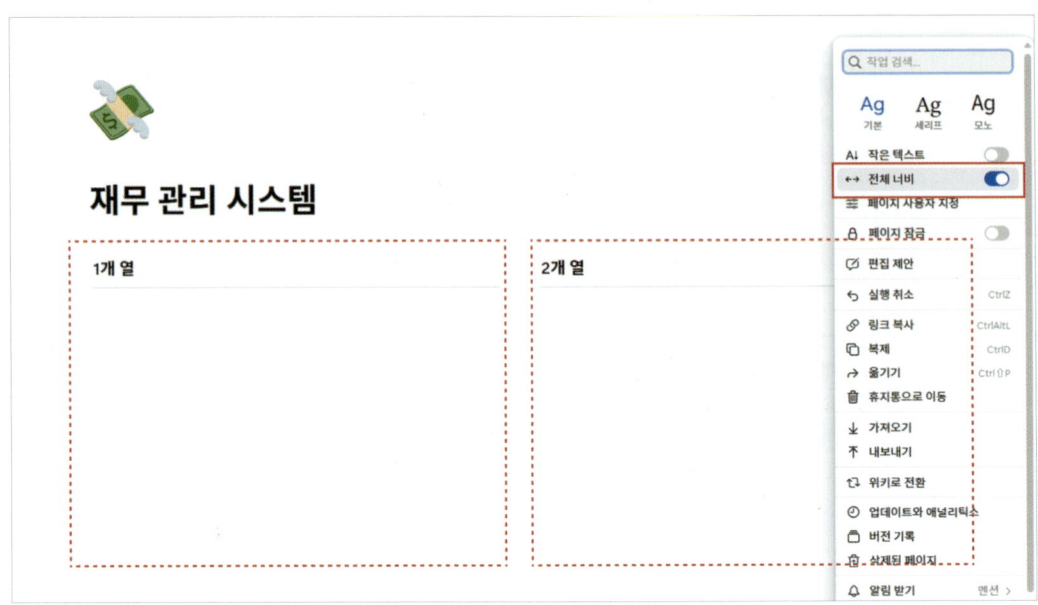

페이지를 두 개의 열로 나누고, 각 열에 들어갈 데이터를 구분하기 위해 제목 블록을 추가합니다. 제목은 제목 3(###) + Space Bar) 블록을 활용하여 가독성 있게 작성합니다.

> **TIP** 제목 블록을 활용할 때는 이모지와 블록 색상 변경을 활용하면 더 눈에 띄게 만들 수 있습니다.

06. 보기 링크 복사로 대시보드 완성

이제 원본 데이터베이스에서 생성한 보기들을 [보기 링크 복사] 항목을 통해 대시보드 페이지에 붙여 넣습니다.

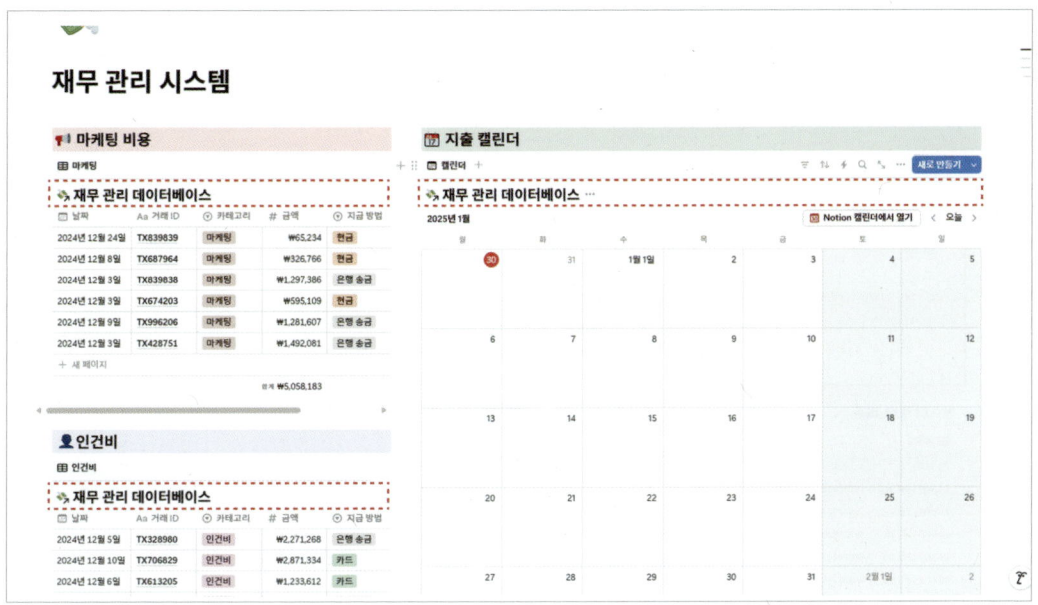

붙여 넣은 데이터베이스의 제목은 [데이터베이스 제목 숨기기] 버튼을 클릭해 깔끔하게 마무리합니다. 이렇게 하면 필요한 모든 데이터를 한 페이지에서 직관적으로 확인할 수 있는 대시보드가 완성됩니다.

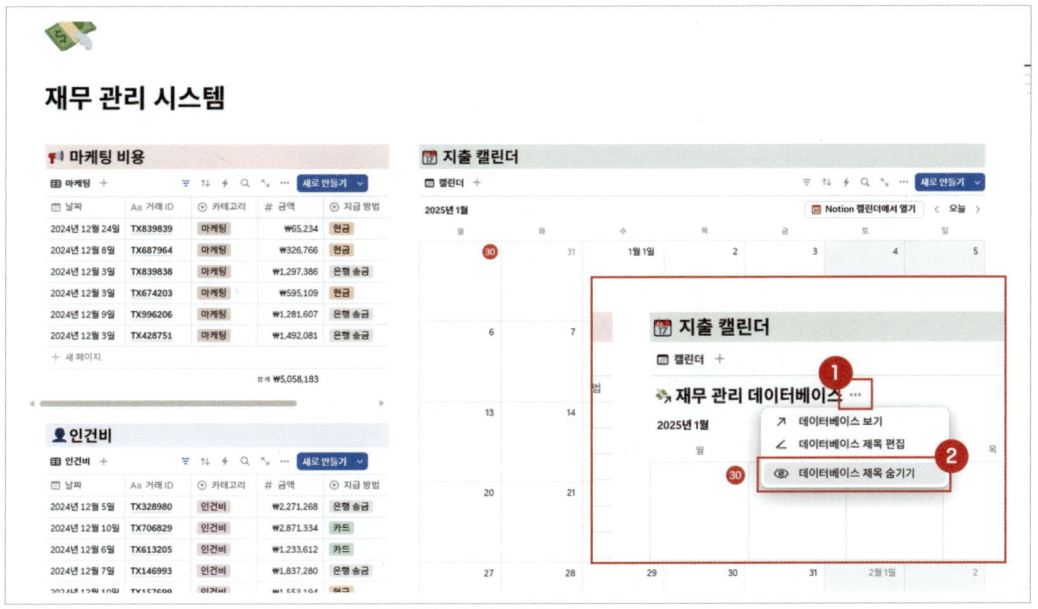

한 스푼 더 — 콜아웃 박스를 활용해 깔끔한 대시보드 구성하기

대시보드를 좀 더 깔끔하게 구성하고 싶다면 콜아웃 박스를 활용하는 것이 좋습니다. 콜아웃 박스는 텍스트를 강조하는 용도로 자주 사용되지만, 데이터베이스와 같은 블록을 포함할 수도 있습니다. 이를 활용하면 대시보드의 가독성을 높여 주는 쪽으로 정돈하고 사용 편의성을 크게 향상할 수 있습니다.

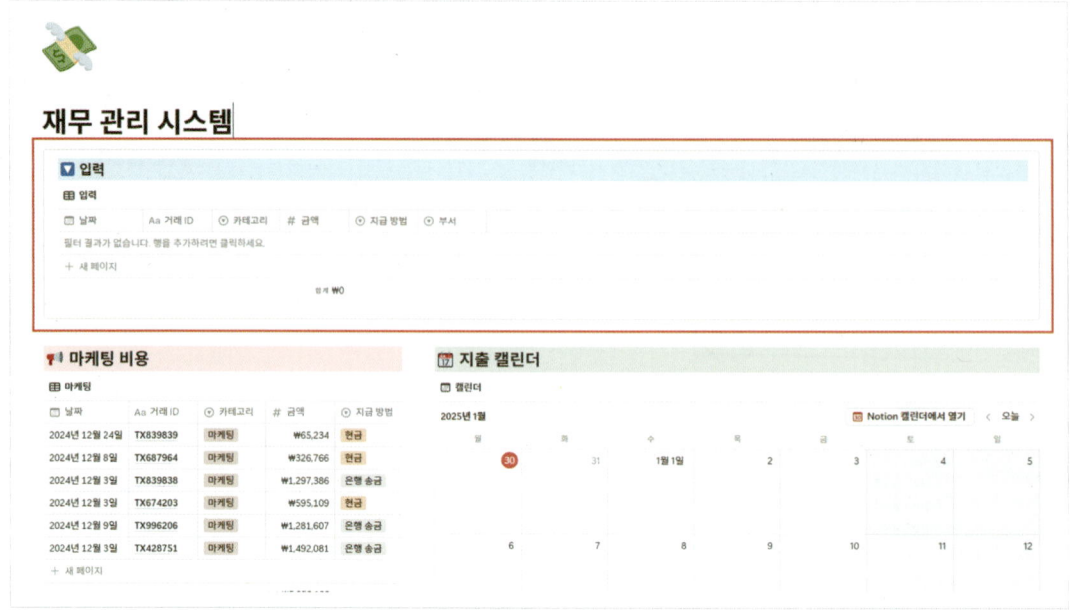

사용 방법은 간단합니다. 데이터베이스를 콜아웃 박스로 드래그해서 넣으면 됩니다. 콜아웃 박스를 사용하면 데이터베이스를 포함한 모든 블록이 직관적으로 정리되며, 상하좌우로 정렬하기도 편리합니다.

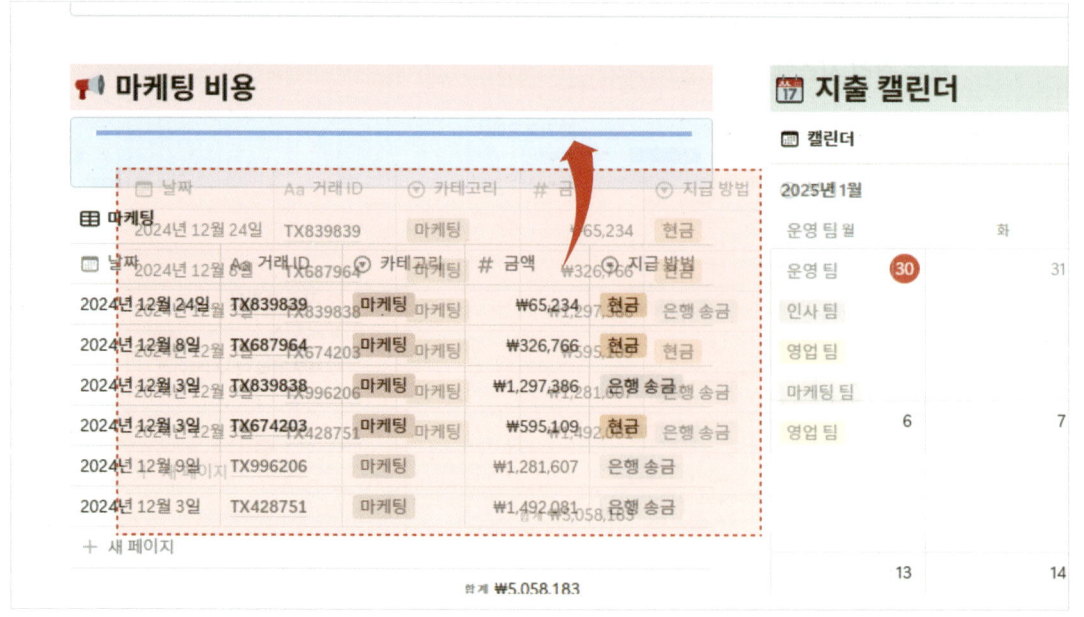

또한, 콜아웃 박스는 배경색과 아이콘을 설정할 수 있어 각 데이터베이스의 특성에 따라 색상으로 구분하거나 중요한 데이터를 강조할 수도 있습니다. 예를 들어, 마케팅 관련 데이터는 '빨간색 배경'으로, 인건비 데이터는 '보라색 배경'으로 설정하면 훨씬 구분하기 쉽습니다.

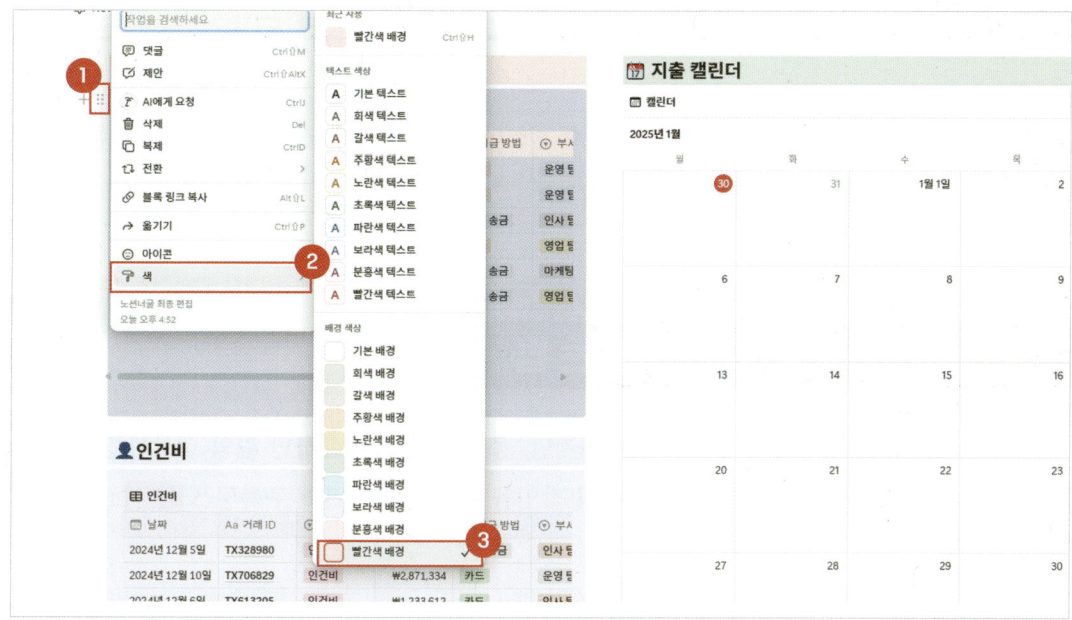

추가로, 콜아웃 박스 내부에 페이지 링크를 추가해 세부 정보를 연결하는 것도 좋은 방법입니다. 예를 들어, "이번 달 마케팅 비용" 데이터베이스가 담긴 콜아웃 박스 하단에 "전체 마케팅 내역 보기"와 같은 페이지 링크를 추가하면, 대시보드에서 원본 데이터베이스를 쉽게 참조할 수 있습니다.

LESSON 03 함께 쓰는 노션 대시보드

노션으로 제작한 복수의 데이터베이스를 한눈에 보기 좋게 정리해 대시보드를 만들 수 있습니다. 만든 대시보드에 팀원을 초대해 함께 쓰는 노션 대시보드를 만들어 봅시다.

노션 페이지에 팀원을 초대하는 법

노션은 개인의 생산성을 높이는 도구로도 훌륭하지만, 공유 기능을 활용하면 팀의 생산성을 극대화하는 협업 도구로 탈바꿈할 수 있습니다. 단, 팀 단위의 작업을 시작하려면 먼저 구축된 노션 시스템에 팀원을 초대해야 합니다.

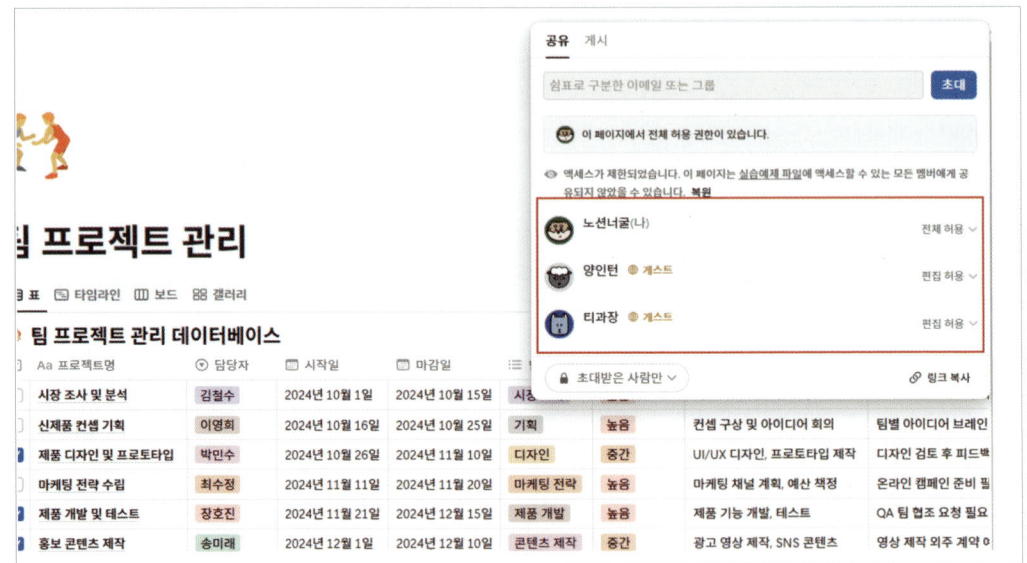

팀원을 초대하기 위해서는 세 가지 전제 조건이 필요합니다.

① 팀원이 노션에 가입되어 있어야 합니다.
② 팀 대표자의 계정에 노션 시스템이 이미 구축되어 있어야 합니다.
③ 팀과 공유되는 페이지 내에 협업을 위한 데이터베이스 원본이 포함되어 있어야 합니다.

이 모든 조건을 충족하면 이제 팀원을 초대할 준비가 되었습니다. 다음 순서대로 팀원을 초대해 봅시다.

01. 초대할 팀원의 노션 가입 이메일을 취합합니다

팀원을 노션에 초대하려면 팀원이 이미 노션에 가입된 상태여야 합니다. 팀원들에게 가입 여부를 확인한 뒤, 가입에 사용한 이메일 주소를 취합하세요. 이메일을 쉽게 확인하는 방법은 팀원들에게 사이드바에서 **워크스페이스를 클릭한 후 표시되는 이메일 주소**를 확인하도록 안내하는 것입니다. 이를 통해 정확한 이메일을 손쉽게 받을 수 있습니다.

02. 공유 창에 취합한 이메일 주소를 입력하고 편집 허용 권한으로 초대합니다

앞서 취합한 이메일을 사용해 노션 페이지의 공유 창에 입력합니다. 노션에 가입된 회원이라면 해당 이메일과 연결된 프로필 아이콘이 표시되며, 가입되지 않은 경우 프로필 아이콘이 나타나지 않으니 이를 참고해 해당 이메일의 노션 가입 여부를 확인하세요.

초대가 완료되면 페이지 내 권한을 설정합니다. ❶ 기본값인 [전체 허용] 권한은 페이지를 외부로 공유하거나 복사할 수 있는 위험이 있으므로, ❷ **[편집 허용] 권한으로 변경**하는 것을 권장합니다. 이때 [편집 허용] 권한을 사용하기 위해서는 교육용 플러스 요금제나 플러스 요금제를 사용해야 합니다. **이를 통해 팀원들이 페이지를 수정할 수 있지만, 외부로의 데이터 유출 위험을 최소화할 수 있습니다.**

팀원을 초대하는 과정에서 "워크스페이스 멤버로 초대를 권장"하는 안내 문구가 나타날 수 있습니다. 이 경우, [건너뛰기] 버튼을 클릭하는 것이 좋습니다.

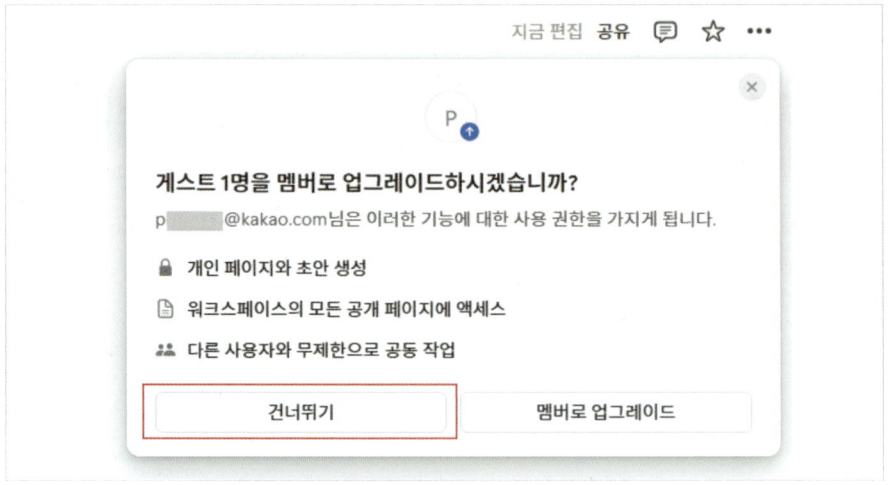

워크스페이스 멤버로 초대하게 되면 팀스페이스가 자동으로 생성됩니다. 특히 무료 요금제를 사용하는 경우, 워크스페이스에 블록 제한이 적용되어 사용 가능한 블록 개수가 제한되므로 작업에 제약이 생길 수 있습니다.

03. 팀원 아이콘으로 접속 여부를 확인합니다

팀원 초대가 완료되었다면, 팀원들에게 초대받은 페이지로 접속할 것을 요청하세요. 팀원이 자신의 노션 계정을 통해 초대된 페이지로 접속하면, 상단에 프로필 아이콘이 표시됩니다. 이를 통해 현재 페이지에 접속한 팀원이 누구인지 실시간으로 확인할 수 있습니다. 또한, 팀원이 특정 블록을 편집하거나 보고 있는 경우, 해당 블록에 팀원의 프로필 아이콘이 나타납니다. 이 기능은 팀원의 작업 위치를 실시간으로 확인할 수 있어 협업 중 겹치거나 혼선이 생기는 것을 방지하는 데 유용합니다.

이처럼 페이지 공유와 권한 설정을 활용하면, 무료 요금제에서도 팀원들과 함께 효과적으로 팀 프로젝트를 진행할 수 있습니다. 하지만 앞서 언급했다시피 **무료 요금제에는 최대 10명의 게스트만 초대**할 수 있으며, 편집 허용 권한 초대가 불가능하다는 한계점이 있기 때문에 팀원이 10명을 초과하는 경우, 플러스 요금제로 업그레이드가 필요합니다.

앞서 소개한 초대 방식은 게스트로 초대하는 형식이었지만, 노션에서는 멤버로도 팀원을 초대할 수 있습니다. 그렇다면 멤버와 게스트의 차이는 무엇인지, 또한 각각 어떤 상황에서 활용하는 것이 적합할지 알아보도록 하겠습니다.

멤버와 게스트

노션에서 누군가를 초대할 때 크게 멤버와 게스트 두 가지 형식으로 초대할 수 있습니다. 이를 쉽게 이해하기 위해 회사와 외주의 관계를 비유로 들어 보겠습니다.

멤버는 회사에 속한 정규 직원과 같습니다. 회사 내부의 여러 데이터와 프로젝트에 접근할 수 있고, 다른 부서 직원들과도 자유롭게 소통할 수 있습니다. 멤버는 워크스페이스의 정식 구성원으로 모든 팀스페이스와 페이지에 대한 접근 권한이 주어집니다.

반면, **게스트는 외주 작업자**와 비슷합니다. 회사 내부의 직원이 아니기 때문에 자신이 참가하는 프로젝트에만 접근할 수 있습니다. 외주 작업자는 협업이 필요한 특정 프로젝트와 데이터만 공유받으며, 같은 프로젝트에 속한 사람들과만 소통할 수 있습니다. 이렇듯 게스트는 초대받은 페이지에만 접근이 가능하며, 회사 전체 시스템이라 할 수 있는 워크스페이스에는 접근할 수 없습니다.

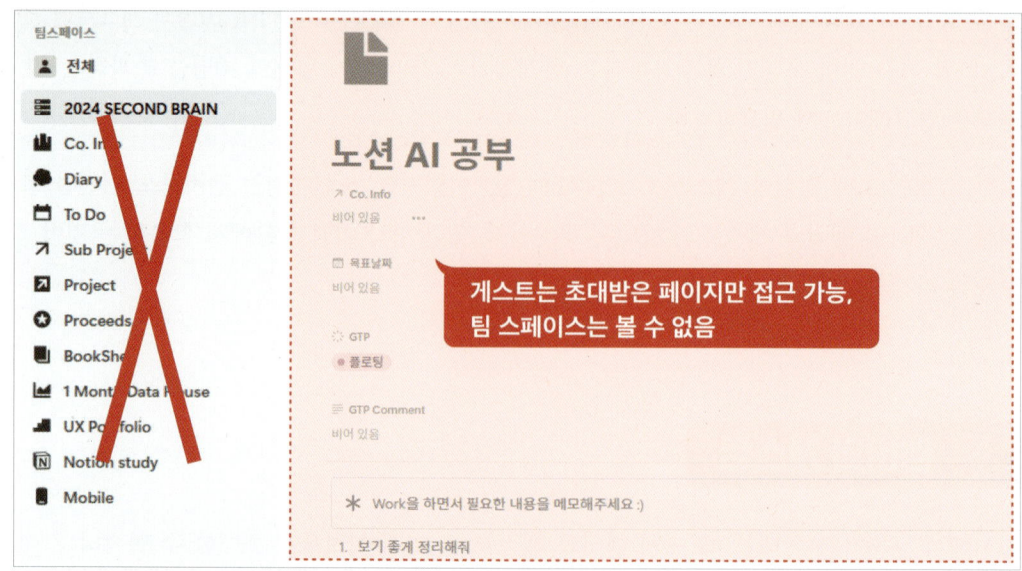

이처럼 멤버와 게스트는 접근 권한과 역할에서 큰 차이가 있습니다. 팀의 규모와 협업 방식에 따라 적절한 초대 방식을 선택하면, 노션을 보다 안전하고 효율적으로 사용할 수 있습니다

그럼 팀으로 진행하는 프로젝트의 경우 멤버로만 초대해서 사용해야 할까요? 꼭 그렇지는 않습니다. 멤버는 게스트보다 더 많은 권한을 받지만, 플러스 요금제를 사용해야 하고 **멤버가 늘어나면 늘어날수록 결제해야 하는 금액도 이에 비례해서 늘어납니다.**

반면 게스트를 사용해서 관리할 경우, 초대된 페이지에만 접속할 수 있지만 페이지 내 기능들은 무료로 사용 가능합니다. 페이지 내 블록과 데이터베이스 수정이 가능하고, 파일을 주고받을 수도 있고 댓글로 소통도 할 수 있기 때문에 무료로도 충분히 팀 프로젝트가 가능합니다.

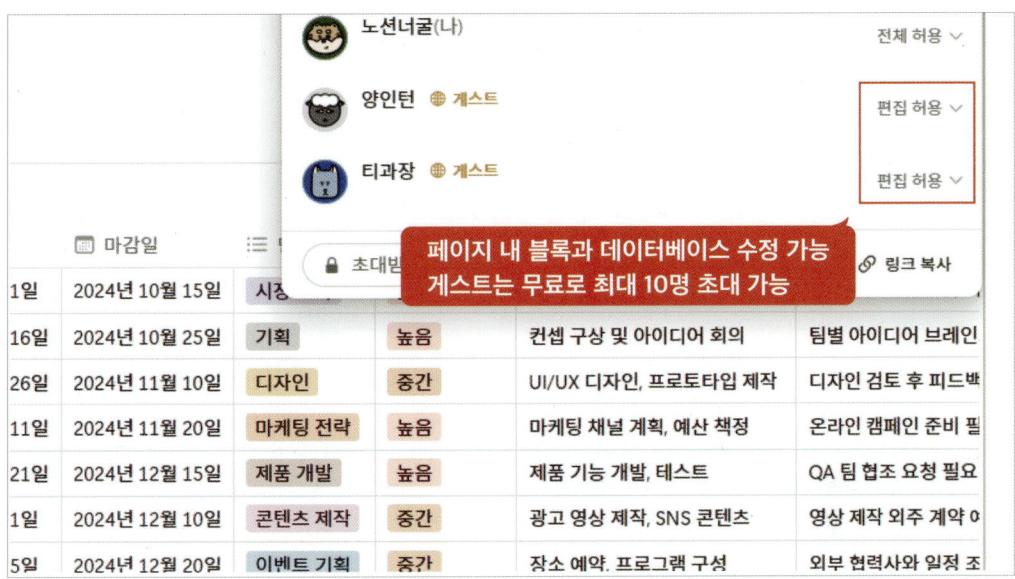

정리하자면, 10명 이상의 조직이며 워크스페이스 내 여러 페이지를 사용하고 이를 공유해야 하는 경우에는 멤버로 초대하는 것이 적합합니다. 반면, 10명 이하의 소규모 조직이고 사용하는 페이지 수가 적다면 게스트 초대를 활용해 팀 프로젝트를 진행하는 것을 추천합니다.

> **한 스푼 더** **링크된 데이터베이스의 공유**

노션 페이지를 게스트로 공유하면, 게스트는 페이지 내 블록과 데이터베이스를 확인하고 편집할 수 있는 권한을 가지게 됩니다. 하지만 페이지에 포함된 데이터베이스가 '링크된 데이터베이스'로 제작되었고, 원본 데이터베이스가 다른 페이지에 있다면 어떻게 될까요? 이런 경우, 이미지처럼 링크된 데이터베이스의 내용이 보이지 않게 됩니다.

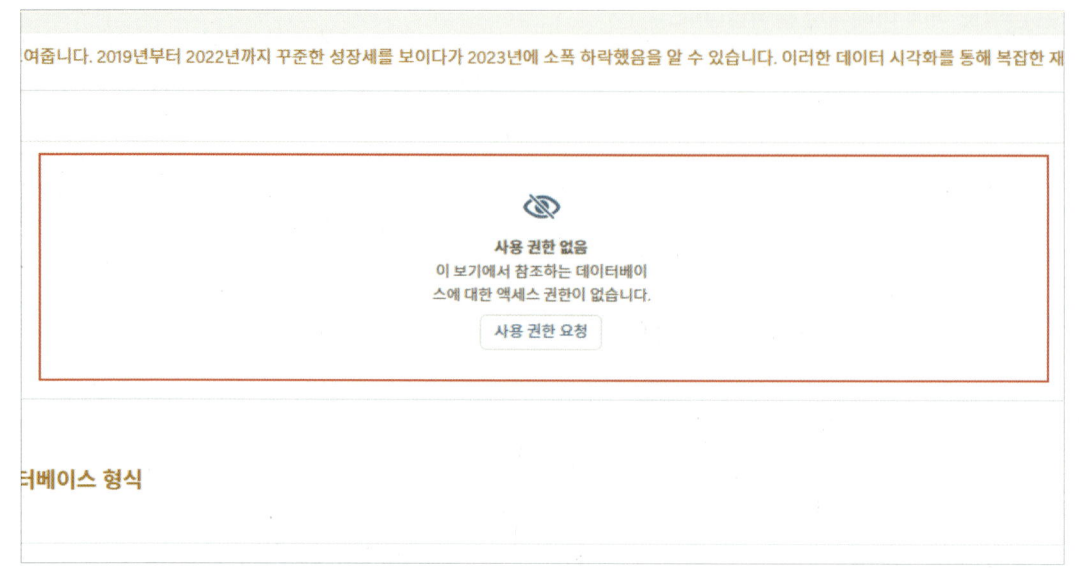

이런 상황이 발생하는 이유는 링크된 데이터베이스가 원본 데이터베이스를 기반으로 동작하기 때문입니다. 링크된 데이터베이스의 공유 권한은 원본 데이터베이스의 공유 상태를 따라갑니다. 원본 데이터베이스가 공유되지 않은 상태라면, 링크된 데이터베이스가 포함된 페이지에 게스트 권한이 있더라도 데이터 내용은 확인할 수 없습니다.

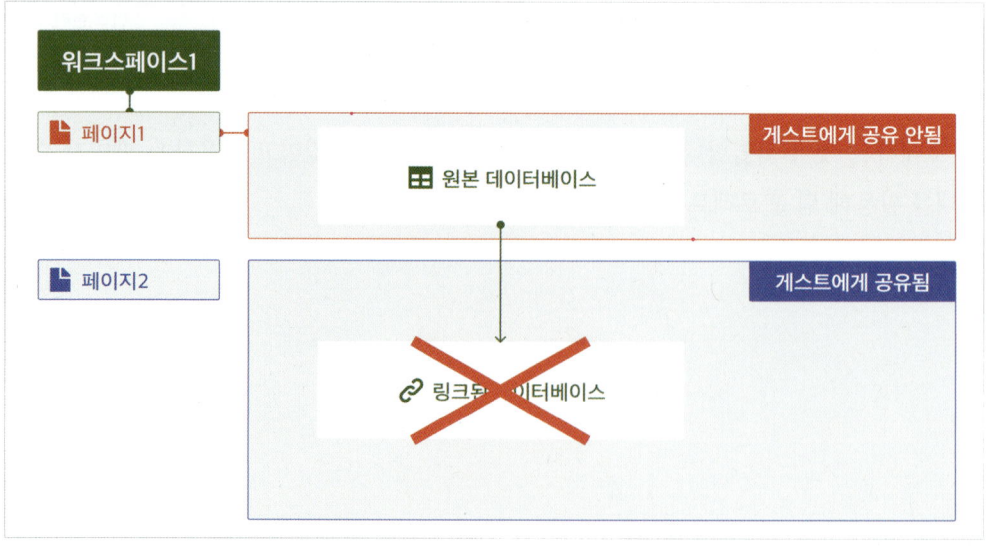

따라서, 링크된 데이터베이스의 내용을 게스트가 확인할 수 있도록 하려면 원본 데이터베이스를 함께 공유해야 합니다. 공유 권한 관리 시, 이 점을 유의해 링크된 데이터베이스와 원본 데이터베이스를 함께 설정합니다.

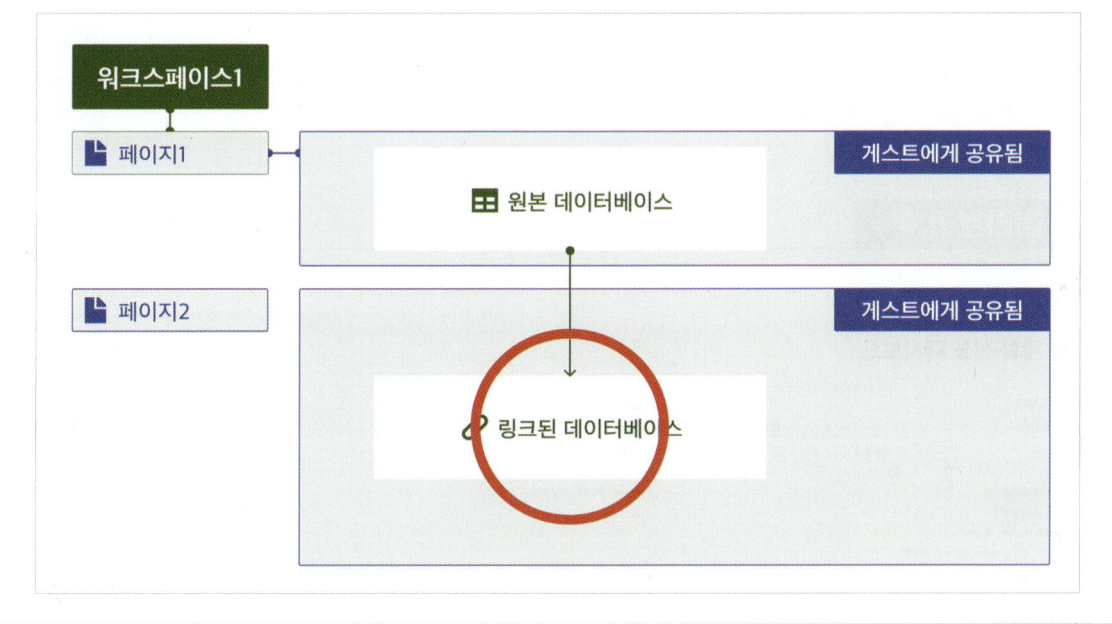

실습 | 학습 계획·진도 대시보드 만들기

앞서 배운 노션의 내용을 바탕으로 학습 계획 진도 대시보드를 제작해 보겠습니다.

■ **실습 자료 파일**: 학습 계획·진도 대시보드 만들기

실습 미리보기 🔍

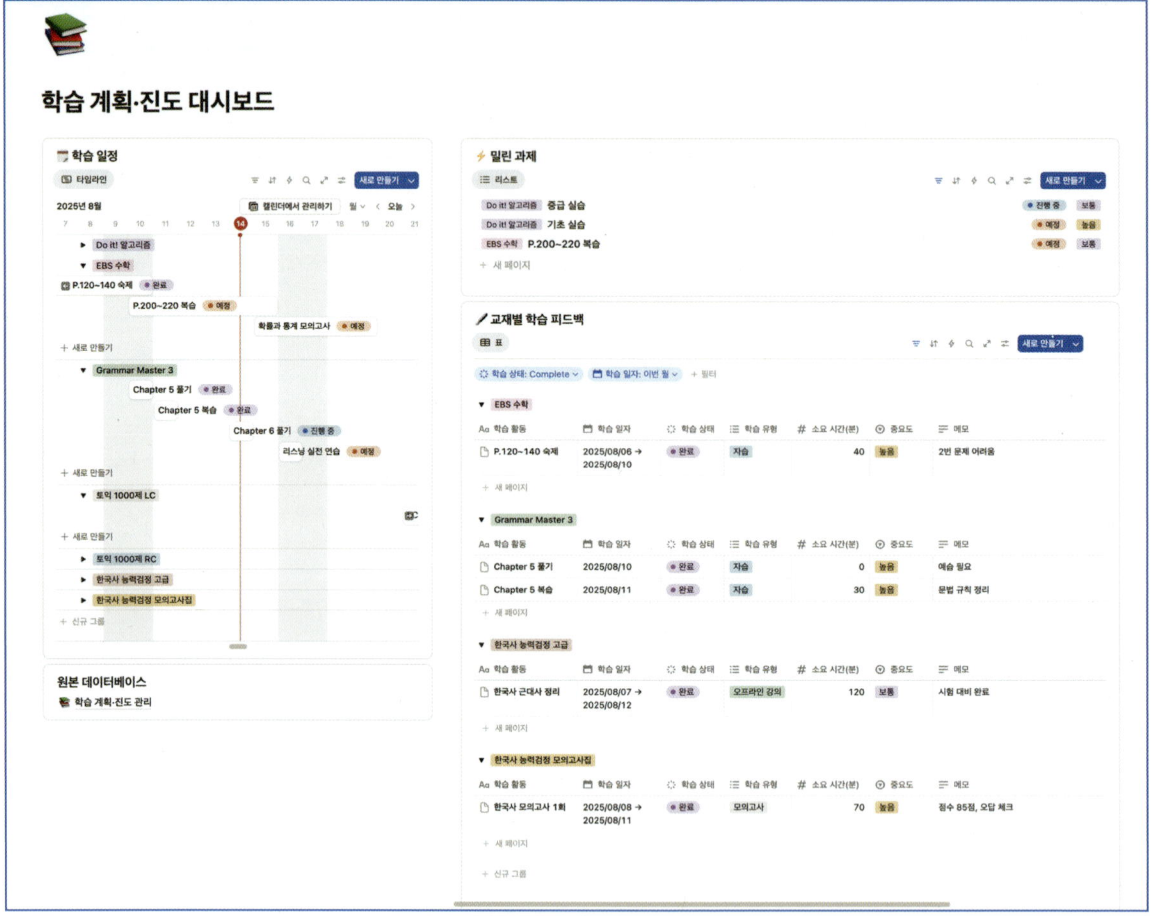

01 학습 관리를 위한 노션 데이터베이스 생성

먼저, 학습 관리 데이터베이스에 어떤 속성이 필요할지 고민해 봅니다. 이번 데이터베이스는 다음과 같이 구성하였습니다.

제목	속성 유형	세부 옵션
학습 활동	제목 속성	
교재명	선택 속성	
과목	선택 속성	영어, 수학, 프로그래밍, 한국사
학습 일자	날짜 속성	
학습 상태	상태 속성	할 일 – 시작 전, 예정 진행 중 – 진행 중 완료 – 완료
학습 유형	다중 선택 속성	자습, 모의고사, 온라인 강의, 오프라인 강의
소요 시간(분)	숫자 속성	
중요도	선택 속성	높은, 보통, 낮음
메모	텍스트 속성	

학습 계획·진도 관리

Ao 학습 활동	⊙ 교재명	⊙ 과목	🗓 학습 일자	◎ 학습 상태	≔ 학습 유형	# 소요 시간(분)	⊙ 중요도	≡ 메모
Chapter 5 풀기	Grammar Master 3	영어	2025/08/10	완료	자습	0	높음	예습 필요
Chapter 5 복습	Grammar Master 3	영어	2025/08/11	완료	자습	30	높음	문법 규칙 정리
리스닝 실전 연습	Grammar Master 3	영어	2025/08/16	예정	자습	60	보통	발음 체크
Chapter 6 풀기	Grammar Master 3	영어	2025/08/14	진행 중	자습	0	낮음	예제 문제 많음
P.120~140 숙제	EBS 수학	수학	2025/08/06 → 2025/08	완료	자습	40	높음	2번 문제 어려움
P.200~220 복습	EBS 수학	수학	2025/08/10 → 2025/08	예정	자습	0	보통	공식을 헷갈림
확률과 통계 모의고사	EBS 수학	수학	2025/08/15 → 2025/08	예정	모의고사	0	높음	시험 시간 체크
한국사 근대사 정리	한국사 능력검정 고급	한국사	2025/08/07 → 2025/08	완료	오프라인 강의	120	보통	시험 대비 완료
한국사 문화사 정리	한국사 능력검정 고급	한국사	2025/08/14 → 2025/08	진행 중	자습	40	낮음	그림 자료 암기 필요
한국사 모의고사 1회	한국사 능력검정 모의고사집	한국사	2025/08/08 → 2025/08	완료	모의고사	70	높음	점수 85점, 오답 체크
기초 실습	Do it! 알고리즘	프로그래밍	2025/08/07 → 2025/08	예정	온라인 강의	0	높음	예제 코드 복습 필요
중급 실습	Do it! 알고리즘	프로그래밍	2025/08/11 → 2025/08	진행 중	온라인 강의	60	보통	재귀 함수 복습 필요
RC Part 5 문제풀이	토익 1000제 RC	영어	2025/08/14 → 2025/08	진행 중	자습	90	높음	시간 단축 필요
LC Part 3 연습	토익 1000제 LC	영어	2025/08/21	예정	자습	0	높음	듣기 속도 조절
RC Part 6 문제풀이	토익 1000제 RC	영어	2025/08/19 → 2025/08	예정	자습	0	보통	어휘 집중 학습

+ 새 페이지

데이터베이스의 제목은 학습 활동을 적어 고유 값이 될 수 있도록 제작하고 '교재명'을 '선택 속성'으로 만들어 교재별로 학습 활동을 구분할 수 있도록 제작했습니다.

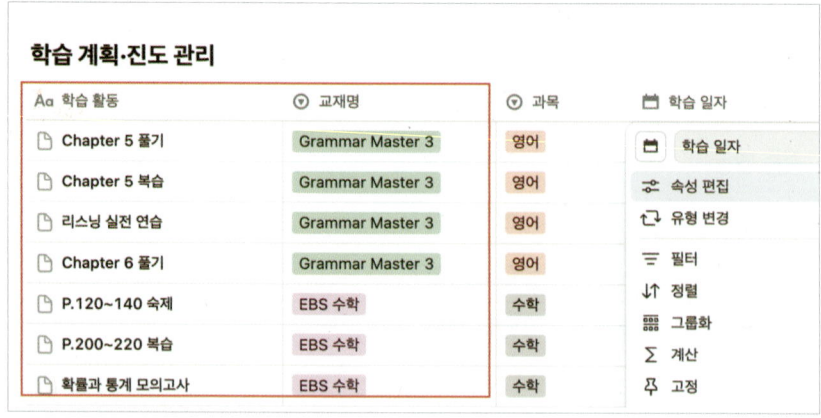

앞서 제작한 데이터베이스의 가독성을 위해 ❶ '학습 일자 속성'을 클릭하여 ❷ [속성 편집] 항목을 클릭한 후, ❸ [날짜 형식] 항목을 [년/월/일] 항목으로 변경했습니다.

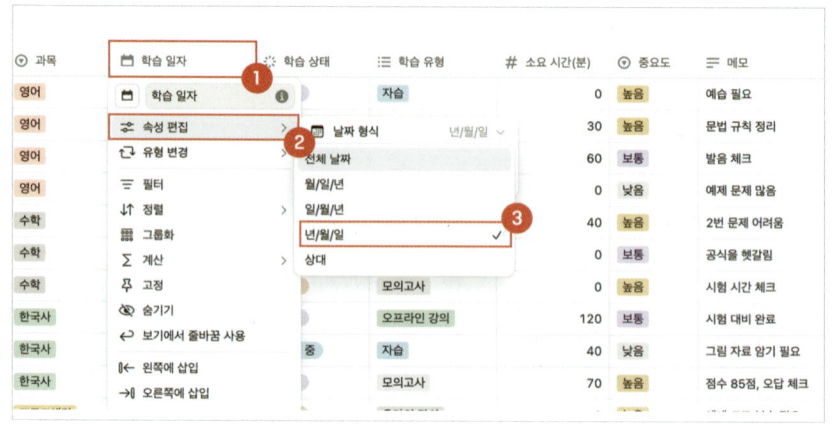

02 데이터베이스 보기 생성

데이터베이스 제작이 완료되었다면, 대시보드에 포함할 보기를 생성합니다. 교재별 학습 활동을 날짜 흐름으로 보기 위해 '타임라인 보기'를 활용해 교재별 학습 활동 보기를 제작합니다. 이때 [그룹화] 항목에서 [교재명] 항목을 클릭해 교재별로 학습 활동을 묶어 줍니다.

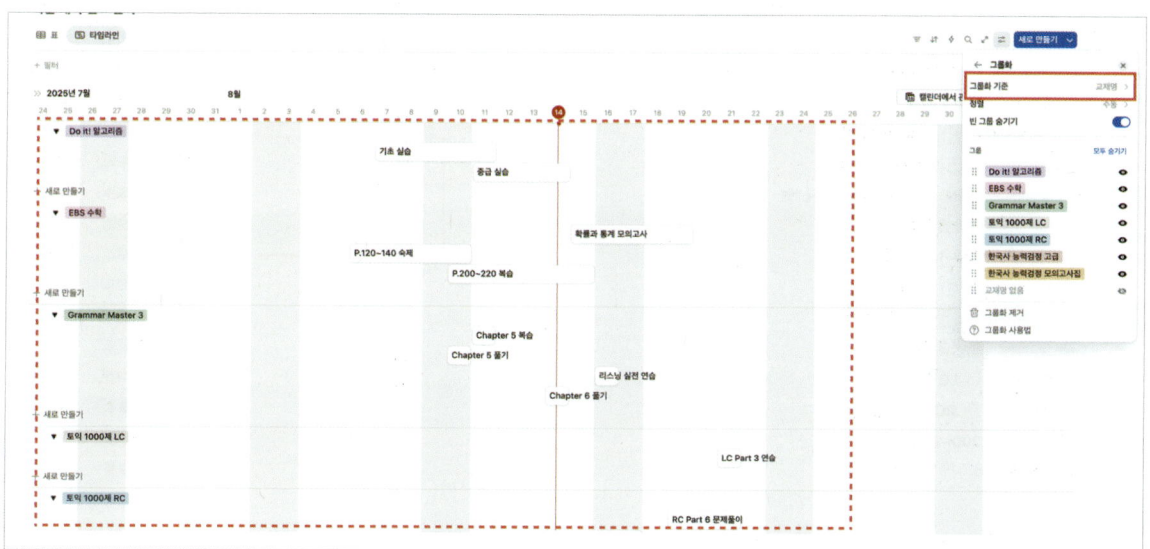

할 일을 흐름 순서대로 보기 위해, 데이터베이스 우측 상단의 [정렬] 아이콘을 활용해 '학습 일자 속성'을 선택한 후 [오름차순]을 클릭합니다. [설정]에 [속성 표시 여부]를 눌러 '상태 속성'을 켜줍니다.

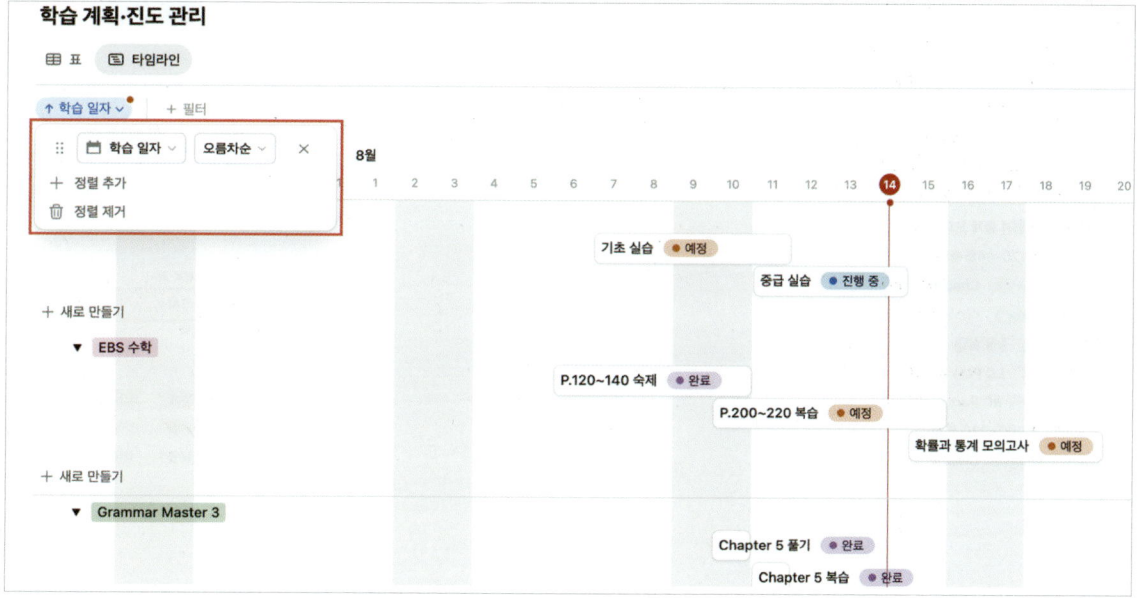

LESSON 03 _ 함께 쓰는 노션 대시보드   153

다음으로는 '리스트 보기'를 활용해 밀린 학습만 쉽게 확인하도록 하겠습니다. 우선 화면 우측 상단의 데이터베이스 [설정] 아이콘을 클릭합니다. [설정] 아이콘의 메뉴에서 [속성 표시 여부] 항목을 클릭한 후, 다음과 같이 [교재명], [학습 상태], [중요도]를 순서에 맞게 켜줍니다.

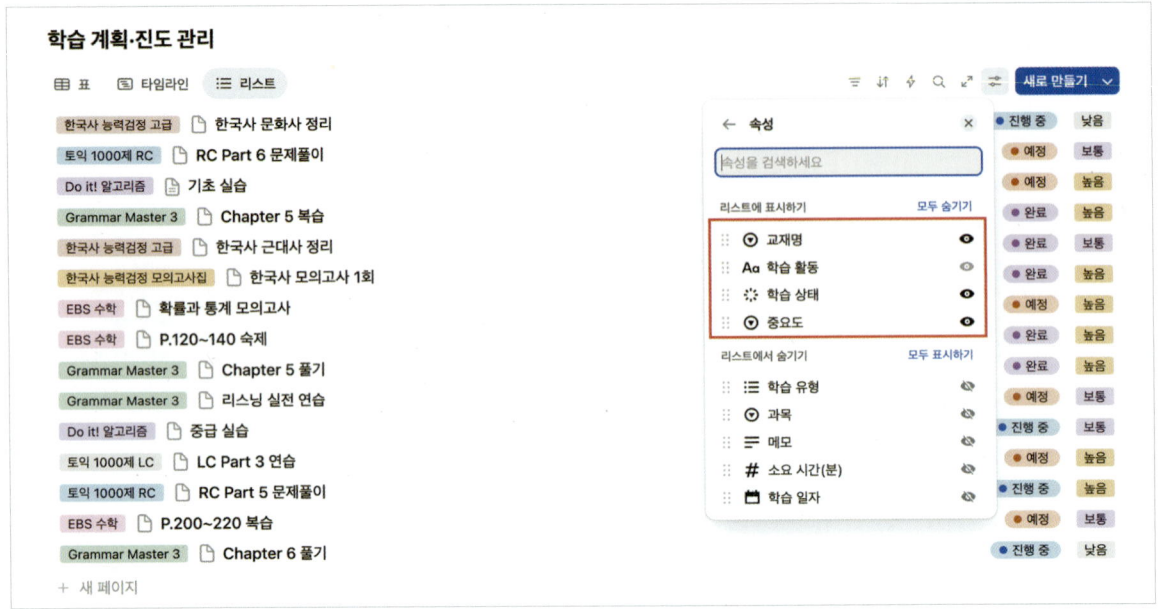

[설정]에서 [레이아웃] 항목을 클릭합니다. 메뉴 하단의 [페이지 아이콘 표시] 토글을 클릭하여 아이콘이 표시되지 않게끔 비활성화합니다.

이제 밀린 학습만 보기 위해서 필터를 설정하겠습니다. [필터] 아이콘을 클릭한 후 '학습 일자'를 선택해 ❶ [종료일]을 기준으로 ❷ [~이전(당일 불포함)]을 클릭하고 ❸ 기준을 [오늘]로 클릭한 후 ❹ '학습 상태' 필터를 추가해 할 일과 진행 중만 클릭해 오늘 이전 값들 중에 학습 상태가 완료되지 않은 것들만 필터링해 주었습니다.

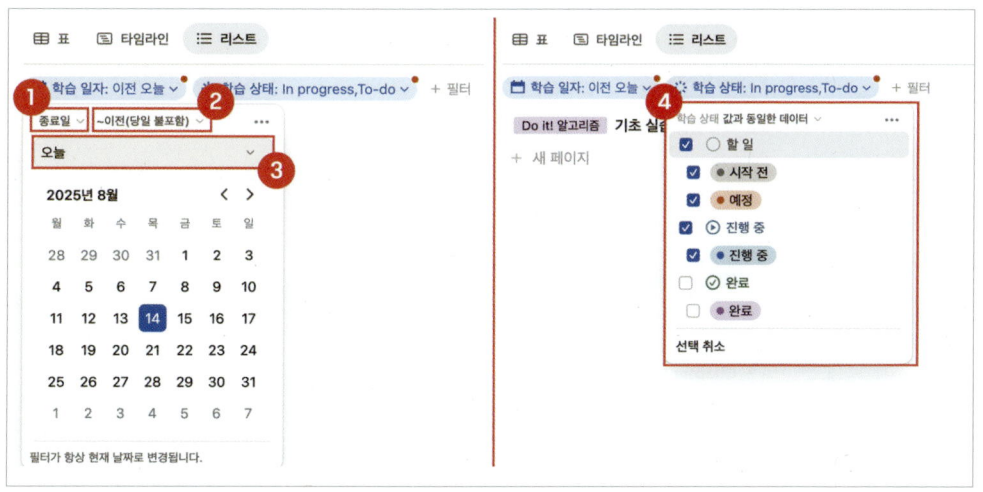

마지막으로 학습이 완료된 것은 피드백을 남길 수 있도록 표 보기를 활용해 제작합니다. 교재명 그룹화를 통해 교재별로 피드백을 한 번에 볼 수 있도록 해줍니다.

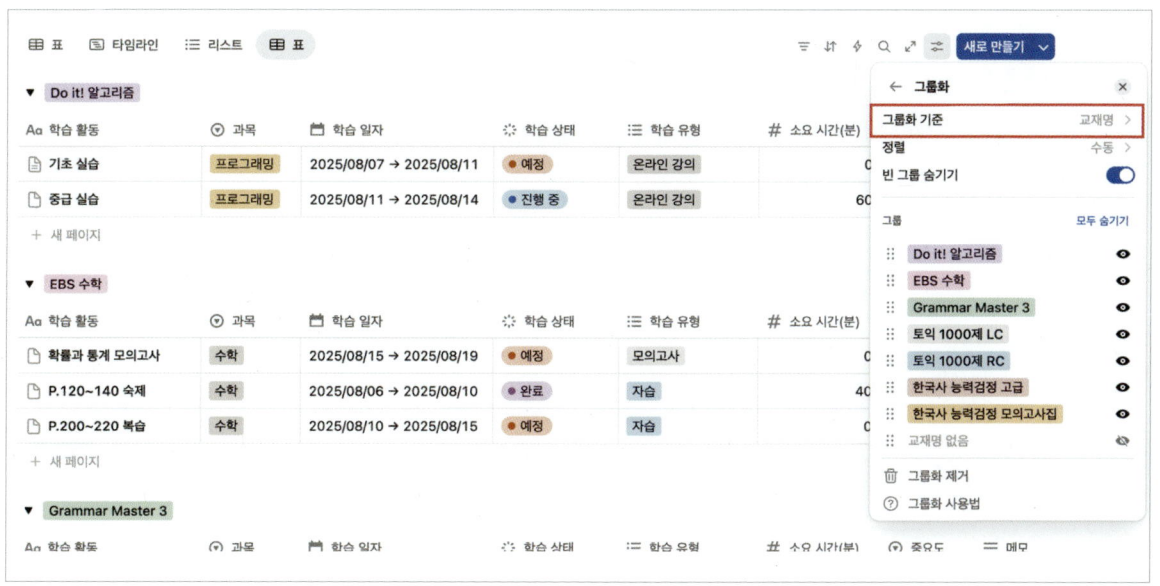

완료된 것만 보기 위해서 학습 상태가 완료인 것만 필터링을 하고 학습 일자는 이번 월로 필터링을 걸어 너무 많은 데이터가 대시보드상에 나오지 않도록 조절해 줍니다.

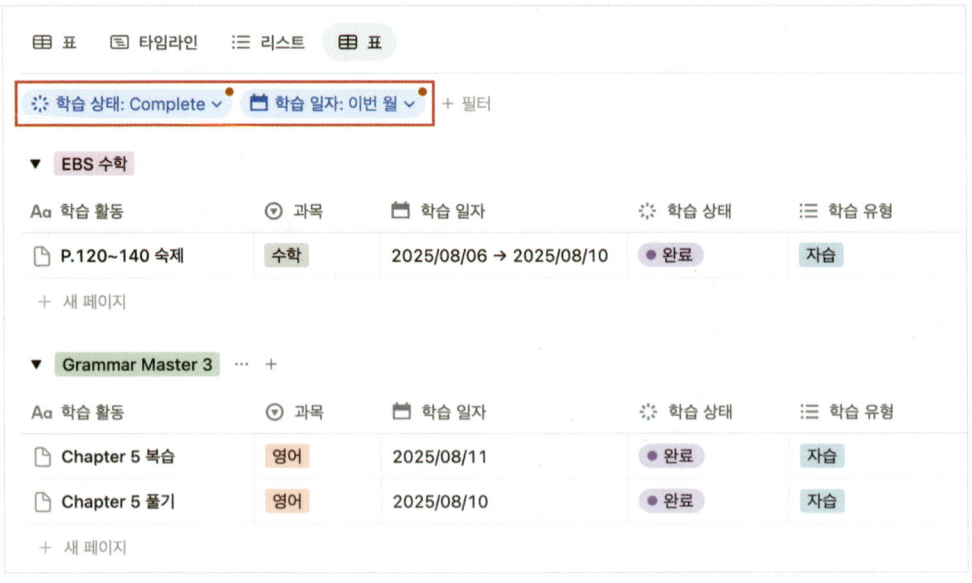

03 데이터베이스 대시보드 구성

이제 대시보드를 구성합니다. 먼저 사용할 콜아웃 박스를 생성합니다. 제목 3(#)(#)(#) + Space Bar) 블록을 활용해 콜아웃 박스 안에 제목을 넣어 주세요.

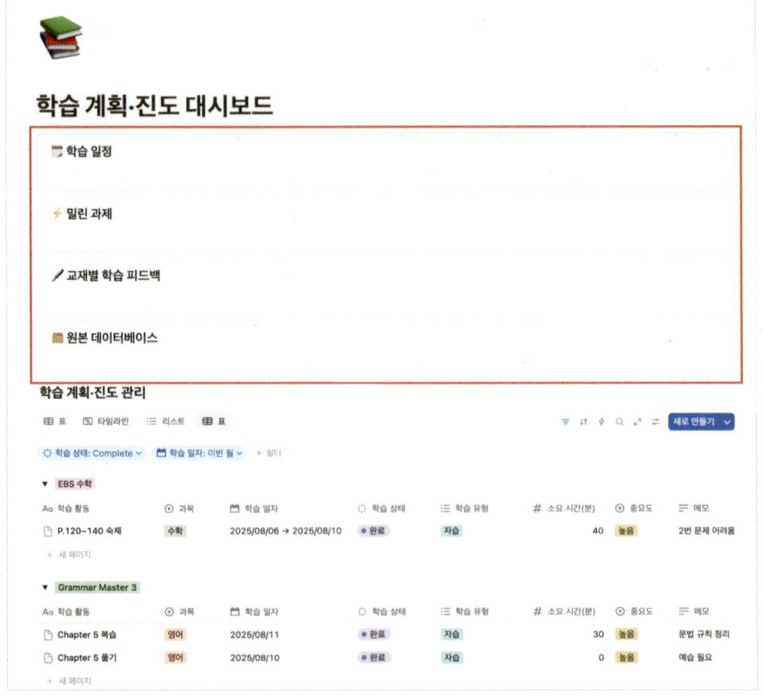

대시보드의 레이아웃을 보기 좋게 하기 위해 콜아웃 박스를 옆으로 드래그해 두 개의 단으로 나누어 보기를 배치합니다.

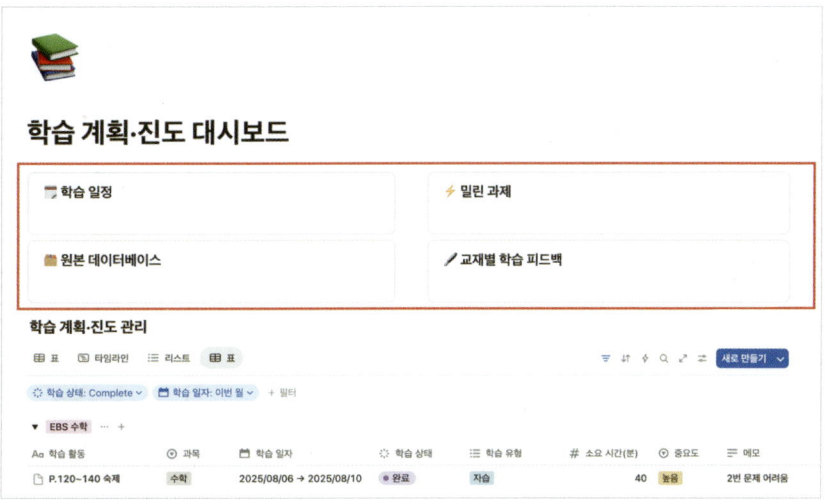

앞서 제작한 보기들의 보기 링크를 복사한 후에 콜아웃 박스에 Ctrl + V를 눌러 붙여 넣은 후, [연결된 데이터 베이스 보기]를 클릭해 다음과 같이 붙여 넣습니다.

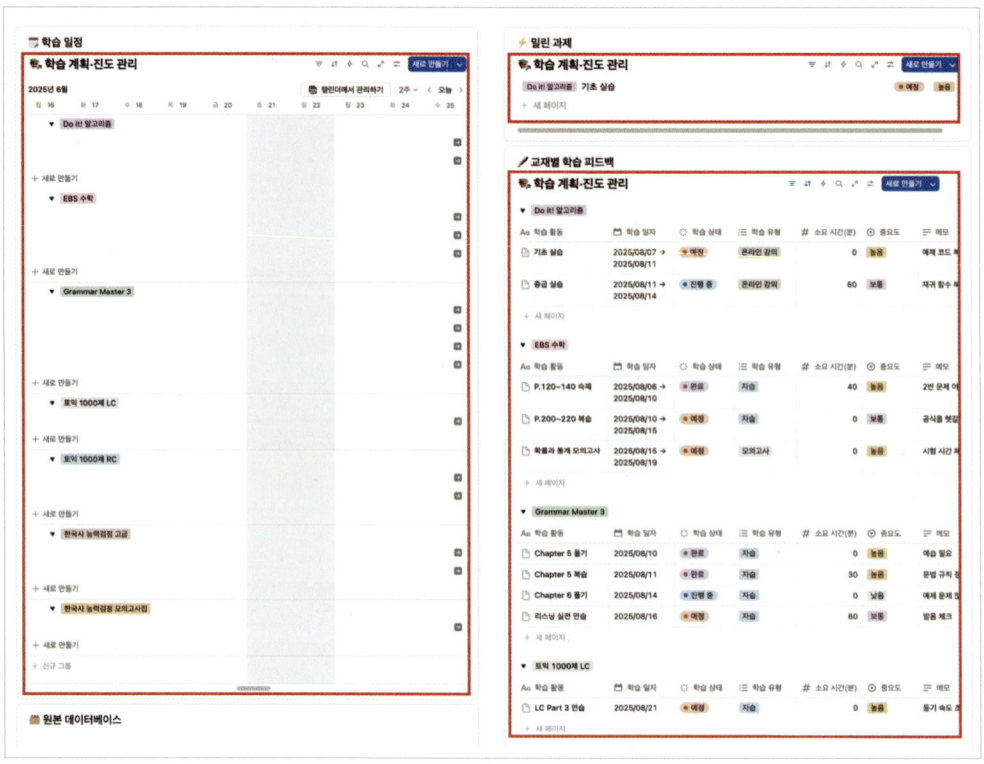

원본 데이터베이스는 ❶ 점 6개를 클릭하여, ❷ [페이지로 전환] 항목을 클릭한 후 콜아웃 박스 안에 위치시키고, ❸ [보기 링크 복사] 항목을 클릭하여, ❹ 붙여 넣은 데이터베이스 옵션에서 [데이터베이스 제목 숨기기] 항목을 클릭해 제목을 숨겨 줍니다.

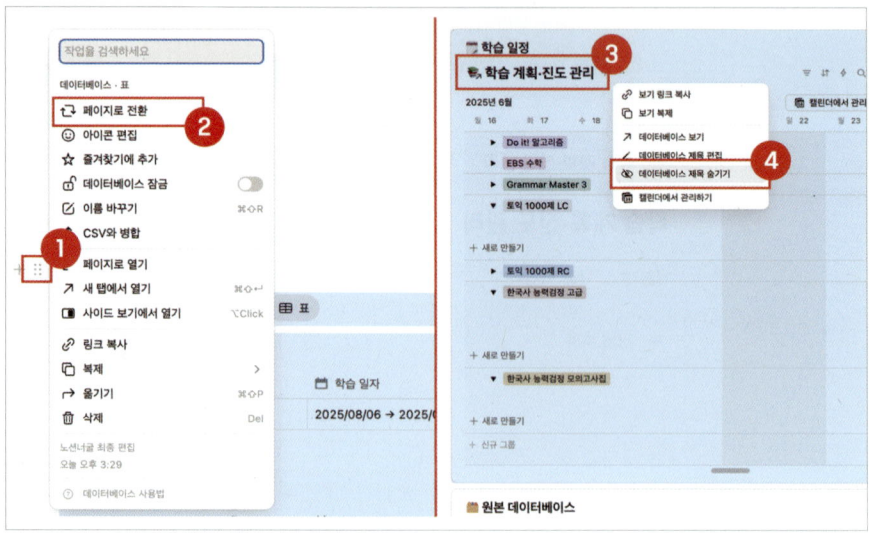

이번 실습을 통해 데이터베이스의 보기들을 한 번에 펼쳐 보는 대시보드 작업을 해보았습니다. 이를 통해 각 보기가 가진 장점을 한 페이지에서 모두 활용해 보세요.

UX 꿀팁 | 모바일 사용성을 고려한 대시보드 배치 방법

노션 시스템은 일반적으로 PC 화면에서의 사용성을 고려해 제작됩니다. 하지만 모바일 화면에서 사용할 때는 다른 경험이 필요합니다. 따라서 PC와 모바일 두 가지 환경을 모두 고려해 제작하면 훨씬 더 높은 사용성을 제공할 수 있습니다.

PC 화면과 모바일 화면의 가장 큰 차이점은 '단'입니다. 같은 페이지를 보더라도 PC나 태블릿에서는 단이 나누어진 대시보드 화면을 볼 수 있지만, 모바일 화면에서는 한 개의 단으로 바뀐 화면을 보게 됩니다.

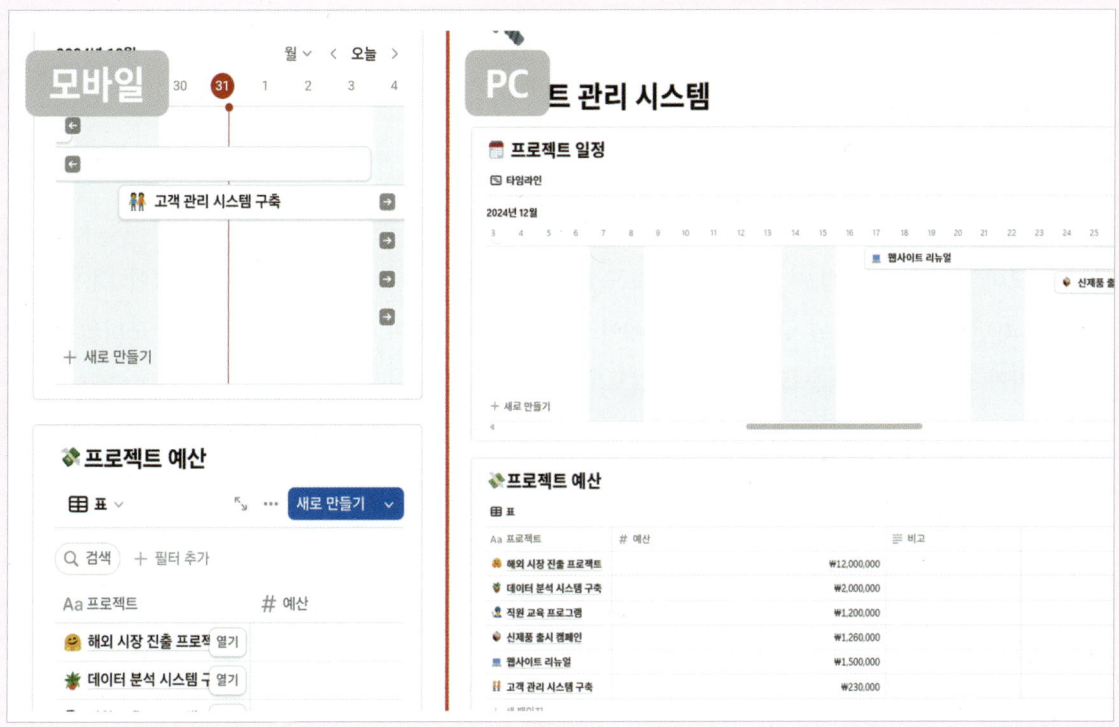

그렇다면 모바일 화면에서는 어떤 규칙을 따라 콘텐츠가 표시될까요? 모바일 화면에서의 콘텐츠 표시 규칙은 단의 위치에 따라 결정됩니다. PC 화면에서 단을 기준으로 보면, 콘텐츠는 좌측 상단에서 우측 하단 방향으로 순차적으로 배열됩니다. 즉, 좌측 상단에 있는 데이터베이스가 모바일 화면에서 가장 먼저 표시되며, 우측 하단으로 갈수록 나중에 표시됩니다.

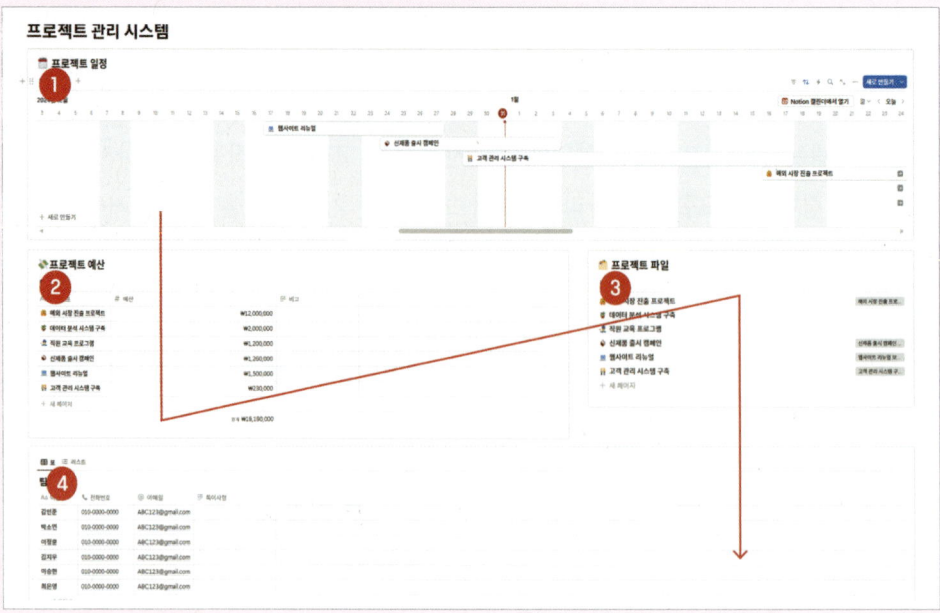

따라서 모바일 사용자 경험을 고려한 대시보드를 설계하려면, 좌측 상단에는 가장 중요한 데이터베이스를, 우측 하단으로 갈수록 덜 중요한 데이터베이스를 배치하는 것이 좋습니다. 이를 통해 모바일 환경에서도 사용자가 효율적으로 정보를 확인할 수 있도록 설계할 수 있습니다.

CHAPTER 04

노션 데이터베이스 심화

데이터베이스 1개를 넘어 2개 이상의
데이터베이스를 연결하고, 노션 차트와 양식을 활용해
고차원적인 노션 시스템을 제작해 봅시다.

LESSON 01 관계형과 롤업 이해하기

 노션의 '관계형'과 '롤업'은 2개의 데이터베이스를 연결 짓기 위해 사용됩니다. 이번 Lesson에서는 '관계형'과 '롤업'은 무엇이고 어떻게 데이터베이스를 연결하는지 살펴보겠습니다.

데이터베이스가 긴밀히 연관이 되어 있어요

노션을 활용해 자신만의 시스템을 제작하고자 한다면, 데이터베이스를 2개 이상 다루게 됩니다. 그리고 대부분의 경우 시스템에 사용된 데이터베이스들은 **개별적으로 사용되는 것이 아닌 서로 연결되어 있습니다.** 이에 대한 몇 가지 예시를 통해 알아볼까요?

회사에서 사용하기 위한 "프로젝트 관리 시스템"에서 대표적으로 사용되는 데이터베이스는 '프로젝트 데이터베이스'와 '할 일 데이터베이스'입니다. 이 각각의 프로젝트는 서로 연결되어 있으며, '할 일 데이터베이스'에서 해야 할 일에 대한 체크박스를 표시하는 것으로, '프로젝트 데이터베이스'의 '진척도 속성'에 해당 프로젝트의 진척도가 표시되는 것을 확인할 수 있습니다.

예를 들어, 학원에서 사용하기 위한 학원 관리 시스템에는 '원생 데이터베이스'와 '클래스 데이터베이스'가 서로 긴밀하게 연결되어 있습니다. '클래스 데이터베이스'의 데이터인 클래스별로 원생들이 연결되어 있으며, 이는 '원생 데이터베이스'의 데이터인 각 원생들이 속한 클래스별로 시험 점수를 합산하고 이를 기반으로 클래스별 평균을 계산합니다.

이 외에도 정말 다양한 상황에서 데이터베이스들이 서로 연결되어 있는 경우를 볼 수 있습니다. 이렇게 데이터베이스를 제작할 때도 데이터베이스가 연관된 상황을 고려해서 제작하는 것이 중요합니다. 노션에서는 '관계형'과 '롤업'을 활용해서 데이터베이스와 연결 지어 줄 수 있습니다.

'관계형'과 '롤업'을 배우기 전, 왜 '관계형'과 '롤업'을 쓰면 좋은지 구체적으로 살펴보겠습니다.

관계형과 롤업을 써야 하는 이유

01. 효율적인 데이터베이스 관리

연결이 필요한 데이터베이스를 '관계형'과 '롤업'을 사용하지 않고 독립적으로 관리하게 되면 속성 값을 데이터베이스들에 각각 입력해 줘야 합니다. 다시 말해 같은 의미의 작업을 번거롭게 2번 해야 하는 것입니다.

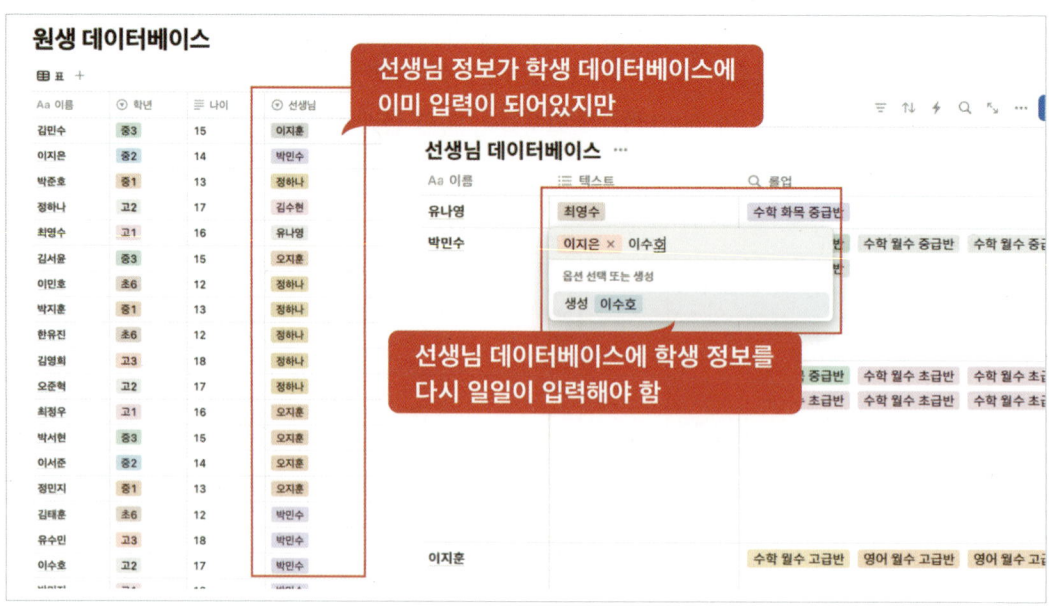

그러나 '관계형'과 '롤업'을 통해 데이터베이스를 연결해 준다면, 데이터 입력 작업을 한 번만 하면 되기 때문에 훨씬 더 효율적인 데이터베이스 관리가 가능합니다.

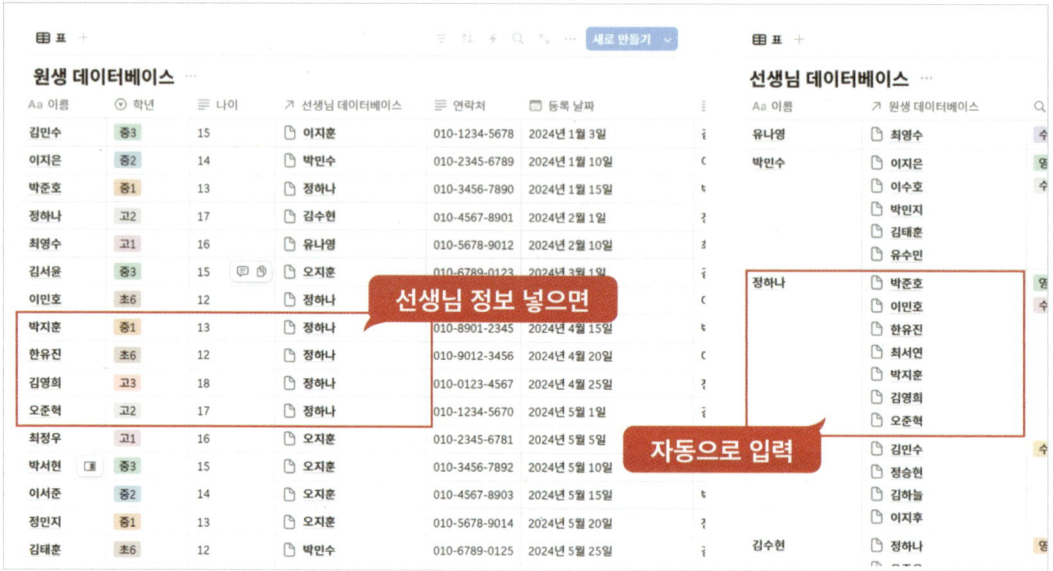

02. 중복 입력 실수 줄이기

수많은 데이터를 수동으로 관리하다 보면 실수를 하기 쉽습니다. 하지만 '관계형'과 '롤업'을 활용하여 데이터베이스들끼리 연결한다면, 개별적으로 데이터를 입력하다 중복 입력하는 실수를 줄일 수 있습니다. 이는 2가지 데이터베이스가 서로 연동이 되어 있기 때문에 한쪽에서 입력을 하게 되면 다른 쪽도 자동으로 입력이 되어 이런 실수를 방지할 수 있습니다.

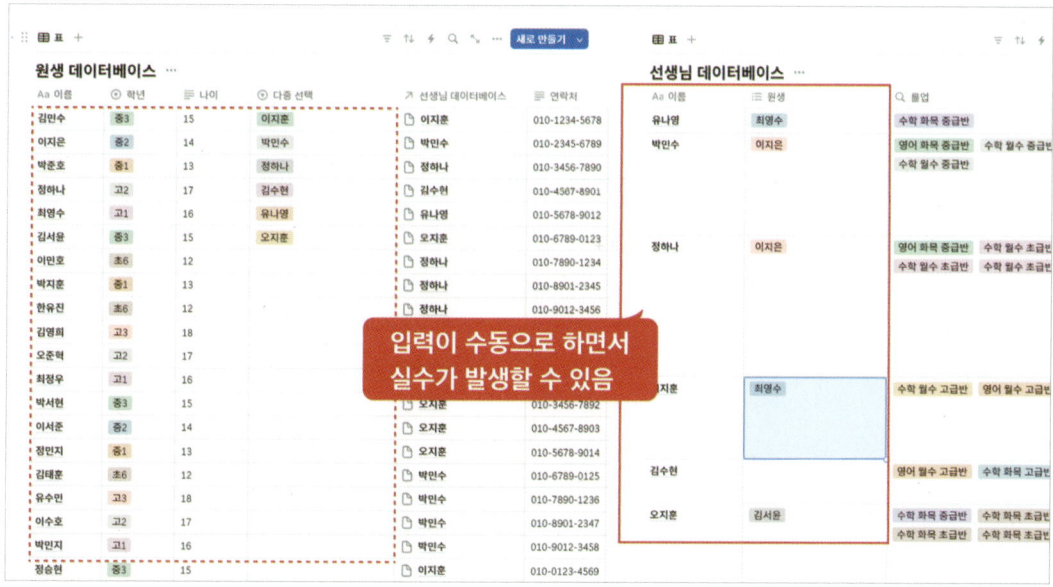

03. 상하관계의 데이터베이스를 직관적으로 관리

'프로젝트 데이터베이스'와 '할 일 데이터베이스'는 상하관계라고 볼 수 있습니다. 프로젝트라는 내용 안에 할 일이 포함되기 때문이죠. 이런 관계의 데이터베이스를 '관계형'을 활용해 만들어 준다면 프로젝트 페이지를 열었을 때 각 프로젝트에 해당하는 할 일이 보이는 형태로 제작해 더 직관적으로 데이터베이스 관리가 가능해집니다.

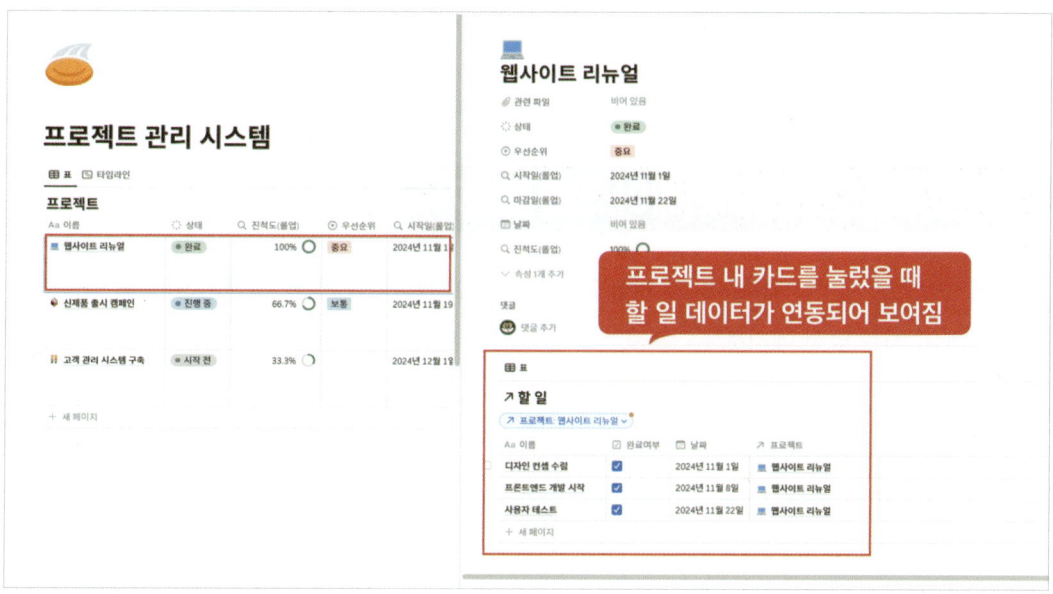

04. 롤업을 활용한 데이터 정보 분석

앞선 예시를 보면 이런 생각이 들 수 있습니다. "이런 구성은 연결하지 않고 그냥 페이지 내에 새로운 데이터베이스를 만들어도 되는 것 아닌가요?" 네, 맞습니다! '프로젝트 데이터베이스' 안에 '관계형'을 연결하지 않고도 만들 수 있습니다.

하지만 '관계형'을 통해 연결하고 '롤업'을 함께 활용하여 제작한다면, 이를 활용해 유의미한 데이터를 얻을 수 있습니다. 예를 들면, ❶ '할 일 데이터베이스'의 완료여부 상태에 따라 '프로젝트 데이터베이스'의 진행률이 자동으로 변하고, ❷ '할 일 데이터베이스'의 기간 증감에 따른 프로젝트 기간이 자동으로 변하도록 만들 수 있습니다. 이는 두 데이터베이스가 '관계형'과 '롤업'으로 연결되어야만 가능합니다.

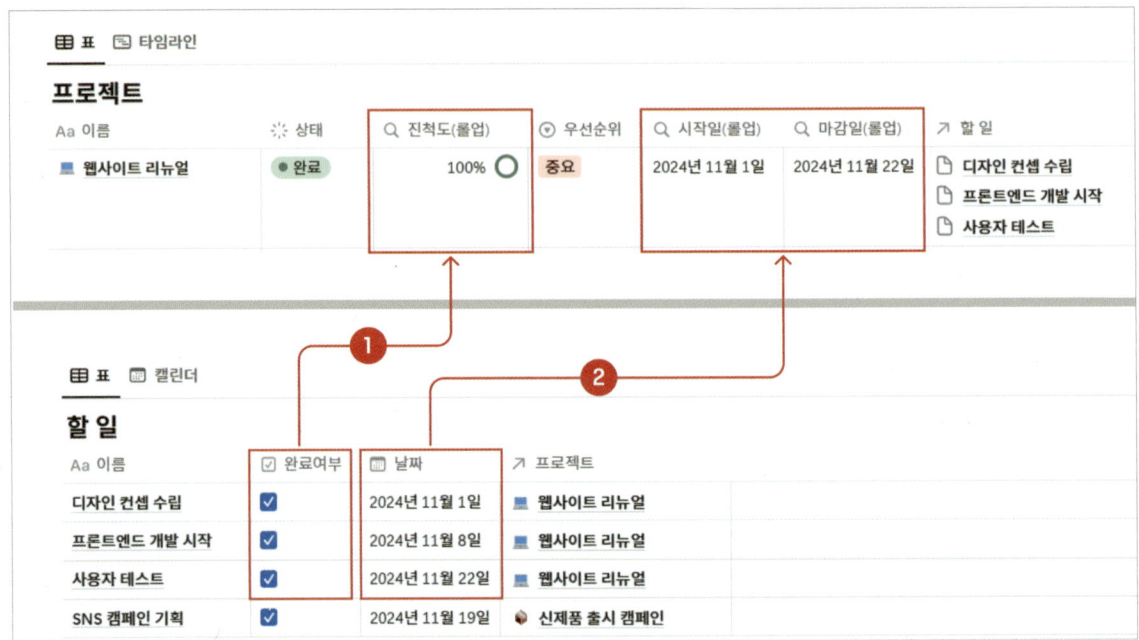

관계형으로 데이터베이스 연결하기

이제 본격적으로 데이터베이스를 '관계형'으로 연결해 보겠습니다. 이를 위해서는 샘플 데이터베이스가 필요할 텐데요. 저는 앞선 예시로 든 "프로젝트 관리 시스템"을 '관계형'으로 구상해 보겠습니다.

01. 프로젝트 데이터베이스 생성하기

먼저 '프로젝트 데이터베이스'가 필요합니다. 데이터베이스 제작을 위해 '표 보기'를 생성합니다. '프로젝트 데이터베이스'의 경우 프로젝트 제목을 '제목 속성'으로 넣어 줍니다.

이제 프로젝트에 대한 부가적인 설명을 위해 여러 가지 속성 유형을 넣어 줄 텐데요. 저는 표를 참고해 다음과 같이 속성 유형을 만들어 주었습니다.

속성 제목	내용	속성 유형
상태	프로젝트의 상태를 관리합니다.	상태
우선순위	프로젝트간 우선순위를 기록합니다.	선택
관련링크	프로젝트 관련 링크를 업로드합니다.	URL
첨부파일	프로젝트 관련 파일을 업로드합니다.	파일과 미디어
비고	비고	텍스트

다음으로 페이지 레이아웃을 정리하겠습니다. 페이지 열기를 통해 데이터베이스 페이지 하나를 열고 '레이아웃 사용자 지정'을 통해서 레이아웃 세팅을 해주겠습니다. 중요한 속성은 고정시켜 주고 그 외 숨김 처리

LESSON 01 _ 관계형과 롤업 이해하기 **167**

가 필요한 속성은 숨겨서 깔끔하게 정리하겠습니다. "Chapter 02. 노션 데이터베이스 입문의 Lesson 02 페이지 레이아웃 정리하기" 내용을 참고해서 제작해 주세요.

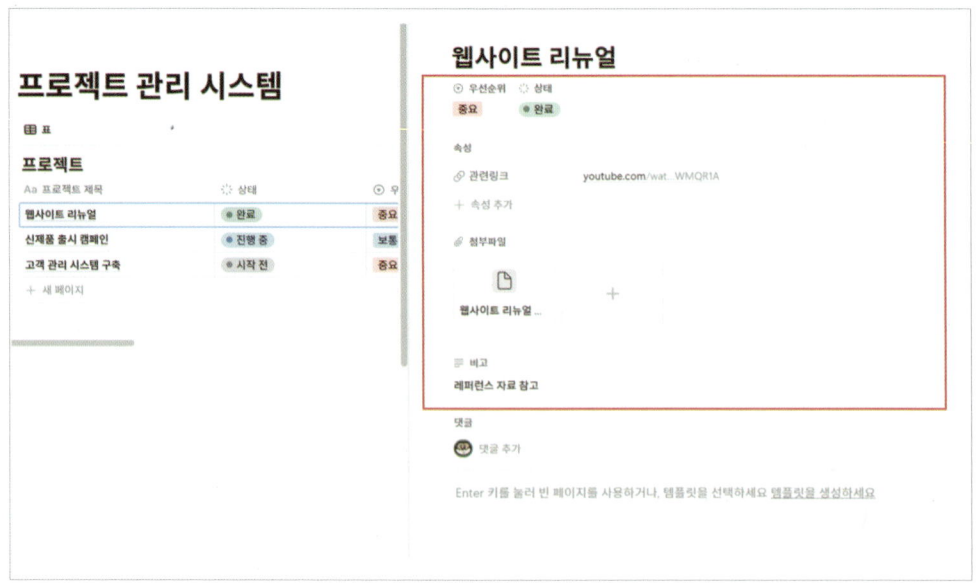

02. 할 일 데이터베이스 생성하기

다음으로는 '할 일 데이터베이스'를 생성하겠습니다. '할 일 데이터베이스'의 경우 '프로젝트 데이터베이스'와 연결되어야 하기 때문에 이를 고려해서 제작해야 합니다.

'할 일 데이터베이스'의 '제목 속성'은 고유 값과 제작 목적에 따라 할 일 제목이 들어갑니다.

이때 주의사항이 있습니다. '제목 속성'에 입력하는 값의 프로젝트가 다르더라도 데이터베이스를 구분하지 않고 '할 일 데이터베이스'에 데이터를 넣어 줍니다.

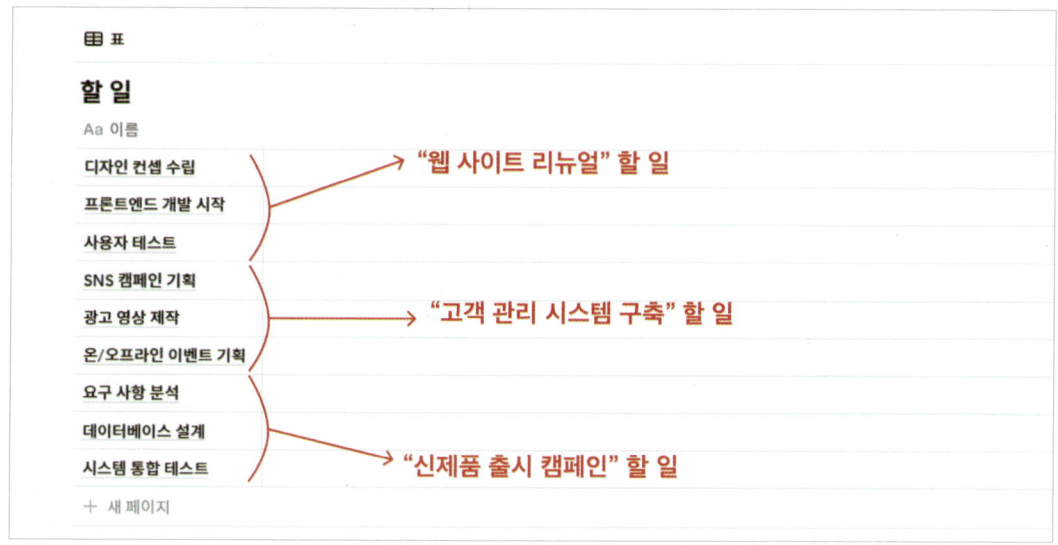

부가적인 설명을 위해 할 일 데이터베이스의 속성 유형을 넣어 주겠습니다. 표를 참고해서 속성 유형을 추가했습니다.

속성 제목	내용	속성 유형
담당자	할 일의 담당자를 설정합니다.	사람
설명	할 일에 대한 간단한 설명을 작성합니다	텍스트
완료여부	할 일의 완료여부를 체크합니다.	체크박스

다음으로 '프로젝트 데이터베이스'와 같이 페이지 레이아웃을 정리해서 마무리해 주겠습니다.

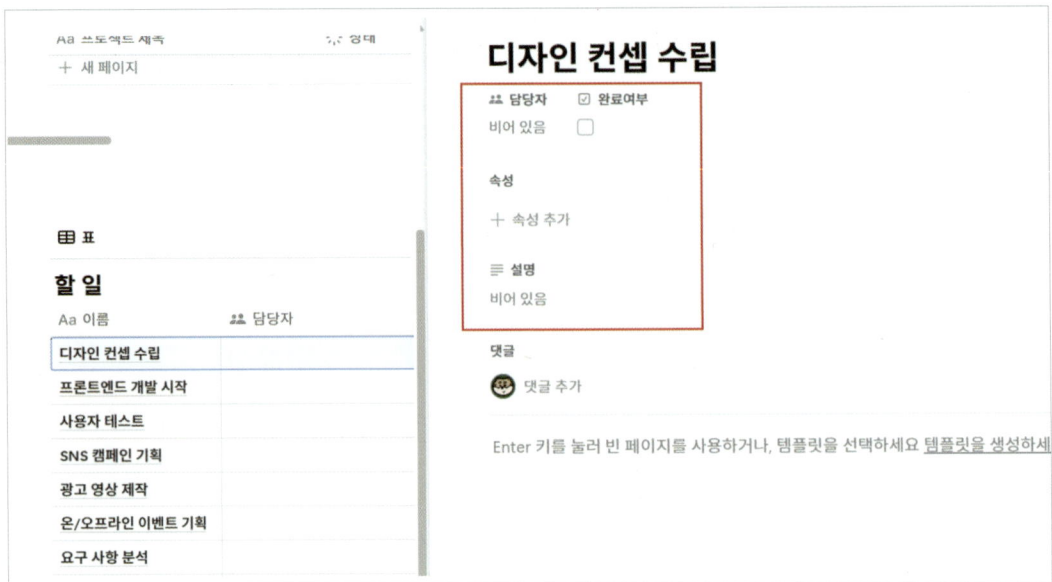

03. 관계형으로 두 개의 데이터베이스 연결하기

이제 두 개의 데이터베이스를 연결해 주겠습니다. ❶ '프로젝트 데이터베이스'의 [+] 버튼을 클릭하여 새로운 속성을 생성한 뒤, ❷ '관계형 속성'을 클릭합니다.

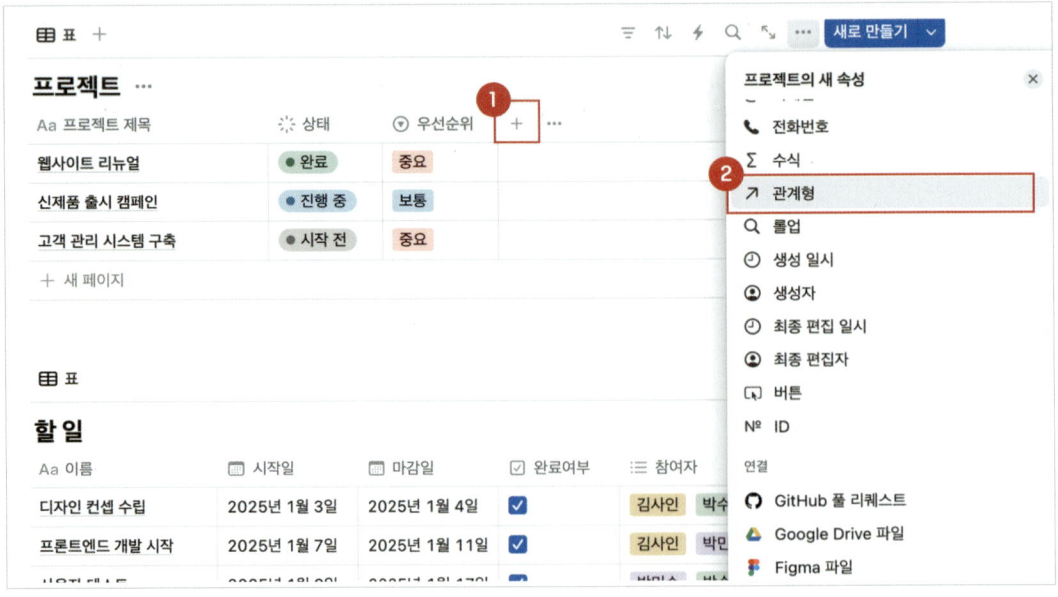

'관계형 속성'을 추가하게 되면 연결할 데이터베이스를 선택하게 되는데, ❶ 이때 우측 상단의 점 3개를 클릭하여 ❷ 연결할 데이터베이스로 '할 일 데이터베이스'를 클릭합니다.

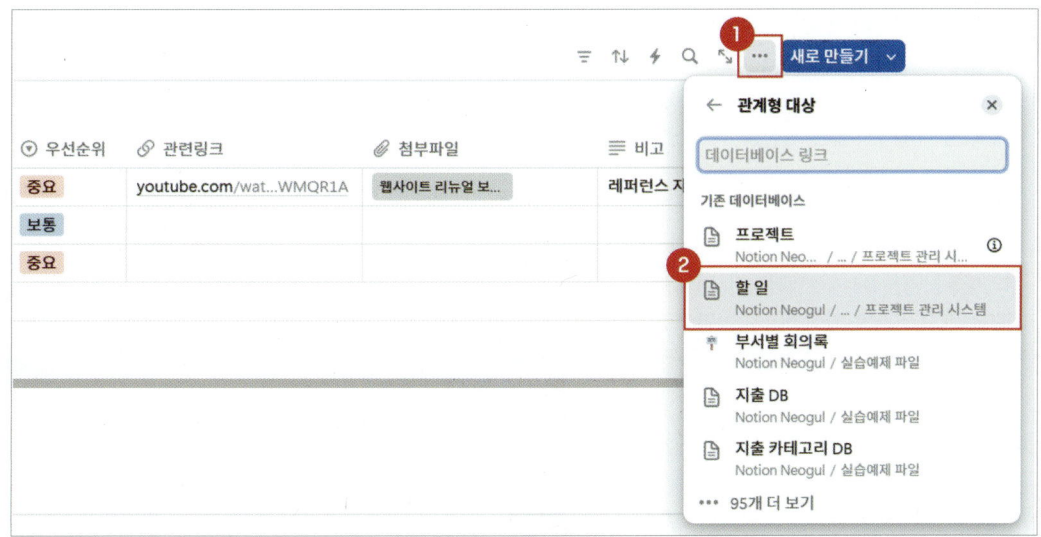

'할 일 데이터베이스'를 클릭하게 되면 양방향으로 연결을 할 것인지, 단방향으로 연결을 할 것인지 선택해야 합니다. 이때는 [양방향 관계형] 토글을 클릭하여 활성화한 상태로 연결해 줍니다.

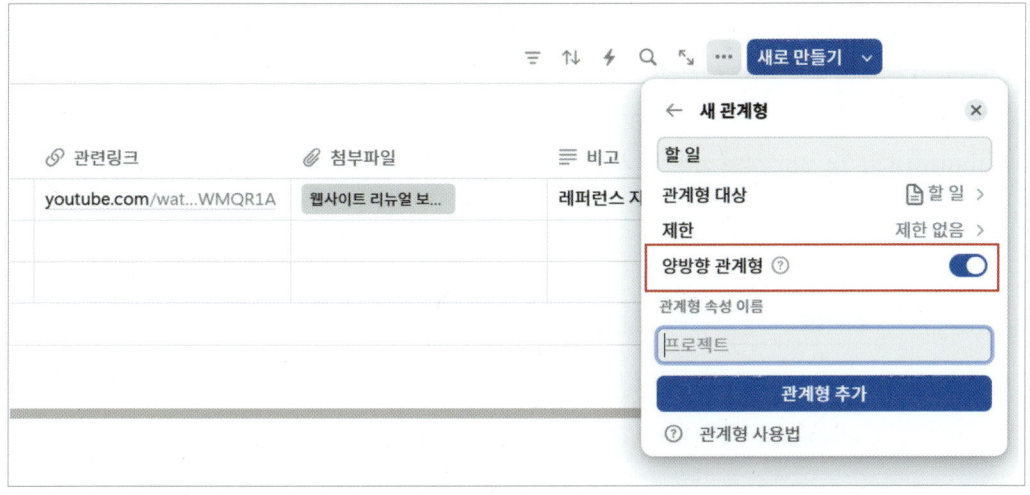

> **TIP** [양방향 관계형] 토글을 활성화한 상태로 '양방향 관계형 데이터베이스'를 만들어 준 이유는, 양방향 연결이 단방향 연결을 포괄하기 때문입니다. 양방향 연결로 데이터베이스 연결한 후, 이후에 사용하지 않는다고 판단이 되면 사용하지 않는 속성을 지워 단방향으로 변경해 줄 수 있습니다. 양방향 연결을 단방향으로 바꿔 줄 때 ❶ 사용하지 않는 '관계형 속성'을 클릭하여 [속성 삭제] 항목을 클릭합니다. ❷ 팝업창에서 [삭제하지만, 관계형은 유지합니다] 버튼을 클릭하여 단방향으로 바꿔 줄 수 있습니다.

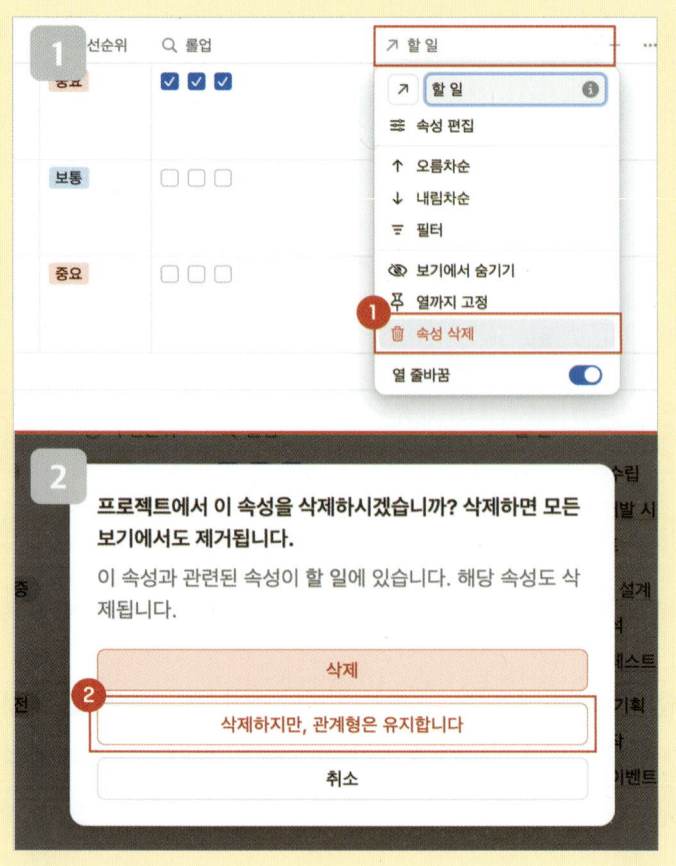

데이터베이스간 연결이 완료되면 각각의 데이터베이스에 연결된 데이터베이스 제목이 '관계형 속성'으로 추가된 것을 볼 수 있습니다.

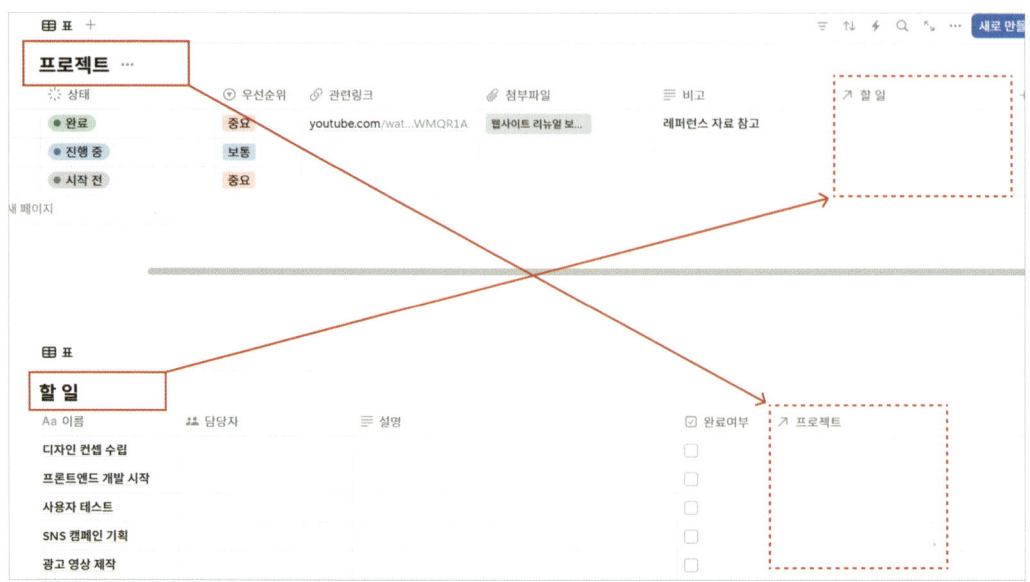

04. 연결된 두 개의 데이터베이스 확인하기

앞선 과정을 통해 '프로젝트 데이터베이스'와 '할 일 데이터베이스'를 연결했습니다. 이제 생성된 '할 일 데이터베이스'의 '관계형 속성'에 프로젝트 값을 입력하겠습니다. ❶ 속성 빈칸을 클릭하면 ❷ '프로젝트 속성'의 제목 값이 나오는 것을 확인할 수 있습니다. 해당하는 값을 클릭해서 넣어 주겠습니다.

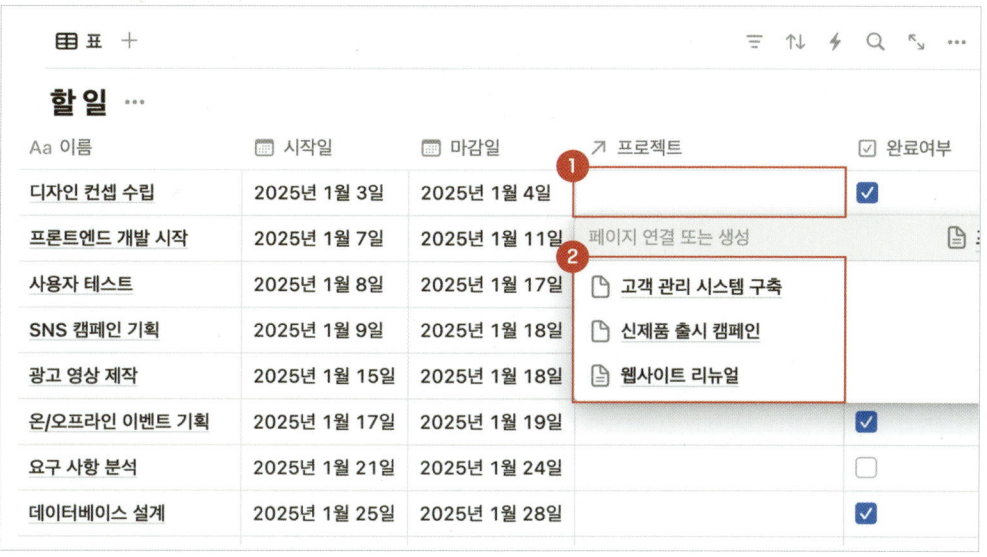

관계형으로 연결된 '프로젝트 속성'에 값을 넣는 순간, '프로젝트 데이터베이스'에도 '할 일 속성'의 값이 자동으로 입력되는 것을 알 수 있습니다.

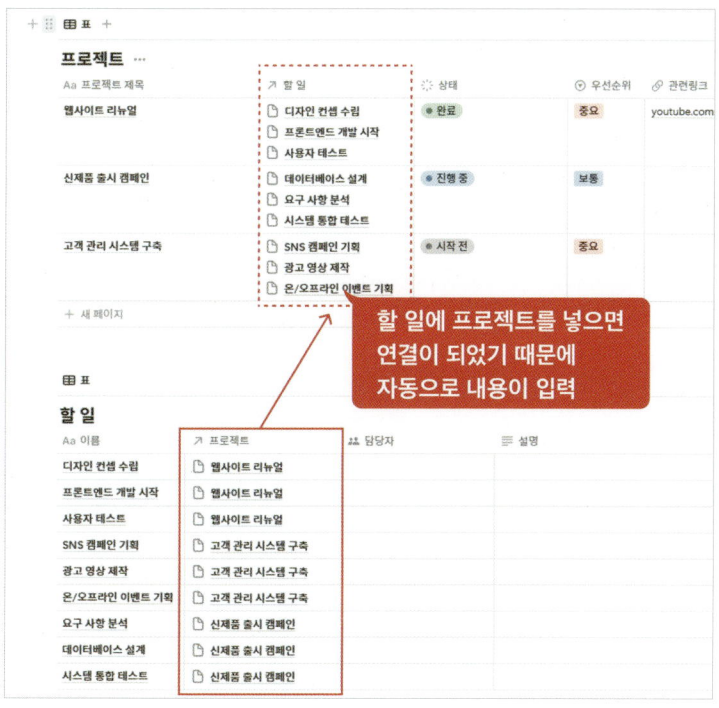

할 일에 프로젝트를 넣으면 연결이 되었기 때문에 자동으로 내용이 입력

LESSON 01 _ 관계형과 롤업 이해하기   173

> **TIP** 각 데이터베이스 페이지에서 아이콘이 없다면 '관계형' 연결 시 밋밋한 상태를 볼 수 있습니다. 페이지 내 적절한 아이콘을 넣어 관계형 연결 시 시각적 도움을 받아 보세요.
>
>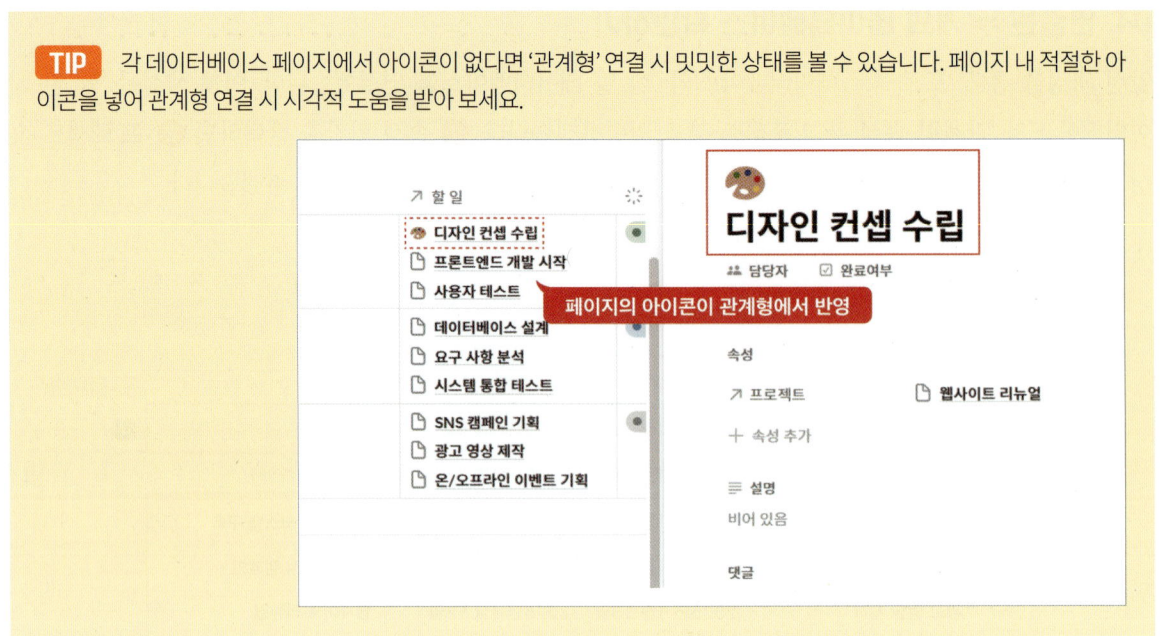

이를 통해서 우리는 '프로젝트 데이터베이스'와 '할 일 데이터베이스'가 잘 연결되었다는 것을 알 수 있습니다. 또한 반대 방향으로 '프로젝트 데이터베이스'에서 '할 일 속성'의 값을 입력하는 것도 같은 결과가 도출된다는 것을 알 수 있습니다.

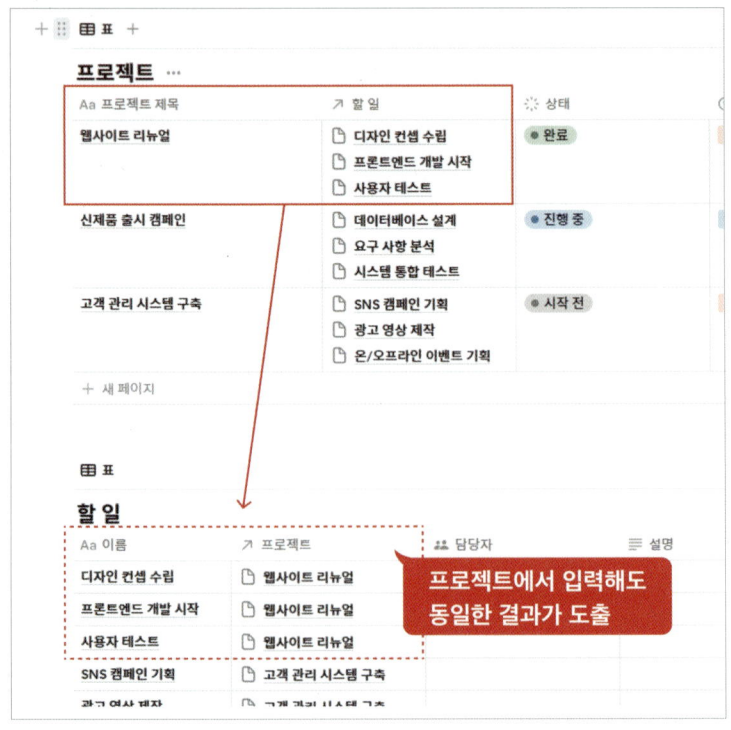

> **TIP** 데이터베이스에 '관계형'으로 연결된 값을 넣으면 점 3개가 나타납니다. 점 3개를 눌러 '제목 속성' 외 다른 속성 옵션을 함께 볼 수 있습니다.

관계형 연결이 가지는 의미

앞선 과정을 통해 2개의 데이터베이스를 '관계형 속성'으로 연결시켜 보았습니다. 이 과정을 통해서 우리가 꼭 알아야 하는 것은 **관계형으로 연결되는 기준은 제목이라는 것입니다.** '관계형 속성'으로 연결한 속성을 클릭하면, 연결된 데이터베이스의 제목이 나오는 것을 볼 수 있습니다. 즉 데이터베이스의 관계도 제목을 기준으로 연결됩니다.

만약 우리가 데이터베이스 제목을 제대로 설정하지 않았다면 어땠을까요? 아마 관계형 연결이 불가능했을 겁니다. **이처럼 노션 데이터베이스의 제목을 잘 설정해야 관계형 연결도 원활해집니다.**

다른 속성을 가져오는 롤업

이제 '롤업'에 대해서 배워 보겠습니다. '롤업'의 경우 '관계형'이 없으면 생성할 수 없는 속성입니다. 왜 그럴까요? 이어지는 내용을 통해 그 이유를 살펴봅시다.

'관계형 속성'은 연결된 데이터베이스의 '제목 속성'을 가져온다는 것을 배웠습니다. 하지만 '제목 속성' 말고 다른 속성은 어떻게 가져올 수 있을까요? 이를 해결해 주는 것이 '롤업'입니다. 그럼 '롤업'을 활용해서 어떻게 다른 속성을 가지고 올 수 있는지 살펴보겠습니다.

앞서 관계형으로 연결한 '프로젝트 데이터베이스'와 '할 일 데이터베이스'입니다. 먼저 '할 일 데이터베이스'를 보겠습니다. ❶ '할 일 데이터베이스'에서 [+] 버튼을 클릭하여 '롤업 속성'을 생성합니다. 생성을 하게 되면 '관계형 속성'으로 연결해야 합니다. ❷ 생성한 '롤업 속성'을 클릭하여 [관계형] 항목의 '프로젝트 데이터베이스'를 클릭해 주겠습니다.

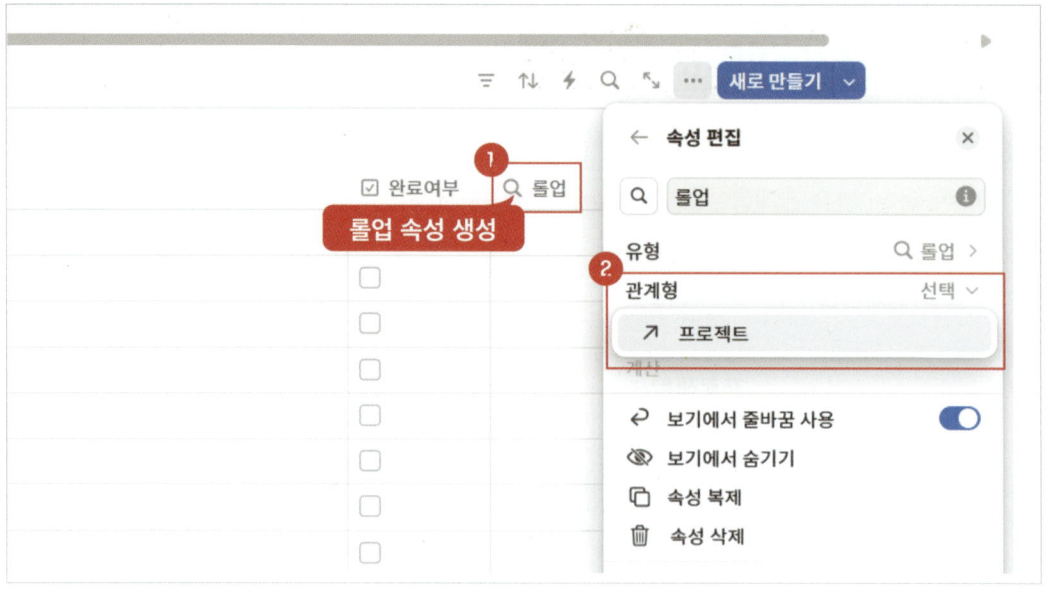

이제 '롤업 속성'을 통해서 '프로젝트 데이터베이스'의 제목이 아니라 다른 속성을 가져오겠습니다. 속성에 들어가서 다른 속성을 클릭해 볼까요? ❶ 속성 편집 창의 [속성] 항목을 클릭하면 앞서 연결한 데이터베이스의 속성들을 클릭할 수 있습니다. ❷ 저는 '상태 속성'을 클릭해 보겠습니다. 그럼 다음과 같이 생성이 됩니다.

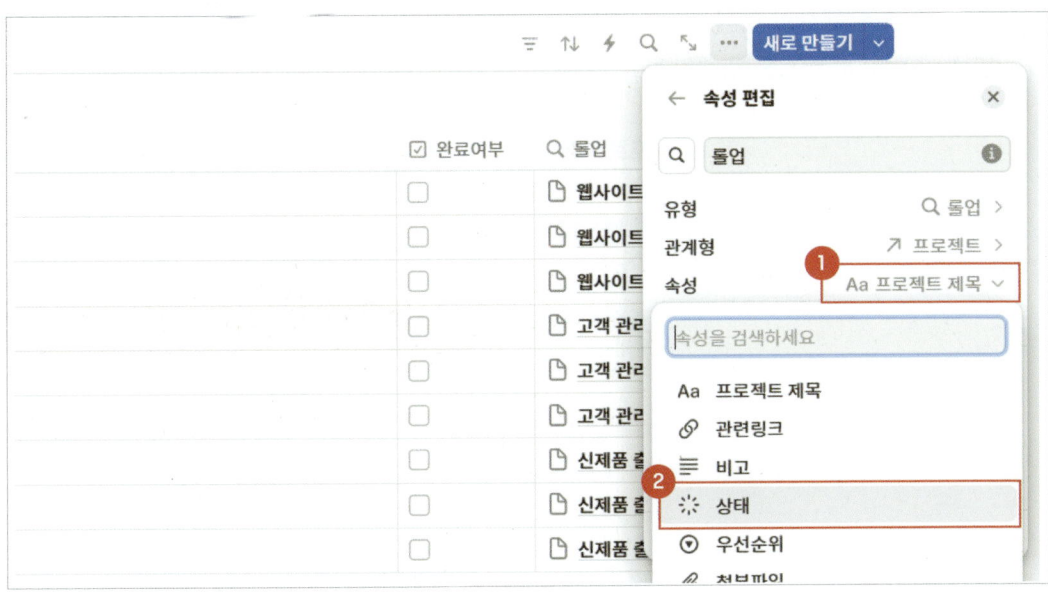

입력된 부분을 보면 관계형으로 연결 지어 준 제목에 대응하는 '상태 속성'을 가지고 온다는 것을 알 수 있습니다.

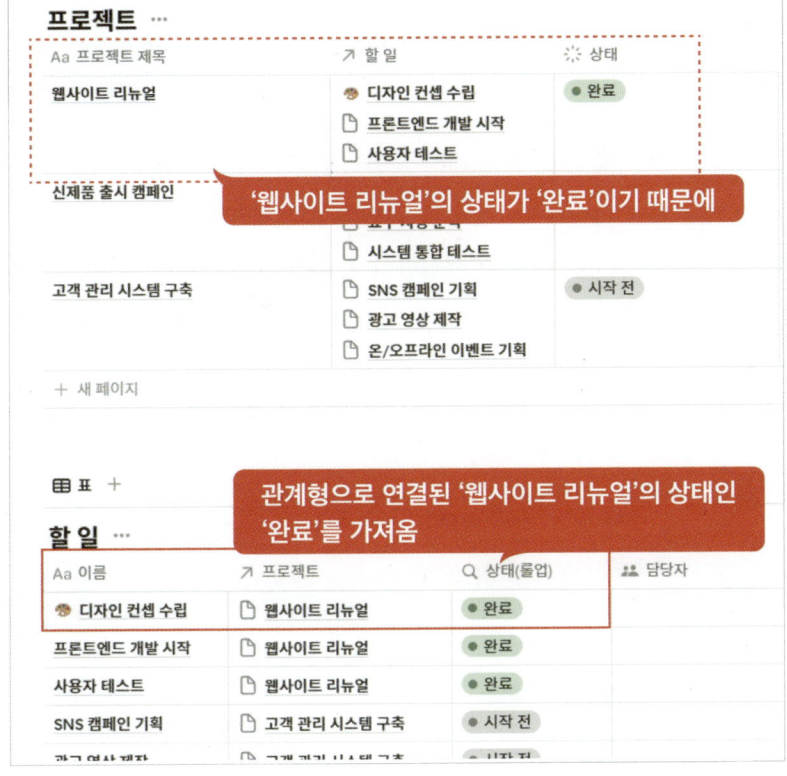

LESSON 01 _ 관계형과 롤업 이해하기

만약 이 상태에서 '웹사이트 리뉴얼'의 '상태 속성'을 '진행 중'으로 바꾸면 어떻게 될까요? 그럼 '웹사이트 리뉴얼'로 연결된 '할 일 데이터베이스'의 '상태(롤업) 속성' 값도 '진행 중'으로 바뀌는 것을 알 수 있습니다.

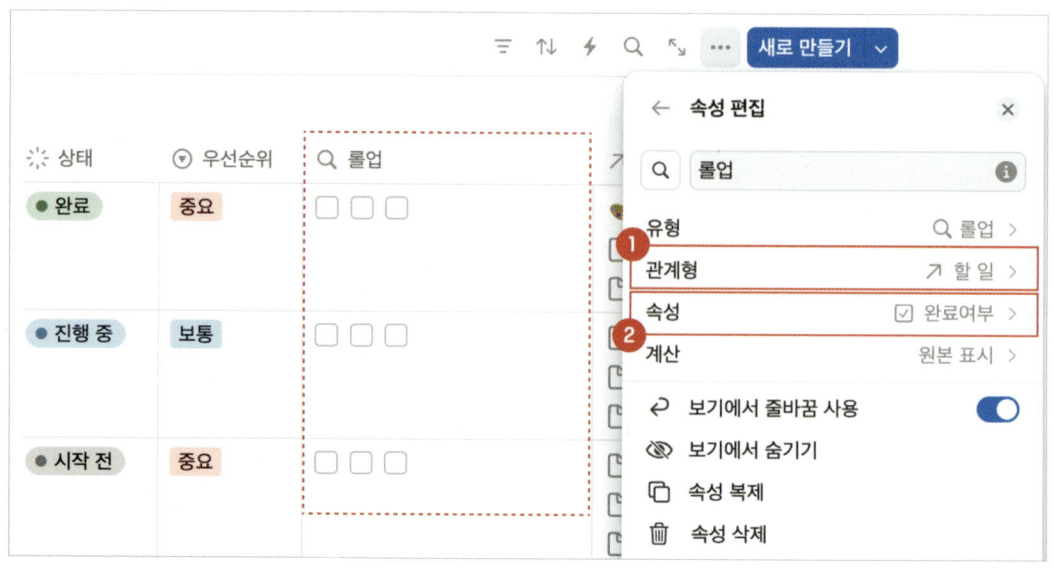

이제 '프로젝트 데이터베이스'에서 '롤업'을 생성해 보겠습니다. '프로젝트 데이터베이스'의 [+] 버튼을 클릭해 속성을 추가하고 '롤업'을 생성합니다. ❶ [관계형] 항목은 '할 일 데이터베이스'를 선택하고 ❷ [속성] 항목은 '체크박스 완료여부 속성'을 가져오겠습니다.

'관계형 속성'으로 3개의 데이터를 넣었기 때문에 '롤업'에도 동일하게 3개가 생성된 것을 볼 수 있습니다. 또한 연결된 관계형 데이터의 순서에 따라서 '롤업'도 순서가 정해져 나오는 것을 알 수 있습니다.

만약 '할 일 데이터베이스'의 체크박스를 수정하면 어떻게 될까요? '프로젝트 데이터베이스'와 '할 일 데이터베이스'가 연결된 상태이기 때문에 할 일 데이터베이스의 '체크박스 속성'을 수정한다면 '프로젝트 데이터베이스'의 '롤업 속성'도 변하는 것을 볼 수 있습니다.

이처럼 '롤업'과 '관계형'으로 연결된 다른 속성의 정보를 가져옵니다. 이때 '관계형'으로 연결된 데이터베이스의 순서와 동일하게 다른 속성의 정보를 가져온다는 것을 기억해 주세요. 하지만 롤업을 사용하는 이유는 단순히 다른 속성의 정보를 가져오는 것에서 끝이 아닙니다. **'롤업'을 잘 활용하면 유의미한 데이터를 얻을 수 있습니다.** 그럼 '롤업'으로 어떻게 유의미한 데이터를 얻는지 살펴보겠습니다.

롤업의 계산으로 유의미한 데이터 얻기

앞서 제작한 관계형과 롤업으로 연결된 프로젝트 데이터베이스와 할 일 데이터베이스에서 유의미한 데이터를 얻어 보겠습니다.

01. 프로젝트 참여자 자동 취합

할 일 데이터베이스에는 '다중 선택 속성'으로 참여자가 있습니다. 이를 활용해서 할 일을 포함하는 프로젝트에 전체적인 참여자가 누가 있는지 자동으로 취합되도록 만들어 보겠습니다.

이를 위해서는 프로젝트 데이터베이스에서 '롤업 속성'을 생성 후 할 일 데이터베이스의 참여자 데이터를 가져옵니다.

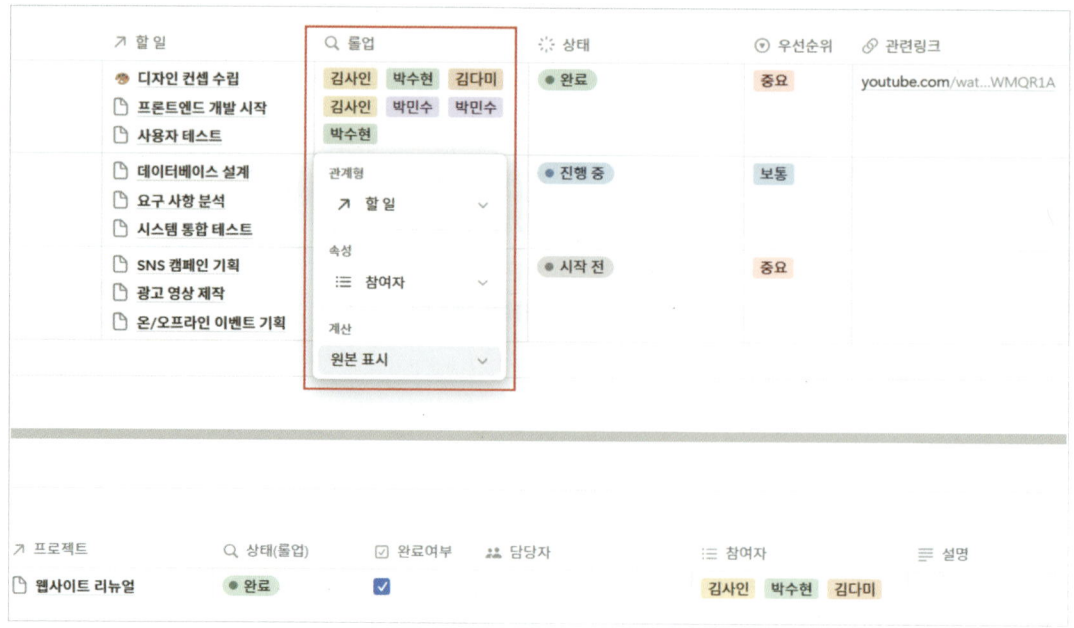

하지만 이렇게 단순히 제작히면 이름이 중복으로 입력될 수 있습니다. '할 일 데이터베이스'에서는 박민수라는 사람이 따로 들어갔지만 프로젝트 데이터베이스로 취합되는 과정에서 같은 이름이 중복 입력되는 것을 볼 수 있습니다.

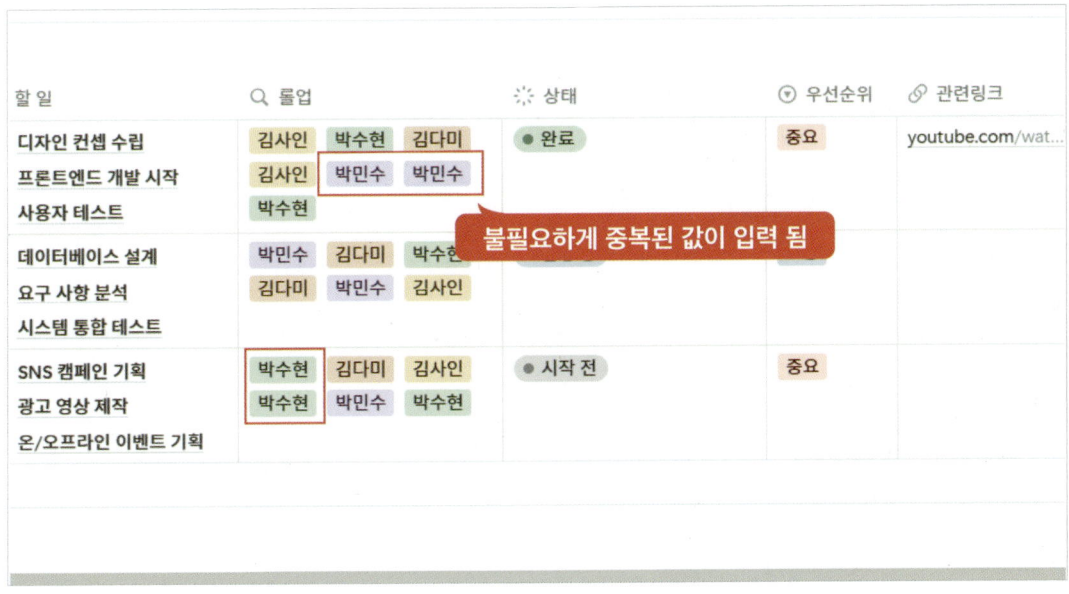

이럴 때는 롤업의 [계산]에서 [고유한 값 표시] 항목을 클릭하면 중복되어 나오던 이름이 하나로 정리되는 것을 볼 수 있습니다.

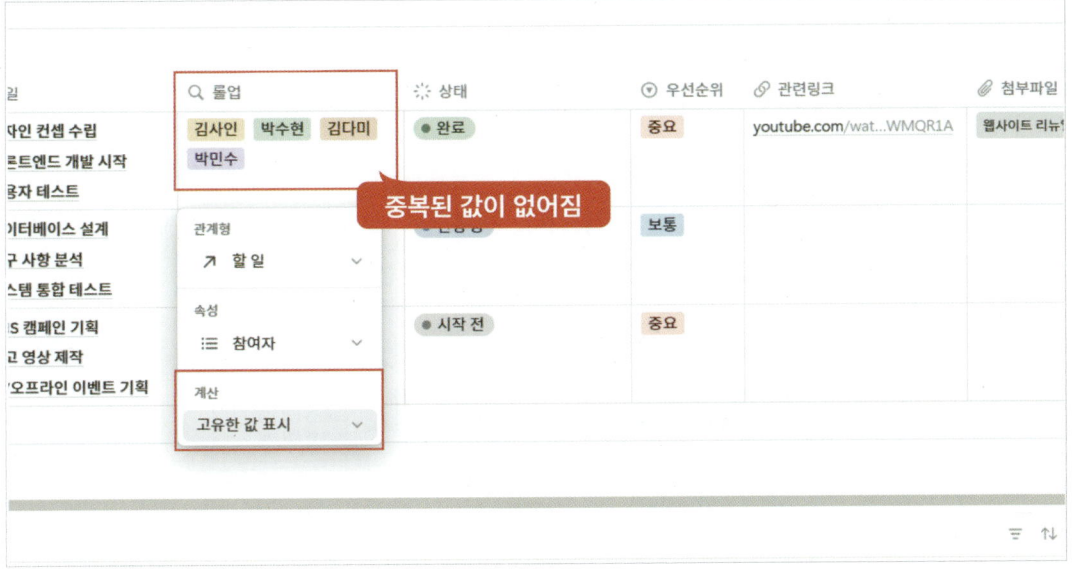

이제는 '할 일 데이터베이스'를 추가로 생성하고 참여자를 입력만 하면 해당 프로젝트에 참여자가 자동으로 추가되는 것을 볼 수 있습니다.

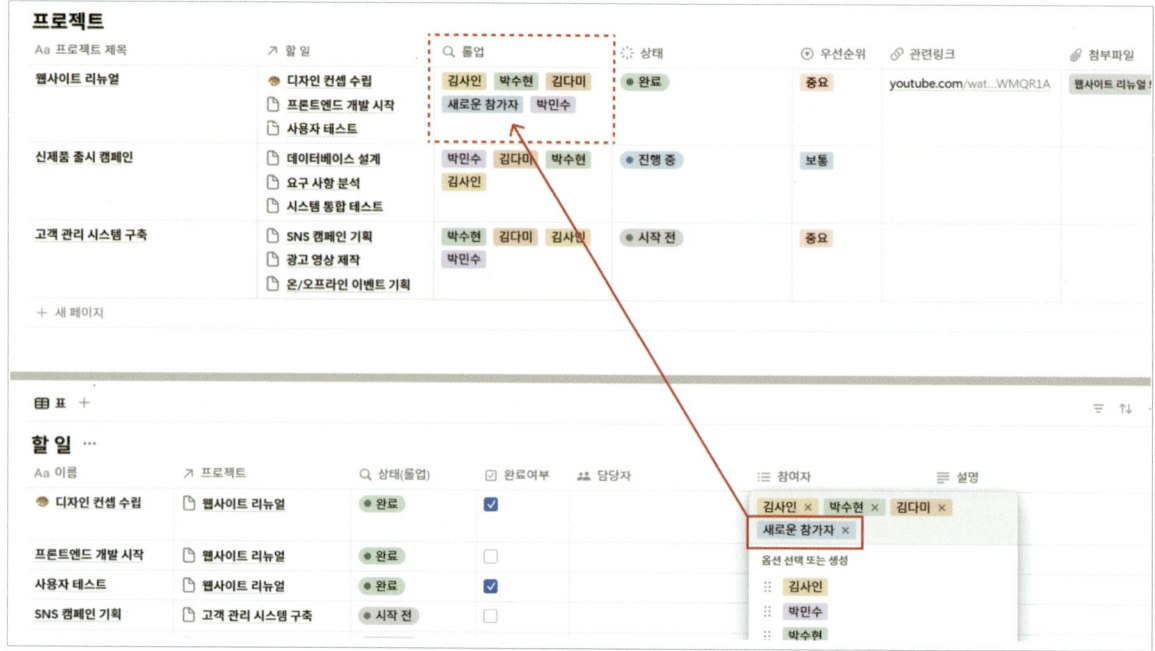

02. 프로젝트 시작일/마감일 자동 계산

할 일에는 시작일과 마감일이 존재합니다. 이번에는 '프로젝트 데이터베이스'에 '롤업 속성'을 생성 후 할 일의 시작일과 마감일을 가져와 '프로젝트 데이터베이스'의 시작일과 마감일이 '할 일 데이터베이스'에 의해 업데이트되도록 만들어 보겠습니다.

먼저 '프로젝트 데이터베이스'에 시작일부터 만들어 보겠습니다. '프로젝트 데이터베이스'에서 '할 일 데이터베이스'의 '시작일 속성'을 '롤업'으로 가져옵니다. '프로젝트 데이터베이스'에 '관계형'으로 연결된 '할 일 데이터베이스'의 개수만큼 '롤업 속성'에 날짜가 동일한 개수만큼 입력된 것을 볼 수 있습니다.

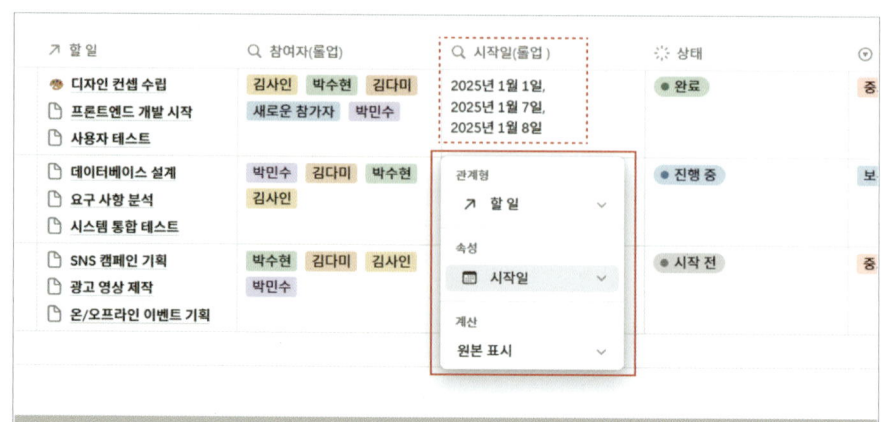

입력된 여러 날짜 중 시작일을 표현하기 위해서는 가장 이른 날짜가 필요하겠죠? '시작일(롤업)'을 클릭하여 나오는 창의 [계산] 항목을 클릭합니다. ❶ [날짜], ❷ [가장 이른 날짜] 항목순으로 클릭해 줍니다. 그럼 다음과 같이 여러 개 입력된 날짜에서 가장 이른 날짜가 표현됩니다.

같은 원리로 '프로젝트 데이터베이스'에 '롤업'으로 마감일을 제작해 주겠습니다. '프로젝트 데이터베이스'에서 '할 일 데이터베이스'의 마감일을 '롤업'으로 가져옵니다. 마감일의 경우 가장 최신 날짜가 필요하기 때문에 '마감일(롤업)'을 클릭하여 [계산] 항목에서 ❶ [날짜], ❷ [최근 날짜] 항목순으로 클릭해 줍니다.

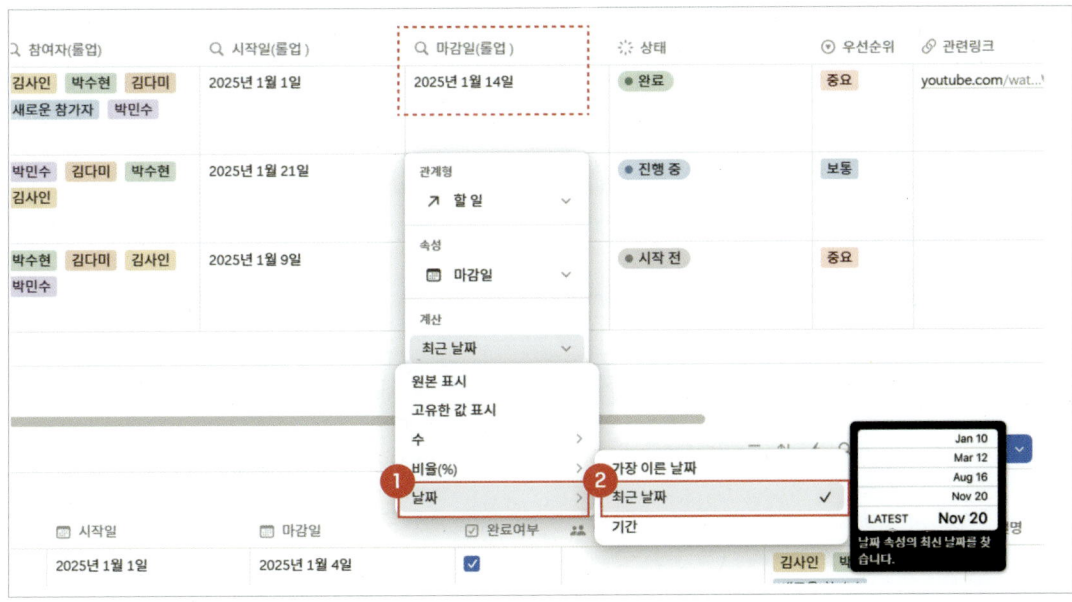

LESSON 01 _ 관계형과 롤업 이해하기 183

이제는 '할 일 데이터베이스'에서 '시작일 속성'과 '마감일 속성'을 수정하게 되면 '프로젝트 데이터베이스'에 '롤업'으로 가져온 속성에서도 자동으로 수정되는 것을 확인할 수 있습니다.

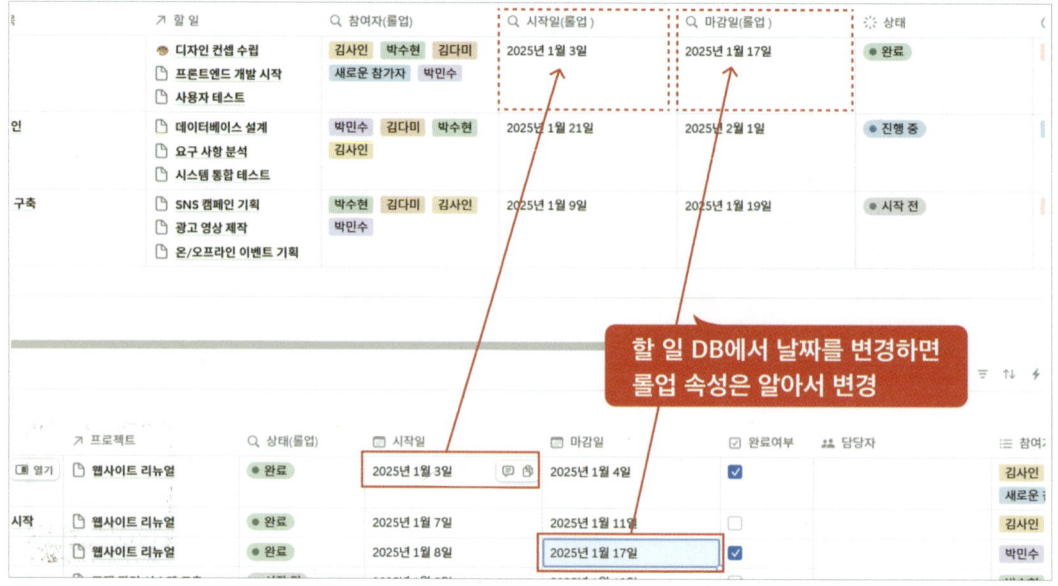

03. 프로젝트 진행률 계산

'할 일 데이터베이스'에서 '체크박스 속성'을 활용해 업무 완료여부를 체크했는데요, 이를 반영해서 프로젝트 진행률을 자동으로 계산하도록 만들어 보겠습니다.

'프로젝트 데이터베이스'에서 '롤업 속성'을 추가하고 '관계형'은 '할 일 데이터베이스'를, 속성은 '체크박스 속성'으로 설정합니다. '프로젝트 데이터베이스'에 연결된 '할 일 데이터베이스' 개수만큼 '롤업 속성'에 체크박스 개수가 입력된 것을 볼 수 있습니다.

이제 계산을 활용해서 진행률을 자동으로 계산하겠습니다. 롤업 계산에서 ❶ [비율(%)], ❷ [체크 표시된 비율(%)] 항목을 클릭해 볼까요? 그럼 프로젝트 데이터베이스에 체크된 상태를 기준으로 비율(%)이 나오게 되는 것을 볼 수 있습니다.

앞에서 이어 [속성 편집] 항목을 클릭하여 비율이 보여지는 형태를 바꿔 보겠습니다.

❶ '롤업 속성'의 제목을 클릭합니다.
❷ [속성 편집] 항목을 클릭하고,
❸ [표시 옵션]을 [원형]으로 바꿔 주겠습니다. 이렇게 변경하면 더 직관적으로 나의 프로젝트 상태를 볼 수 있습니다.

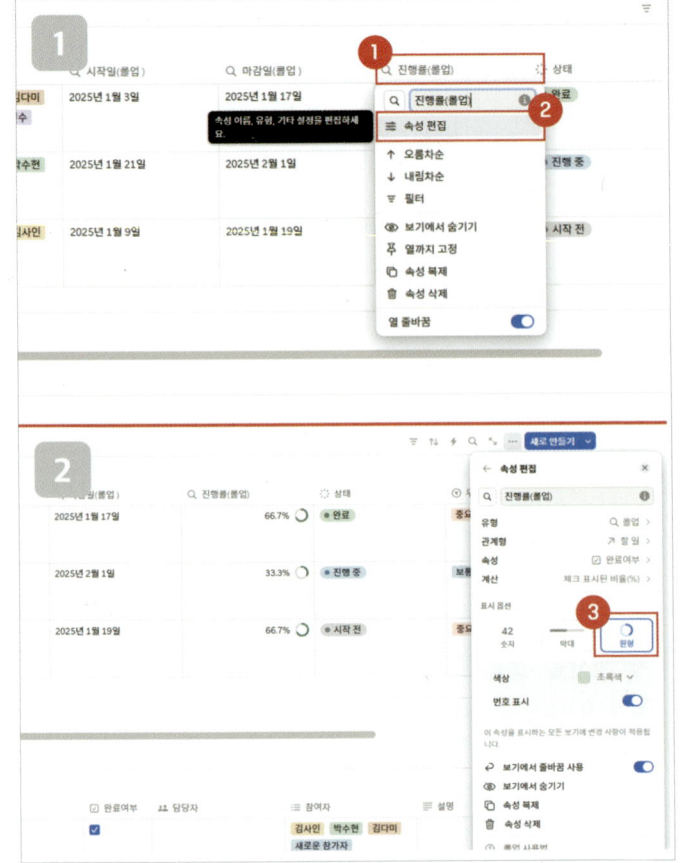

이렇게 구성을 하게 되면 할 일의 상태를 완료로 바꾸게 되는 순간 프로젝트 진행률이 올라가는 것을 볼 수 있습니다. 이를 통해 **프로젝트 진행 상황을 더 객관적으로 확인할 수 있습니다.**

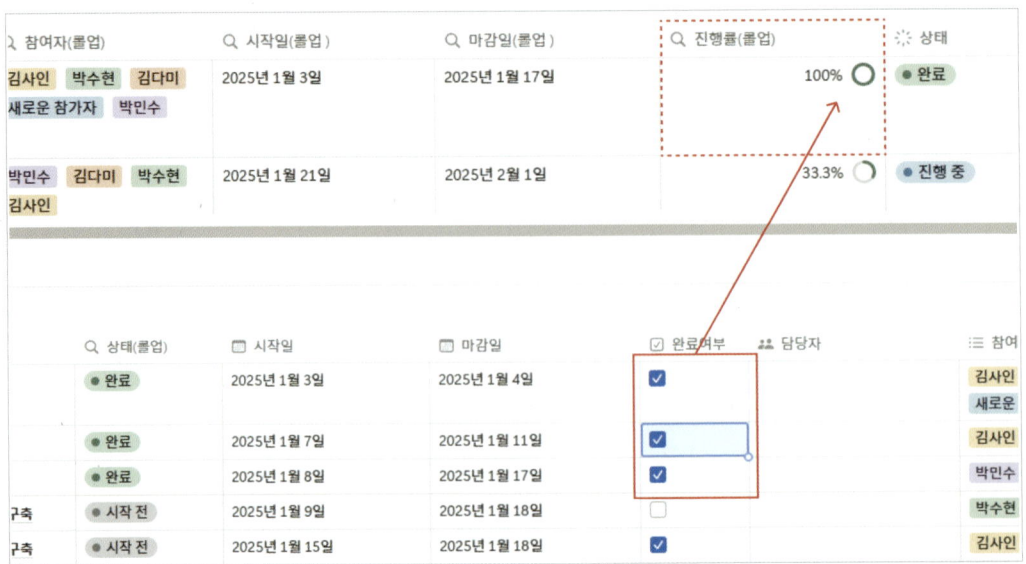

> **한 스푼 더** 　**관계형과 롤업의 아이콘을 바꾸지 마세요**

'관계형'과 '롤업'은 다른 속성과는 다르다는 것을 앞선 예제들을 살펴보면서 느낄 수 있었습니다. 다른 속성의 경우 데이터베이스 연결과는 무관하게 독립적으로 동작하는 속성들인 반면, '관계형'과 '롤업'은 다른 데이터베이스에 영향을 주고받으며 동작하게 됩니다. 그렇기 때문에 '관계형'과 '롤업'이 어떤 데이터베이스와 연결이 되고 있는지, 어떻게 계산이 되고 있는지 파악하는 것이 중요합니다.

'관계형'과 '롤업'으로 데이터베이스와 연결하는 당시에는 연결 목적과 구조를 알지만 시간이 지나면서 이런 점을 잊어버리게 되고 이후 데이터베이스 간 관계 수정이 필요한 경우 데이터베이스의 연결 구조가 헷갈리며 수정에 어려움을 겪습니다. 이런 경우를 대비해서 '관계형'과 '롤업'의 경우 아이콘을 변경하지 마세요.

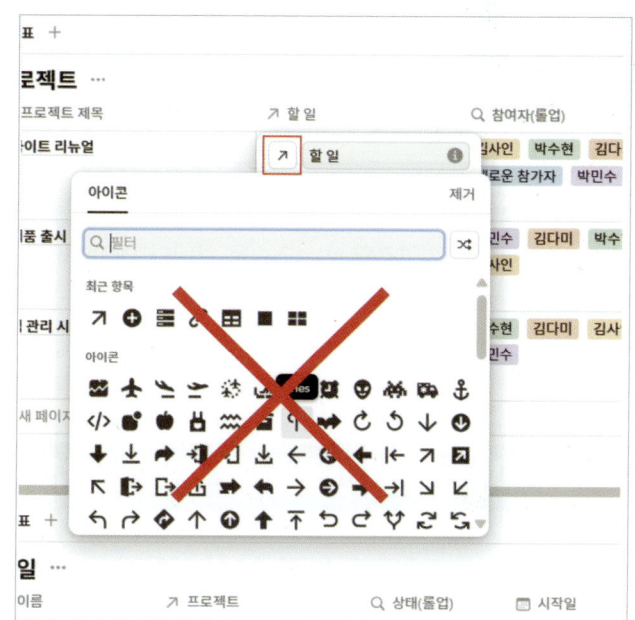

노션 속성 유형은 제목 변경도 가능하지만, 아이콘도 변경해 줄 수 있습니다. 그러다 보니 종종 '관계형'과 '롤업'으로 만들어진 노션 템플릿을 보게 되면 아이콘이 바꿔 놓은 템플릿도 쉽게 볼 수 있습니다. 하지만 아이콘을 바꾸게 되는 순간, 이 속성 유형이 '관계형'으로 다른 데이터베이스와 연결된 것인지, '롤업'으로 만든 것인지 구분하기 어려워지고 일일이 데이터베이스 속성 유형을 클릭해 보면서 확인해야만 알 수 있습니다.

그렇기 때문에 '관계형'을 처음에 생성했을 때 생기는 화살표 아이콘과 '롤업'의 돋보기 아이콘은 변경하지 마세요. 아이콘만 보고도 '관계형'으로 만든 것인지, '롤업'으로 만든 것인지 알 수 있기 때문입니다.

LESSON 02 관계형 롤업 심화

'관계형'과 '롤업'으로 2개의 데이터베이스 연결을 해보았다면, 이를 응용해 3개 이상의 데이터베이스를 연결해 보는 연습을 합니다. 데이터베이스 연결이 많아지면 헷갈릴 수 있습니다. 이를 대비해 구조도를 작성하는 방법도 함께 알아보겠습니다.

페이지 템플릿과 필터를 활용한 상하관계 데이터베이스

'관계형'으로 연결된 2개의 데이터베이스는 상하관계를 띠는 경우가 많습니다. 앞선 예시를 통해서 살펴본 프로젝트와 할 일 데이터베이스가 대표적입니다. 대게 이런 데이터베이스는 다음과 같은 양상을 띱니다.

- (상) 데이터베이스는 (하) 데이터를 여러 개 포함합니다.
- (하) 데이터베이스는 (상) 데이터를 1대 1로 포함합니다.

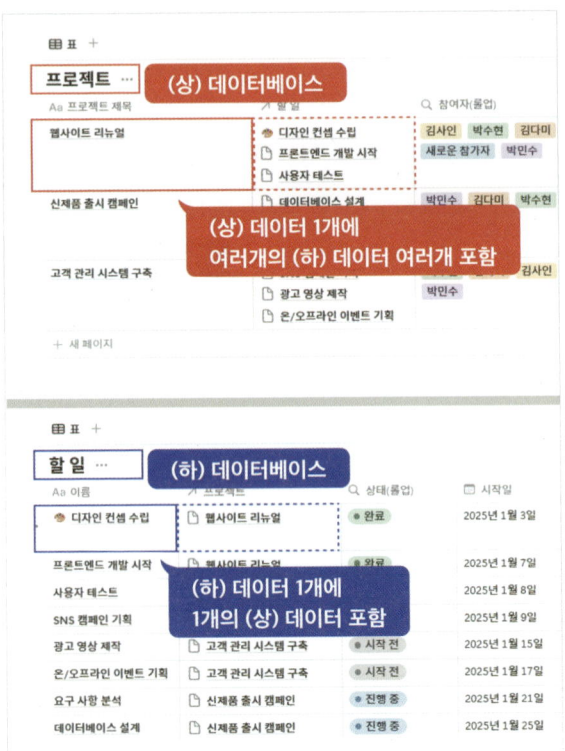

앞선 프로젝트와 할 일 데이터베이스 외에도 선생님-학생 / 헬스 부위-운동 / 도시-관광지와 같이 2개의 데이터베이스가 연결되는 구조는 다음과 같이 상하관계 구성입니다.

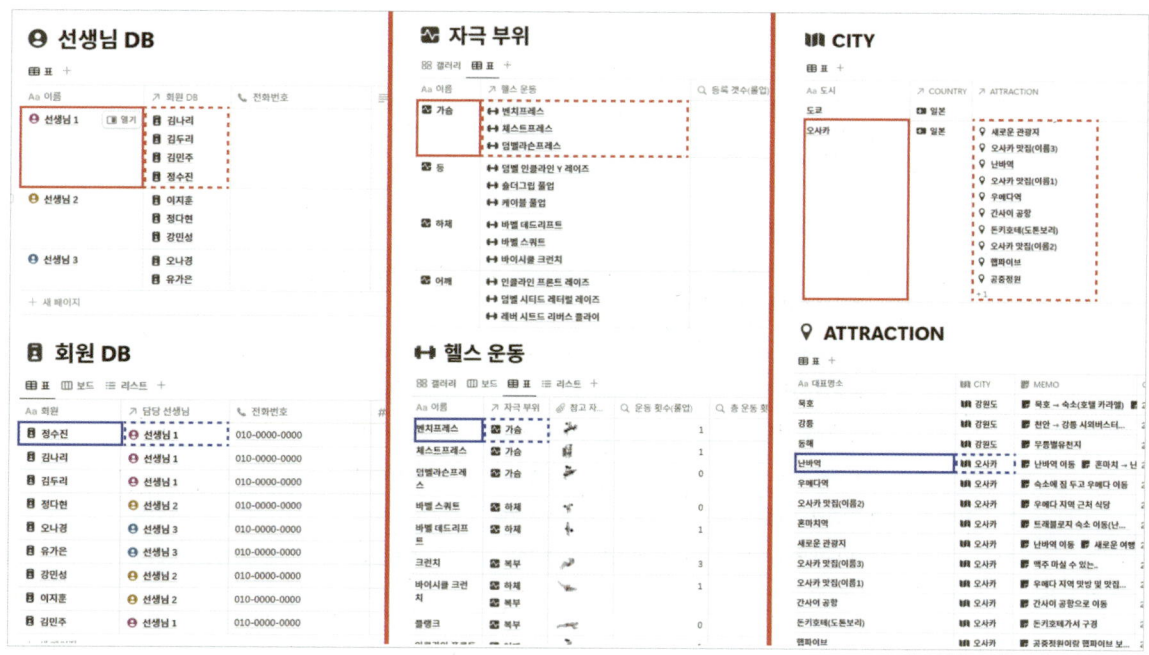

이런 데이터베이스 연결 양상이 나타나는 경우, 앞서 "Chapter 03. 노션 데이터베이스 활용"에서 배운 **페이지 템플릿과 링크된 데이터베이스를 활용해 직관적인 상하관계 구조**를 만들 수 있습니다. 이를 설명하기 위해 앞서 사용한 '프로젝트 데이터베이스'와 '할 일 데이터베이스'를 활용하겠습니다.

01. 할 일(하) 데이터베이스 링크 복사하기

앞서 제작해 두었던 '할 일(하) 데이터베이스'의 링크를 복사합니다. ❶ 데이터베이스에 보기(그림에서는 [표])를 클릭한 후, ❷ [보기 링크 복사] 항목을 클릭해 주세요.

02. 프로젝트(상) 데이터베이스 페이지 템플릿에 붙여넣기

이제 '프로젝트 데이터베이스'에서 ❶ [새로 만들기] 버튼 우측의 드롭다운 버튼을 클릭한 후, ❷ [새 템플릿] 버튼을 클릭해 페이지 템플릿을 생성합니다. 자세한 생성 방법은 "Chapter 03. 노션 데이터베이스의 활용"의 "Lesson 01 데이터베이스 페이지 템플릿"을 참고해 주세요. ❸ 페이지 템플릿에서 앞서 링크 복사해 두었던 '할 일 데이터베이스'를 Ctrl + V로 붙여 넣습니다. '할 일 데이터베이스'의 아이콘에 화살표가 생긴 것을 확인해 주세요.

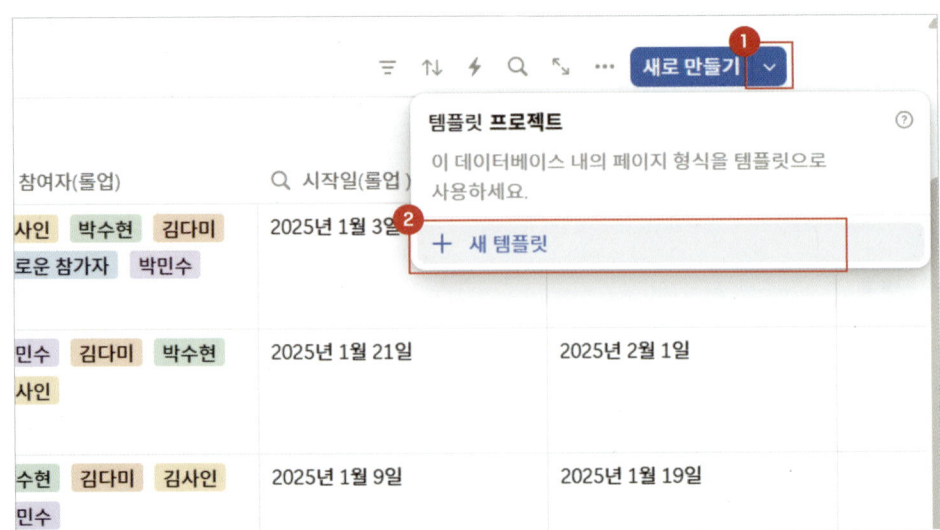

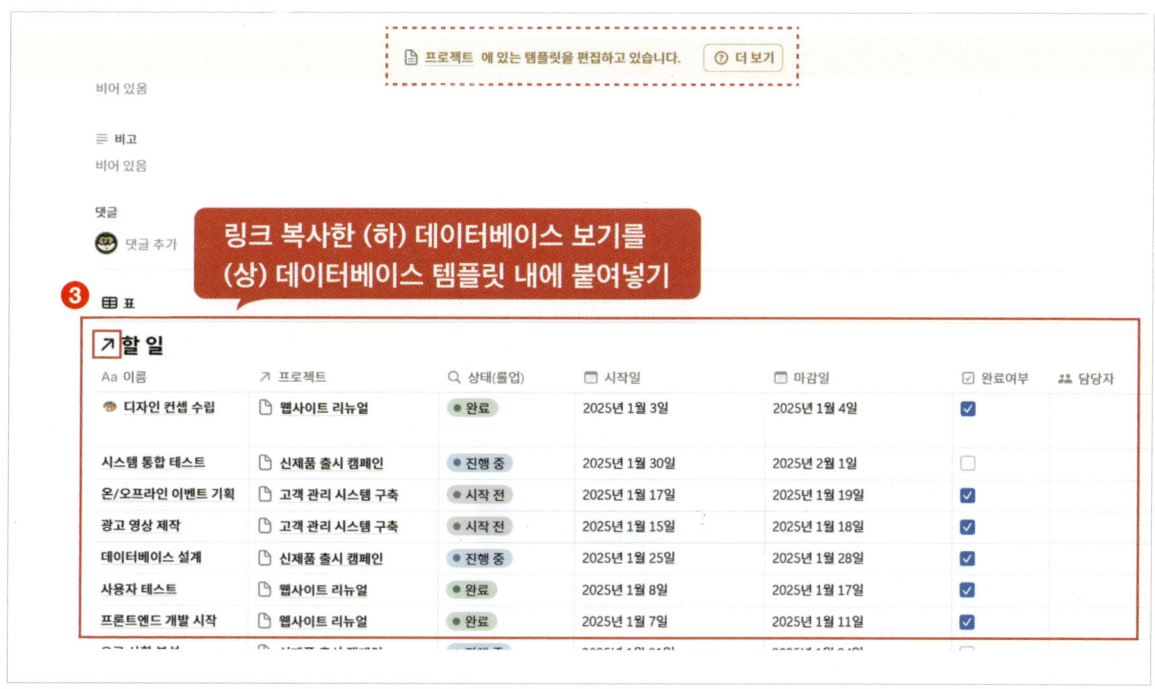

03. 템플릿 페이지로 필터 걸기

마지막으로 붙여 넣은 '할 일 데이터베이스'에서 필터를 설정합니다. ❶ [필터] 아이콘을 클릭한 후 관계형으로 연결된 ❷ [프로젝트] 데이터베이스를 클릭합니다. 그 후, 맨 위의 ❸ [새 페이지]를 클릭하면 끝납니다. 이제 화면을 클릭해 템플릿 페이지에서 나와 주세요.

이제 설정해 두었던 내용이 잘 작동하는지 테스트를 위해서 '프로젝트 데이터베이스'의 한 페이지로 들어가겠습니다. 그 후, 앞서 만든 템플릿을 클릭해 볼까요? 그럼 '할 일 데이터베이스'가 생성되는 것을 볼 수 있습니다.

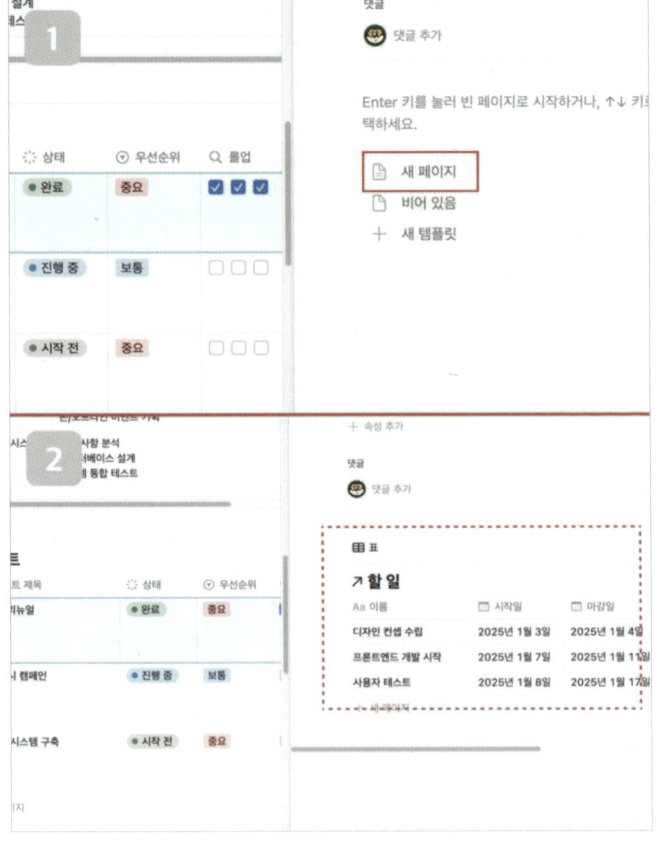

현재 보고 있는 '프로젝트 데이터베이스' 페이지에 자동으로 필터링 걸려 있는 것을 볼 수 있습니다.

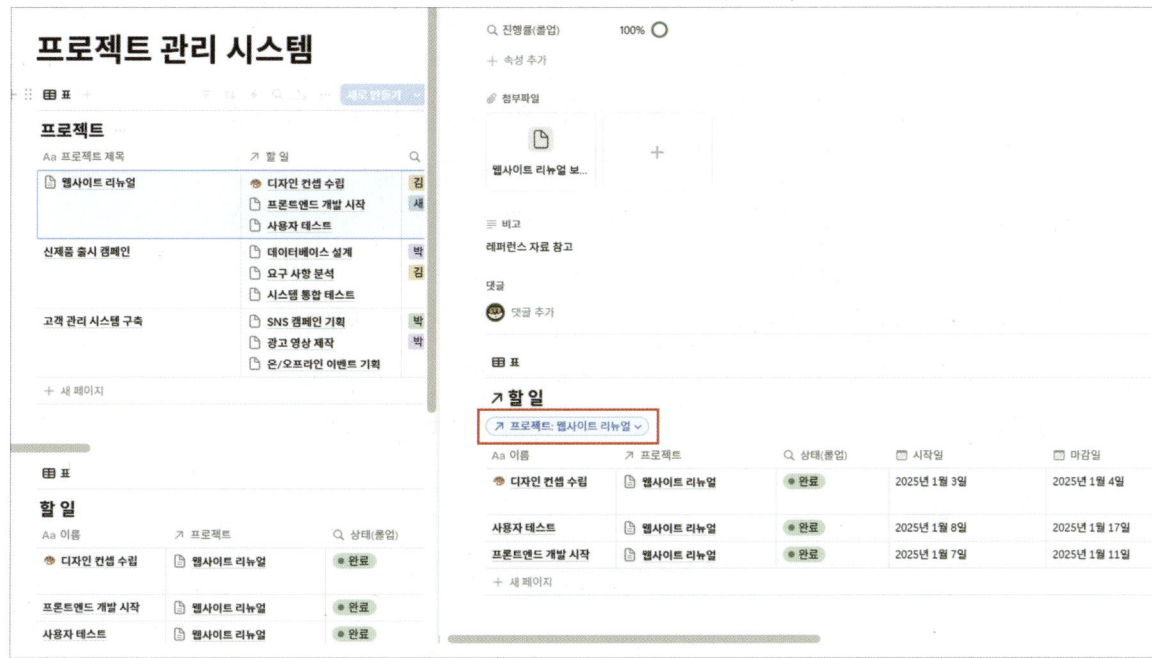

04. 새로운 프로젝트 넣어 보기

[새로운 프로젝트]를 클릭해 새 프로젝트를 생성해 보겠습니다.

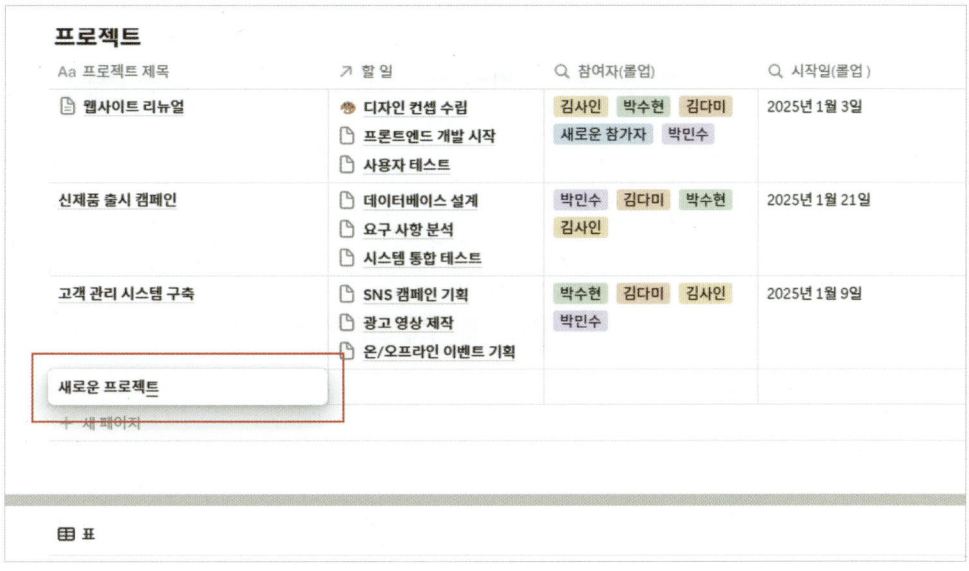

앞서 만든 템플릿을 클릭하면 아무것도 입력이 되지 않은 할 일 데이터베이스가 생성된 것을 볼 수 있습니다.

여기서 해당 프로젝트에 대한 할 일을 입력해 보겠습니다.

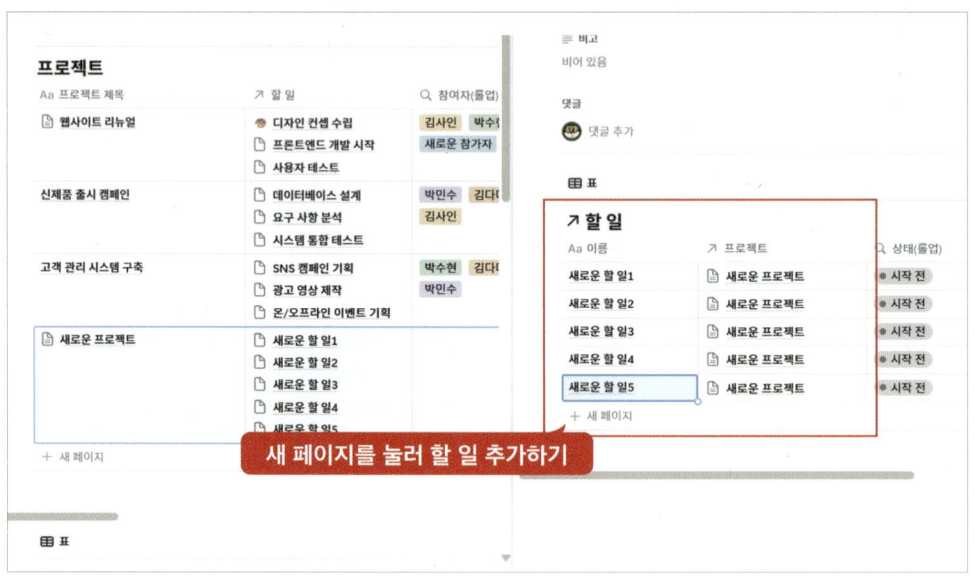

그럼 앞서 제작한 할 일 데이터베이스 원본에 자동으로 데이터가 쌓이는 것을 볼 수 있습니다.

앞서 추가된 5개의 할 일이 원본 할 일 데이터베이스에도 추가된 것을 볼 수 있음

이와 같이 노션 상하관계의 데이터베이스를 관계형과 롤업으로 연결하고, 페이지 템플릿과 링크 복사를 활용해 제작한다면 (상) 데이터베이스 클릭했을 때 (상) 데이터베이스에 속한 (하) 데이터베이스가 무엇인지 알기 편하고, (하) 데이터베이스 관리를 원본뿐만 아니라 (상) 데이터베이스 페이지 내에서도 할 수 있다는 장점이 있습니다.

그 외에도 '관계형'과 '롤업'으로 연결되어 있기 때문에, '롤업'으로 생성한 유의미한 데이터도 이용할 수 있다는 장점이 있습니다.

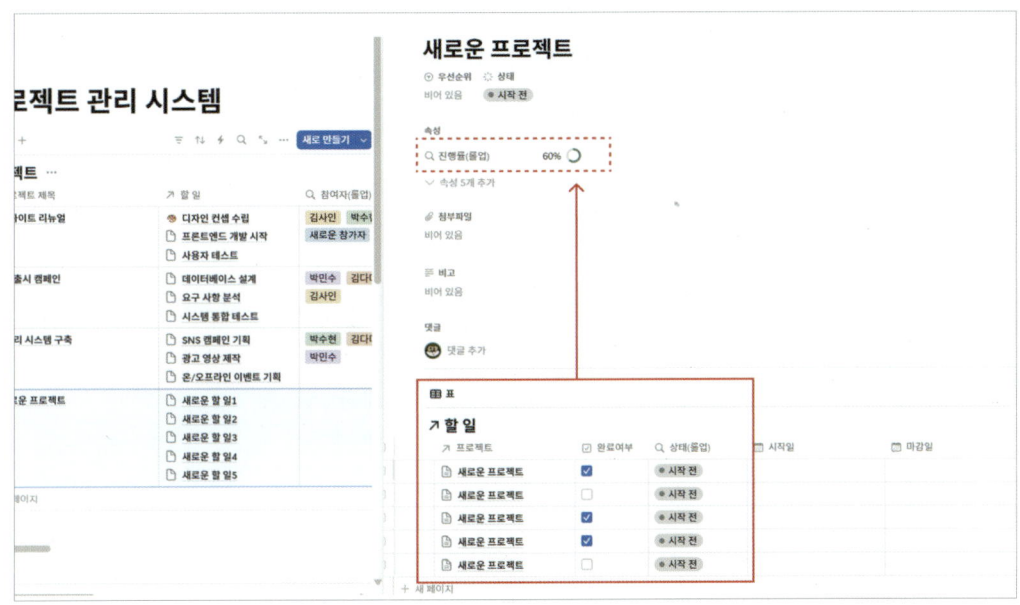

LESSON 02 _ 관계형 롤업 심화

한 스푼 더 　새롭게 추가된 탭 구조

앞선 과정에서 구축한 페이지 템플릿과 필터를 활용한 상하관계의 데이터베이스를 이제는 더 쉽게 만들 수 있게 되었습니다. 바로 탭 구조를 활용하는 방법인데요, '관계형'으로 연결된 상하관계 데이터베이스에서 상위 데이터베이스에 레이아웃 사용자 지정에 들어간 후 [탭 구조]를 클릭해 주세요.

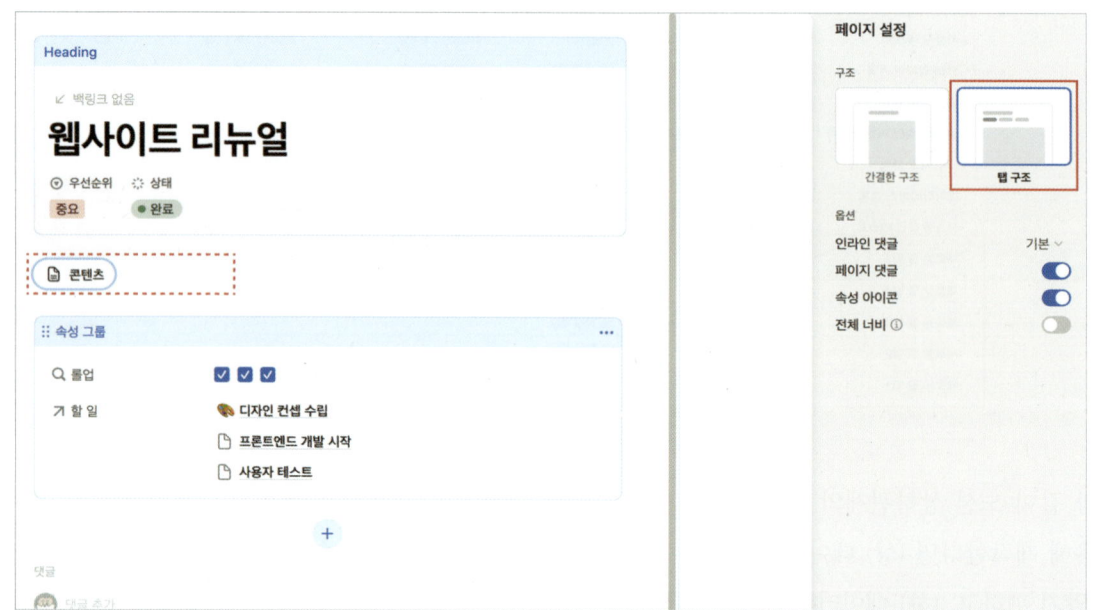

❶ [+] 버튼을 클릭해 관계형으로 연결된 ❷ [할 일] 항목(하위 데이터베이스)을 클릭합니다.

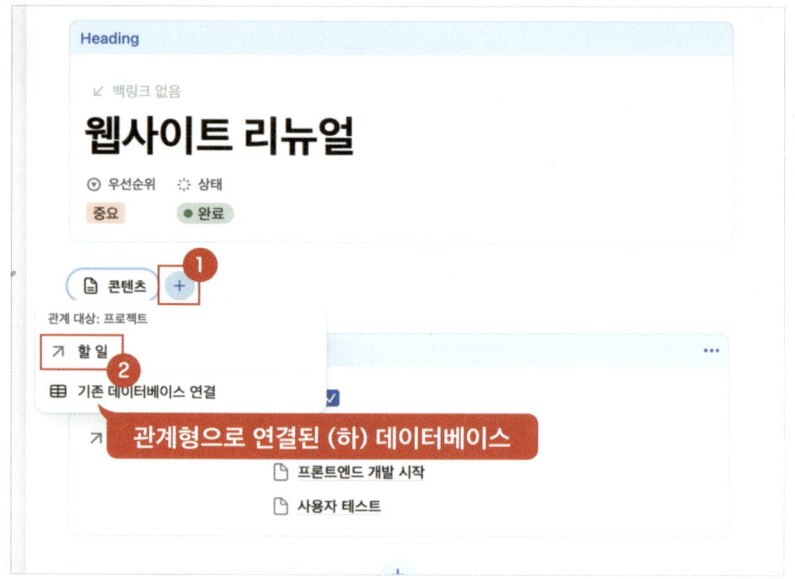

그 후, 페이지 템플릿과 필터를 활용해 만든 것처럼, 하위 데이터베이스에 상위 데이터베이스 필터가 적용되어 필터에 걸린 값들만 나오는 것을 볼 수 있습니다. 이는 페이지 레이아웃을 제작했기 때문에 다른 데이터베이스에도 동일하게 적용되어 나타납니다.

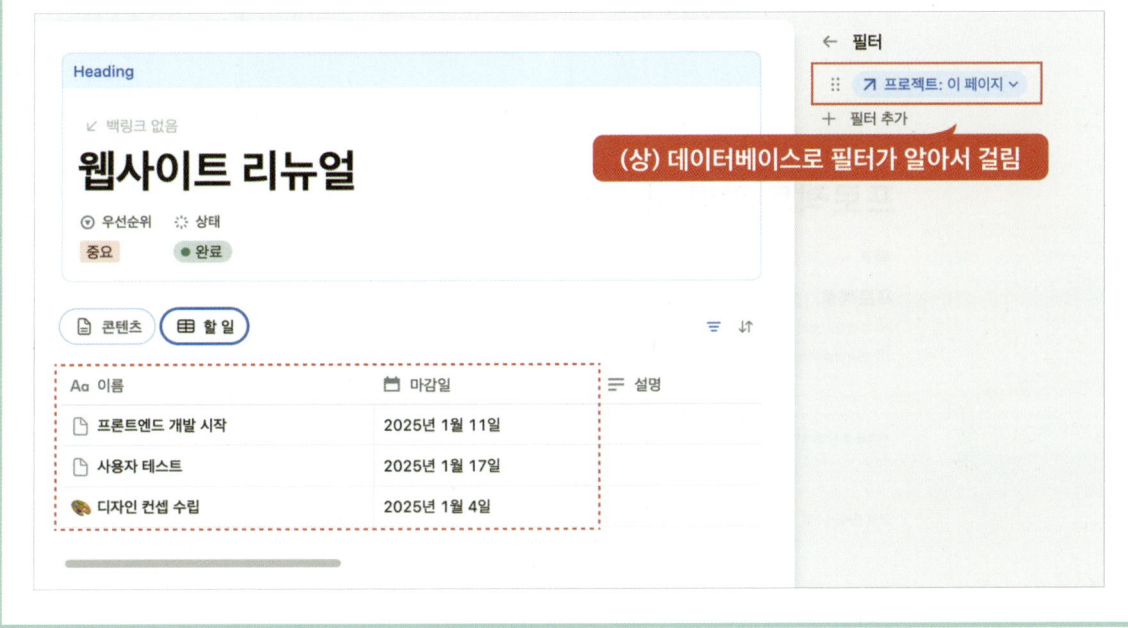

3개의 데이터베이스를 연동하는 법

'관계형'과 '롤업'은 기본적으로 2개의 데이터베이스를 연결하는 구조이지만, 이를 응용하면 2개 이상의 데이터베이스를 연결할 수 있습니다. 이번에는 3개의 데이터베이스를 '관계형'과 '롤업'으로 연결해 보겠습니다.

3개의 데이터베이스의 연결 방식은 2가지가 있습니다. 첫 번째 방식은 가운데 데이터베이스를 기준으로 양옆의 데이터베이스와 연결이 됩니다. 두 번째 방식은 끝 데이터베이스를 기준으로 2개의 데이터베이스가 서로 연결이 됩니다. 2가지 방식 이해를 돕기 위해 각 상황을 가정해 알아보도록 하겠습니다.

01. 가운데 데이터베이스를 기준으로 양옆의 데이터베이스와 연결되는 방식

첫 번째로 가정해 볼 상황은 '할 일 데이터베이스'를 기준으로 양옆으로 '프로젝트 데이터베이스'와 '카테고리 데이터베이스'가 연결된 상황입니다.

프로젝트 관리 시스템

표

프로젝트

Aa 프로젝트 제목	↗ 할 일	롤업	상태	우선순위
웹사이트 리뉴얼	디자인 컨셉 수립 프론트엔드 개발 시작 사용자 테스트	₩135,000	완료	중요
신제품 출시 캠페인	데이터베이스 설계 요구 사항 분석 시스템 통합 테스트	₩20,000	진행 중	보통
고객 관리 시스템 구축	SNS 캠페인 기획 광고 영상 제작 온/오프라인 이벤트 기획	₩350,000	시작 전	중요

+ 새 페이지

표

할 일

Aa 이름	↗ 프로젝트	↗ 카테고리	# 금액
디자인 컨셉 수립	웹사이트 리뉴얼	미팅비용	₩5,000
프론트엔드 개발 시작	웹사이트 리뉴얼		₩40,000
사용자 테스트	웹사이트 리뉴얼	광고비	₩90,000
SNS 캠페인 기획	고객 관리 시스템 구축	미팅비용	₩50,000
광고 영상 제작	고객 관리 시스템 구축	외주	₩300,000
온/오프라인 이벤트 기획	고객 관리 시스템 구축		
요구 사항 분석	신제품 출시 캠페인		
데이터베이스 설계	신제품 출시 캠페인	프로그램	₩20,000
시스템 통합 테스트	신제품 출시 캠페인		

+ 새 페이지

표

카테고리

Aa 카테고리	↗ 할 일	롤업
미팅비용	디자인 컨셉 수립 SNS 캠페인 기획	₩55,000
프로그램	데이터베이스 설계	₩20,000
광고비	사용자 테스트	₩90,000
외주	광고 영상 제작	₩300,000

+ 새 페이지

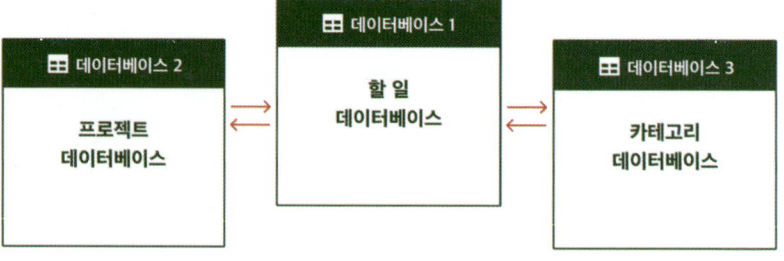

'프로젝트 데이터베이스'와 '할 일 데이터베이스'가 관계형으로 연결되어 있기 때문에 '프로젝트 데이터베이스'에 롤업을 생성한 후 '할 일 데이터베이스'에 기록된 금액을 가져올 수 있습니다. 롤업의 '계산'을 활용해 준다면 '프로젝트 데이터베이스'로 옮겨 온 금액의 합계를 계산해 프로젝트별 지출 내역을 알 수 있겠죠?

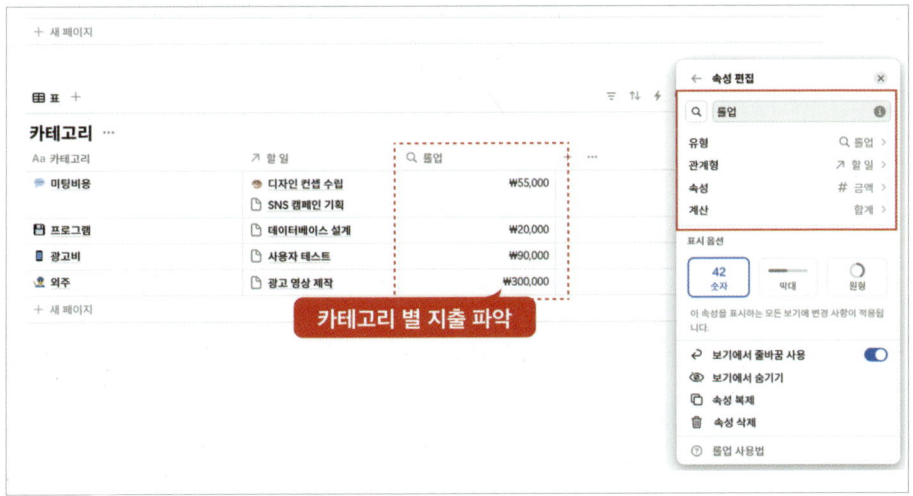

'카테고리 데이터베이스'와 '할 일 데이터베이스' 또한 관계형으로 연결되어 있습니다. '카테고리 데이터베이스'에 롤업을 생성한 후 '할 일 데이터베이스'에 속성 중 금액을 가져옵니다. 롤업의 '계산'을 활용하면 옮겨 온 금액의 합계를 알 수 있습니다. 이를 통해 카테고리별 지출을 알 수 있습니다.

앞선 예시를 정리해 보자면, '할 일 데이터베이스'의 '금액 속성'을 '프로젝트 데이터베이스'와 '카테고리 데이터베이스'로 각각 넘겨준 것을 볼 수 있습니다. '할 일 데이터베이스'를 중심으로 다른 데이터베이스에 관계형·롤업을 반복해서 걸어 준 것임을 알 수 있습니다. 이를 활용하면 3개 이상의 데이터베이스 연결도 수월하게 할 수 있습니다.

LESSON 02 _ 관계형 롤업 심화   **199**

02. 끝 데이터베이스를 기준으로 2개의 데이터베이스가 서로 연결되는 방식

두 번째로 가정해 볼 상황은 할 일 데이터베이스, 하위 프로젝트 데이터베이스, 상위 프로젝트 데이터베이스가 상하관계로 연결된 경우입니다. 앞서 가운데 데이터베이스가 기준이었던 상황과는 다르게, 3개의 데이터베이스가 상하관계로 연결되어 있습니다.

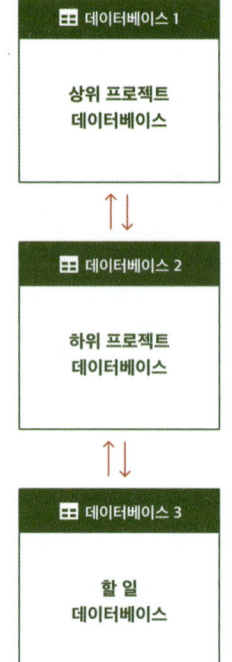

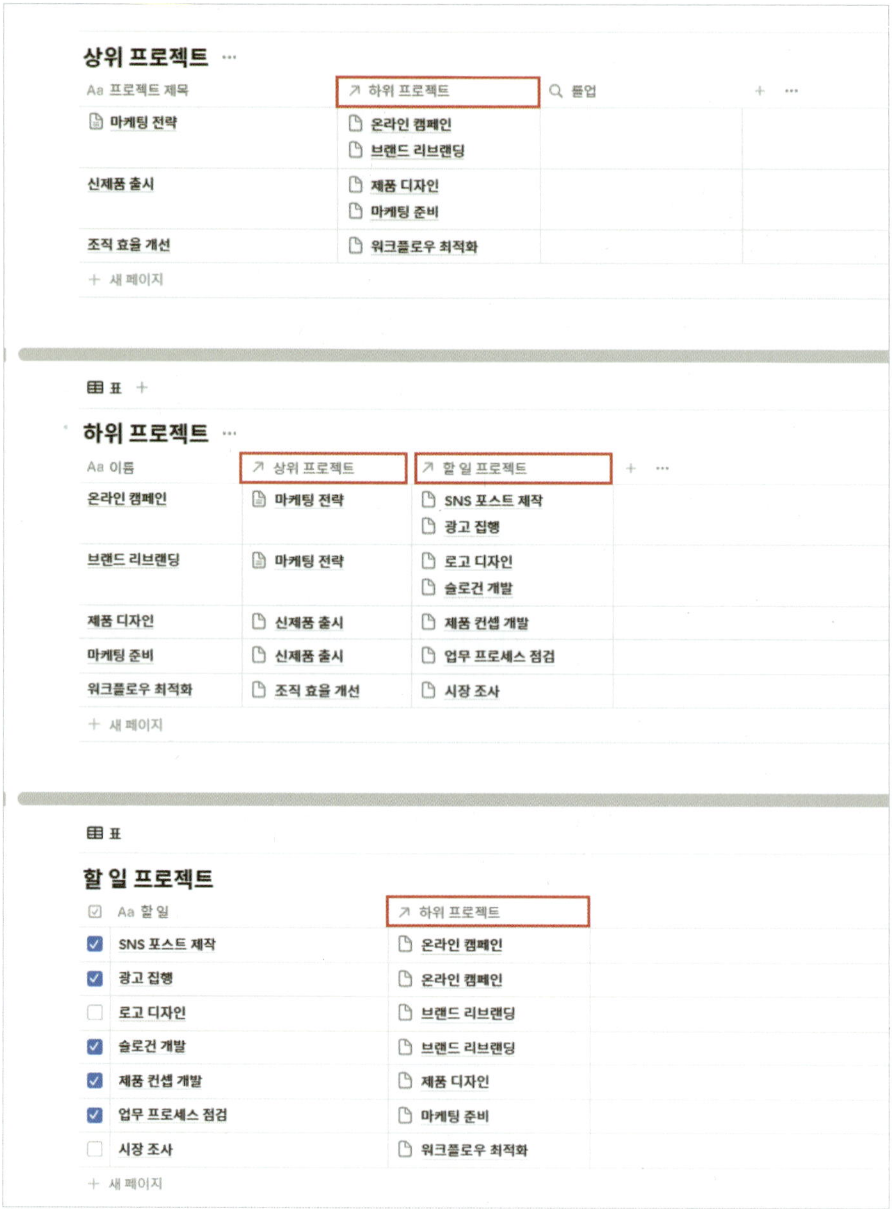

우선 할 일 데이터베이스와 하위 프로젝트 데이터베이스는 관계형으로 연결되어 있습니다. 하위 프로젝트 데이터베이스에 '롤업 속성'을 추가해 할 일 데이터베이스의 '선택 속성'을 가져옵니다. 다음으로 롤업의 '계산'을 활용해 진행률을 계산할 수 있습니다. 이렇게 제작하면 하위 프로젝트의 진행률이 나타나게 만들어 줄 수 있습니다.

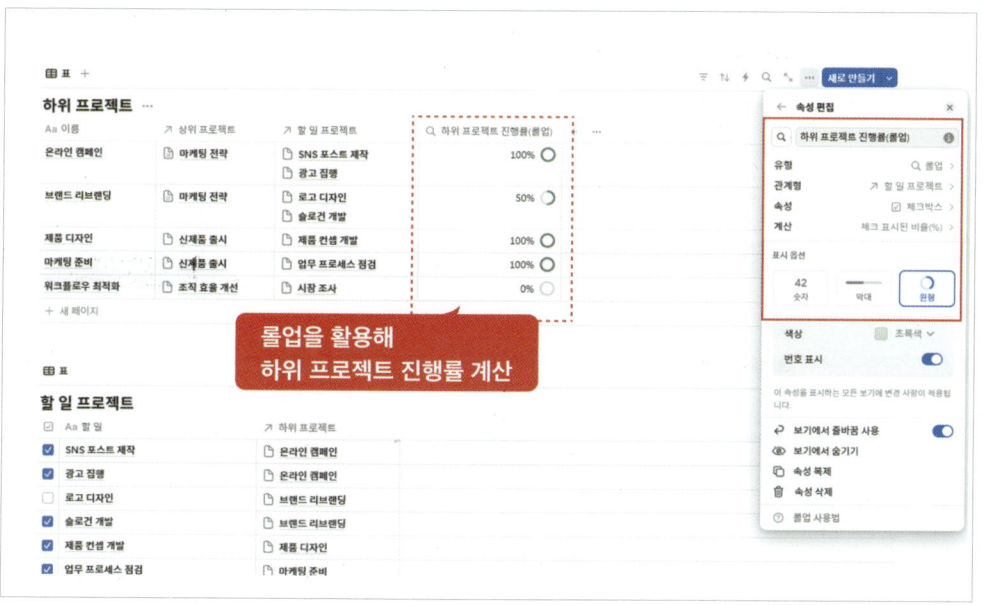

하위 프로젝트 데이터베이스와 상위 프로젝트 데이터베이스 역시 관계형으로 연결되어 있습니다. 상위 프로젝트 데이터베이스에 '롤업 속성'을 추가한 후 앞서 롤업으로 만들었던 하위 프로젝트의 '롤업 속성'을 가져오고자 합니다. 하지만 롤업으로 속성을 가져오는 것이 불가능하다는 걸 알 수 있습니다. **그 이유는 '롤업 속성'을 '롤업 속성'으로 가져올 수 없기 때문이죠.**

이럴 땐 '수식 속성'을 활용하면 이런 문제를 해결할 수 있습니다. 하위 프로젝트에서 '수식 속성'을 새로 생성합니다.

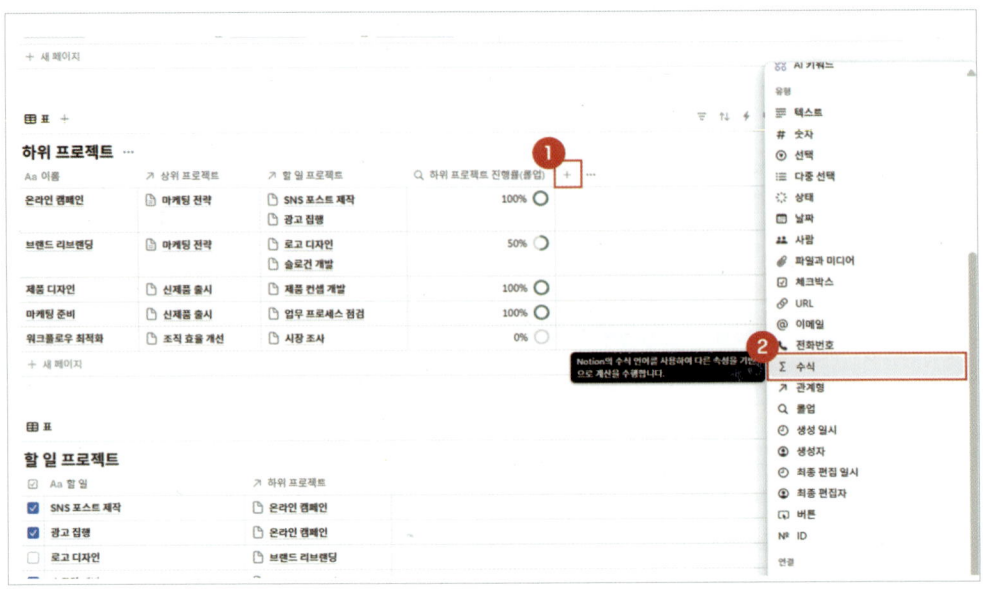

'수식 속성' 편집창이 나오게 되는데요, 이때 진행률로 만들었던 '롤업 속성'을 클릭합니다.

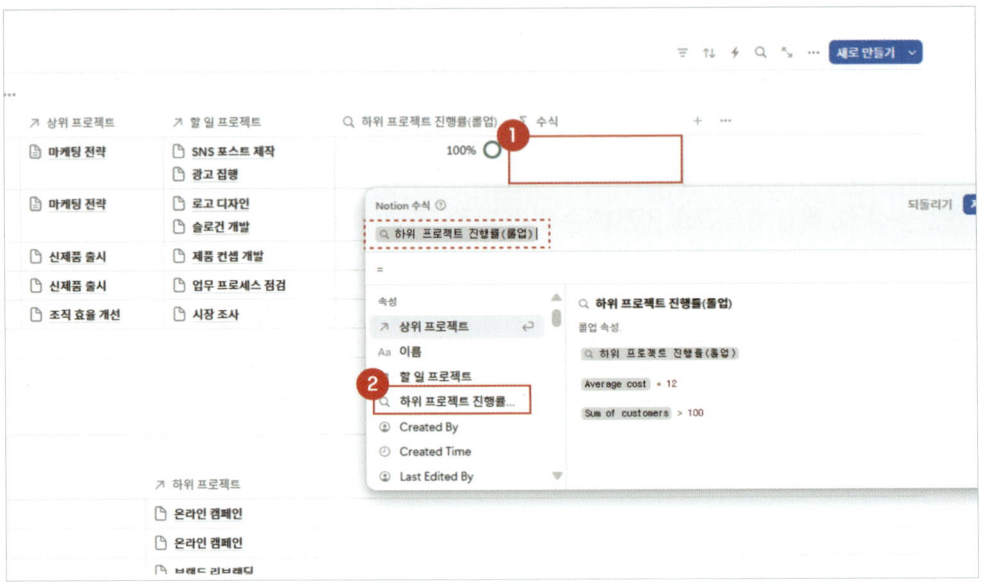

이렇게 작업하면 '수식 속성'과 '롤업 속성'에 동일한 값이 표시되는 것을 볼 수 있습니다.

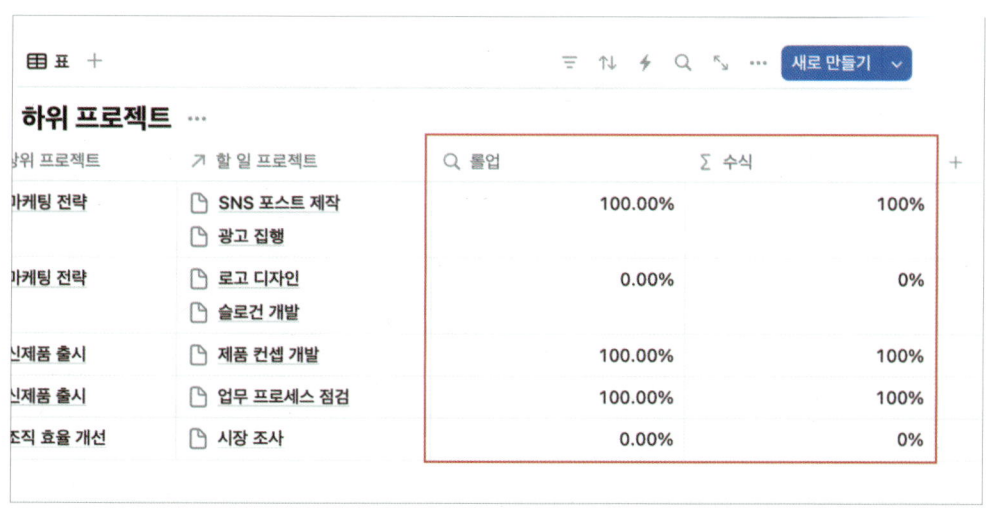

> **TIP** 만약 두 속성 값이 다르게 나온다면 숫자 형식이 달라서일 수 있습니다. 롤업과 같은 숫자 형식으로 맞춘다면 동일한 형태가 나오게 됩니다.

LESSON 02 _ 관계형 롤업 심화

이제는 상위 프로젝트의 '롤업 속성'에서 앞서 만든 '수식 속성'을 가져오겠습니다. '롤업 속성'의 계산을 통해서 하위 프로젝트 진행률에 대한 평균을 구하면 상위 프로젝트의 진행률을 구할 수 있습니다.

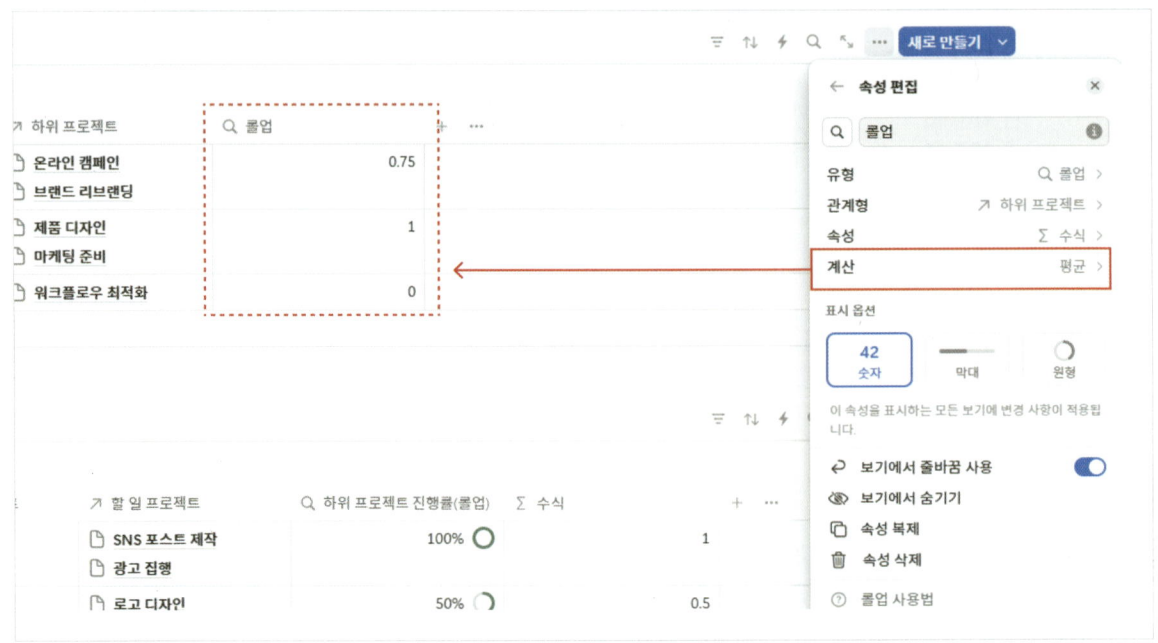

이렇게 데이터베이스 연결이 끝났습니다. 할 일 데이터베이스의 '체크박스 속성'에 변화가 생긴다면 하위 데이터베이스와 상위 데이터베이스 모두 진행률 값이 바뀌는 것을 볼 수 있습니다.

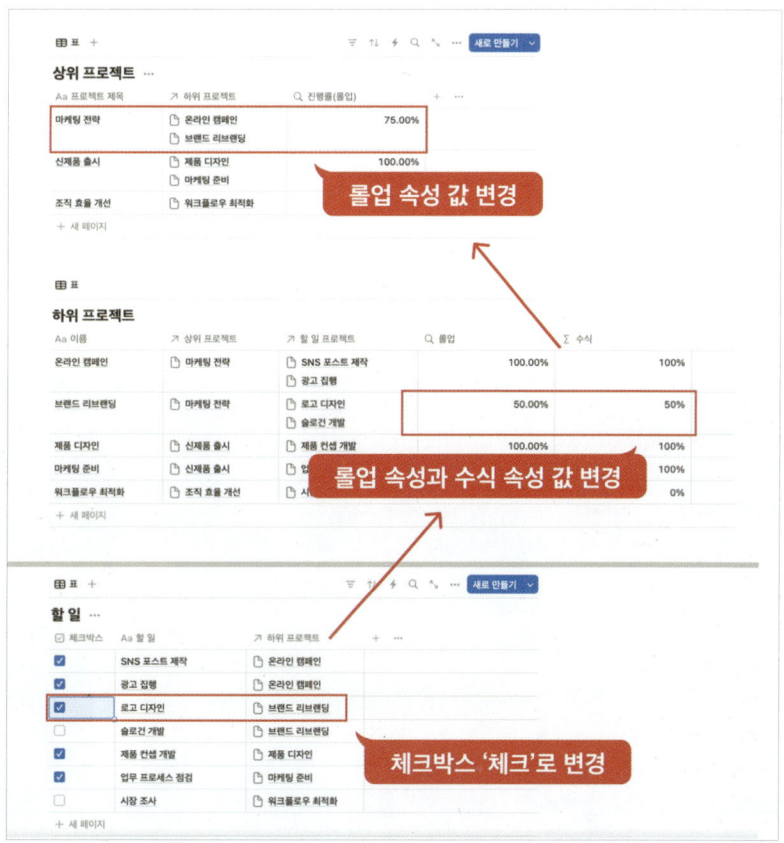

이렇게 2가지 방법으로 3가지 데이터베이스를 연결해 보았습니다. 이를 활용해 3개, 4개, 5개 그 이상으로도 데이터베이스를 연결하고 관리할 수 있습니다. 하지만 데이터베이스의 연결이 많아질수록 데이터베이스 간의 연결은 복잡해지고 헷갈리게 됩니다.

이러한 문제를 해결하기 위해서는 데이터베이스 연결을 시각화하는 '구조도' 작업이 필요합니다. 이번에는 다중 데이터베이스 연결관계를 한눈에 확인할 수 있는 구조도 작업을 알아봅시다.

데이터베이스 연결 이해를 돕는 구조도 작성 방법

노션에서 관계형과 롤업 기능을 템플릿에 많이 적용할수록, 시간이 지나면서 자신이 직접 설정한 연결조차 헷갈리기 시작할 수 있습니다. 설계 당시의 의도를 잊어버리거나, 현재 설정이 자신이 원하는 방식대로 작동하는지 확신하지 못하게 되는 경우도 생깁니다. 이러한 혼란은 명확한 구조 없이 제작을 진행하다 보면 더욱 심화되며, 제작 시간이 불필요하게 길어지는 원인이 됩니다.

이런 복잡성을 해결하려면 자신이 만든 시스템 전체를 한눈에 파악할 수 있어야 합니다. 데이터베이스를 하나씩 들여다보는 것은 마치 미로 안에서 벽에 붙어서 길을 찾는 것과 같습니다. 반면, 데이터베이스 구조도를 작성해 전체를 조망하면, 미로 위에서 내려다보는 것처럼 전체적인 설계 의도와 흐름을 명확히 이해할 수 있습니다.

이번에는 여러 가지 데이터베이스를 포함한 노션 시스템을 기획하는 단계에서 구조도를 어떻게 활용할 수 있는지 살펴보도록 하겠습니다. 이번에는 여행 템플릿을 예시로 구조도 그리는 법을 익혀 보겠습니다. 이번 예제에서는 피그마(Figma)를 활용해 구조도를 작성합니다. 하지만, 반드시 피그마를 사용할 필요는 없습니다. PPT, 엑셀 또는 흰 종이에 손으로 그린 구조도로도 충분히 **활용할 수 있습니다. 중요한 점은 데이터베이스 간의 관계를 명확히 표현하는 것입니다.**

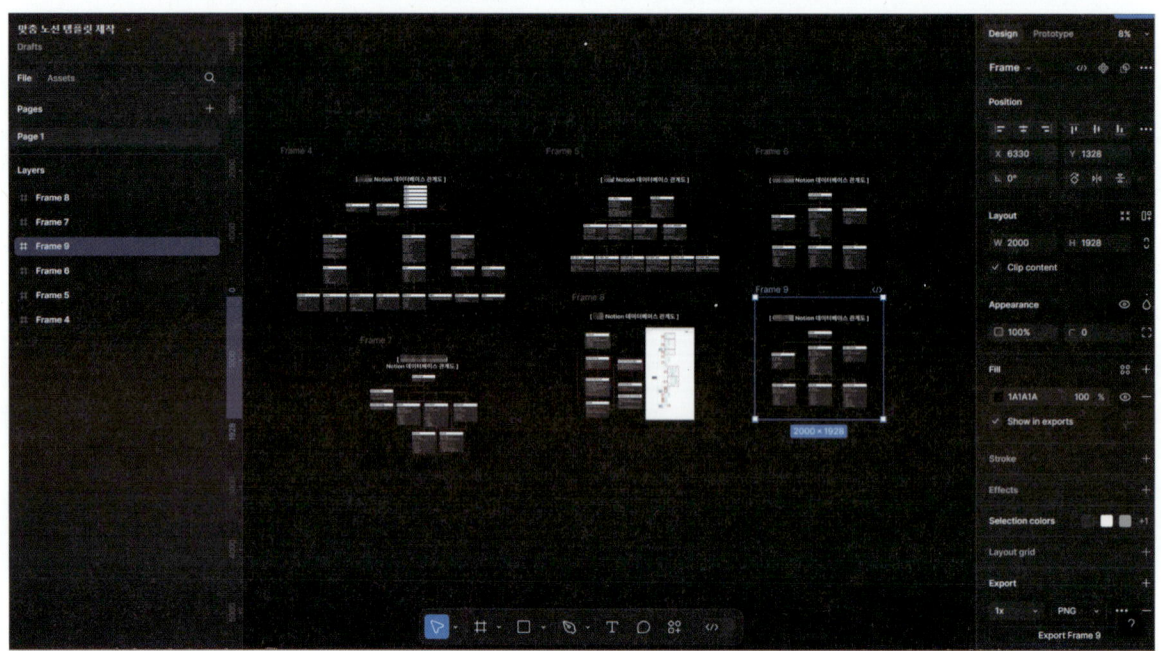

01. 데이터베이스 제목 속성으로 기준잡기

템플릿의 제작 목적에 따라 어떤 데이터베이스가 필요한지 파악합니다. 이번 템플릿은 해외 여행 기록 및 지출 관리 시스템 제작하는 것을 목표로 합니다.

해당 목표에 따라 필요한 데이터베이스를 정의합니다. 이번 예제에서는 다음과 같은 5개의 데이터베이스를 사용합니다.

① **나라 데이터베이스**: 나라(제목)
② **도시 데이터베이스**: 도시(제목)

③ **관광지 데이터베이스**: 관광지(제목)
④ **할 일 데이터베이스**: 할 것(제목)
⑤ **다이어리 데이터베이스**: 다이어리(제목)

필요한 데이터베이스를 정의하는 핵심은 '제목 속성'입니다. 각 데이터베이스의 주요 목적과 '제목 속성'을 명확히 설정해야 하며, 이를 바탕으로 데이터베이스를 구성해야 합니다.

02. 데이터베이스 속성 추가하기

가장 위에 입력한 '제목 속성' 하단에 필요한 속성들을 기입합니다. 속성을 적는 과정에서 데이터베이스 간 중복되는 속성이나 연결되는 속성이 있는지 확인합니다. 예를 들어, '나라 데이터베이스'와 '도시 데이터베이스', '할 일 데이터베이스'에는 지출액이 중복되어 들어갑니다. '도시 데이터베이스'의 방문기간, '관광지 데이터베이스'의 방문 날짜, '할 일 데이터베이스'의 날짜, '다이어리 데이터베이스'의 날짜는 명칭은 다르지만 연결되는 속성입니다.

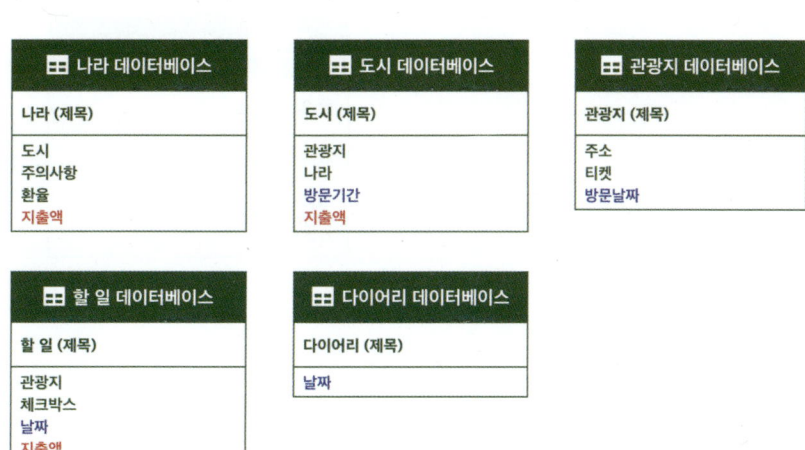

이런 경우 속성을 각각의 데이터베이스에서 독립적으로 관리하면 비효율적이기 때문에 관계형과 롤업을 활용해 속성을 생성해 줘야 합니다.

03. 데이터베이스 배치하기

이제 데이터베이스 간의 관계를, 배치를 통해 표현합니다. 상하관계가 있는 데이터베이스는 상하로 정렬하고, 상하관계가 아닌 경우에는 좌우로 배치합니다. 이 과정을 통해 전체 구조를 명확히 시각화합니다.

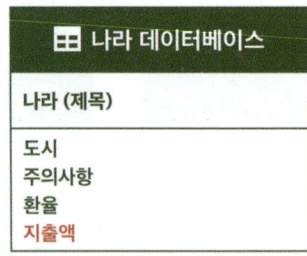

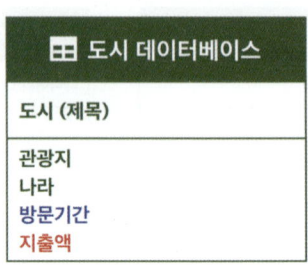

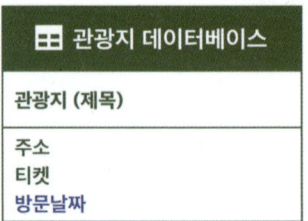

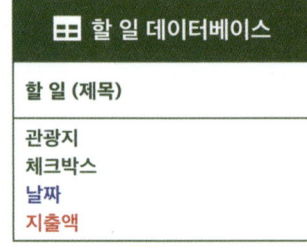
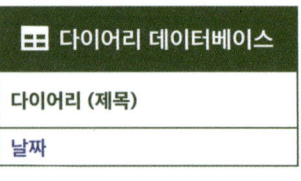

04. 기준 속성 표시하기

연결 속성 중 기준이 되는 속성 한 개는 (기준)이라는 표시를 해줍니다. 이후 기준이 되는 속성을 시작으로 다른 데이터베이스와 연결되는 흐름을 표현합니다. 이 과정에서 데이터베이스들의 관계를 다시 한번 수정 보완합니다.

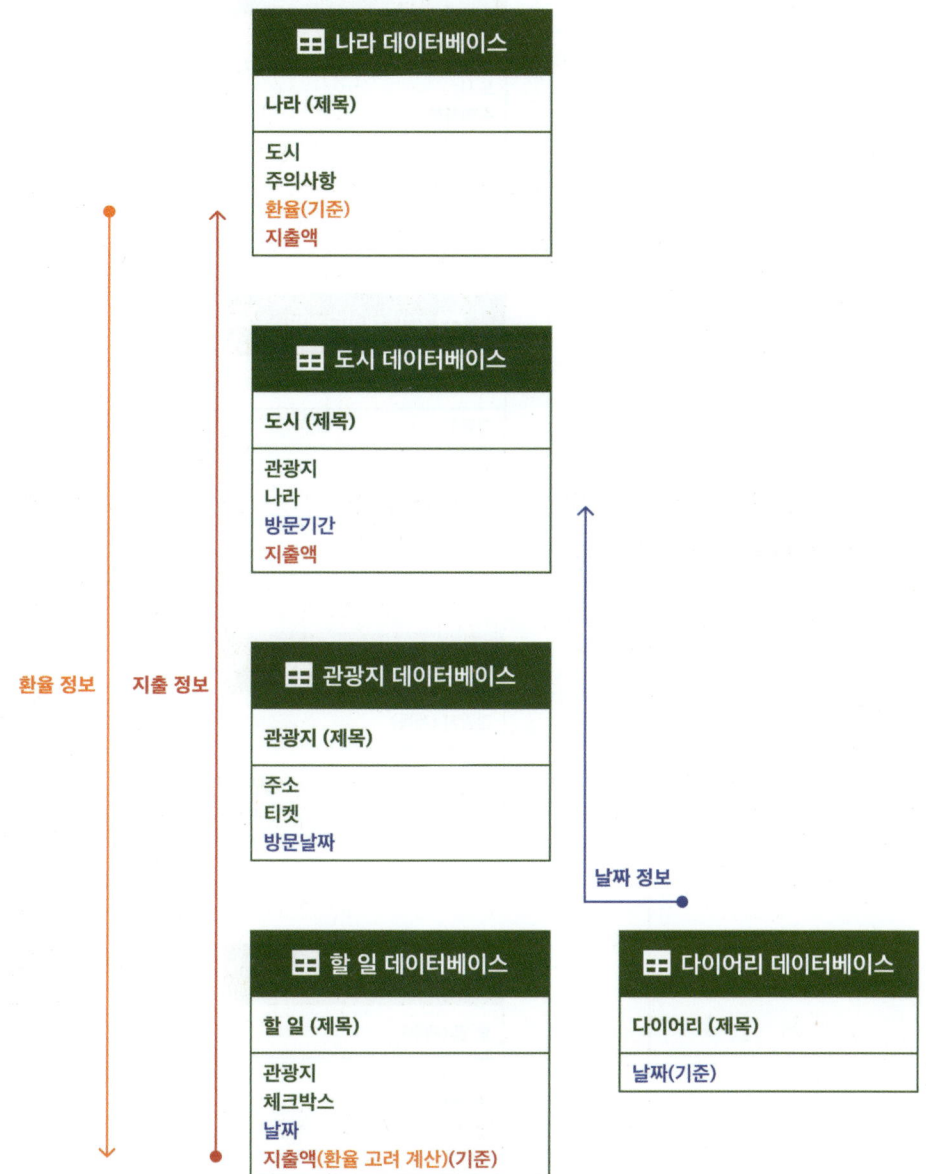

05. 데이터베이스 연결하기

데이터베이스 간의 연결관계가 정해졌습니다. 이제 데이터베이스의 기준 속성이 다른 속성에 반영될 수 있도록 데이터베이스를 양방향으로 연결합니다. 이를 구조도에서는 양방향 화살표를 활용해 표시합니다.

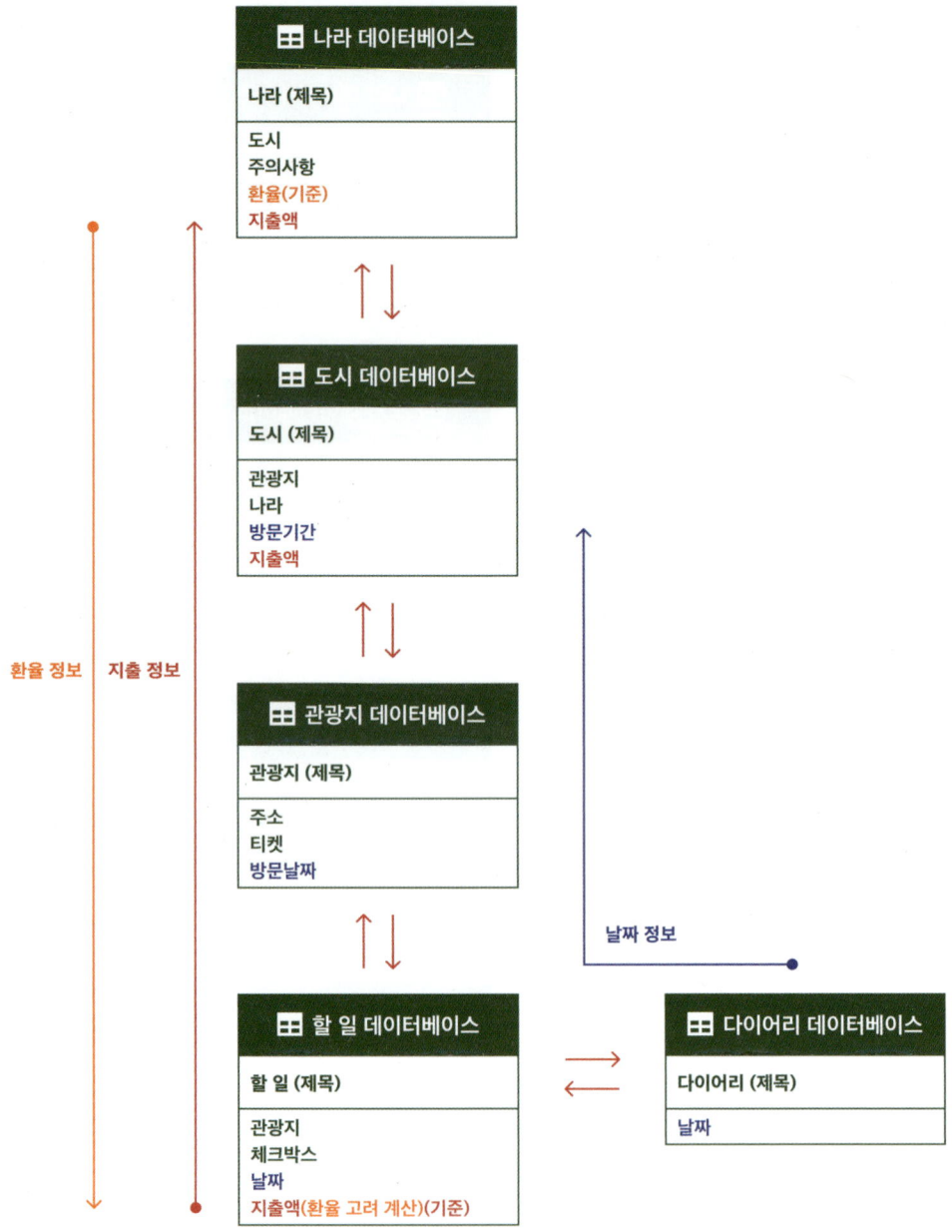

이렇게 하면 데이터베이스 구조도 작업이 완료됩니다. 이제 이 구조도를 활용해서 데이터베이스 작업을 하겠습니다.

06. 데이터베이스 뼈대 잡기

이제 구조도를 참고해 데이터베이스들을 연결시켜 볼까요? 5개의 데이터베이스를 '표 보기'를 활용해 제작합니다. 그 후 구조도를 바탕으로 데이터베이스들의 관계형으로 연결시켜 줍니다.

연결하기 전 구조도를 다시 한번 살펴볼까요? 관광지-할 일-다이어리 데이터베이스는 '다이어리 데이터베이스'의 '날짜 속성'을 '할 일 데이터베이스'를 거쳐 '관광지 데이터베이스'에 값을 넘겨주는 것을 확인할 수 있습니다.

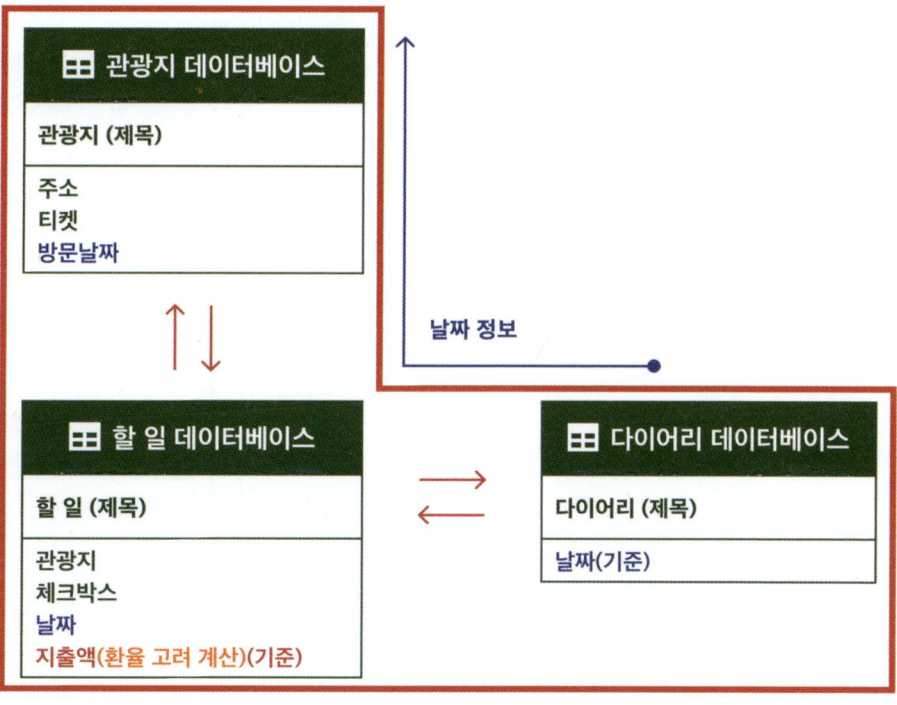

나라-도시-관광지-할 일 데이터베이스는 먼저 '할 일 데이터베이스'의 지출액 정보가 '관광지 데이터베이스'를 거쳐 '도시 데이터베이스', '나라 데이터베이스'로 값을 넘겨주는 것을 볼 수 있습니다.

그리고 '나라 데이터베이스'의 환율 정보가 '도시 데이터베이스', '관광지 데이터베이스'를 거쳐 '할 일 데이터베이스'로 넘어가는 것을 확인할 수 있습니다.

나라 데이터베이스
- 나라 (제목)
- 도시
- 주의사항
- 환율(기준)
- 지출액

도시 데이터베이스
- 도시 (제목)
- 관광지
- 나라
- 방문기간
- 지출액

관광지 데이터베이스
- 관광지 (제목)
- 주소
- 티켓
- 방문날짜

할 일 데이터베이스
- 할 일 (제목)
- 관광지
- 체크박스
- 날짜
- 지출액(환율 고려 계산)(기준)

지출 정보 / 환율 정보

데이터베이스들의 연결에 대한 이해가 완료되었다면 관계형으로 데이터베이스들을 연결해 주겠습니다. 데이터베이스를 연결할 때, [양방향 관계형] 토글을 클릭하여 활성화시킨 다음에 연결해 주세요.

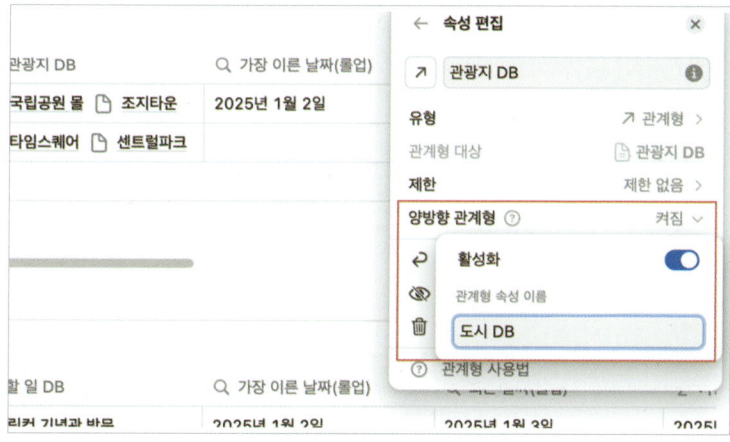

LESSON 02 _ 관계형 롤업 심화

이후 구조도를 참고해서 롤업 속성을 세팅해 주겠습니다. 앞선 구조도를 다시 살펴볼까요? ❶ '다이어리 데이터베이스'의 날짜 정보를 ❷ '관광지 데이터베이스'를 거쳐 ❸ '도시 데이터베이스'로 값을 넘겨주겠습니다. 3개 이상의 데이터베이스가 연결되어 있기 때문에 '수식 속성'을 생성해 연결해 주는 것을 잊지마세요.

앞선 예시처럼 기준 데이터를 다른 데이터베이스에 넘겨줄 때 롤업과 수식을 사용해 구조도에 맞게 데이터베이스를 구성하면 됩니다. 복수의 데이터베이스를 다루지만 구조도를 참고해 제작하면 데이터베이스 다중 연결도 헷갈리는 일 없이 가능합니다.

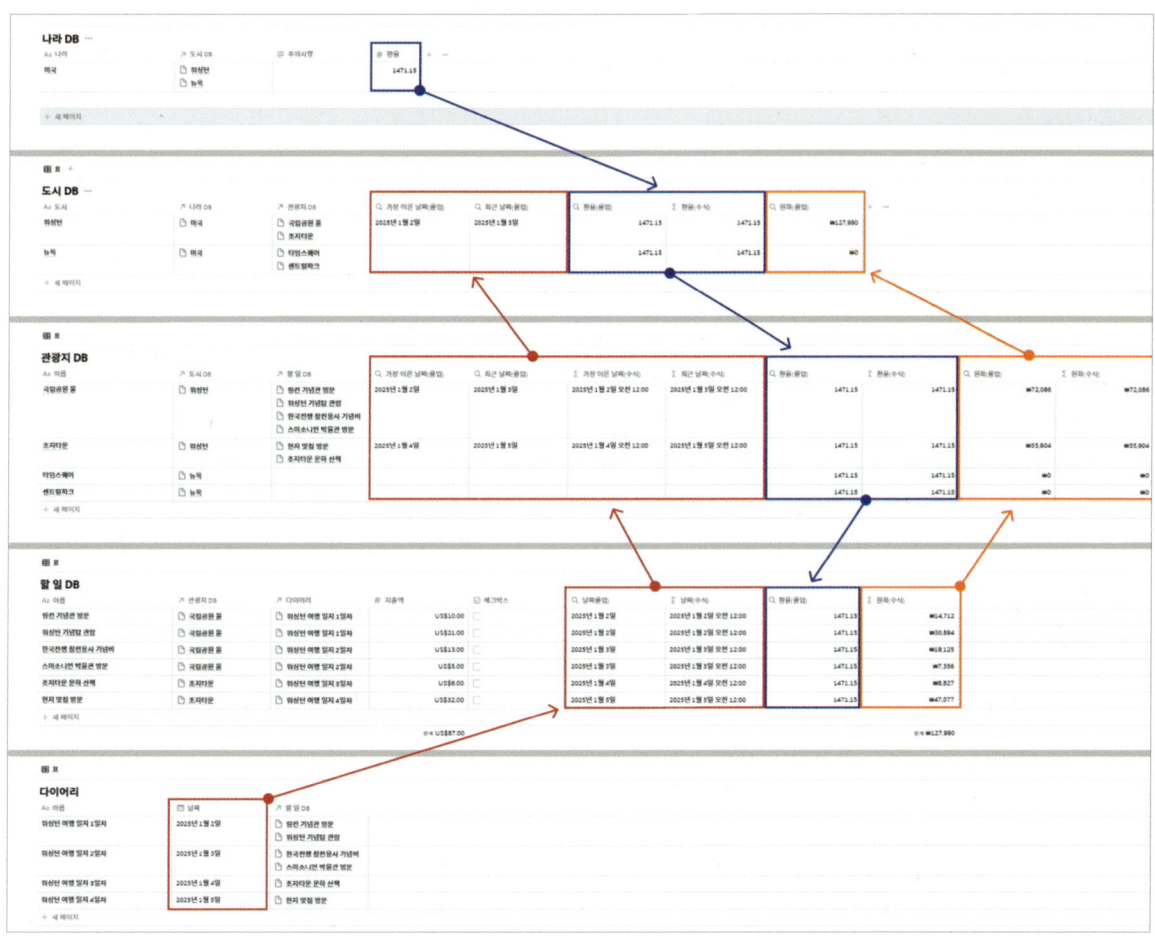

LESSON 02 _ 관계형 롤업 심화 215

이렇게 데이터베이스 간 연결의 뼈대를 잘 세웠다면 이후에 배운 "Chapter 03. 노션 데이터베이스의 활용"의 링크된 데이터베이스를 활용한 대시보드 작업을 해주면 다중 데이터베이스가 연결된 노션 대시보드를 제작할 수 있습니다.

실습 | 제품 개발 업무 대시보드

제품 개발 시 필요한 업무와 지출관리를 한 번에 관리하는 용도로 업무 시스템을 제작해 보겠습니다. 제작 시 4개의 데이터베이스를 활용해 제작합니다.

- **실습 자료 파일**: 제품 개발 업무 대시보드

① 제품(앱) 데이터베이스
② 기능 데이터베이스
③ 작업 데이터베이스
④ 자원 데이터베이스

실습 미리보기

LESSON 02 _ 관계형 롤업 심화

01 구조도 작업 1: 데이터베이스 제목 + 속성 정리하기

우선 데이터베이스의 '제목 속성', 즉 기준을 잡아 줍니다. 그 후, 필요한 정보는 기준에 맞게 속성 유형을 활용해 제작합니다.

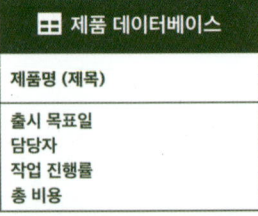

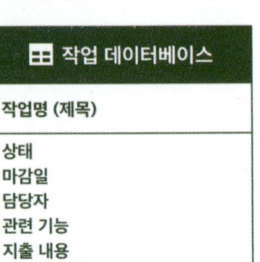

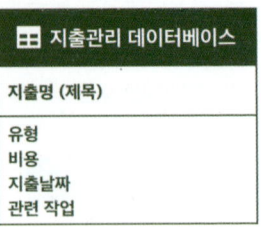

02 구조도 작업 2: 데이터베이스 배치 및 연결 속성 체크하기

데이터베이스의 상하관계를 고려해 배치해 줍니다. 하나의 제품에 다양한 기능을 포함하고, 하나의 기능을 만들어야 여러 가지 작업을 할 수 있기 때문에 제품-기능-작업은 상하관계를 가집니다. 또한 지출관리는 작업과 연결시켜 주었습니다.

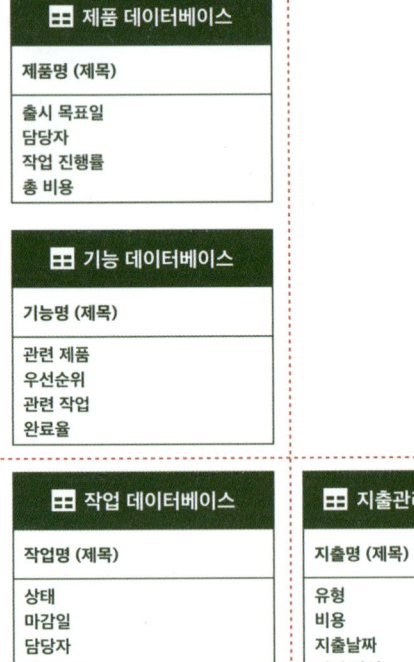

데이터의 연결 속성을 고려해 연결되는 속성은 같은 색상으로 변경해 줍니다. 또한 연결 속성들의 기준이 되는 속성은 다른 속성과 헷갈리지 않게 속성 제목에 '(기준)'이라는 텍스트를 붙여 줍니다.

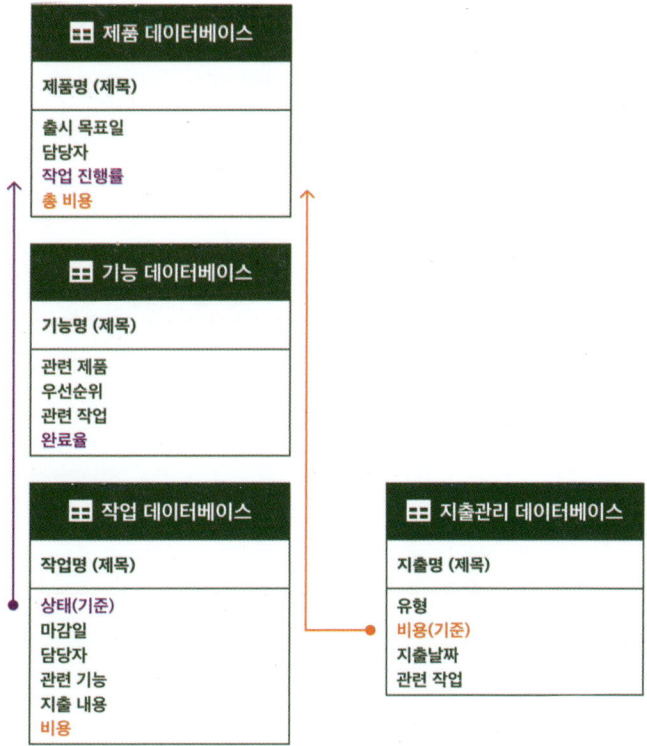

연결되는 속성을 고려해 관계형-롤업을 화살표로 표시해 구조도 작업을 마무리합니다.

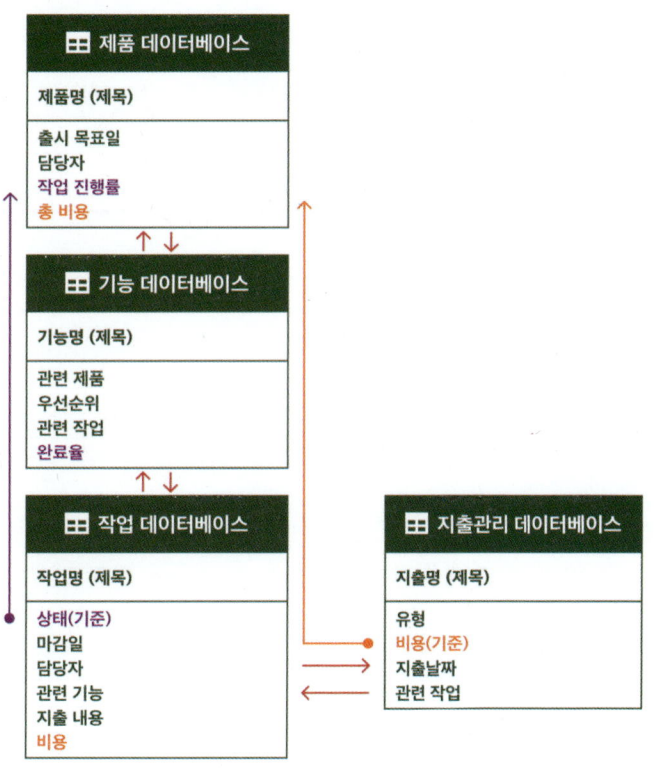

03 데이터베이스 연결 및 다른 형태 보기 제작하기

데이터베이스를 구조도에 맞춰 제작하겠습니다. 필요한 개수에 맞게 데이터베이스를 표로 생성하고 제목을 붙여 줍니다. 관계형과 상관없이 독립적으로 동작하는 속성을 우선적으로 추가합니다.

제품(앱)

Aa 제품명	≡ 출시 목표일	⊙ 담당자
+ 새 페이지		

기능

Aa 기능명	⊙ 우선순위
+ 새 페이지	

작업

Aa 작업명	✦ 상태	📅 마감일	⊙ 담당자
+ 새 페이지			

지출관리

Aa 자원명	⊙ 유형	# 비용	📅 지출 날짜
+ 새 페이지			

이제 구조도를 참고해 데이터베이스를 관계형으로 연결합니다. 관계형 작업 시 항상 양방향 연결로 제작합니다. 작업 시 샘플 데이터를 추가해 관계형 데이터가 잘 입력되는지 확인합니다.

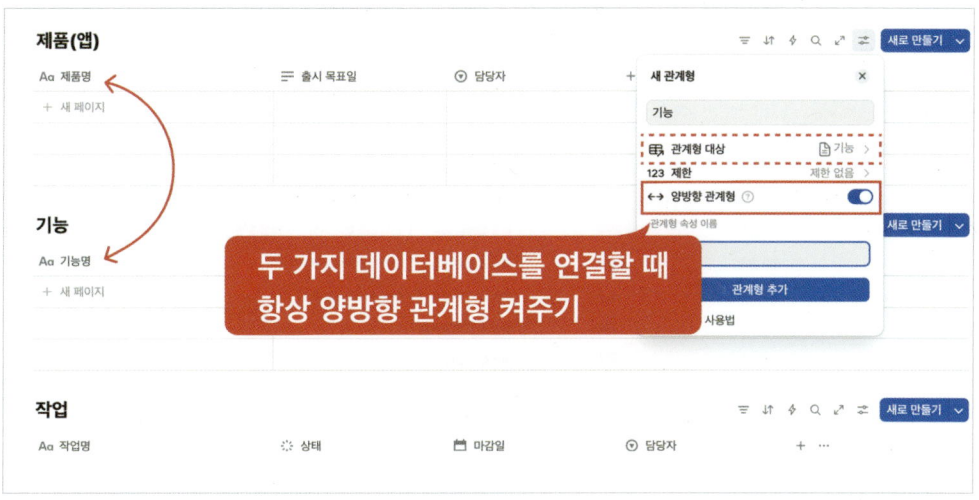

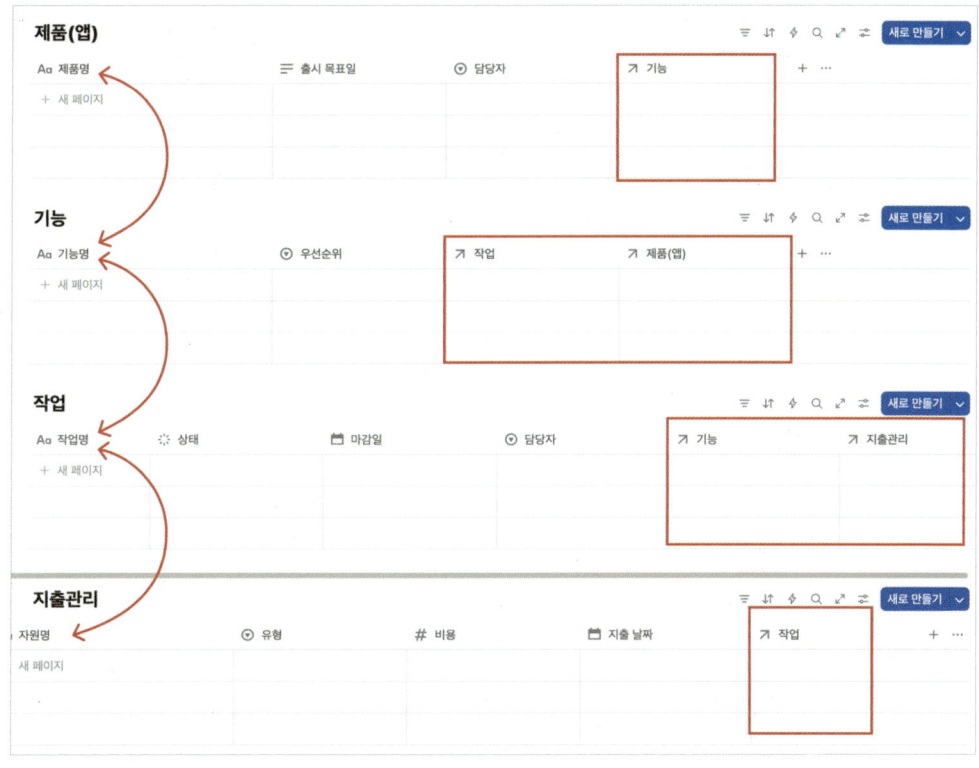

LESSON 02 _ 관계형 롤업 심화

제품(앱)

Aa 제품명	📅 출시 목표일	⦿ 담당자	↗ 기능	+ ···
📄 노션 기반 협업 앱	2025년 11월 1일	김PM	📄 실시간 채팅 📄 파일 공유 📄 권한 관리	
📄 AI 개인 비서 앱	2026년 1월 15일	이PM	📄 음성 인식 📄 일정 추천 📄 이메일 자동화	

+ 새 페이지

기능

Aa 기능명	⦿ 우선순위	↗ 작업	↗ 제품(앱)	+ ···
📄 실시간 채팅	높음	📄 채팅 UI 디자인 📄 서버 WebSocket 구현 📄 푸시 알림 개발	📄 노션 기반 협업 앱	
📄 파일 공유	보통	📄 파일 업로드 기능 📄 파일 다운로드 기능 📄 파일 권한 설정	📄 노션 기반 협업 앱	
📄 권한 관리	보통	📄 역할별 권한 매핑 📄 관리자 대시보드 제작	📄 노션 기반 협업 앱	
📄 음성 인식	높음	📄 마이크 연결 모듈 📄 음성→텍스트 변환	📄 AI 개인 비서 앱	
📄 일정 추천	보통	📄 일정 추천 알고리즘	📄 AI 개인 비서 앱	
📄 이메일 자동화	보통	📄 이메일 자동화 엔진	📄 AI 개인 비서 앱	

+ 새 페이지

작업

Aa 작업명	⦿ 상태	📅 마감일	⦿ 담당자	↗ 기능	↗ 지출관리	+ ···
📄 채팅 UI 디자인	예정	2025년 9월 15일	박디자이너	📄 실시간 채팅	📄 Slack API	
📄 서버 WebSocket 구현	진행중	2025년 9월 20일	최개발	📄 실시간 채팅	📄 AWS 서버	
📄 푸시 알림 개발	예정	2025년 9월 25일	최개발	📄 실시간 채팅	📄 Firebase	
📄 파일 업로드 기능	검토중	2025년 10월 1일	최개발	📄 파일 공유	📄 AWS 서버	
📄 파일 다운로드 기능	예정	2025년 10월 3일	최개발	📄 파일 공유	📄 Firebase	
📄 파일 권한 설정	예정	2025년 10월 5일	이PM	📄 파일 공유	📄 UX 리서치 비용	
📄 역할별 권한 매핑	진행중	2025년 10월 10일	이PM	📄 권한 관리	📄 UX 리서치 비용	
📄 관리자 대시보드 제작	예정	2025년 10월 15일	박디자이너	📄 권한 관리	📄 디자인 툴 (Figma)	
📄 마이크 연결 모듈	검토중	2025년 9월 18일	최개발	📄 음성 인식		
📄 음성→텍스트 변환	예정	2025년 9월 22일	최개발	📄 음성 인식	📄 OpenAI API	
📄 일정 추천 알고리즘	진행중	2025년 10월 1일	이PM	📄 일정 추천	📄 캘린더 API	
📄 이메일 자동화 엔진	예정	2025년 10월 5일	최개발	📄 이메일 자동화	📄 법률 자문	

+ 새 페이지

지출관리

Aa 자원명	⦿ 유형	≡ 비용	📅 지출날짜	↗ 작업	+ ···
📄 Slack API	툴	₩200,000	2025년 9월 10일	📄 채팅 UI 디자인	
📄 AWS 서버	툴	₩1,000,000	2025년 9월 12일	📄 파일 업로드 기능 📄 서버 WebSocket 구현	
📄 Firebase	툴	₩500,000	2025년 9월 15일	📄 푸시 알림 개발 📄 파일 다운로드 기능	
📄 UX 리서치 비용	예산	₩300,000	2025년 9월 18일	📄 파일 권한 설정 📄 역할별 권한 매핑	
📄 OpenAI API	툴	₩500,000	2025년 9월 20일	📄 음성→텍스트 변환	
📄 캘린더 API	툴	₩100,000	2025년 9월 22일	📄 일정 추천 알고리즘	
📄 디자인 툴 (Figma)	툴	₩180,000	2025년 9월 25일	📄 관리자 대시보드 제작	
📄 법률 자문	외부인력	₩1,000,000	2025년 9월 28일	📄 이메일 자동화 엔진	

+ 새 페이지

구조도를 참고해 '작업 데이터베이스'의 '상태 속성'을 활용해 '기능 데이터베이스'와 '제품(앱) 데이터베이스'의 완료율과 작업 진행률을 계산하겠습니다. 데이터베이스의 구조가 끝 데이터베이스를 기준으로 2개의 데이터베이스가 서로 연결되는 방식이기 때문에 롤업과 수식을 활용해서 계산을 해주겠습니다.

먼저 ❶ '기능 데이터베이스'에 롤업을 생성하고 '완료율'로 속성 이름을 붙여 줍니다. ❷ 롤업 속성을 클릭하여 '관계형'은 '작업 데이터베이스'로 연결시켜 주고 속성은 [상태] 항목으로 설정합니다. ❸ [계산]을 [그룹별 퍼센트] 항목으로 설정한 후 ❹ [수] 항목에서 [비율(%)] → [그룹별 퍼센트] 항목을 클릭하여 ❺ [Complete] 항목으로 설정합니다.

'기능 데이터베이스'에 ❶ '수식 속성'을 추가합니다. ❷ '수식 속성'의 메뉴 중 [속성 편집] 항목을 클릭한 후, [수식 편집]을 클릭합니다. [수식 편집] 창에서 앞서 롤업으로 생성한 '완료율 속성'을 선택합니다. ❸ '완료율 속성'을 선택했다면, 상단의 '수식 속성'을 클릭합니다. ❹ '수식 속성' 메뉴에서 [속성 편집] 항목을 클릭한 후 ❺ [숫자 형식] → [비율(%)] 항목으로 변경합니다.

이제 앞서 만든 수식 속성의 값을 '제품 데이터베이스'로 가져오겠습니다. ❶ '제품 데이터베이스'에 롤업을 생성하고 '작업 완료율'로 속성 이름을 붙여 줍니다. ❷ '롤업 속성'을 클릭하여 '관계형'은 '기능 데이터베이스'로 연결시켜 주고 속성은 앞서 생성한 '수식 속성(완료율(수식))'으로 설정합니다. ❸ [계산] → [추가 옵션] 항목을 클릭한 뒤 ❹ [평균] 항목을 클릭해 마무리합니다.

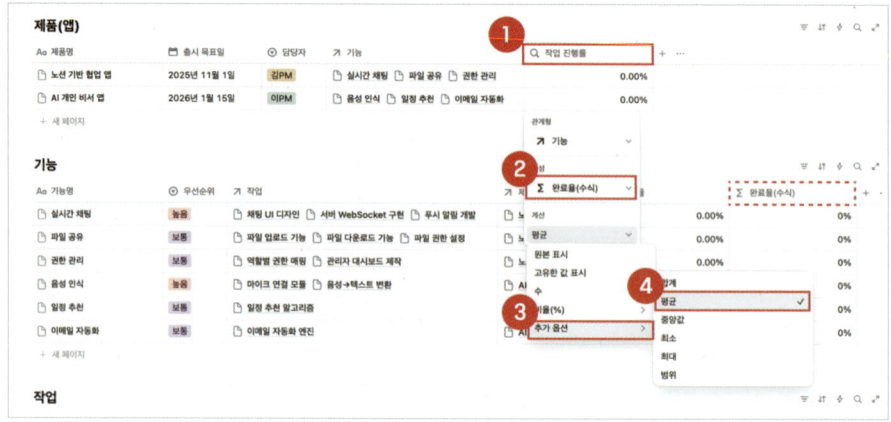

'작업 데이터베이스'의 상태 값을 변경하면 '기능 데이터베이스'와 '제품(앱) 데이터베이스'의 값도 변경되는 것을 확인할 수 있습니다.

앞서 설명한 것과 같은 원리로 '지출관리 데이터베이스'의 비용을 '제품(앱) 데이터베이스'에서 총 비용으로 구하기 위해 롤업과 수식으로 제작해 줍니다. 이때 롤업은 합계로 설정해 총 비용을 계산합니다.

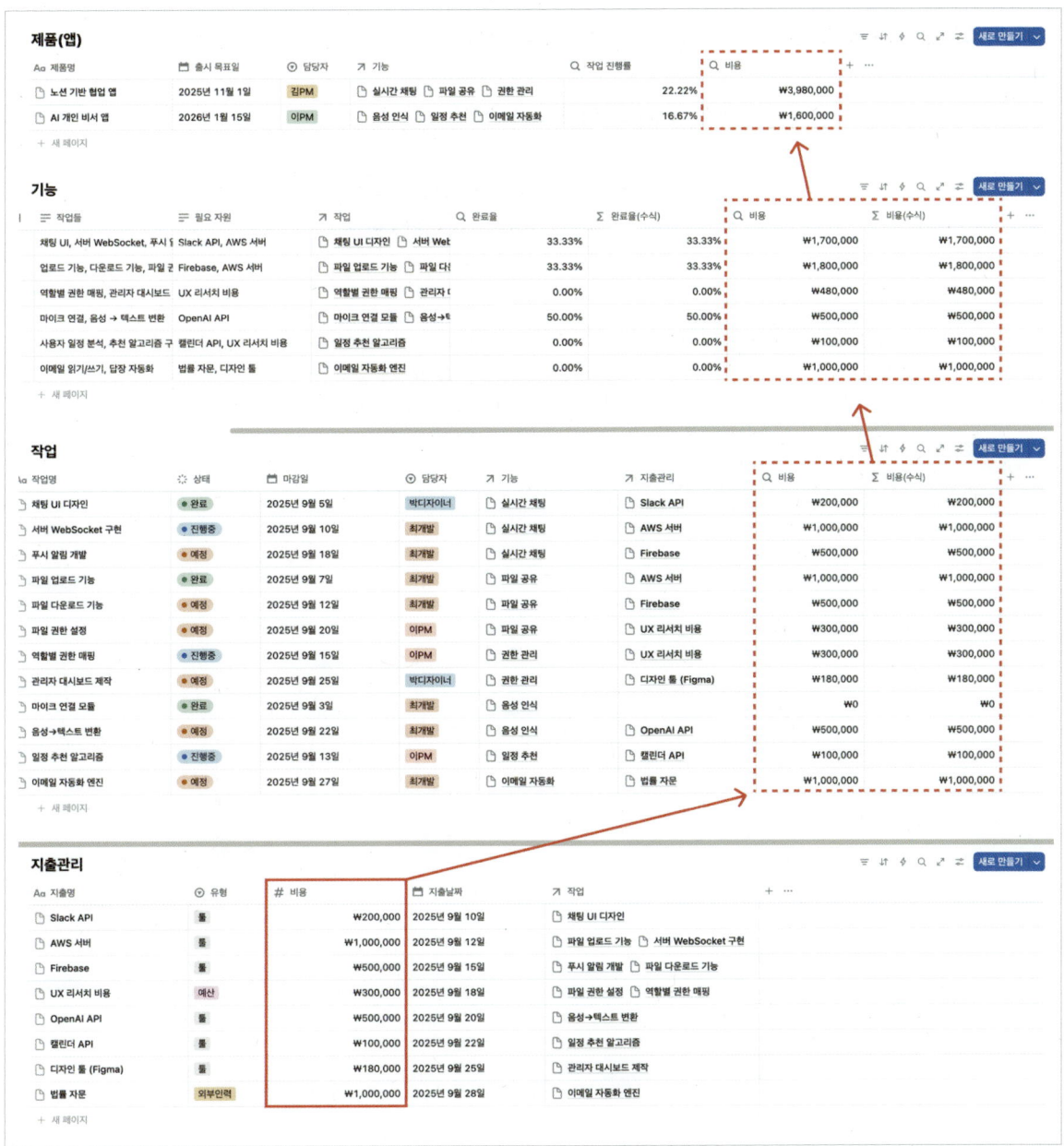

데이터베이스의 연결까지 완료가 되었습니다. 이젠 제작한 데이터베이스를 목적에 맞게 보기 전환을 해주겠습니다. 각 데이터베이스를 다음과 같이 보기 전환을 해주었습니다. 이번 보기에서는 '갤러리 보기', '리스트 보기' 및 그룹화 기능을 사용했고, '캘린더 보기'와 '표 보기'를 활용해서 제작했습니다.

04 링크된 데이터베이스를 활용해 대시보드 제작하기

이번엔 대시보드 작업을 해주겠습니다. 페이지 상단에 콜아웃 박스와 제목 3(### + Space Bar) 블록을 활용해 보기 블록을 생성합니다.

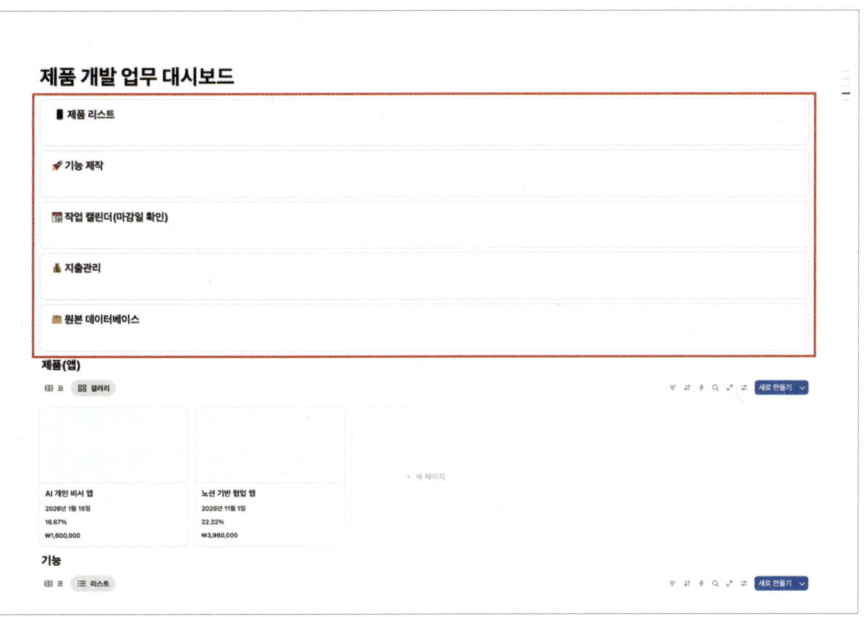

앞서 생성한 보기들을 [보기 링크 복사] 항목을 클릭하여 복사합니다. 복사한 보기들은 콜아웃 박스에 넣어 정리합니다.

이제 원본 데이터베이스를 정리해 주겠습니다. ❶ 원본 데이터베이스 좌측의 점 6개를 클릭하여 선택합니다. ❷ 그 후, [페이지 전환] 항목을 클릭합니다. 원본 역시 콜아웃 박스 안에 넣어 아래 배치합니다.

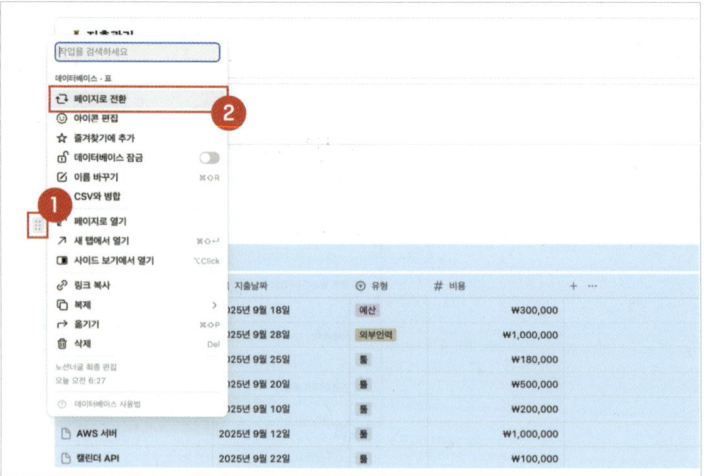

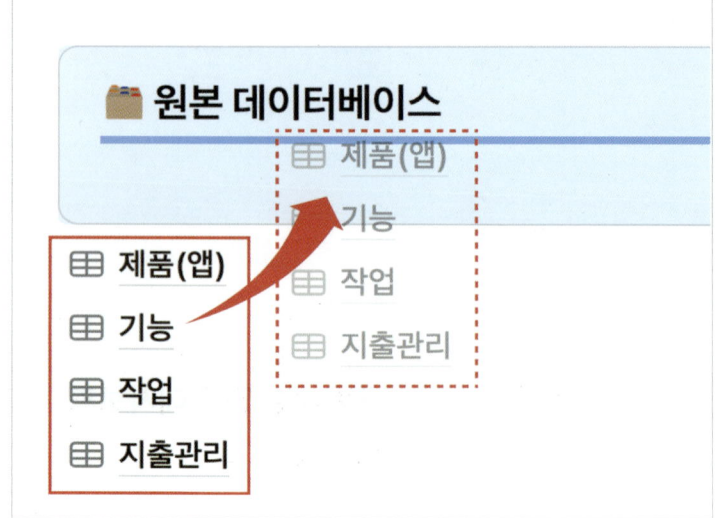

정리한 콜아웃 박스들을 상하좌우로 배치하며 가독성 좋은 방식으로 정리합니다.

> **TIP** 콜아웃 박스 내 아이콘을 제거하면 깔끔한 형태의 대시보드를 제작할 수 있습니다.

이번 실습을 통해 노션의 여러 데이터베이스를 구조도를 활용해 체계적이고 쉽게 연결하여 노션 시스템을 구축하는 방법을 배웠습니다. 이제는 누군가의 템플릿을 바로 구매하기보다는 앞선 과정을 따라서 자신만의 시스템을 만들어 보세요.

LESSON 03 데이터베이스 시각화를 위한 노션 차트

 노션 데이터베이스에 입력한 값을 기반으로 차트를 생성할 수 있습니다. 이를 통해 프로젝트 진행 상황, 매출 데이터 등 다양한 정보를 시각적으로 표현할 수 있습니다. 이번 Lesson에서는 차트를 생성하는 방법과 데이터별 적합한 차트를 선택하는 방법을 함께 알아보겠습니다.

데이터베이스 속성을 기준으로 만드는 노션 차트

"Chapter 02. 노션 데이터베이스 입문"의 "Lesson 03 데이터베이스 보기 전환"에서, 데이터베이스 표로부터 다른 보기를 생성하는 것을 기억하나요? 표를 통해서 데이터베이스의 구조를 잡은 후 데이터베이스 보기 전환을 해야 올바른 보기 전환이 가능했습니다.

차트 역시 데이터베이스 표에서 구조를 잡는 것이 중요합니다. 데이터베이스 표는 정보의 구조를 잡는 기반이 되고, 표 내 속성들이 차트를 구성하는 기준이 됩니다.

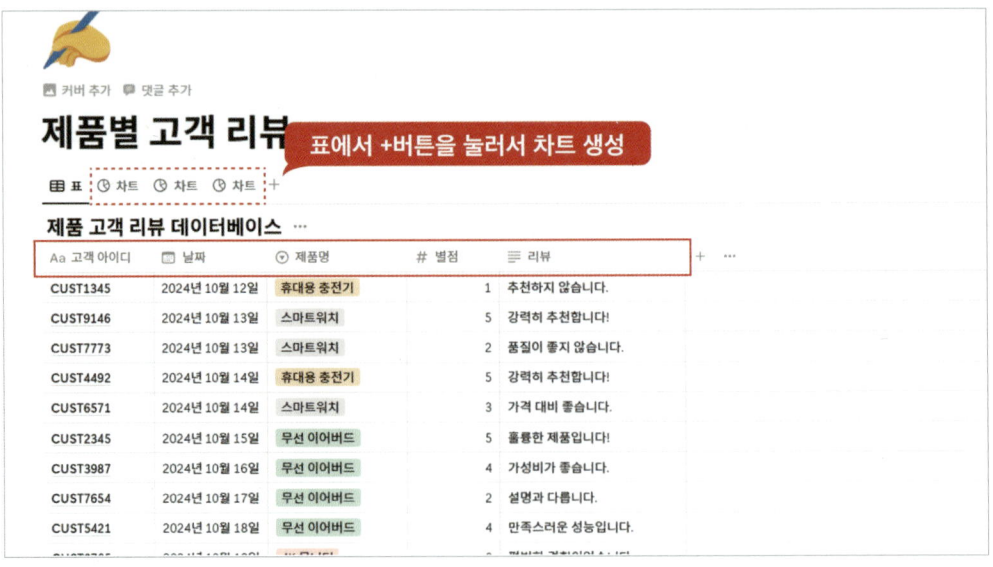

예를 들어, '날짜 속성'을 기준으로 하면 일정의 흐름을 시간별로 시각화할 수 있고, '카테고리 속성'을 기준으로 하면 항목별 분포를 쉽게 확인할 수 있습니다. 또한 '수치 속성(예: 예산, 점수 등)'을 활용하면 차트를 통해 수치를 비교하거나 추이를 볼 수 있습니다.

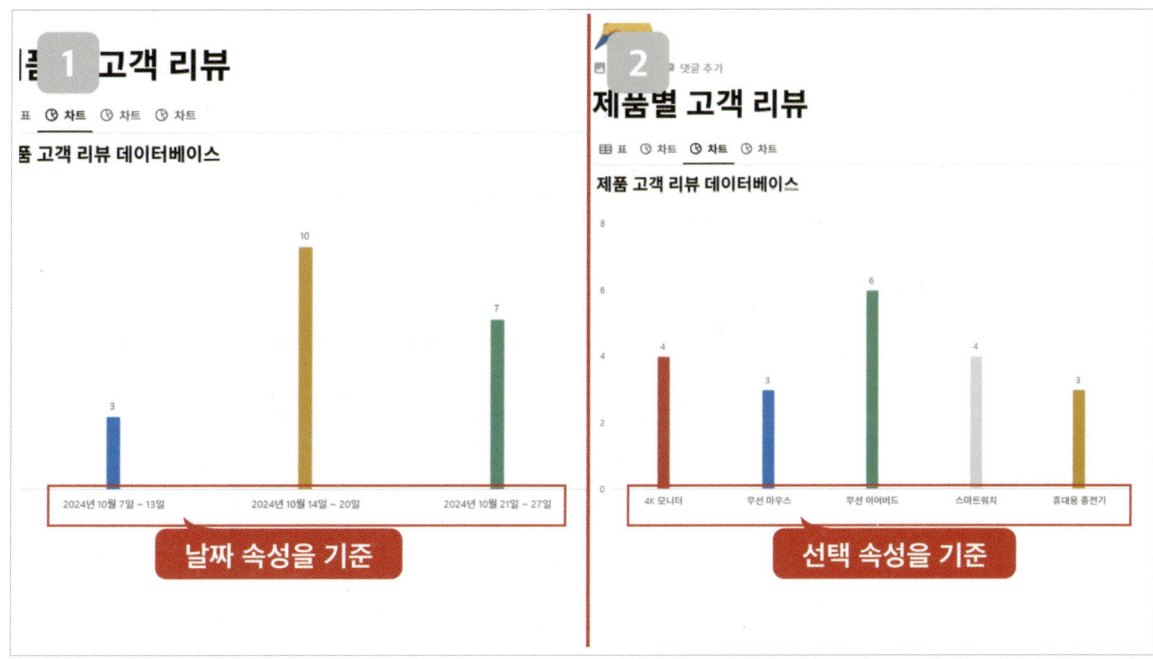

차트를 효과적으로 생성하려면 데이터베이스에서 구조를 잘 잡고 필요한 속성을 명확히 설정해야 합니다. 이렇게 데이터베이스 속성을 기준으로 차트를 생성하면, 데이터를 시각적으로 표현할 때 더 명확하고 의미 있는 결과를 얻을 수 있습니다.

상황에 맞게 쓰는 노션 차트 4가지

노션에서는 총 4가지 차트 유형을 지원합니다. 차트 형태는 단순히 디자인을 선택하는 것이 아니라, 각 차트가 가지고 있는 고유한 특징과 용도를 이해하고 적절히 적용하는 것이 중요합니다. 올바른 차트를 선택하면 데이터 분석과 시각화가 더 효과적으로 이루어지겠죠?

노션에서 제공하는 4가지 차트의 주요 특징을 살펴보면서 상황에 맞는 차트를 어떻게 고르면 좋은지 살펴보겠습니다.

01. 세로형 막대 차트

세로형 막대 차트는 **시간의 흐름에 따른 데이터 변화를 비교하는 데 적합**합니다. 주로 기간별 데이터를 나란히 배치해 항목 간 차이를 명확하게 보여 줍니다. 예를 들어 월별 매출, 주간 프로젝트 진행 상황, 연도별 성과 등 시간에 따른 변화나 추세를 시각적으로 표현할 때 효과적입니다.

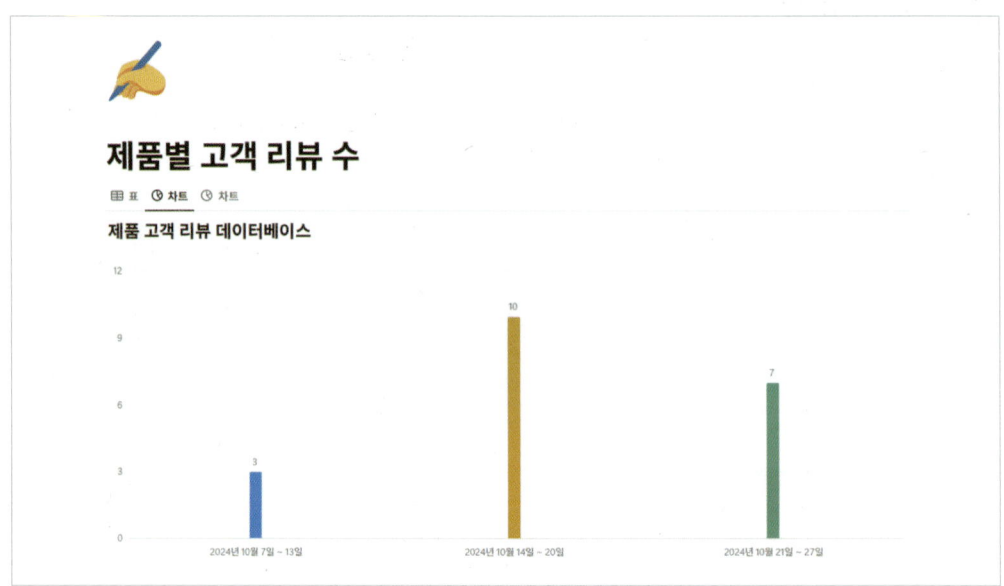

또한 데이터의 양을 직관적으로 비교할 수 있기 때문에 **비교군이 10개 미만인 경우**에 사용하면 좋습니다.

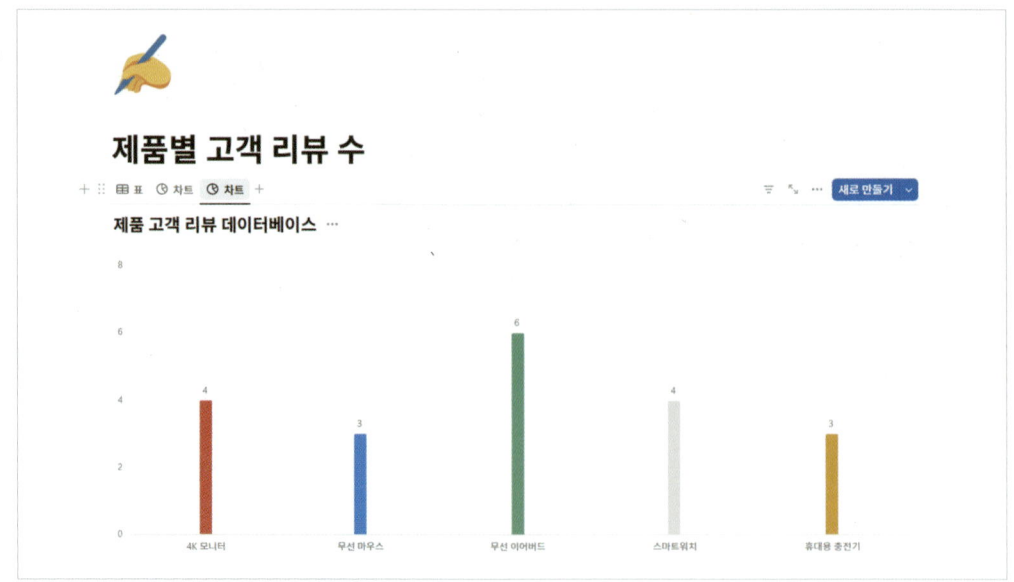

02. 가로형 막대 차트

가로형 막대 차트는 세로축을 기준으로 **카테고리 간의 비교**가 가능합니다. 특히 **비교군이 10개 초과인 경우** 사용하면 좋습니다. 예를 들어 회사 전 직원의 성과를 비교하거나, 도시별 인구수를 비교할 때 사용할 수 있습니다.

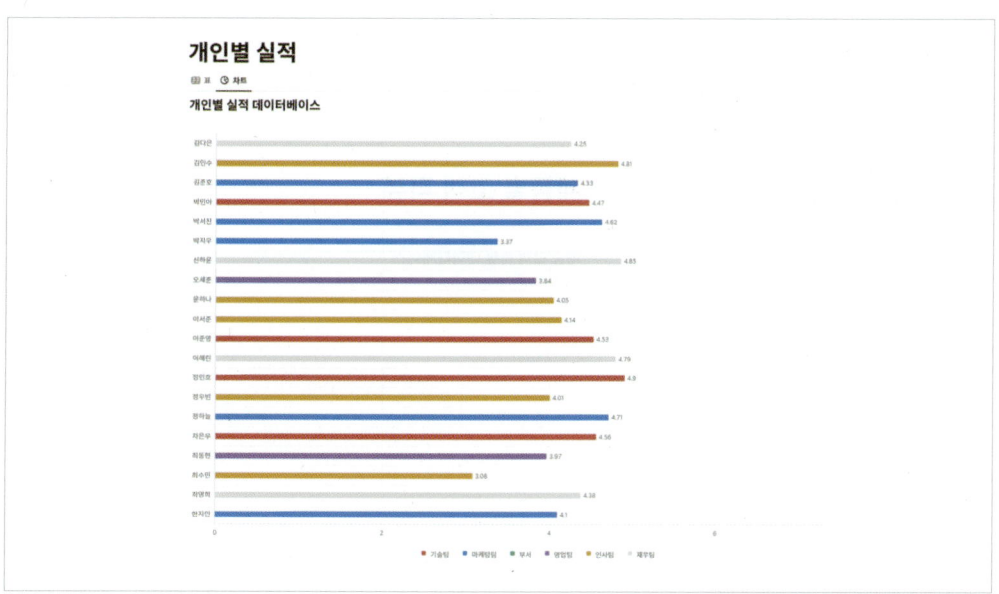

또는 목표 달성률과 같이 100%를 기준으로 하는 값을 비교할 때도 유용하게 사용할 수 있습니다.

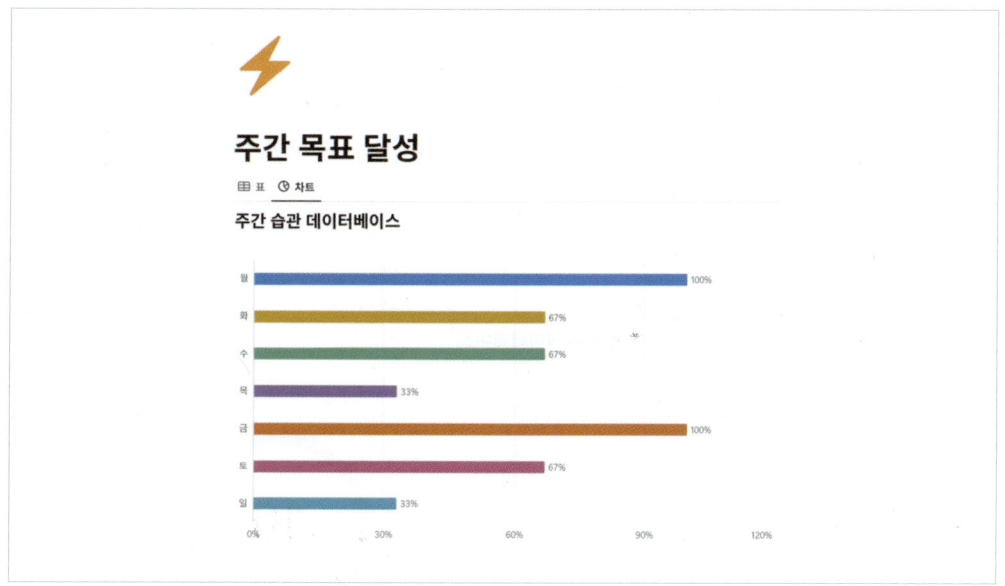

03. 꺾은선 차트

꺾은선 차트는 시간에 따른 **연속적인 데이터 변화를 시각화**하는 데 가장 적합합니다. 각 데이터 포인트를 선으로 연결해 추세를 한눈에 보여 줄 수 있으며, 데이터가 어떻게 변화하는지를 명확하게 시각화할 수 있습니다. 일일 습관 추적, 주간 매출 변화, 월간 성과 비교와 같은 데이터의 변동 추이를 파악하는 데 유용합니다.

04. 파이 차트

파이 차트는 전체에서 **각 항목이 차지하는 비율**을 보여 줍니다. 각 항목이 전체의 몇 퍼센트를 차지하는지 직관적으로 나타내므로, 예산 분배, 카테고리별 점유율, 자원 할당 상황 등을 분석할 때 유용합니다. 다만, 데이터 항목이 너무 많을 경우 시각적으로 복잡해질 수 있기 때문에 항목이 5개 이하일 때 가장 효과적입니다.

⋮⋮ 노션 차트 생성하기

이번에는 부서별 지출 관리 데이터베이스를 활용해 부서별 지출 현황을 정리한 차트를 생성해 보겠습니다.

01. 데이터베이스 구성하기

노션 차트를 만들기 전 데이터베이스 표를 구성합니다. 이번에는 부서별 "지출 관리 데이터베이스"를 구성하겠습니다. 지출 내역 관리의 제목 속성을 정해 줍니다. 고유 값과 제작 목적을 고려해 "지출내역"을 '제목 속성'으로 지정합니다.

표	
지출 관리 데이터베이스	
Aa 지출내역	
팀 회식 비용	
신규 소프트웨어 구매	
교육 프로그램 등록비	
고객 선물 구매	
사무실 청소 서비스	
연구 개발 재료비	
홍보용 배너 제작비	
서버 유지보수 비용	
직무 역량 강화 워크숍	
출장비	
+ 새 페이지	

'제목 속성'인 "지출내역" 기준으로 속성을 추가합니다. 먼저 부서별 지출 금액을 입력하기 위해서는 '숫자 속성'이 필요합니다. 또한 부서별 지출을 한 데이터베이스에서 관리하기 위해 '선택 속성'을 활용해 부서를 기록합니다. 지출 날짜를 기록하기 위해 '날짜 속성'을 활용합니다.

Aa 지출내역	⊙ 부서	📅 지출 날짜	# 지출 금액
팀 회식 비용	영업부	2025년 1월 7일	₩800,000
신규 소프트웨어 구매	IT부	2025년 1월 8일	₩3,500,000
교육 프로그램 등록비	인사부	2025년 1월 10일	₩2,000,000
고객 선물 구매	마케팅부	2025년 1월 12일	₩1,000,000
사무실 청소 서비스	총무부	2025년 1월 15일	₩450,000
연구 개발 재료비	연구개발부	2025년 1월 17일	₩4,200,000
홍보용 배너 제작비	마케팅부	2025년 1월 20일	₩600,000
서버 유지보수 비용	IT부	2025년 1월 22일	₩1,800,000
직무 역량 강화 워크숍	인사부	2025년 1월 25일	₩1,500,000
출장비	영업부	2025년 1월 28일	₩2,300,000

02. 차트 기준 정하기

차트를 표현하기 위해선 기준이 필요합니다. 세로형 막대 차트, 가로형 막대 차트, 꺾은선 차트의 경우 X축과 Y축이라는 2개의 기준이, 파이 차트의 경우 1개의 기준이 필요합니다. 기준은 앞서 생성한 데이터베이스의 속성이 기준이 됩니다.

03. 차트 생성하기

새로운 보기를 생성하기 위해 ❶ [+] 버튼을 클릭하여 ❷ [차트] 항목을 클릭해 '차트 보기'를 생성합니다.

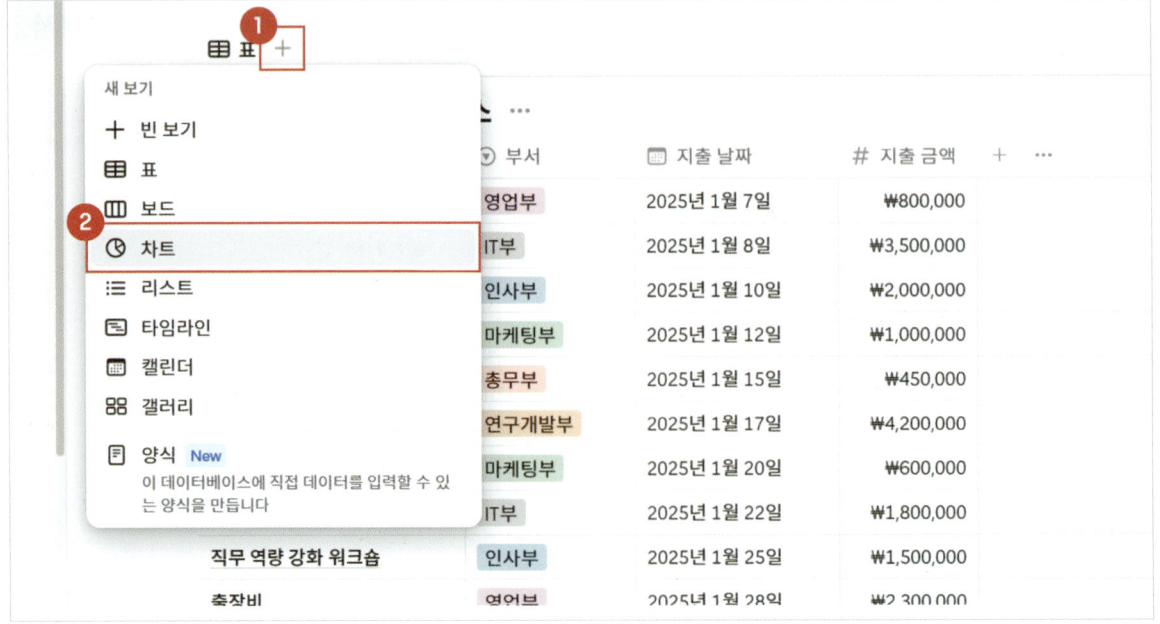

차트 설정 화면에서 ❶ X축의 표시 대상은 [지출 날짜(주별)] 항목을 ❷ Y축의 표시 대상은 [지출 금액(합계)] 항목을 설정합니다. 이것으로 차트 생성이 완료됩니다.

Y축에서는 그룹화를 설정해 줄 수 있습니다. X축과 Y축 기준을 제외한 다른 기준으로 Y축 데이터를 그룹화할 수 있습니다. 이번 예시에서는 부서를 기준으로 그룹화를 설정해 주겠습니다. 마우스 포인터를 그래프에 올려 두면 그룹별 합계 데이터를 볼 수 있습니다.

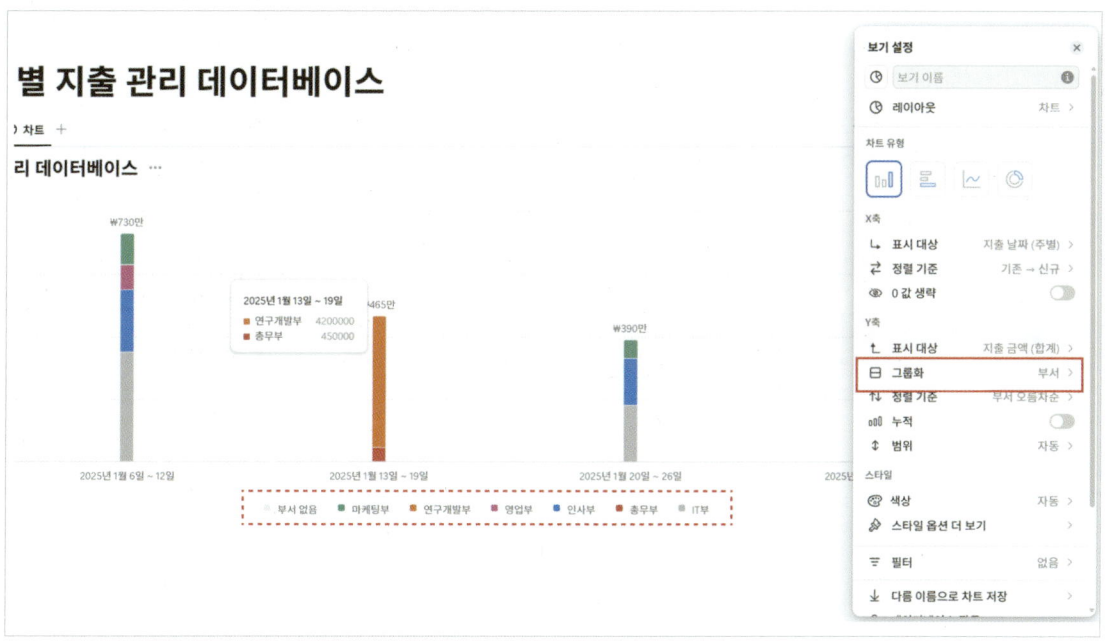

그룹을 클릭하면 해당 그룹을 제외한 그래프를 볼 수 있습니다.

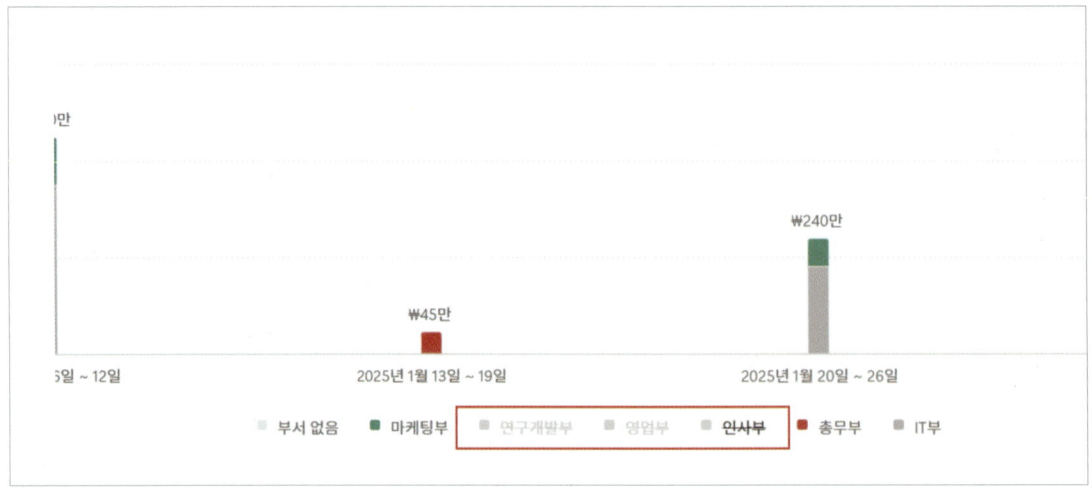

04. 레이아웃 정리하기

이번에는 그룹별 금액을 확인하기 위해 기준을 X축에 부서, Y축에는 지출 금액을 설정해 차트를 생성하겠습니다. ❶ X축에 [정렬] 버튼을 클릭해 [부서 오름차순] 항목 선택을 해줍니다. ❷ [부서 없음] 항목을 클릭하여 안 보이게끔 설정하면 속성이 들어가지 않은 항목을 보이지 않게 만들어 줄 수 있습니다.

[정렬 기준]을 [합계 높음 → 낮음] 항목으로 설정하게 되면 합계 금액이 높은 순서대로 정렬됩니다.

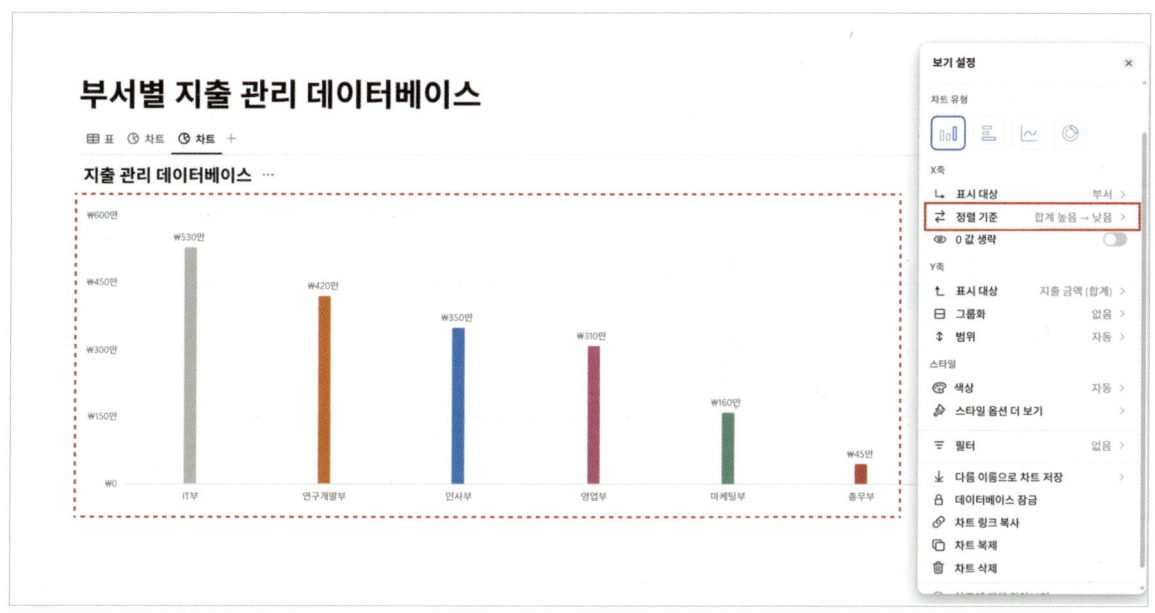

다음은 스타일 옵션 설정을 합니다. ❶ [스타일 옵션 더 보기] 항목을 클릭하면 차트의 추가적인 디자인 작업이 가능합니다. ❷ [높이], [격자선], [축 이름], [데이터 라벨], [캡션] 항목을 원하는 스타일에 맞게 수정해 주세요.

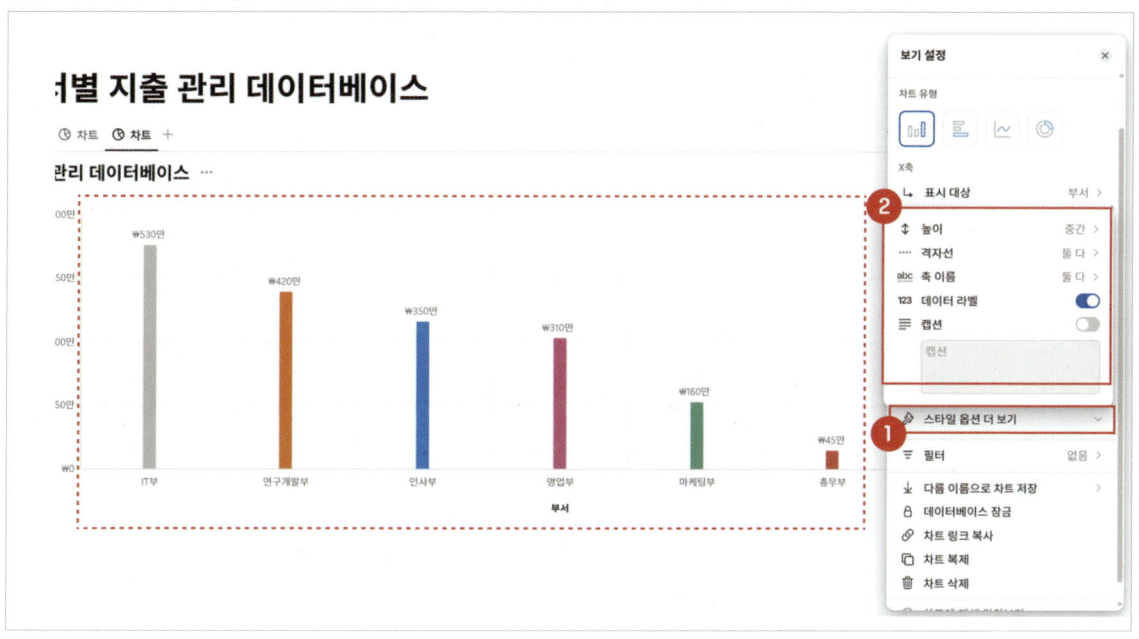

노션 데이터베이스에 차트의 기준이 속성으로 올바르게 생성되어 있다면 위 순서대로 노션 차트를 어렵지 않게 생성할 수 있습니다.

LESSON 03 _ 데이터베이스 시각화를 위한 노션 차트 **239**

실습: 개인 재무 관리 대시보드 만들기

이번 실습에서는 개인의 소득/지출 관리를 도와주는 개인 재무 관리 대시보드를 제작해 보겠습니다.

- **실습 자료 파일**: 개인 재무 관리 대시보드 만들기

실습 미리보기

01 구조도를 참고해 데이터베이스 연결

이번 실습에서는 '거래 내역 데이터베이스'와 '카테고리 데이터베이스', 총 2개의 데이터베이스를 사용하고, 2개의 데이터베이스는 관계형-롤업으로 연결됩니다. 데이터베이스의 연결은 구조도 이미지를 참고해 주세요.

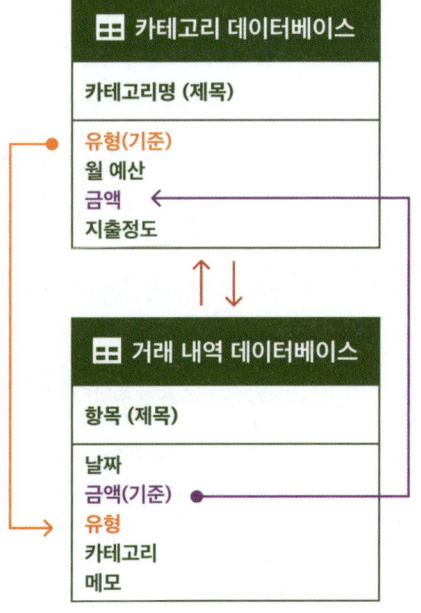

데이터베이스 구조도를 참고하여 2개의 데이터베이스를 연결합니다.

❶ '카테고리 데이터베이스형'의 '유형'은 '거래 내역 데이터베이스형'에서 사용되므로 '거래내역 데이터베이스'에 롤업을 추가해 '카테고리 데이터베이스'의 '유형'을 가져옵니다.

❷ '거래 내역 데이터베이스'의 금액은 '카테고리 데이터베이스'에 합계 금액을 계산할 때 사용됨으로 '카테고리 데이터베이스'에 롤업을 추가해 '거래내역 데이터베이스'의 '금액'을 가져옵니다. 연결한 데이터베이스에 각각 샘플 데이터를 넣어 잘 작동하는지 확인합니다.

02 롤업과 수식으로 이번 달 금액 합계 계산

롤업으로 금액을 가져오면 합계를 통해서 금액을 계산해 줄 수 있지만, 거래 내역 입력이 계속 되면 합계가 계속 늘어나 유의미한 데이터를 얻을 수 없습니다. 이때는 간단한 노션 수식을 활용해 오늘을 기준으로 한 이번달 금액 합계를 구해 월 예산과 비교할 수 있도록 하겠습니다.

거래 내역 데이터베이스에 ❶ '수식 속성(이번달 금액)'을 추가하고 ❷ [수식 편집] 칸에 다음과 같이 입력합니다.

```
if(month(날짜)==month(today()),금액,0)
```

해당 수식을 입력하면 이번 달 금액은 입력했던 숫자로, 이번 달이 아닌 금액은 0원으로 나오는 것을 볼 수 있습니다. 속성 편집으로 [숫자 형식] → [원] 항목으로 바꿔 주세요.

이제 수식으로 계산한 내용을 롤업으로 가져와 금액 합계를 구해 주겠습니다.

❶ '카테고리 데이터베이스'에 앞서 생성한 '롤업 속성'인 '금액'을 클릭해 [속성 편집] 화면으로 들어갑니다.

❷ 관계형은 [거래 내역] 항목으로 설정하고 ❸ [속성]은 앞서 만든 수식인 '이번달 금액 속성'을 클릭하고 ❹ [계산] → [합계] 항목으로 설정해 줍니다.

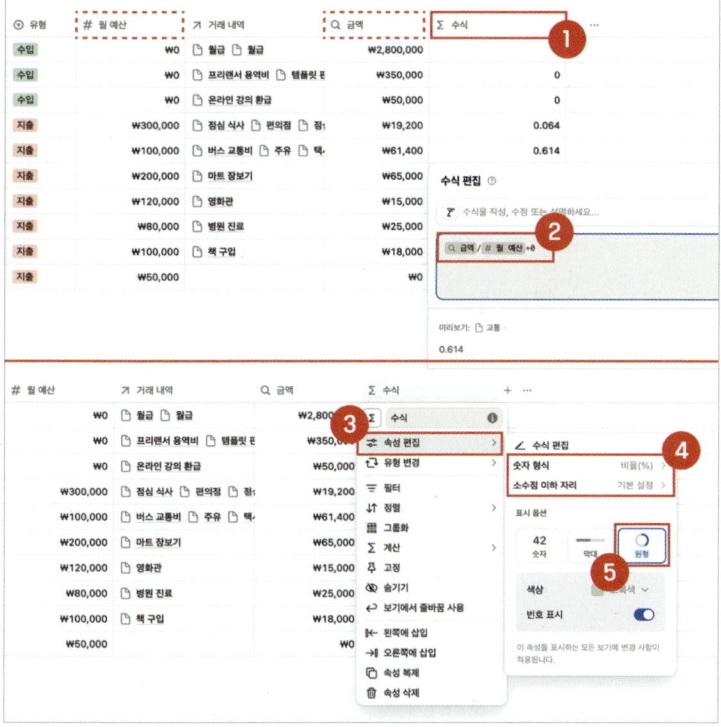

이렇게 계산한 금액과 월 예산을 비교해 지출 정도를 파악하기 위해 카테고리 데이터베이스에 ❶ '수식 속성'을 추가하고 ❷ [수식 편집]에 다음과 같이 수식을 입력합니다.

```
금액/월 예산+0
```

❸ 이후 수식 [속성 편집]에서 ❹ [숫자 형식] 항목은 [비율(%)]로 설정하고 ❺ 가독성을 높여 주기 위해 [표시 옵션]은 [원형]으로 설정합니다.

LESSON 03 _ 데이터베이스 시각화를 위한 노션 차트

03 수입/지출 데이터베이스 차트 보기 생성

이제 차트를 생성해 주겠습니다. 가장 먼저 이번 달 수입 차트를 제작하겠습니다. ❶ '거래 내역 데이터베이스'에 '차트 보기'를 추가한 후 ❷ [차트 유형]은 [파이 차트]를 선택합니다. ❸ [표시 대상]은 [카테고리], ❹ [각 슬라이스의 의미]는 [금액(합계)] 항목으로 설정해 계산해 줍니다.

'수익 차트'를 제작하기 때문에, 차트의 목적에 맞게끔 설정해 주겠습니다. 먼저 ❶ [유형]을 기준으로 필터를 추가하고 ❷ '수입'을 선택해 주겠습니다.

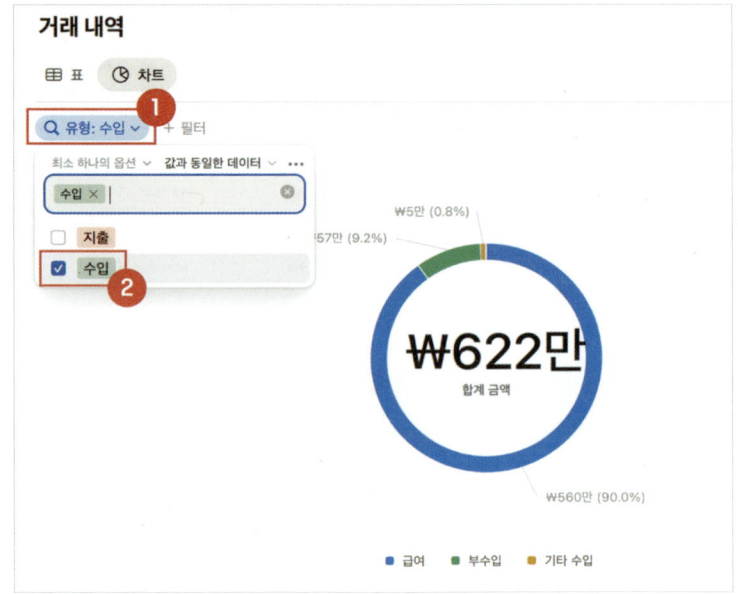

같은 원리로 지출 차트도 생성해 주겠습니다. ❶ 앞서 제작한 '차트 보기'를 클릭해 [복제] 항목을 클릭합니다. ❷ 복제한 '차트 보기'의 [유형]을 기준으로 ❸ '지출'로 필터를 설정합니다.

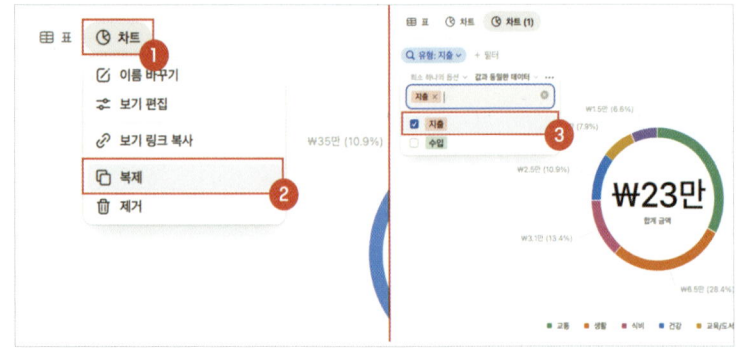

04 지출 보고서 차트 보기 생성

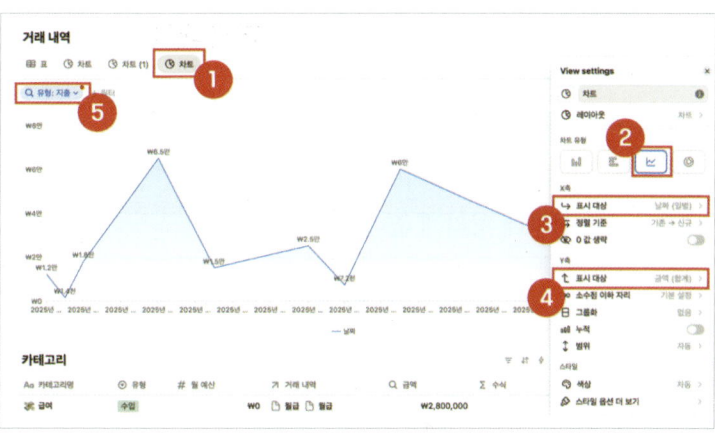

이번 달 지출에 대한 일별 지출 그래프와 카테고리별 지출 정도를 쉽게 파악하기 위해 지출 보고서를 제작하겠습니다.

❶ '거래 내역 데이터베이스'에서 '차트 보기'를 생성하고 ❷ [차트 유형]을 [꺾은선 차트]로 선택합니다. ❸ [X축 표시 대상] → [날짜(일별)] 항목으로 ❹ [Y축 표시 대상] → [금액(합계)] 항목으로, ❺ [유형] 항목은 '지출'을 기준으로 필터를 설정합니다.

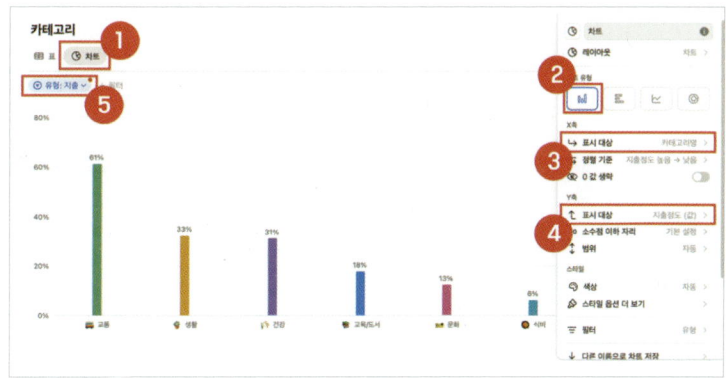

다음은 카테고리별 지출 정도를 보기 위한 차트를 생성합니다.

❶ '카테고리 데이터베이스'에서 '차트 보기'를 생성하고 ❷ [차트 유형] → [세로형 막대 차트] 항목을 선택합니다. ❸ [X축 표시 대상] → [카테고리명] 항목으로 ❹ [Y축 표시 대상] 항목은 앞서 수식으로 구한 [지출정도(값)]을 선택합니다. ❺ [유형]은 '지출'을 기준으로 필터를 설정합니다.

LESSON 03 _ 데이터베이스 시각화를 위한 노션 차트

05 보기 링크 복사를 활용해 대시보드 작업

앞서 제작한 데이터베이스를 기반으로 한 '차트 보기'들은 [보기 링크 복사] 항목을 클릭해 대시보드로 구상합니다. 이때 원본 데이터베이스는 페이지로 전환해 정리해 줍니다.

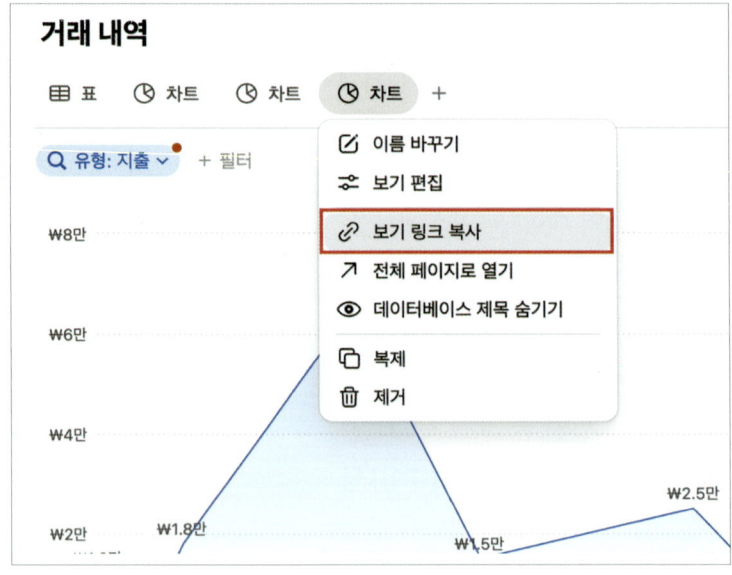

이번 실습으로 노션 차트 역시 데이터베이스 표로부터 시작하는 것을 알 수 있었습니다. 차트 생성시 기준을 속성으로 잘 잡아간다면 다양한 상황에서 객관적인 지표로 사용할 수 있습니다.

LESSON 04 데이터베이스 수집을 위한 노션 양식

노션에서도 설문조사를 할 수 있습니다. 데이터베이스를 기반으로 설문 양식을 제작해 링크를 공유하면 입력된 값이 노션 데이터베이스에 쌓이게 됩니다. 이번 Lesson에서는 양식을 생성하는 방법과 공유하는 방법에 대해 함께 알아보겠습니다.

노션 양식도 결국은 데이터베이스이다

우리가 설문시 대표적으로 쓰는 양식인 구글 폼, 그 외에도 설문 조사를 위한 대부분의 양식 서비스들은 질문을 생성하게 되어 있습니다. 그리고 이 질문의 결과가 데이터의 형태로 사용자에게 주어집니다.

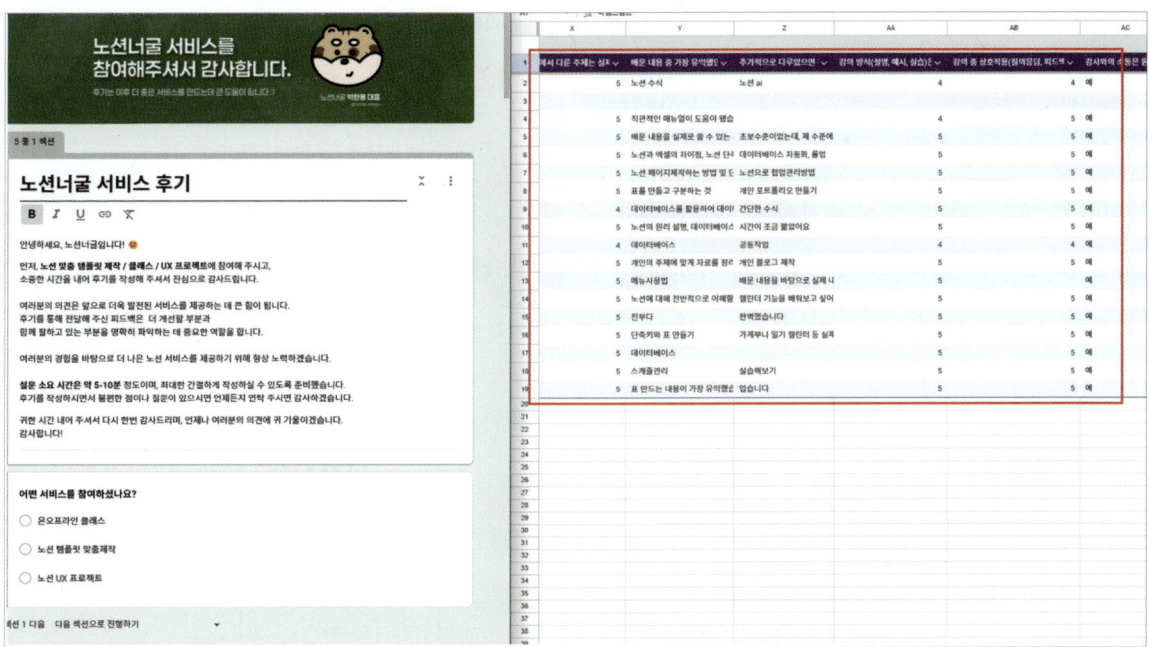

노션에서 양식을 생성할 때도 위와 동일한 흐름으로 제작을 할 수 있습니다. 하지만 저는 노션에서는 다른 방법으로 제작하기를 권장합니다. 그 이유는 **노션 양식도 결국에는 데이터베이스**이기 때문입니다.

앞서 6가지 보기와 차트를 통해서 우리는 데이터베이스 제작의 시작인 '표 보기'가 가장 중요하다는 것을 배웠습니다. 양식도 마찬가지입니다. 노션 양식 제작도 역시 데이터베이스 표로부터 시작이 되어야 합니다.

노션 양식의 질문들은 데이터베이스의 기준인 속성과도 같습니다. 그러므로 데이터베이스 표의 속성을 기반으로 질문을 생성할 수 있습니다. 데이터베이스 표로 기준을 잘 잡으면 노션 양식 질문 생성도 어렵지 않게 가능합니다.

하지만 반대로 양식을 먼저 제작하면 문제가 생길 수 있습니다. 다음은 노션 양식을 통해 학교 반장 선거를 예시로 2가지 양식으로 제작 방향을 다르게 하여 제작했습니다.

첫 번째 상황은 양식을 먼저 제작한 상황이고 두 번째 상황은 데이터베이스를 먼저 제작한 상황입니다.

첫 번째 상황의 양식을 데이터베이스 표로 변환하면 다음과 같습니다. 질문 자체가 후보자를 기준으로 생성했기 때문에 기준이 각 후보자의 이름이 들어가게 되었고 결과는 체크로 표현되고 있습니다. 이렇게 제작하게 되면 추가적인 활용이 어렵습니다. 따라서 앞서 배운 차트를 활용하고 싶어도 기준이 제대로 잡혀 있지 않기 때문에 생성이 어렵습니다.

두 번째 상황의 경우 데이터베이스로 기준을 잘 잡았기 때문에 양식으로 변환했을 때도 질문을 효율적으로 작성할 수 있게 됩니다. 앞선 상황에서 3개의 질문을 생성했다면 이번 상황에서는 1개의 질문만 생성하게 됩니다. 또한 노션 차트로 쉽게 전환해서 사용할 수 있습니다.

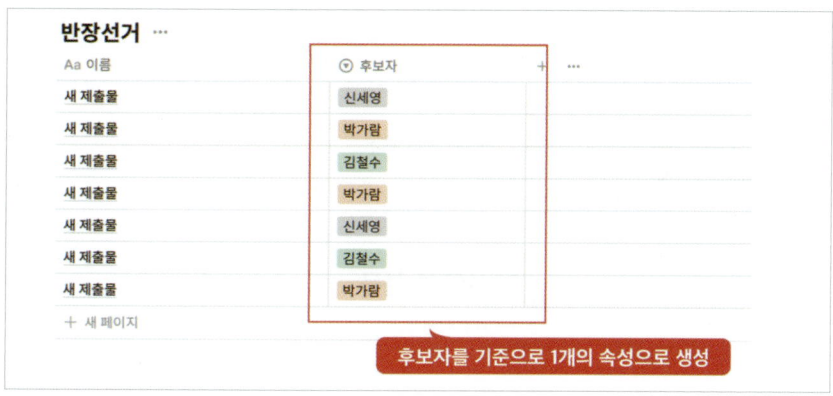

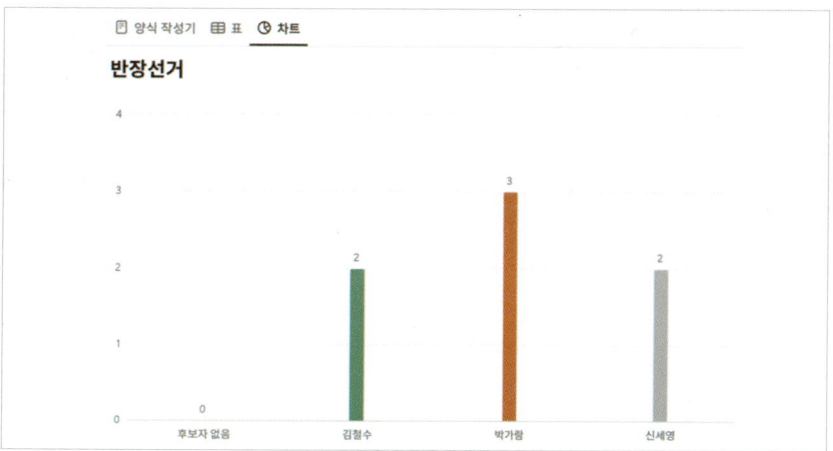

노션 양식 생성하기

이번에는 50명을 대상으로 한 "앱 사용성 테스트 설문"을 노션 양식으로 제작해 보겠습니다.

01. 데이터베이스 구성하기

우선 노션 데이터베이스 표를 활용해 데이터베이스 기준을 잡아 줍니다. '제목 속성'의 경우, 설문 참여자의 이름을 '제목 속성'으로 설정하고 추가 속성들을 제작합니다.

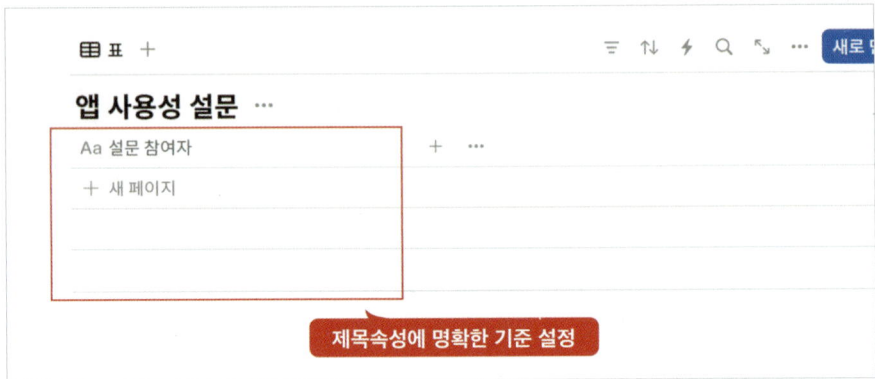

설문 참여자의 직업 정보를 설정합니다. 직업 카테고리를 '선택 속성'을 활용해 제작해 두고 기타 항목을 넣어 그 외 직업군을 넣을 수 있도록 합니다.

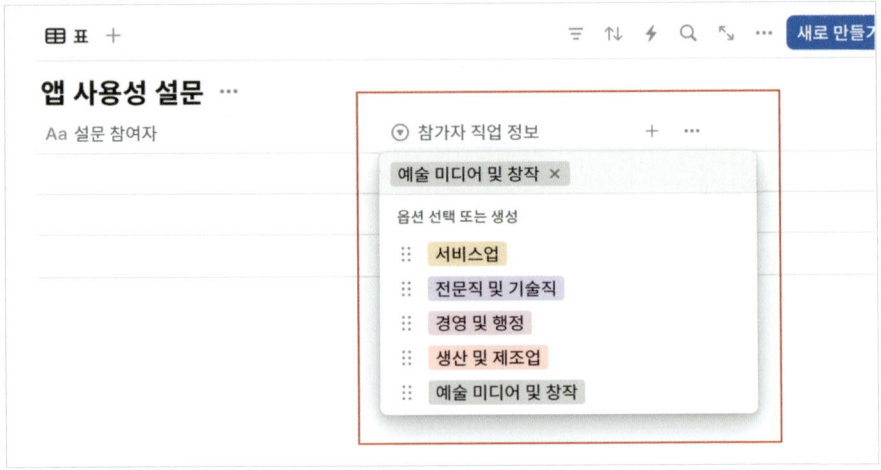

다음으로 '선택 속성'을 활용해 전반적인 만족도 조사를 하겠습니다. 매우 나쁨, 나쁨, 보통, 좋음, 매우 좋음으로 만족도 결과를 받습니다. 디자인 평가 역시 이와 동일한 방식으로 제작합니다.

앱 추천 의향은 '체크박스 속성'을 활용해 만들어 줍니다.

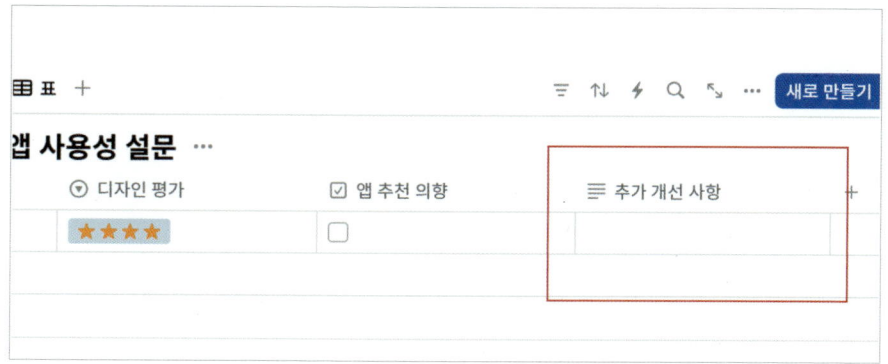

마지막으로 추가 개선 사항을 제작합니다. 이는 '텍스트 속성'을 활용해 제작합니다.

02. 양식으로 전환

데이터베이스 제작이 완료되었다면 보기 전환을 활용해 양식으로 전환을 합니다. [질문 5개 만들기] 버튼을 클릭하여 바로 질문을 생성합니다.

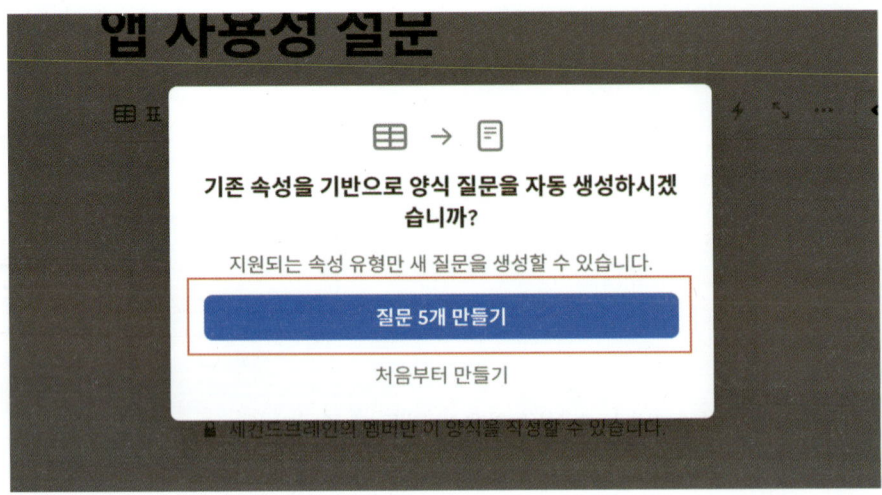

가장 먼저 양식의 목적을 알기 쉽게 제목을 설정합니다. 제목은 "앱 사용성 테스트 설문조사"로 적어 주겠습니다. 그리고 설문 링크를 받은 모두가 설문조사에 참여할 수 있도록 질문 옵션의 [필수] 토글을 클릭하여 활성화하겠습니다.

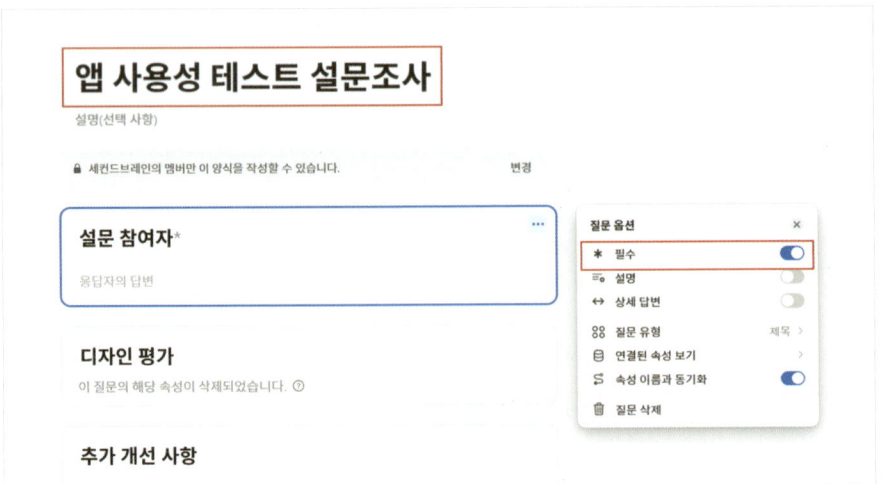

이제 질문마다 구체적인 설정을 해주겠습니다. 질문에 대한 부가적인 설명을 넣고 싶다면 [설명] 토글을 클릭하여 활성화합니다. 질문이 2줄 이상의 서술형 답변이라면 [상세 답변] 토글을 클릭하여 활성화합니다.

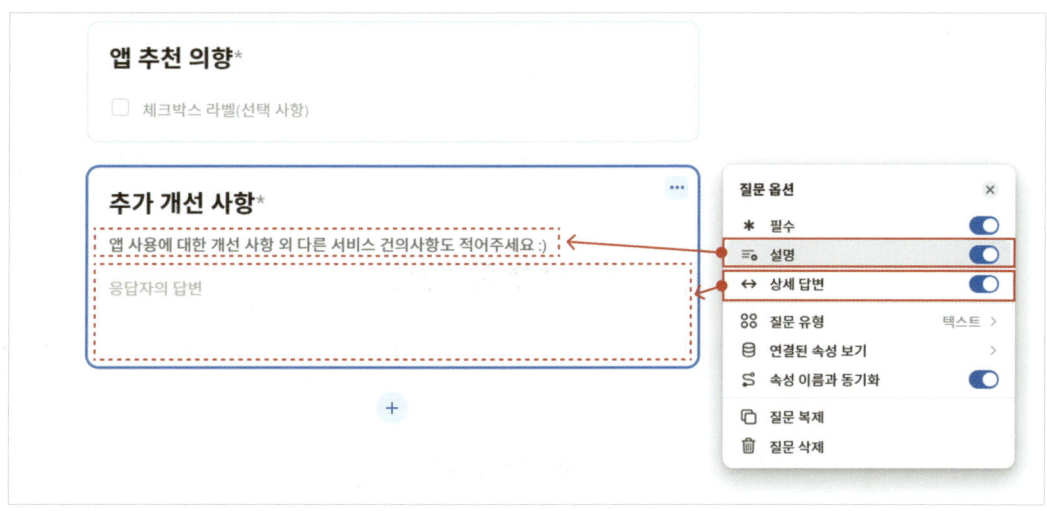

마지막으로 질문 이름을 속성과 다르게 질문 형태로 작성해 주기 위해 ❶ [속성 이름과 동기화] 토글을 비활성화한 후 ❷ 질문 형태로 다시 작성해 줍니다.

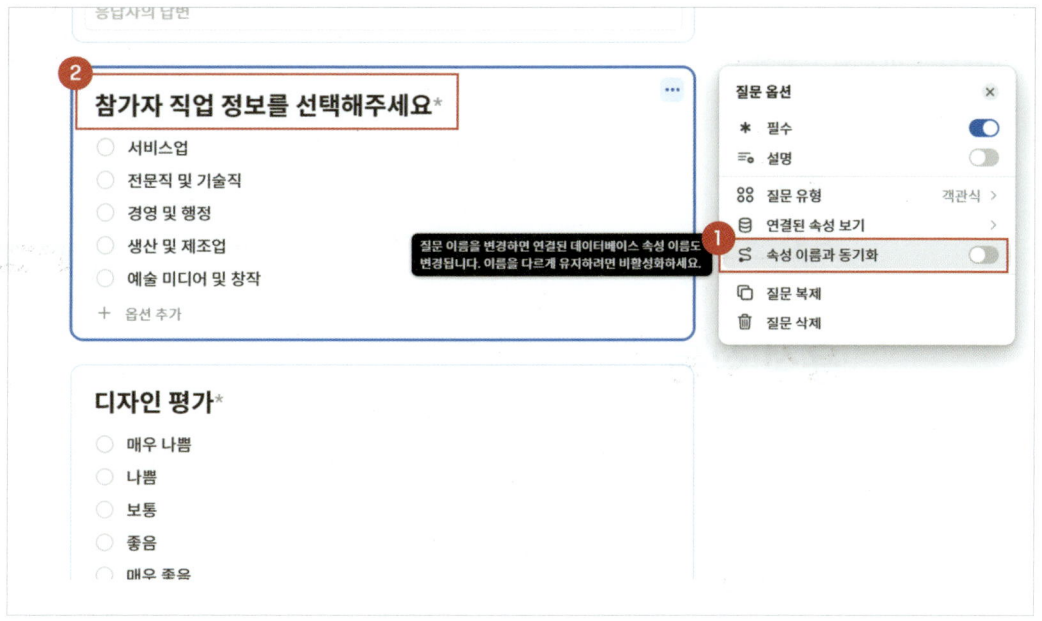

03. 양식 공유

제작이 완료된 양식을 공유하겠습니다. 공유 전 양식이 제대로 작성되었는지 확인하기 위해 [미리보기] 버튼을 클릭하여 양식의 형태를 확인합니다.

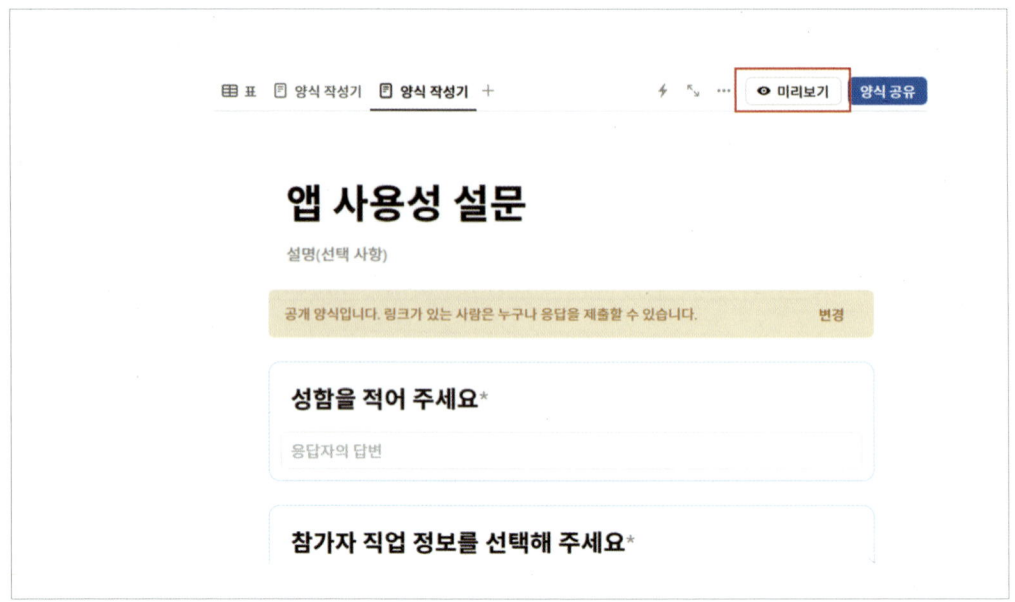

미리보기로 양식에 문제가 없다면, [양식 공유] 버튼을 클릭한 후 팝업창에서 [양식 링크 복사] 아이콘을 클릭해 외부로 공유합니다.

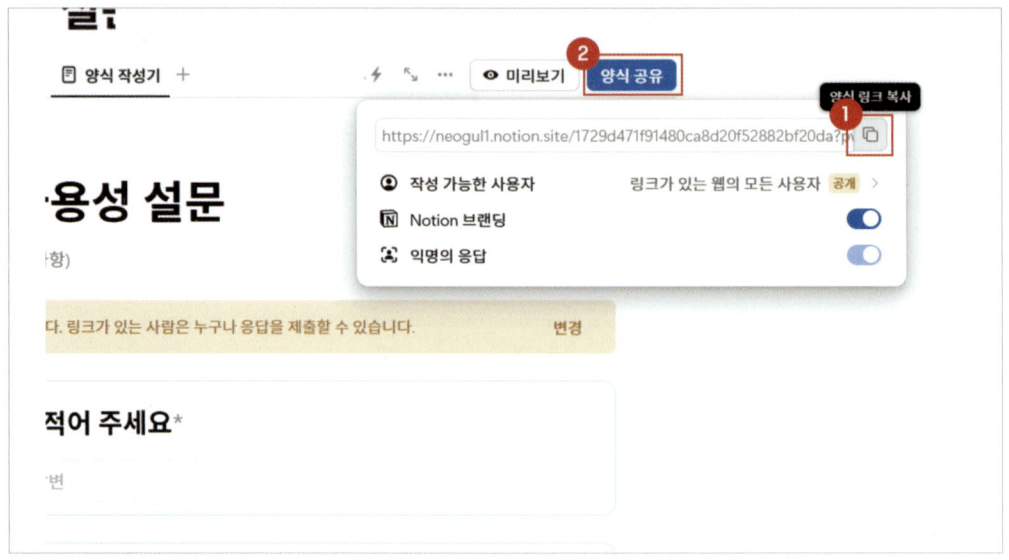

이것으로 노션 양식 제작 완료입니다. 이렇게 제작하게 되면 데이터베이스를 차트로 전환해 입력된 데이터의 결과를 바로 확인할 수 있습니다.

UX 꿀팁   많은 데이터베이스를 효율적으로 관리하는 비법

이번 챕터에서 배운 '관계형과 롤업'을 활용하다 보면 자연스럽게 관리하는 데이터베이스가 많아집니다. 여기에 가독성을 위한 대시보드까지 제작한다면 대시보드에 링크된 데이터베이스가 추가되어 수많은 데이터베이스를 다루게 됩니다. 게다가 대시보드에 링크된 데이터베이스는 제목을 줄이다 보니 관리시에 혼선이 발생하게 됩니다.

이번에는 이러한 관리의 어려움을 줄일 수 있는 몇 가지 팁을 전하고자 합니다.

01 원본 데이터베이스 콜아웃 박스 안에 모으기

링크된 데이터베이스가 많아지면 많아질수록 원본 데이터베이스를 파악하는 것이 중요합니다. 원본 데이터베이스의 경우 저는 최대한 직관적으로 보이게 배치해 파악이 원활하도록 설정합니다.

❶ 수정하고자 하는 데이터베이스의 좌측 점 6개를 클릭하여 ❷ 설정의 [페이지로 전환] 항목을 클릭하면 페이지가 줄어듭니다. 줄어든 페이지를 콜아웃 박스 안에 넣어 정리합니다.

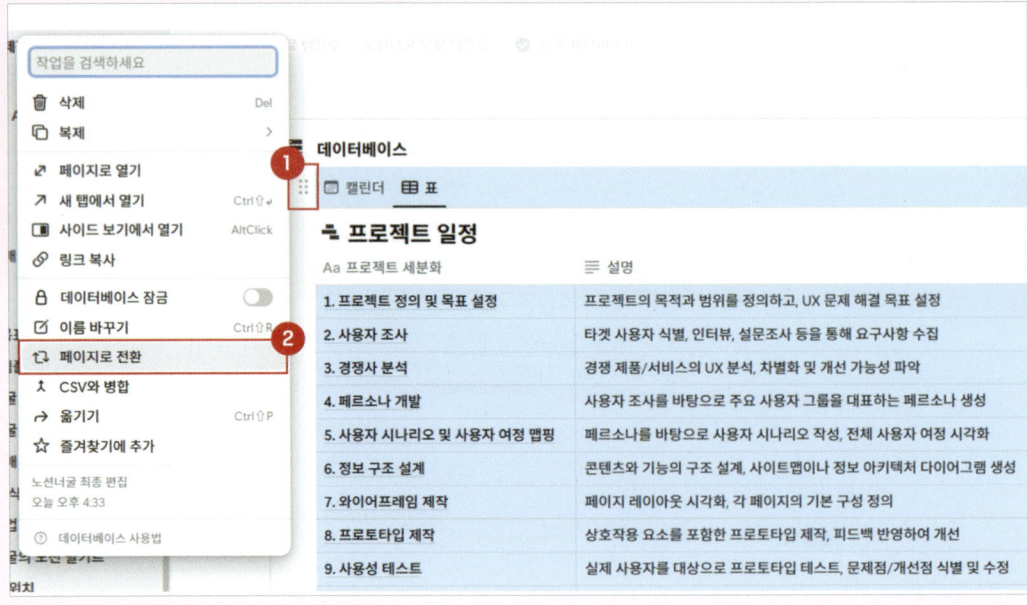

정리할 때, '관계형과 롤업'을 고려해 묶이는 데이터베이스 혹은 상하관계의 데이터베이스들은 콜아웃 박스 안에서도 관련 데이터베이스끼리 묶어서 관리합니다.

이와 같이 원본 데이터베이스를 정리하면 직관적인 데이터베이스 접근이 가능해져 빠르게 데이터 입력 및 수정이 가능해집니다. 또한 원본을 삭제하는 실수도 하지 않게 됩니다.

02 사이드바를 활용해 데이터베이스 관리하기

콜아웃 박스를 활용해 원본을 정리할 수도 있지만 사이드바를 활용한 방법도 있습니다. 원본 데이터베이스를 사이드바로 드래그해 넣어 주면, 사이드바에서 원본 데이터베이스를 관리할 수 있습니다.

사이드바에 정리된 원본 데이터베이스를 클릭해 정보를 입력, 수정하는 것이 가능하고 자주 사용되는 원본 데이터베이스의 경우 즐겨찾기를 활용해 위에 고정시킬 수 있습니다.

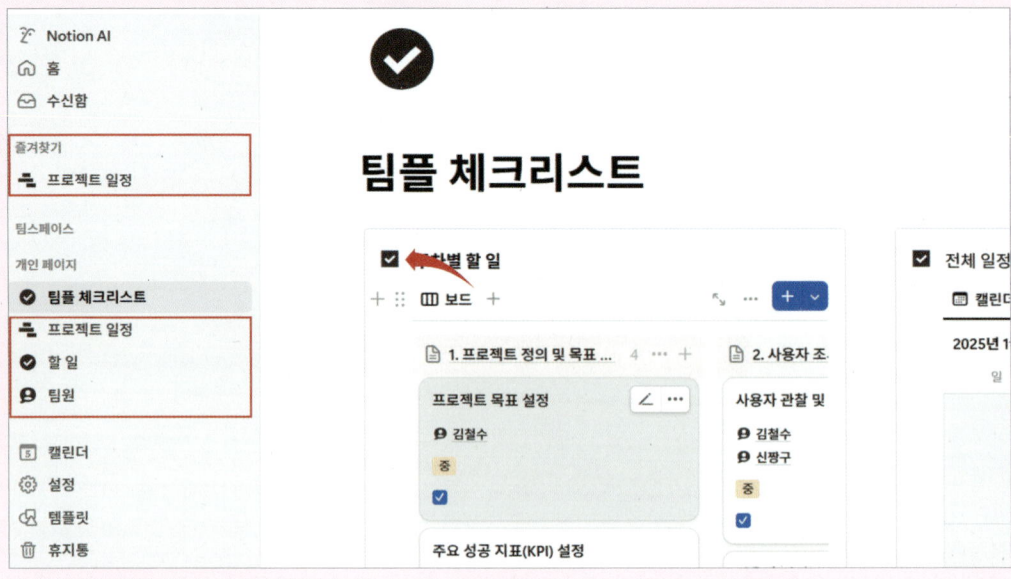

03 아이콘으로 데이터베이스 구분하기

각 데이터베이스의 특징을 적절한 아이콘을 배치해서 구분해 줄 수 있습니다. 데이터베이스에 들어가는 아이콘과 데이터베이스 내 페이지에 들어가는 아이콘을 동일하게 구성해 같은 데이터베이스에 속했다는 것을 알게 합니다.

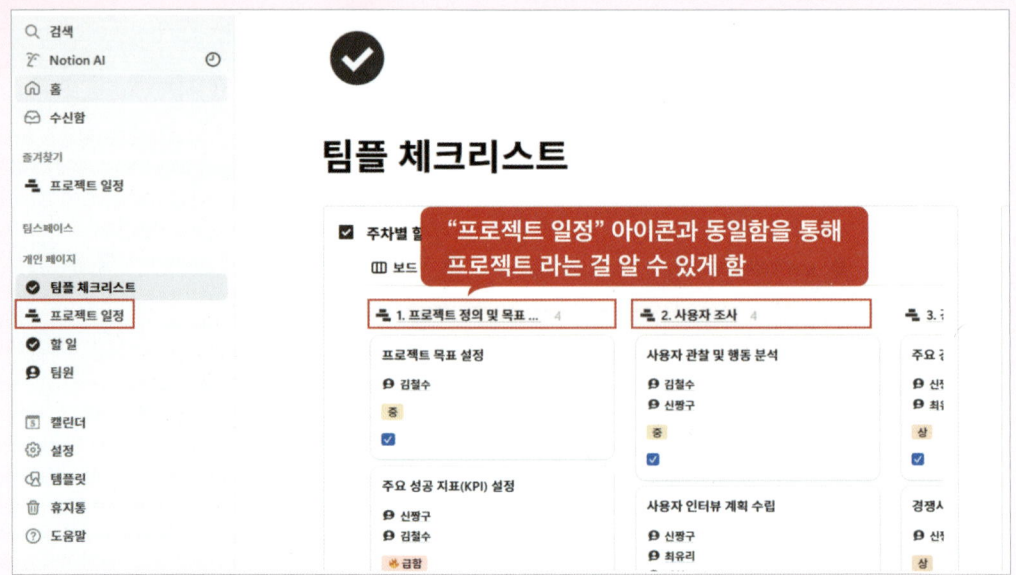

이는 데이터베이스 페이지 템플릿을 활용해 새로 생성되는 데이터베이스에 동일한 아이콘이 생성되게 만들 수 있습니다.

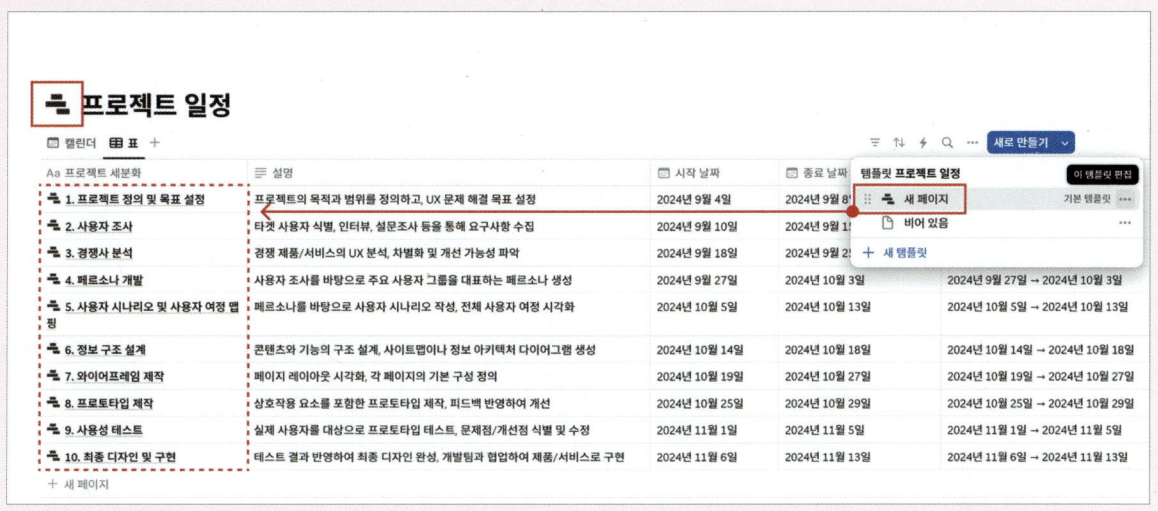

CHAPTER 05
노션 마스터만 쓴다는 수식과 자동화

노션 마스터들만 쓴다는 노션의 수식! 조건에 따라 값이 달라지는 수식 활용법과 이를 활용한 다양한 자동화 세팅 방법에 대해 배워 봅시다.

LESSON 01 조건에 따라 값이 달라지는 노션 수식 속성

 노션 '수식 속성'은 엑셀의 함수와 비슷합니다. 사용되는 함수는 조금씩 다르지만 조건에 따른 값이 출력된다는 점에서는 동일합니다. 이번 Lesson에서는 노션 함수를 활용해 조건을 생성하는 법과 노션 함수의 사용법과 활용 예시를 알아보겠습니다.

노션 수식 필수 3요소

노션의 수식이 완성되기 위해서는 **속성, 함수, 연산자**가 필요합니다. 원활한 설명을 위해 관계형으로 연결된 프로젝트-할 일 데이터베이스에 활용된 수식을 참고해 3요소에 대해 알아보겠습니다.

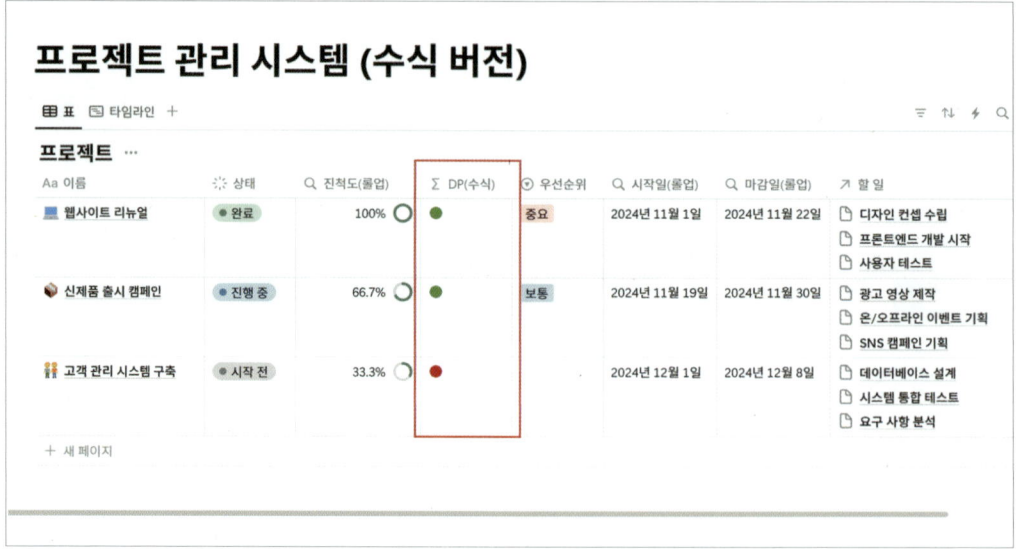

예시로 살펴볼 수식은 다음과 같습니다.

```
if(toNumber(format(진행률(롤업)))<0.5 or 상태 != "완료", "🔴","🟢")
```

이 수식이 의미하는 것은 진행률이 50%를 넘지 않으며 완료로 체크되지 않은 행은 빨간색 원으로 경고 표시를, 아닌 경우는 초록색 원을 표시하도록 제작했습니다. 이를 활용하면 회사 내 진행이 더딘 업무를 시각적으로 확인할 수 있습니다. 본격적으로 해당 수식에 3요소가 어떻게 반영이 되어 있는지 살펴볼까요?

01. 속성

조건을 생성하기 위해선 먼저 비교를 위한 재료가 있어야 합니다. 그 재료가 바로 속성입니다. **속성은 데이터베이스 표를 구성할 때 배웠던 속성과 같습니다.** 데이터베이스에서 생성했던 속성들이 수식에서는 조건 생성을 위한 비교의 대상이 됩니다.

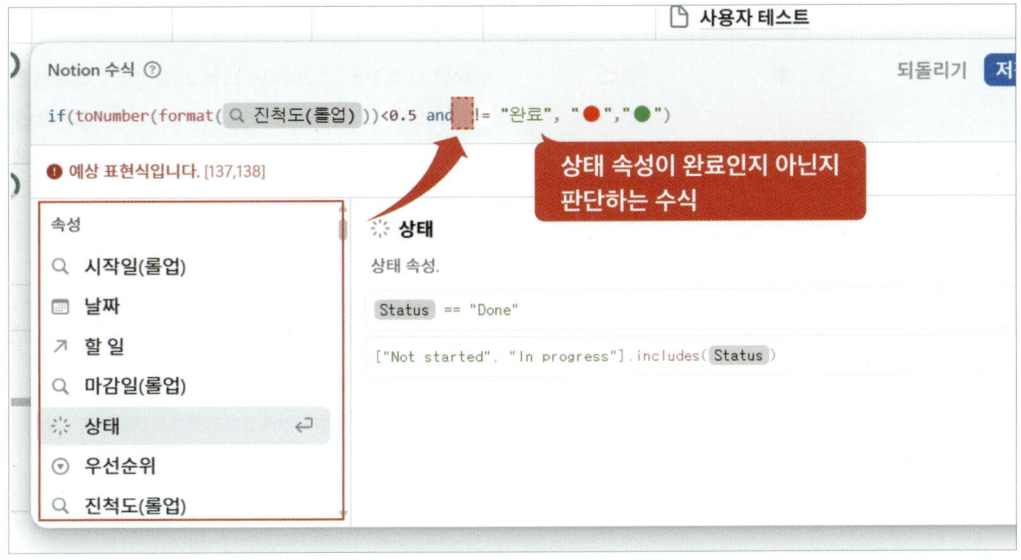

예시에서는 '진척도(롤업) 속성'과 '상태 속성'이 비교를 위한 수식의 재료로 사용된 것을 알 수 있습니다.

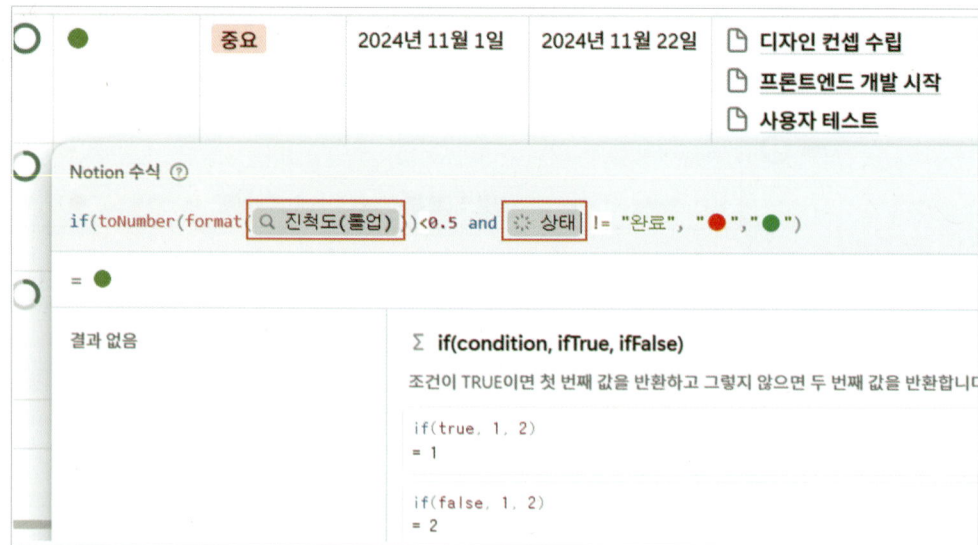

02. 함수

노션 함수는 크게 2가지로 구분할 수 있습니다. 첫 번째는 재료로 쓰인 속성의 형식을 결정하는 함수입니다. 노션에서는 텍스트, 숫자, 날짜, 리스트 총 4가지 속성 형식을 가지고 있습니다. 수식 오류가 없기 위해서는 속성들을 동일한 형식으로 맞춰야 합니다. 이때 노션 함수를 활용해 형식을 맞춰 줍니다. 예시에서는 'toNumber 함수'와 'format 함수'를 해당 목적으로 사용하였습니다.

- **toNumber()**: 속성에 입력된 값을 숫자 형태로 변환할 때 사용됩니다.
- **format()**: 속성에 입력된 값을 문자 형태로 변환할 때 사용합니다.

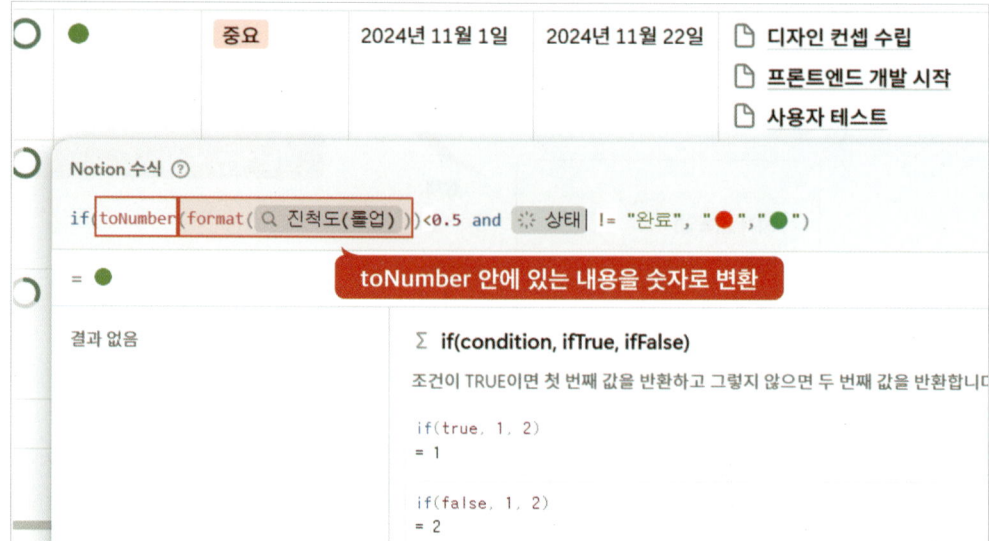

두 번째는 **비교 조건을 생성하는 함수**입니다. 앞선 toNumber와 format과 같은 함수로 속성의 형식을 맞춘 다음 사용자가 원하는 조건을 구현할 때 사용합니다. 예시에서는 if 함수를 해당 목적으로 사용하였습니다.

- **if(조건, 참인 경우, 거짓인 경우)**: 조건에 따라 참인 경우와 거짓인 경우를 출력합니다.

03. 연산자

연산자는 조건 비교를 위해 사용합니다. 연산자는 수식의 논리를 완성하는 역할을 하며, 주로 비교 **연산자와 논리 연산자**로 나뉩니다.

① 비교 연산자
- **<**: 값이 작은지를 비교합니다.
- **>**: 값이 큰지를 비교합니다.
- **<=, >=**: 값이 작거나 같거나, 크거나 같음을 비교합니다.
- **==**: 값이 같은지를 비교합니다.
- **!=**: 값이 다른지를 비교합니다.

② 논리 연산자
- **and**: 모든 조건이 참일 때, 참을 반환합니다.
- **or**: 하나 이상의 조건이 참일 때, 참을 반환합니다.

예시에서는 진행률이 50% 이하인지 파악할 때와 체크박스가 체크되지 않았을 때를 파악하기 위해 비교 연산자 '<'와 '!='를 활용했고, 각 비교를 논리 연산자 and를 활용해 연결해 준 것을 알 수 있습니다.

노션 수식의 주의사항

노션 수식을 사용하다 보면 빨간색 텍스트로 경고 문구가 출력되며 수식 작동이 되지 않는 경우가 많습니다. 이럴 때는 노션 수식의 주의사항을 숙지하여 수정하면 노션 수식을 원활하게 사용할 수 있으며, 오류를 방지할 수 있습니다.

01. 다른 행의 속성과 연산할 수 없다

노션 수식과 엑셀 수식의 가장 큰 차이점은 바로 수식 연산 대상입니다. 엑셀의 경우 셀을 기준으로 작동하기 때문에 다른 행의 데이터를 가져와 계산할 수 있습니다. 하지만 노션의 수식은 불가능합니다. 오직 해당 행의 속성만을 가져와 계산할 수 있습니다. 그렇기 때문에 노션은 행을 기준으로 수식 결과가 출력됩니다.

그렇기 때문에 우리는 엑셀 수식의 관점에서 노션 수식을 바라보면 안 됩니다. 항상 노션의 데이터베이스는 한 행, 페이지를 기준으로 작동이 된다는 것을 기억해 주세요.

02. 형식을 맞춰 줘야 한다

노션 수식에서 각 속성의 데이터 형식이 다르면 계산이 되지 않습니다. 다음 예시를 살펴보겠습니다. '숫자1(숫자 속성)'에 3을 입력하고, '숫자2(텍스트 속성)'에 '2'를 입력한 후 간단한 더하기 연산자를 활용해서 두 개의 값을 더해 보겠습니다. 오류 없이 값이 출력되었지만 '5'가 나오지 않고, '32'가 나온 것을 볼 수 있습니다.

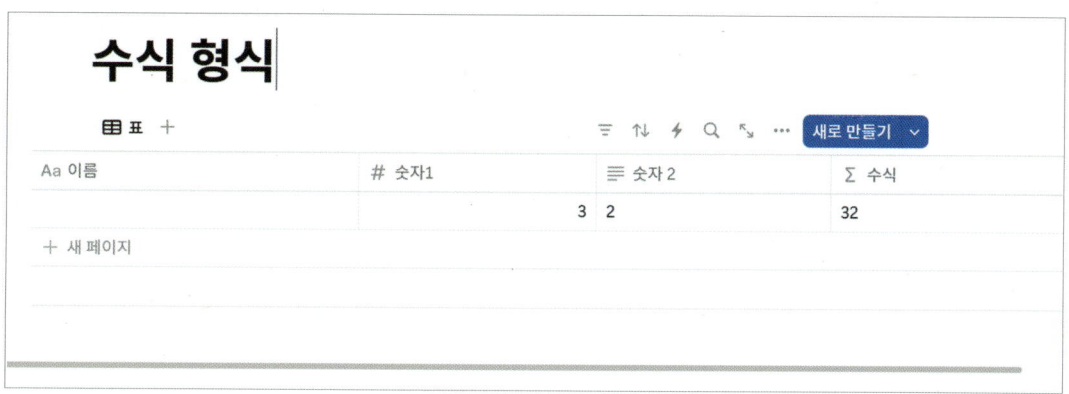

이렇게 출력이 된 이유는 '숫자 속성'과 '텍스트 속성'을 더했기 때문에 노션에서는 '숫자 속성'을 '텍스트 속성'으로 자동 변환해 텍스트 3과 2를 이어 붙여 32가 출력된 것을 알 수 있습니다.

목표한 값인 5가 출력되기 위해서는 형식을 숫자로 맞춰 줄 필요가 있습니다. '텍스트 속성'을 '숫자 속성'으로 바꿔 주기 위해 'toNumber 함수'를 활용합니다. 이렇게 바꾸면 5라는 값이 출력된 것을 확인할 수 있습니다.

다음은 함수를 활용해 속성 형식을 바꿔 주는 방법을 정리한 표입니다.

형식 변환	활용 함수
숫자, 날짜, 리스트 → 텍스트 속성	format(속성)
텍스트 → 숫자 속성	toNumber(속성)
리스트(맨 앞) → 텍스트 속성	format(first(속성))
리스트(맨 앞) → 숫자 속성	toNumber(format(속성))
텍스트(",”로 구분) → 리스트 속성	split(속성)
문자(연도-월-일 형식) → 날짜 속성	parseDate(속성)

03. 속성의 이름을 동일하게 설정한다

누군가 제작한 수식을 복사해서 붙여 넣으면 높은 확률로 오류가 생깁니다. 그 이유는 복사한 수식에서 재료로 사용된 속성의 이름이 기존에 제작된 수식에 들어가 있는 속성 이름과 다르기 때문입니다.

따라서 수식 사용에 필요한 속성이 모두 있다면 속성의 이름만 동일하게 설정해도 오류가 금방 해결됩니다.

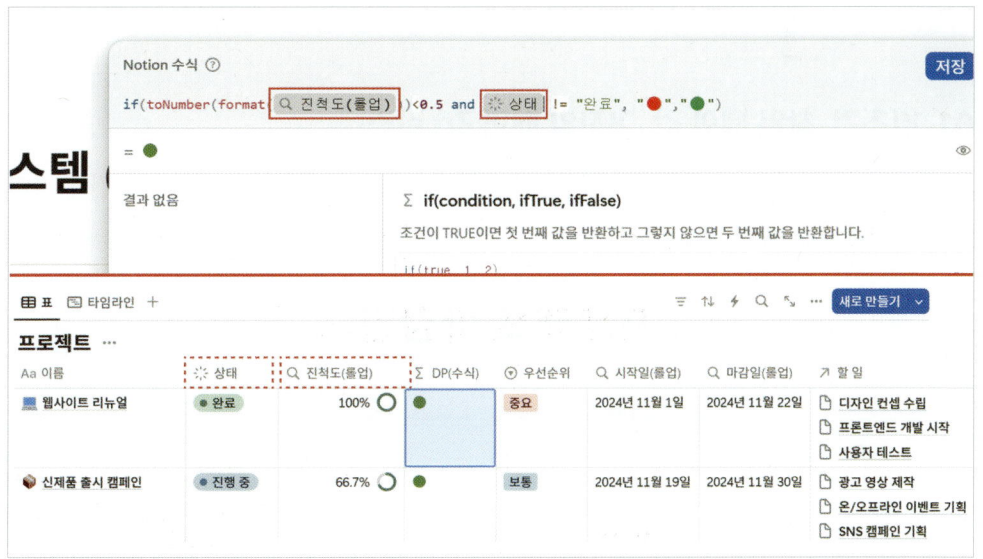

그렇다면 속성 이름에 대한 오류가 해결된 다음, 수식에 사용된 속성 이름을 바꾸면 어떻게 될까요? 정답은 "아무 문제도 없다."입니다. 오류가 해결된 후이기 때문에 속성 이름을 바꾸더라도 수식에서 자동으로 속성 이름을 변경하기 때문입니다.

자주 사용하는 노션 함수 10가지

노션 수식을 제대로 활용하기 위해선 기본적인 함수에 대한 이해가 필요합니다. 노션에서 자주 사용되는 핵심 함수 10가지를 통해 노션 함수의 종류와 사용 예시를 살펴봅시다.

01. if(조건, 참일 때의 값, 거짓일 때의 값) 함수

'if 함수'는 노션 함수 중 가장 많이 사용되는 함수입니다. 'if 함수'에 입력된 조건에 따라 참일 때의 값과 거짓일 때의 값을 출력합니다.

> **TIP** 'ifs 함수'는 'if 함수'에 s가 붙은 함수로 참일 때와 거짓일 때 2가지 상황에서 출력되는 'if 함수'와 달리 2가지 이상의 조건이 필요한 경우 사용됩니다.

```
∑ ifs(condition, ifTrue, condition2, ifTrue2, ..., else)
```
첫 번째 TRUE 조건에 해당하는 값을 반환합니다. 여러 개의 중첩된 if() 문 대신 사용할

```
ifs(true, 1, true, 2, 3)
= 1

ifs(false, 1, false, 2, 3)
= 3
```

02. formatDate(날짜, 형식) 함수

'formatDate 함수'는 날짜 데이터를 원하는 형식으로 변환하여 표시할 수 있게 해줍니다. 문자열에 날짜를 포함하는 텍스트가 포함됩니다. 'YYYY'는 연도, 'MM'은 월, 'DD'는 일, 'HH'는 시간, 'mm'은 분을 의미합니다.

```
prop("이름") + "님의 생일은 " + formatDate(prop("생일"), "M월 D일") + "입니다! 🎉"
                                              날짜          형식
```

田 표

생일 축하 메세지

Aa 이름	🗓 생일	∑ 축하 메시지
김철수	1990년 2월 14일	김철수님의 생일은 2월 14일입니다! 🎉
이영희	1985년 10월 30일	이영희님의 생일은 10월 30일입니다! 🎉
박준호	2000년 7월 5일	박준호님의 생일은 7월 5일입니다! 🎉
최지민	1995년 12월 25일	최지민님의 생일은 12월 25일입니다! 🎉
정미나	1988년 4월 17일	정미나님의 생일은 4월 17일입니다! 🎉

+ 새 페이지

> 생일을 입력하면 동일한 양식으로 축하 메세지 생성

03. dateAdd(날짜, 숫자, 단위) 함수

'dateAdd 함수'는 입력된 날짜에 특정 기간을 더할 때 사용합니다. 사용 시 함수에 입력된 날짜에 숫자와 단위를 더한 날짜를 출력합니다. 사용되는 단위로는 "years", "quarters", "months", "weeks", "days", "hours", "minutes" 등이 있습니다.

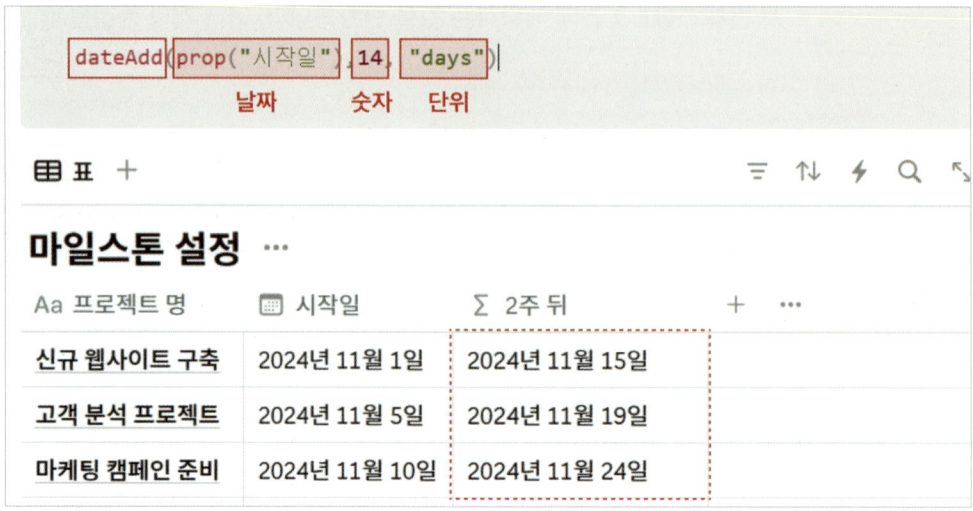

> **TIP** 'dateSubtract(날짜, 숫자, 단위) 함수'는 'dateAdd 함수'와 반대로 특정 기간을 뺄 때 사용합니다. 사용되는 단위는 'dataAdd 함수'와 동일합니다.

04. dateBetween(시작일, 종료일, 단위) 함수

'dateBetween 함수'는 두 날짜 사이의 기간을 계산할 때 사용합니다. 계산 결과는 지정된 단위를 기준으로 하여 숫자 형식으로 출력됩니다.

05. format(값) 함수

'format 함수'는 숫자나 날짜로 출력되는 결괏값을 문자로 변환합니다. 이렇게 변환된 내용은 다른 텍스트와 결합하거나 표시할 때 유용합니다. 특히 여러 속성을 하나의 문자열로 결합할 때 자주 사용됩니다.

06. round(숫자, 소수점 자릿수) 함수

'round 함수'는 숫자를 지정된 소수점 자릿수로 반올림할 때 사용합니다. 이 함수는 재무 계산, 통계 데이터 처리, 또는 정밀도 조정이 필요한 모든 상황에서 유용하게 사용할 수 있습니다. 또한, 계산 시 두 번째 인자를 생략하면 기본적으로 정수로 반올림됩니다.

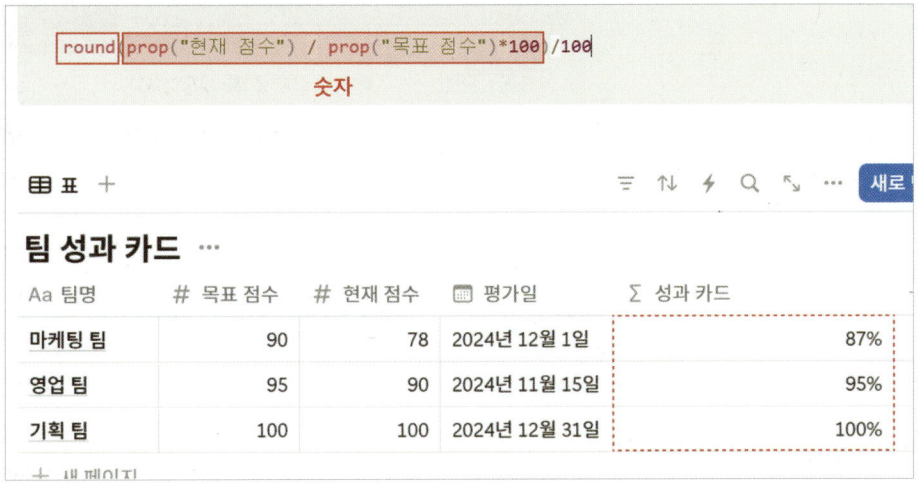

> **TIP** 노션에서 기본적으로 제공하는 'round 함수'는 소수점 이하 반올림이나 일의 자리에서의 반올림에 적합합니다. 그러나 십의 자리, 백의 자리 등 더 큰 자릿수에서 반올림을 하고 싶다면, 다음과 같은 방식을 사용할 수 있습니다.
> - **십의 자리 반올림**: round(prop("수치")/10)*10
> - **백의 자리 반올림**: round(prop("수치")/100)*100
> - **천의 자리 반올림**: round(prop("수치")/1000)*1000

07. toNumber(값) 함수

'toNumber 함수'는 문자열이나 다른 데이터 타입을 숫자로 변환합니다. 이 함수는 텍스트 형태로 저장된 숫자 데이터를 수학적 연산에 사용할 수 있게 해줍니다.

08. let(변수, 값, 표현식) 함수

'let 함수'는 노션 함수를 활용해 생성한 변수를 정의할 때 사용됩니다. 이를 통해 복잡한 계산에서 동일한 값을 반복적으로 사용할 수 있으며, 변경할 때는 해당 변수만 수정돼 효율적입니다.

> **한 스푼 더** **2가지 이상의 변수를 정의하는 lets 함수**

2개 이상의 변수 정의가 필요하다면 'lets 함수'를 사용합니다.
예시 이미지의 경우 두 가지 변수를 정의했습니다.
① monday: 이번 주 월요일 계산
② wednesday: 이번 주 수요일 계산

먼저 정의된 함수를 활용해 다음 함수를 정의할 때 활용할 수 있습니다. 'Wednesday 함수' 역시 'Monday 함수'를 활용해 정의한 것을 확인할 수 있습니다.

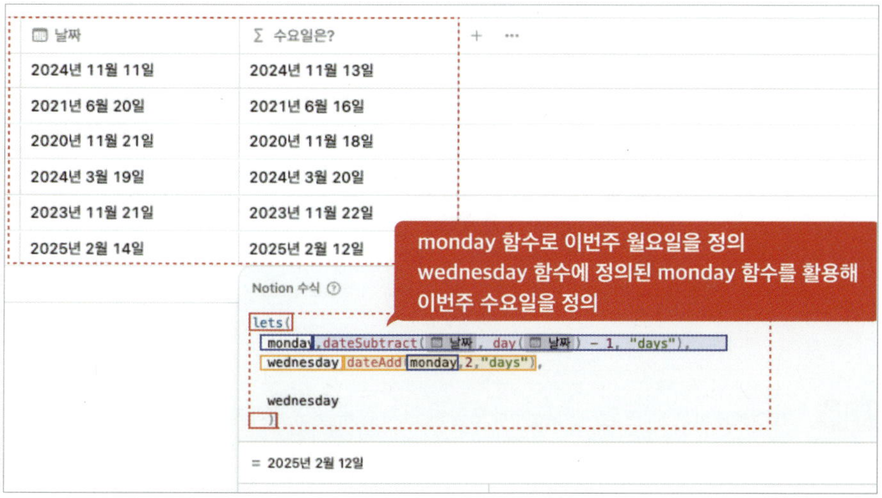

09. substring(문자열, 시작, 끝) 함수

'substring 함수'는 문자열의 일부를 추출할 때 사용합니다. 이 함수는 특정 패턴의 데이터를 추출하거나, 문자열을 분할할 때 유용하게 사용할 수 있습니다.

10. replace(문자열, 검색어, 대체어) 함수

'replace 함수'는 문자열 내의 첫 번째 검색어를 대체어로 교체합니다. 텍스트의 불필요한 부분을 제거하거나 다른 형태로 변환해 줄 때 사용할 수 있습니다.

> **TIP** 'replaceAll 함수'는 함수 정규식에 포함된 일치 항목을 모두 대체 값으로 바꿀 때 사용합니다.

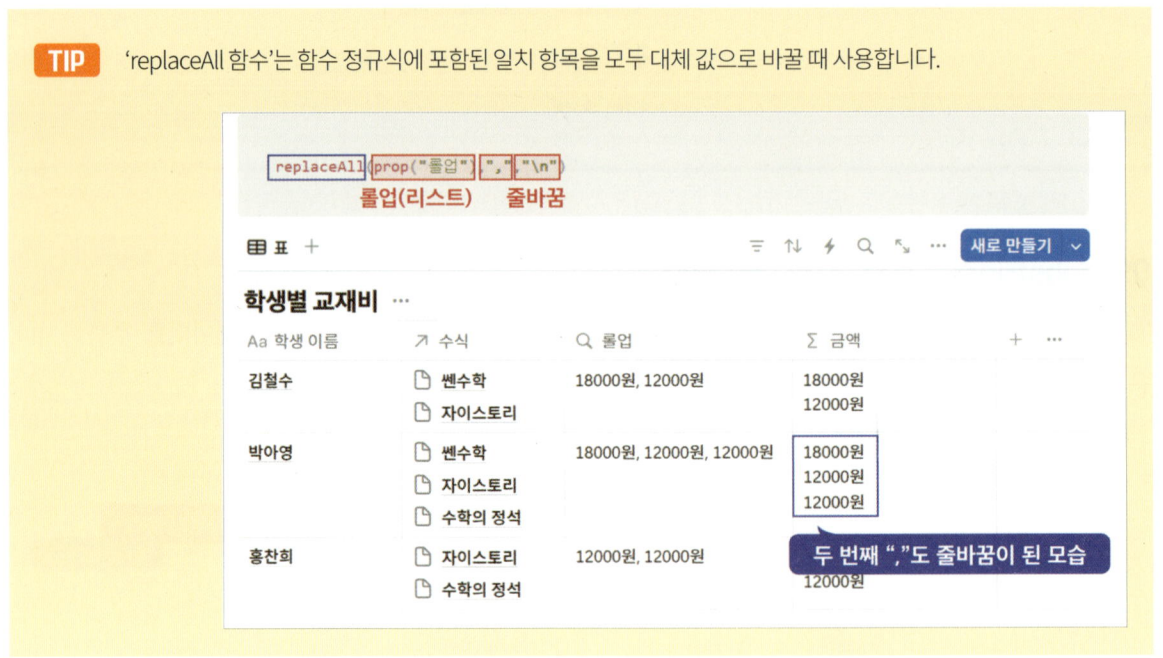

한 스푼 더 : replace 함수와 함께 쓰면 좋은 정규식

노션에서 'replace 함수', 'replaceAll 함수'를 정규식과 함께 활용하면 데이터의 특정 패턴을 찾아 쉽게 대체할 수 있어 훨씬 유연하게 작업할 수 있습니다. 자주 사용하는 정규식 패턴과 함께 'replace 함수'의 활용 예시는 다음과 같습니다.

01 문자를 제외한 숫자 추출

함수: replaceAll(prop("텍스트"), "[^0-9]", "")

텍스트에서 숫자만 포함된 부분을 추출하여 표시합니다. 예를 들어, "Order123"에서 "123"을 추출하여 표시하려고 할 때 사용할 수 있습니다.

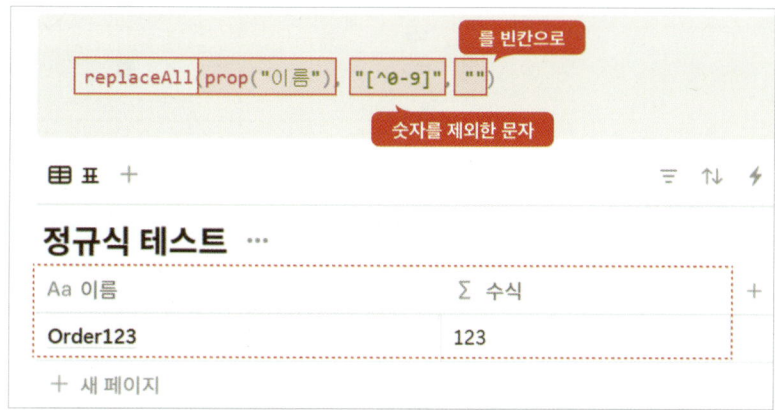

02 숫자를 제외한 문자 추출

함수: replaceAll(prop("텍스트"), "[0-9]", "")

텍스트에서 숫자를 제외하고 표시합니다. 예를 들어, "Order123"에서 "123"을 제외하고 "Order"만 표시하고자 할 때 사용할 수 있습니다.

03 특정 단어로 시작하는 문자열 찾기

함수: if(replace(prop("이름"),"^텍스트.*",""), false, true)

특정 단어로 시작하는 문자열을 찾습니다. 예를 들어, "O"로 시작하는 모든 문장을 찾고자 할 때 사용할 수 있습니다.

04 공백 제거

함수: replaceAll(prop("텍스트"), "\s+", "")

문자열의 모든 공백을 제거합니다. 예를 들어, 전화번호 입력에 실수로 띄어쓰기를 입력한 경우 띄어쓰기를 제거해 통일된 양식을 만들어 줄 수 있습니다.

05 한글만 포함된 문자열 찾기

함수: replaceAll(prop("텍스트"),"[^가-힣]+","")

한글만 포함된 문자열을 찾습니다. 예를 들어, "김철수1"에서 "김철수"라는 한글 텍스트만을 표시하고 싶을 때 사용합니다.

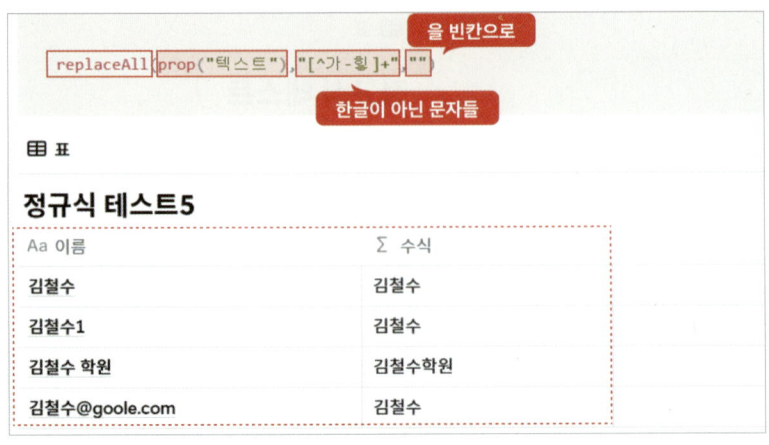

자주 사용되는 수식 상황

이번에는 자주 사용되는 수식 상황을 바탕으로 노션 수식이 어떤 알고리즘으로 어떻게 구현되는지 살펴보겠습니다.

01. 진행률 반올림 표현

프로젝트 데이터베이스에서 롤업을 활용해 체크된 할 일 개수와 전체 개수를 구해 구체적인 진행률을 계산해 주었습니다. 하지만 이렇게 표시하면 숫자가 너무 길어 가독성이 떨어지는 단점이 발생합니다. 이런 경우에는 숫자를 반올림해 주는 것이 가독성을 높일 수 있습니다.

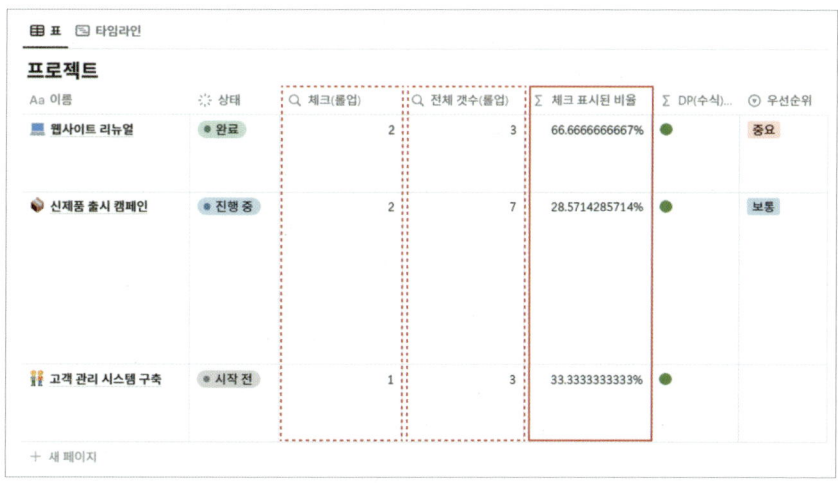

반올림을 위해서는 'round 함수'를 활용합니다. 하지만 그냥 'round 함수'를 사용하게 되면 일의 자리에서 반올림이 됩니다. 그러므로 숫자에 10의 거듭제곱만큼 곱한 후 반올림하고, 다시 그 수만큼 나눠 주면 반올림한 결과를 소수점 이하로 표현할 수 있습니다.

02. 매월, 매년 반복 일정 표시

노션 데이터베이스에서 생일을 관리하기 위해 태어난 생일 날짜를 그대로 입력하면 어떻게 될까요? 노션 데이터베이스 표에는 생일 날짜가 표시되어 보이지만 '캘린더 보기'에서는 생일 날짜가 보이지 않습니다. 그 이유는 입력된 날짜가 태어난 해로 되어 있어, 오늘을 기준으로 보이는 캘린더 보기에서는 보이지 않기 때문입니다. 이런 경우 수식을 활용해 "태어난 날짜"를 "올해 생일"로 바꿔 줘야 합니다.

이를 위해서는 다음과 같은 과정을 거쳐야 합니다.

❶ 생일 연도와 올해 연도의 차이를 구하기
❷ 내 생일에 ❶에서 구한 차이만큼 더하기

이 과정을 수식으로 표현한다면 다음과 같습니다.

한 단계 더 나아가 볼까요? 앞선 수식으로 계산된 "올해 생일"이 오늘을 기준으로 지났을 경우, 출력된 연도에 1을 더해 다음 연도 생일이 나오도록 수식을 만들어 보았습니다.

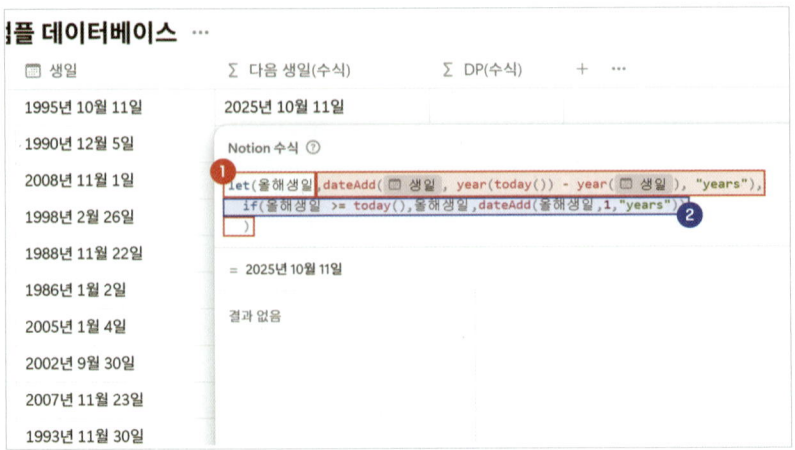

03. D-Day 계산

날짜를 입력하면 현재를 기준으로 며칠이 남았는지 계산하는 D-Day를 구현해 보겠습니다. 마감일이 지나기 전에는 D-로 표기가 되고 당일에는 D-Day가 마감일이 지난 경우에는 D+로 표현이 되도록 만들어 보겠습니다. 제작에 앞서 3가지 경우에 따라 출력 값이 달라진다는 것을 배웠습니다. 3가지 조건은 현재와 날짜의 비교를 통해 설정이 됩니다. 현재를 기준으로 마감일이 지나지 않은 경우는 D-<남은 일>이, 현재와 마감일이 같은 경우는 D-Day가, 마감일이 지난 경우는 D+<초과 일>이 출력됩니다. 이후 뒤에 나오는 숫자는 현재와 마감일의 차이 값이 절댓값으로 입력되도록 설정합니다.

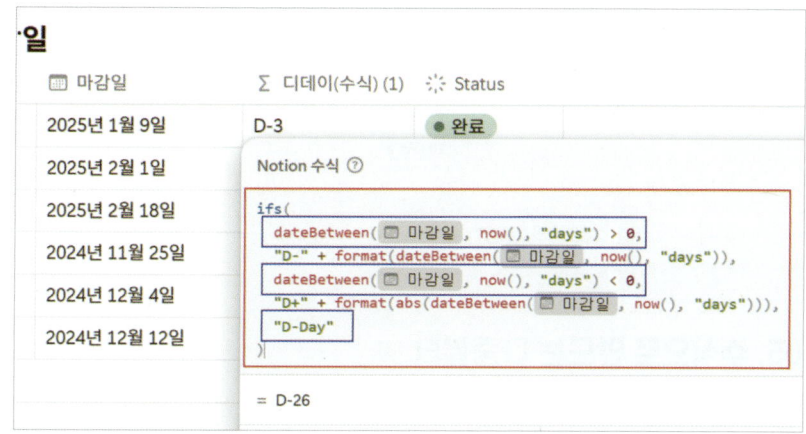

04. 이번 주, 이번 달 지출 계산

노션 데이터베이스에 기록한 날짜 데이터베이스 중에서 이번 달, 이번 주 행만 체크하는 기능을 구현해 보겠습니다. 이를 가계부에 활용하면 이번 달 지출, 이번 주 지출만 자동으로 필터링해서 볼 수 있습니다. 먼저 이번 달 지출을 계산하겠습니다. 입력된 날짜와 현재 날짜를 비교했을 때 달이 같다면 입력된 금액이 그대로 출력되고 아니라면 0원이 출력되도록 합니다. 다음 데이터베이스 계산을 통해 금액의 합계를 계산합니다.

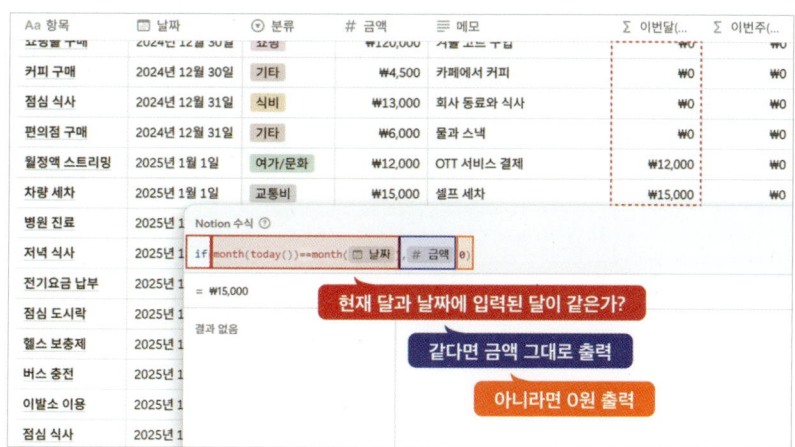

같은 원리를 이번 주 지출을 계산합니다. 입력된 날짜와 현재 날짜를 비교했을 때 주가 같다면 입력된 금액이 그대로 출력되고 아니라면 0원이 출력되도록 합니다. 데이터베이스 계산을 통해 금액의 합계를 계산합니다.

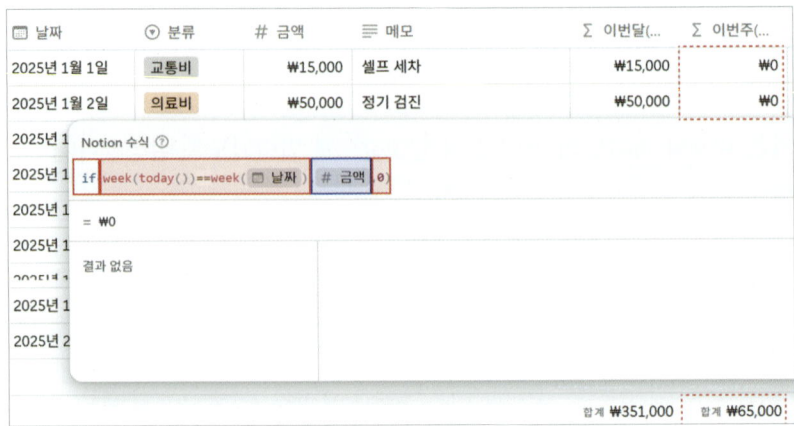

05. 수식으로 만드는 다중필터

노션에 데이터베이스를 관리할 때, 필수로 입력해야 하는 데이터를 효율적으로 관리할 수 있는 다중필터 시스템을 제작해 보겠습니다.

속성들을 순서대로 확인하여 입력된 항목은 1, 입력되지 않은 항목은 0으로 나타나도록 설정합니다. 이때 결과는 '숫자 속성'이 아닌 '텍스트 속성'으로 출력되며, 이를 통해 이진법 형태로 결과를 표현합니다.

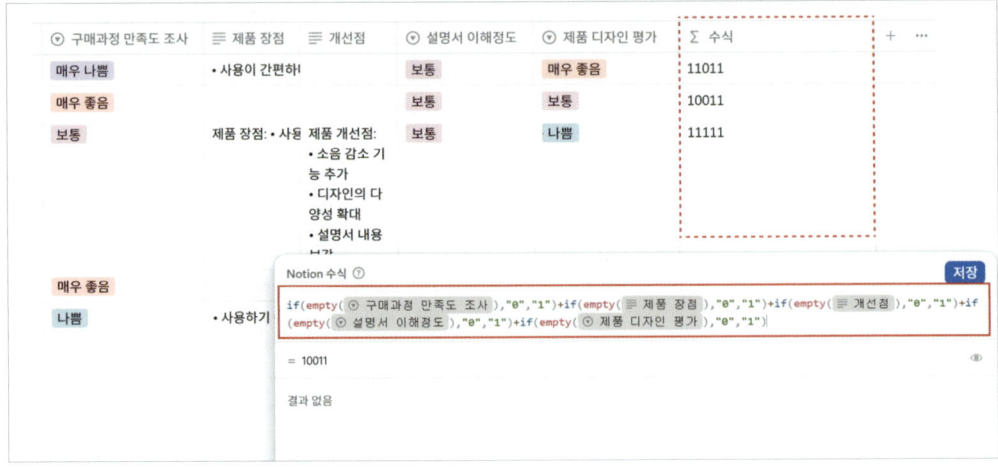

앞서 제작한 수식이 길기 때문에 'let 함수'를 이용해 생성한 변수를 정의해 줍니다.

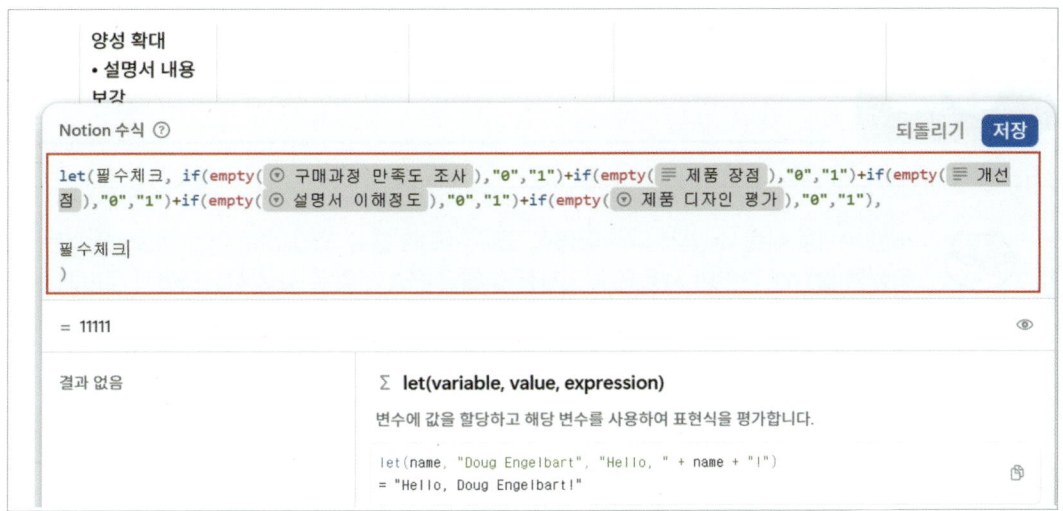

필수 속성이 모두 입력된 경우의 이진법 값을 기준으로 모두 입력되었을 경우에 true를, 아닐 경우 false를 출력합니다. 이렇게 제작하면 필수 속성이 입력이 다 된 경우에만 체크 표시가 됩니다.

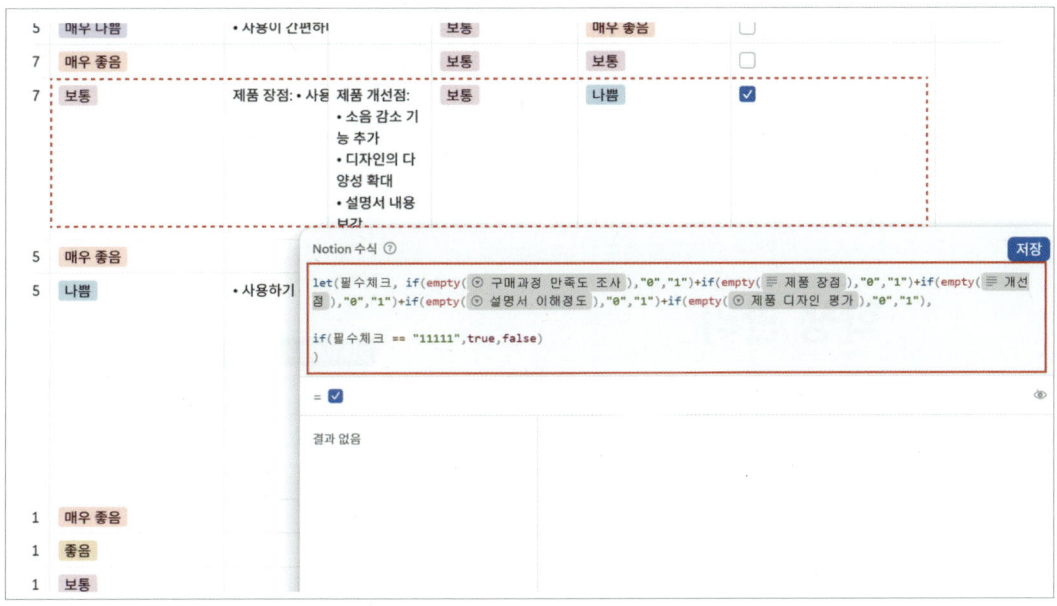

노션 수식이 어려운 것은 사실이지만 자신에게 맞는 시스템을 만드는 데 필수적인 기능인 것은 틀림없습니다. 앞서 배운 노션 함수와 제작 과정을 여러 번 복습해 노션 수식과 친해지고 자신에게 맞는 수식도 직접 제작하며 연습해 봅시다.

LESSON 02 수식을 활용한 노션 자동화 세팅

 노션 수식을 다룰 수 있게 되면 다양한 것을 시도해 볼 수 있습니다. 이번 Lesson에서는 노션 자동화를 활용해 간단한 자동화부터 자동 이메일 전송과 같은 고급 자동화까지 구현해 보겠습니다(Lesson 02의 설명은 Notion 요금제 중 플러스 요금제 이상 사용자들에게 맞춰져 있습니다.).

자동 제목 속성 만들기

노션 데이터베이스를 제작하다 보면 고유 값 제작이 번거롭거나 힘들 때가 있습니다. 예를 들어 5,000명이 넘는 학생들을 관리하는 대형 학원의 경우 동명이인이 많아 학생들의 이름을 그냥 기록한다면 중복 속성이 될 수 있습니다. 이럴 때는 이름에 전화번호 뒷자리를 함께 기록해 고유 값을 만들어 줄 수 있습니다. 하지만 이를 일일이 한다면 매우 번거로운 작업이 됩니다. 이를 자동화 기능을 활용해 해결해 보겠습니다.

01. 자동화 생성하기

데이터베이스 상단의 [자동화 만들기 또는 보기] 아이콘을 클릭합니다.

02. 조건 입력하기

자동화는 기본적으로 조건과 작업으로 구성되어 있습니다. 조건을 만족하는 경우 자동적으로 작업이 실행되게 됩니다. 예시의 경우, 모든 속성이 편집되는 경우에 자동화 실행이 되도록 설정합니다.

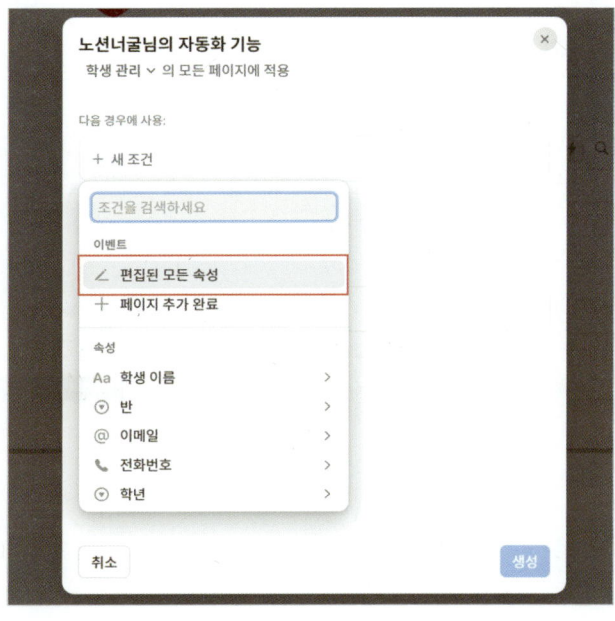

03. 작업 입력 및 수식 편집하기

학생 이름을 자동화로 생성할 것이기 때문에 ❶ [새 작업] 버튼을 클릭한 후, ❷ [속성 편집] 항목을 클릭하여 나오는 메뉴에서 ❸ [학생 이름(제목 속성)] 항목을 클릭해 줍니다.

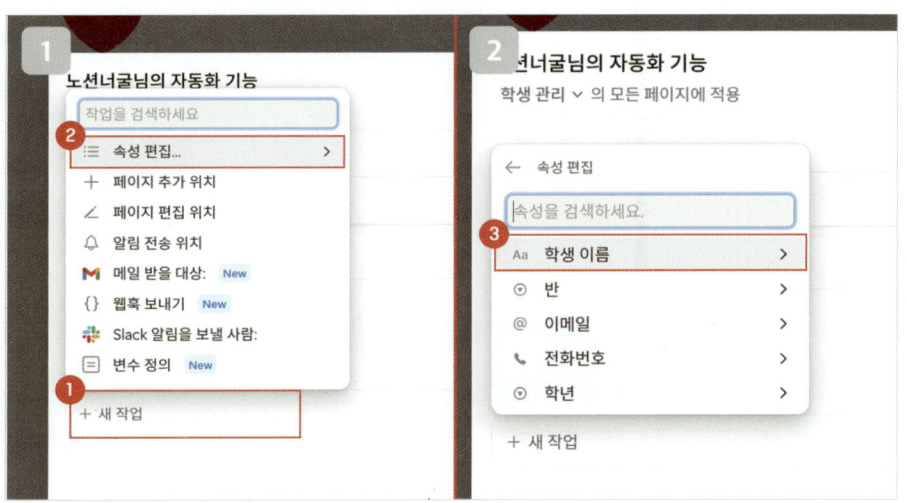

❶ 수식으로 편집 아이콘을 눌러 수식 창에 들어갑니다. 기존 수식과는 다르게 속성을 불러오기 위해서는 ❷ "페이지 실행"과 점을 붙여 "페이지 실행."을 입력해야 합니다. 이번 예시에서 사용되어야 할 학생 이름과 전화번호를 가져오겠습니다.

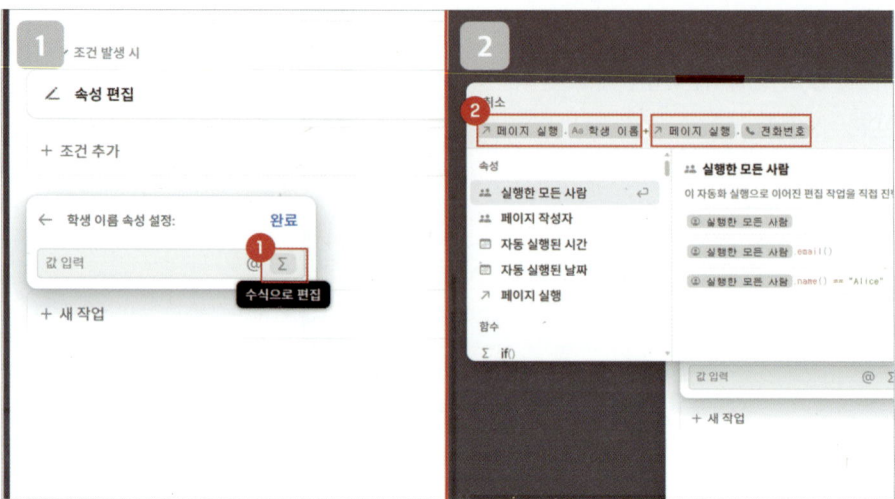

이제 수식을 작성해 주겠습니다. + 연산자를 활용해 두 가지 값이 연결되도록 해주었고 'substring 함수'를 활용해 전화번호 뒤 4자리가 나오도록 함수를 작성합니다.

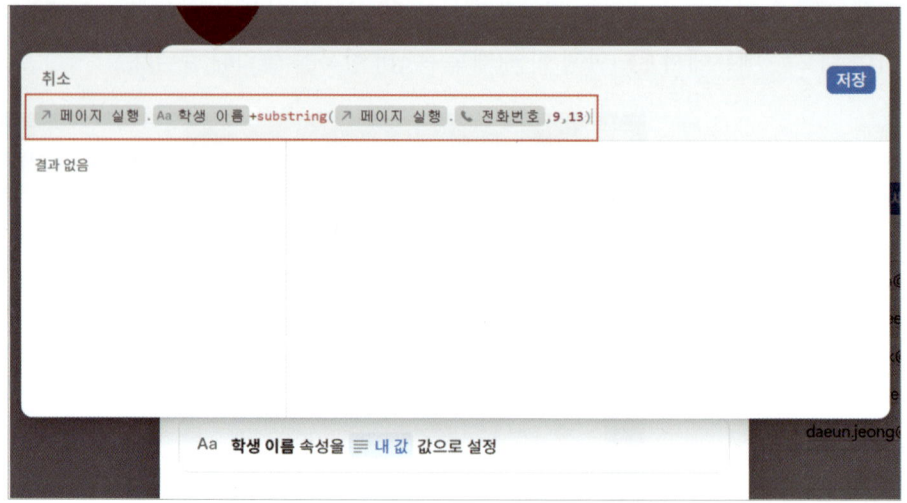

이와 같이 자동화를 구현하면 속성을 편집하는 순간 자동화가 실행되어 '제목 속성'이 자동으로 바뀐 것을 볼 수 있습니다.

속성 내용을 기반으로 한 자동 이메일 전송

이번에는 오직 노션 자동화만 활용해 입력된 데이터를 기반으로 자동 이메일을 전송해 보도록 하겠습니다. 이번에는 노션 양식을 통해 입력받은 데이터를 기반으로 이메일 전송을 하는 시스템을 제작해 보겠습니다. 가장 먼저 만들어 줄 예시 데이터베이스는 다음과 같습니다.

01. 제목 생성하기

입력된 데이터베이스를 참고해 전송될 메일의 제목을 수식으로 작성합니다. 저는 다음과 같이 'formatDate 함수'를 활용해 수식을 적어 주었습니다.

02. 본문 생성하기

다음은 자동으로 전송되기를 바라는 본문 샘플을 입력합니다. 내용을 기입할 때는 수식을 생각하지 않고 기입합니다. 단, 전송될 본문의 띄어쓰기를 고려해 작업해 주세요. 띄어쓰기는 [Shift] + [Enter↵]로 가능합니다. 본문을 작성할 때 자동화를 통해 입력되어야 하는 곳은 <>로 표시해 줍니다.

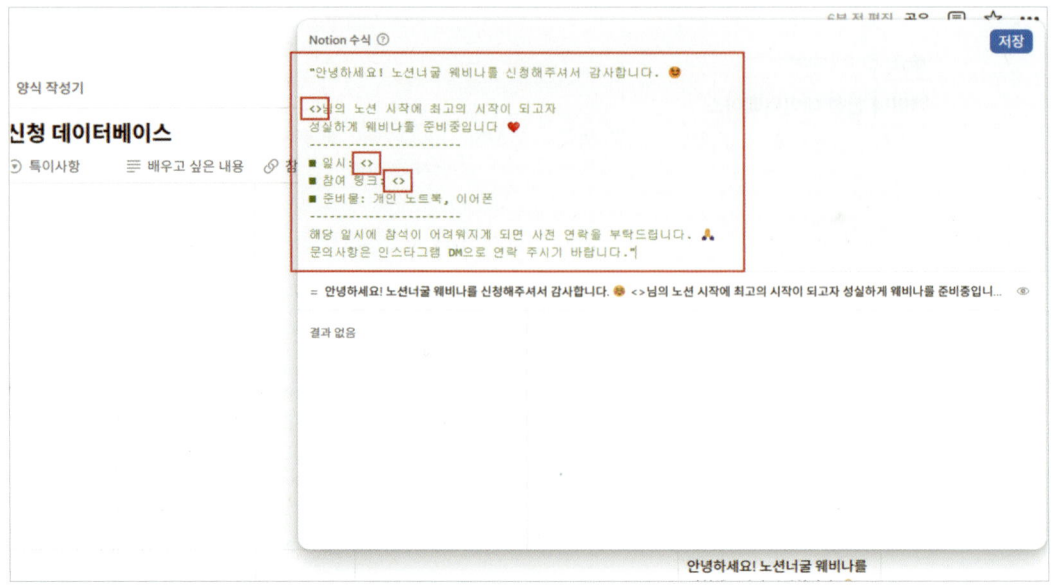

이제 <>로 입력한 곳을 "++"로 바꿔 줍니다. 그리고 ++ 사이에 자동화로 넣어야 하는 속성을 넣어 줍니다.

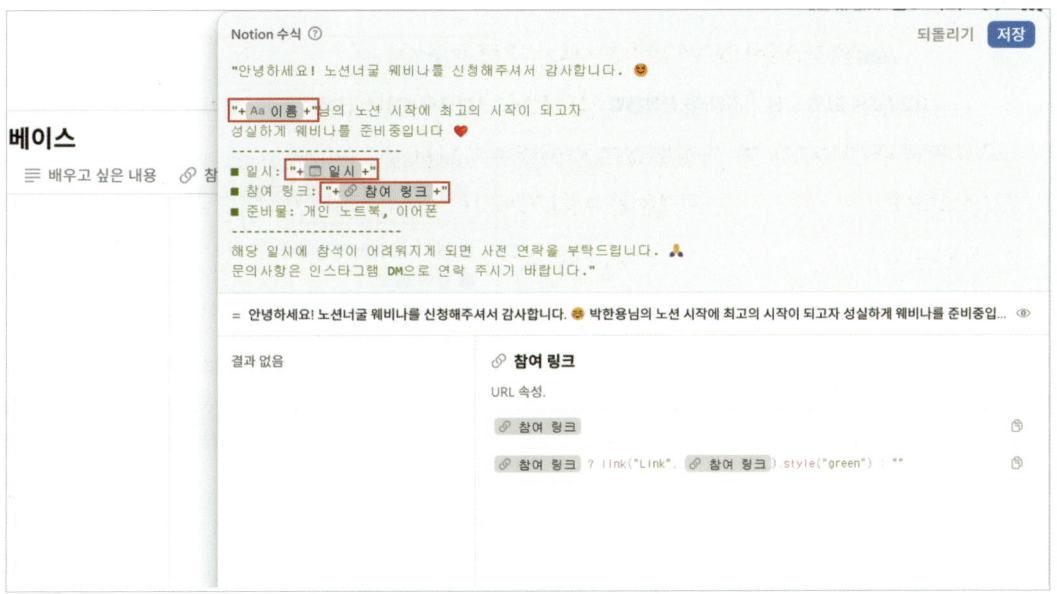

결과를 확인하고 수정이 필요한 곳을 수정합니다. 일시의 경우 'format 함수'를 활용해 텍스트로 출력되도록 설정하겠습니다.

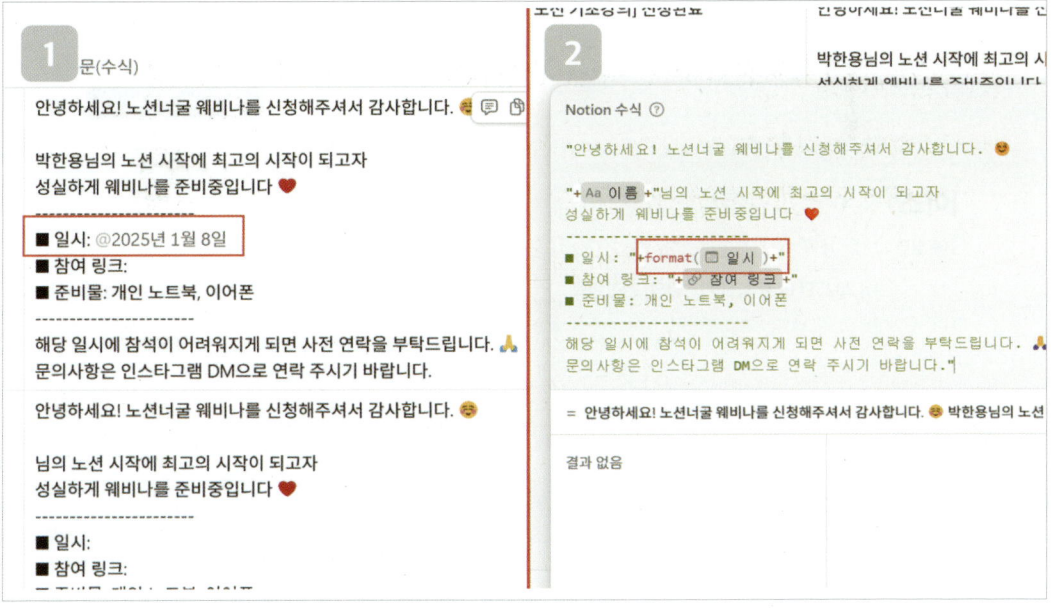

03. 자동화 생성하기

이제 작업한 제목과 본문을 자동화로 전송될 수 있도록 세팅하겠습니다. 데이터베이스 상단 [자동화 만들기 또는 보기] 아이콘을 클릭해 주세요.

04. 조건 입력하기

이번 예시의 경우 노션 양식으로 데이터베이스가 입력되는 순간이 전송되어야 하므로 조건은 "페이지 추가 완료"로 설정해 주겠습니다. 작업은 메일을 보내기 위해 "메일 받을 대상"을 클릭합니다.

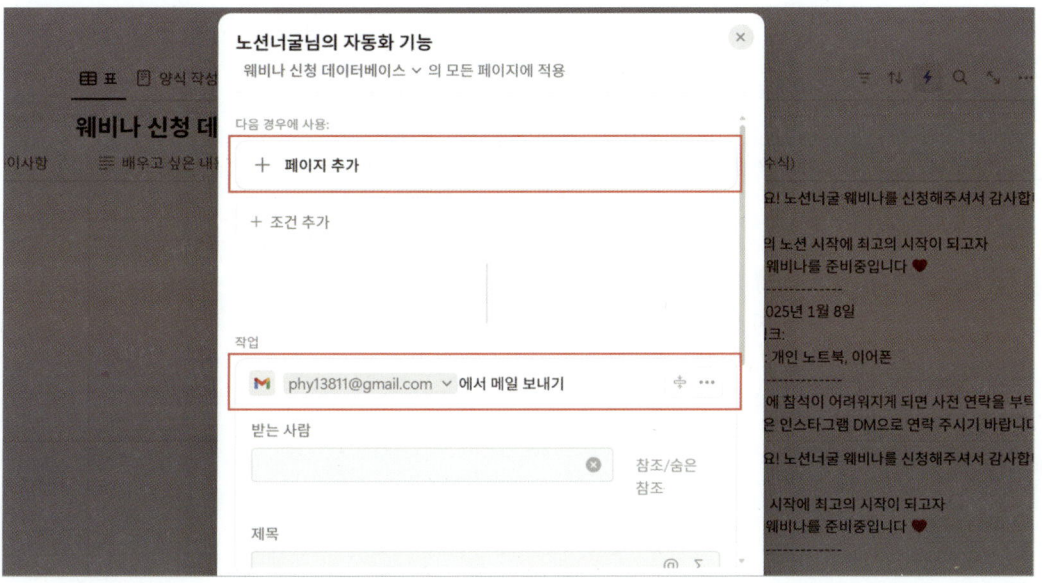

05. 작업 입력 및 수식 편집하기

앞서 수식으로 제작한 제목과 본문을 작업으로는 받은 이메일로 전송하기 위해 다음과 같이 세팅합니다. 마지막으로 표시 이름을 설정해 마무리합니다.

그럼 3~5분 정도 후 다음과 같이 메일이 온 것을 확인할 수 있습니다.

버튼을 활용한 속성 변경

노션 버튼 자동화는 일반 자동화와는 크게 2가지 다른 점이 있습니다. 첫 번째, 조건이 고정되어 있습니다. 이전 데이터베이스 자동화의 경우 조건을 다양하게 설정해 줄 수 있지만 버튼은 클릭했을 때와 클릭하지 않았을 때로 고정되어 있습니다.

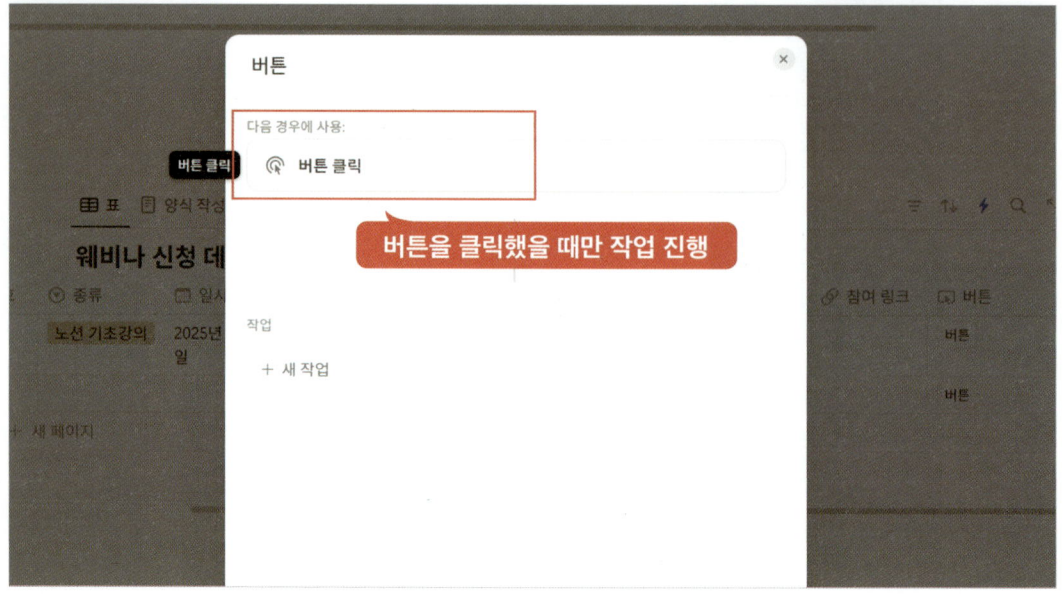

292 CHAPTER 05 _ 노션 마스터만 쓴다는 수식과 자동화

두 번째, 자동화 실행 전 확인 표시 창을 생성할 수 있습니다. 버튼을 클릭했을 때 나오는 안내 창이며 [계속] 버튼을 클릭할 시 자동화가 진행되게 됩니다. 이를 활용하면 실수로 버튼을 눌러 발생할 수 있는 의도치 않은 자동화 실행 상황을 방지할 수 있습니다.

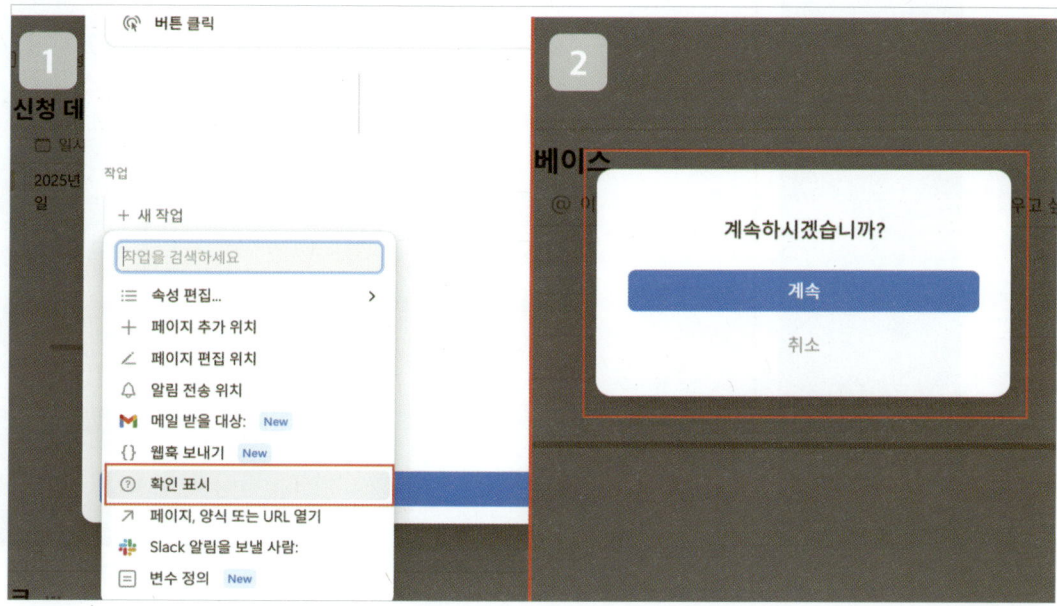

이러한 특징을 모두 살펴볼 수 있는 예시로 출근 관리 시스템을 제작해 보며, 노션 자동화와 함수의 활용 예시를 살펴보겠습니다. 출근 관리 시스템은 직원 이름을 기준으로 하여 제작합니다.

01. 버튼 자동화 설정

먼저 노션에서 버튼을 눌렀을 때 출석 ○, ×를 표시할 수 있는 확인 표시 창을 생성합니다.

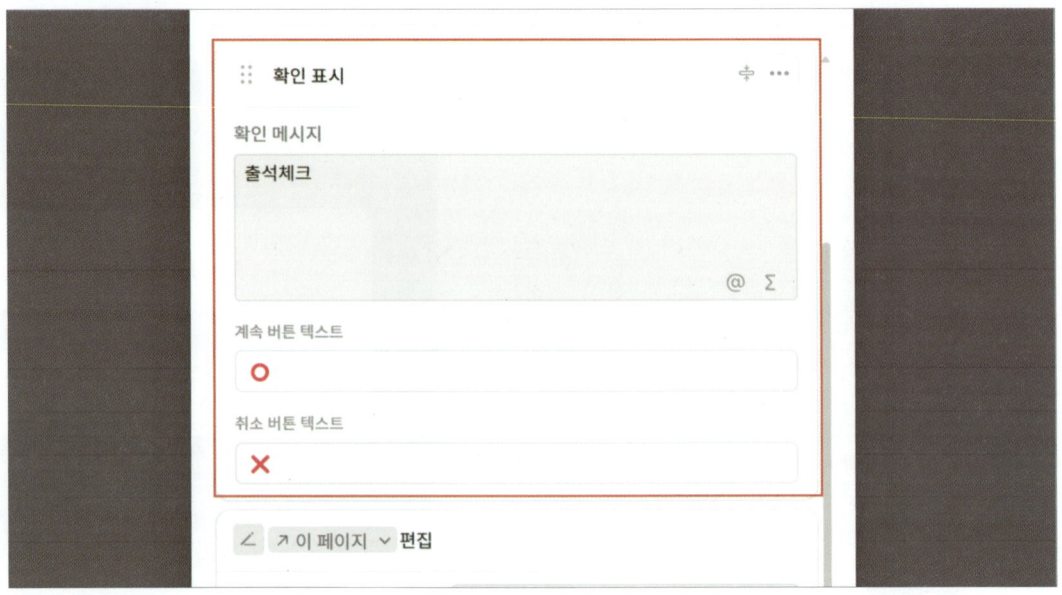

[계속] 버튼을 클릭함과 동시에 클릭한 일시를 출석 데이터에 기록하기 위해 수식을 작성해 주겠습니다. 해당 수식은 자동화가 실행 일시와 이전에 입력된 일시를 쌓아서 입력하게 됩니다. 입력된 텍스트는 ", "로 구분되어 있습니다.

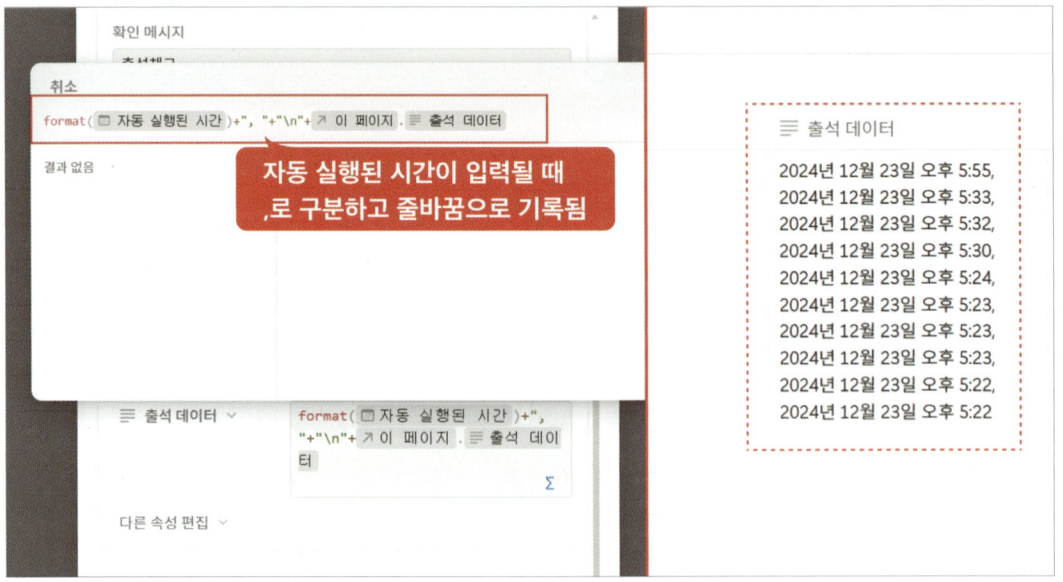

02. 텍스트 속성을 리스트 속성으로 변환

출석 데이터는 ", "로 구분이 되어 입력되기 때문에 리스트로 전환이 가능합니다. 'split 함수'를 활용해 '텍스트 속성'을 리스트로 전환합니다.

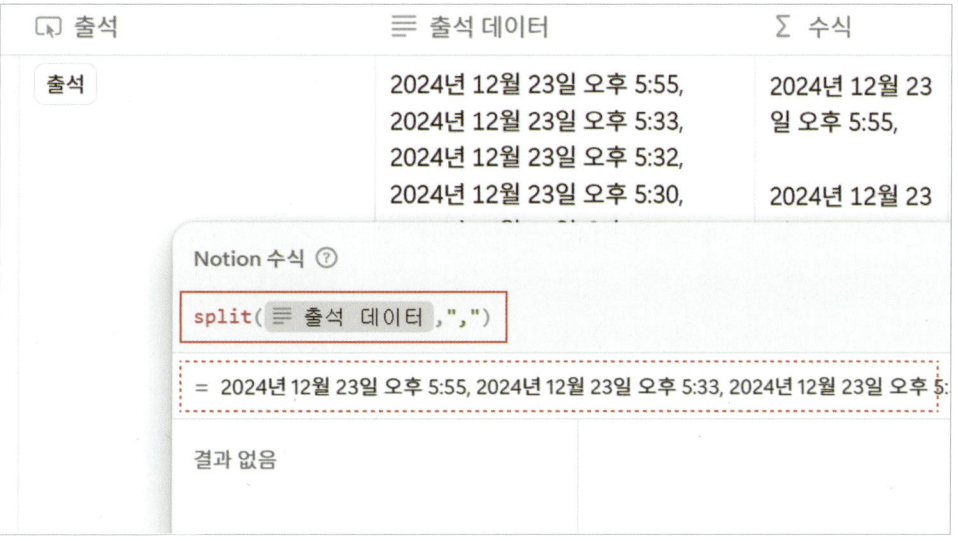

03. 첫 번째 리스트 항목을 활용해 오늘의 출석 현황 파악

리스트 항목 중 첫 번째 항목이 최신 입력된 일시이므로 'first 함수'를 활용해 최신 입력된 일시를 가져옵니다.

이제 'if 함수'를 활용해 현재와 최신 입력 일시가 동일한지 판단하겠습니다. 만약 동일하다면 "○" 이모지를, 아니라면 "×" 이모지를 출력해 출석을 표시하겠습니다.

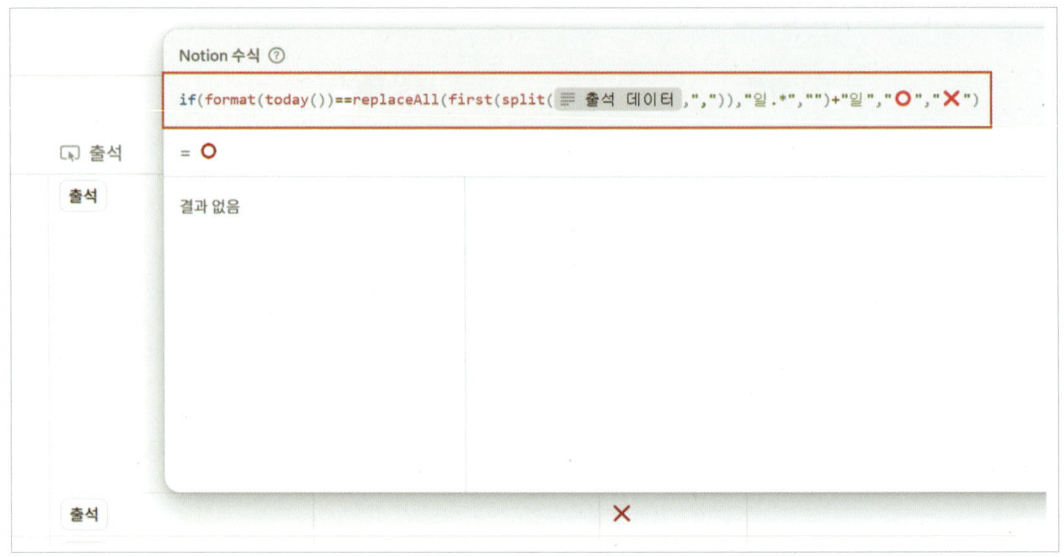

실습 | 세미나 신청자 관리 대시보드 만들기

세미나 신청자 취합을 위한 양식부터 자동 메일 전송, 당일 참석자 관리까지 한 번에 가능한 세미나 신청자 관리 시스템을 제작해 보겠습니다.

- **실습 자료 파일**: 세미나 신청자 관리 대시보드 만들기

실습 미리보기

01 구조도를 참고해 데이터베이스 연결

세미나 신청자 관리 시스템은 '참가자 데이터베이스'와 '세미나 정보 데이터베이스' 2개의 데이터베이스를 활용해 제작합니다. '세미나 데이터베이스'의 '제목 속성'은 세미나명을 설정하고 카테고리, 진행 방식, 담당자, 시작일, 종료일 등을 속성으로 넣습니다. '참가자 데이터베이스'는 '제목 속성'을 세미나에 참가하는 신청자명을 설정하며, 작성한 구조도에 맞게 데이터베이스를 제작합니다.

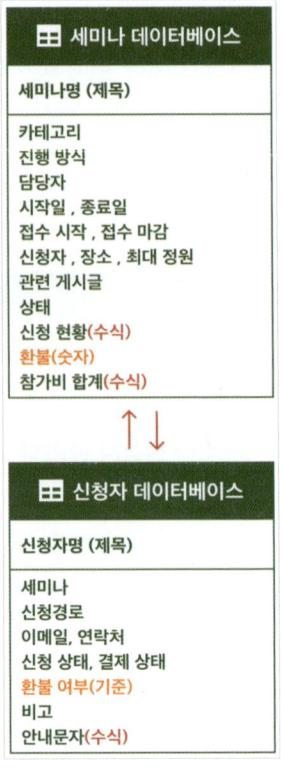

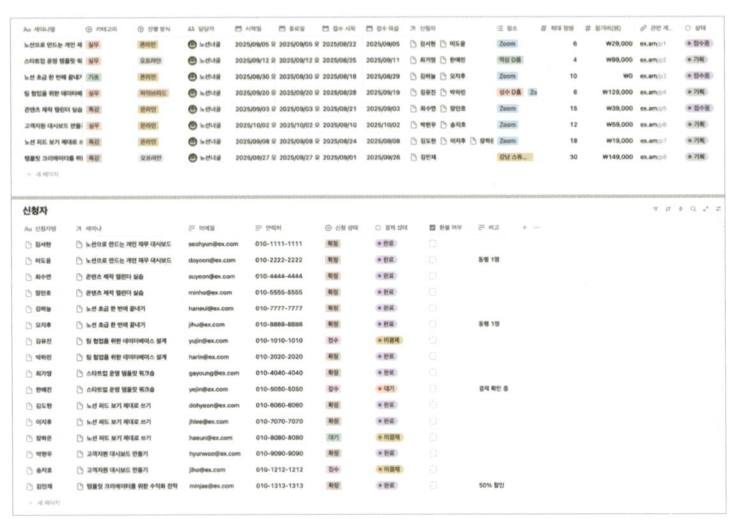

02 수식을 활용한 신청 현황 계산

세미나를 관리하는 데 필요한 지표로 신청 현황 정도를 보고 싶습니다. 이를 계산하기 위해 세미나 데이터베이스에 수식을 추가해서 제작해 주겠습니다. 먼저 수식 속성을 추가한 후 [수식 편집]에 다음과 같이 수식을 입력합니다.

```
length(신청자)/최대 정원
```

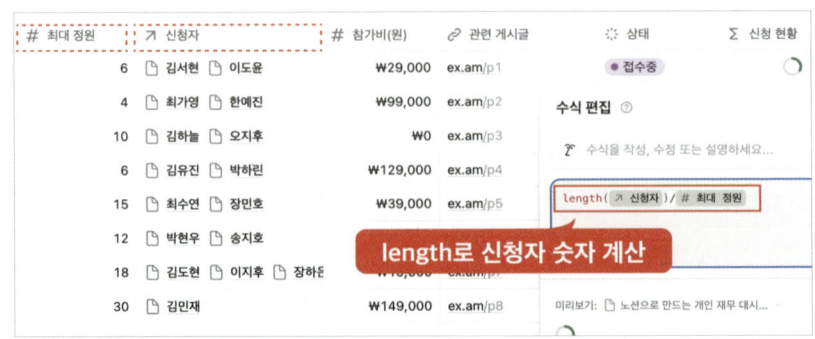

03 수식을 활용해 참가비 합계 계산

세미나를 관리하는 데 필요한 지표로 현재 신청자 수를 알고 싶습니다. 이를 계산하기 위해서 먼저 신청자 수와 환불 수를 구해서 빼 계산하도록 하겠습니다. ❶ 먼저 환불 수를 파악하기 위해 세미나 데이터베이스에 '롤업 속성'을 추가한 후 ❷ [관계형]은 [신청자], [속성]은 환불 여부인 '체크박스 속성'을 가져옵니다. ❸ [계산]에서 [체크 표시됨] 항목을 클릭하고 ❹ [수] 항목을 클릭 후 ❺ [체크 표시됨] 항목을 클릭하면 환불 수를 계산할 수 있습니다.

환불 수를 제외한 현재 신청자 수는 신청자 수에서 환불 수를 빼서 계산이 가능합니다. 이때 'length 함수'를 사용해서 신청자 수를 계산합니다.

```
length(신청자) - 환불(숫자)
```

여기에 신청 현황을 시각적으로 확인하기 위해 다음과 같이 수식을 수정합니다. [수식 편집]에 다음과 같이 수식을 입력합니다.

```
(length(신청자) - 환불(숫자))/ 최대 정원
```

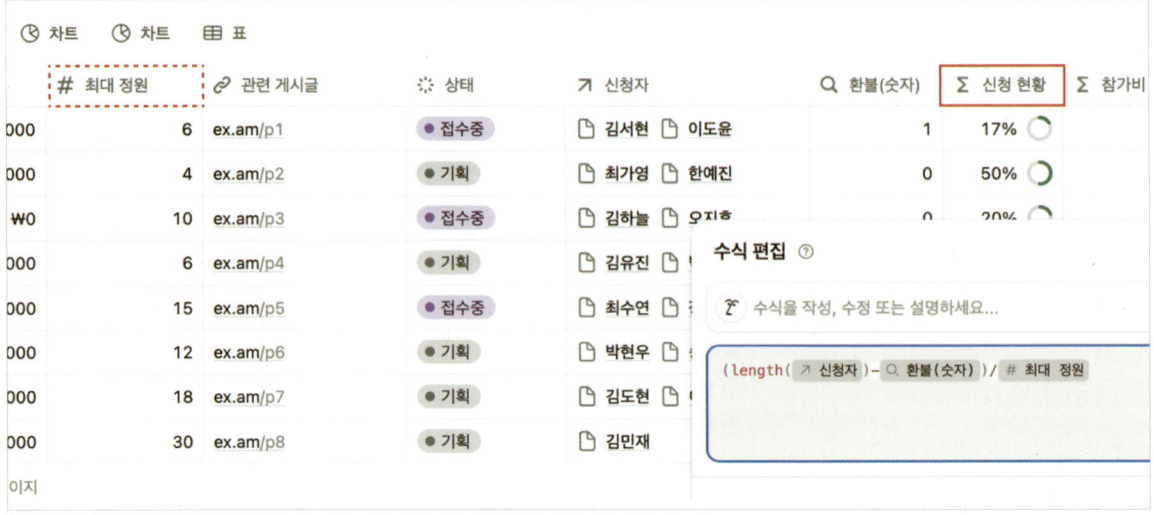

추가로 가독성을 높이기 위해서 ❶ '신청 현황 속성'을 클릭한 뒤 ❷ [숫자 형식]을 [비율] 항목으로 변경하고 ❸ [표시 옵션]을 [원형]으로 선택합니다.

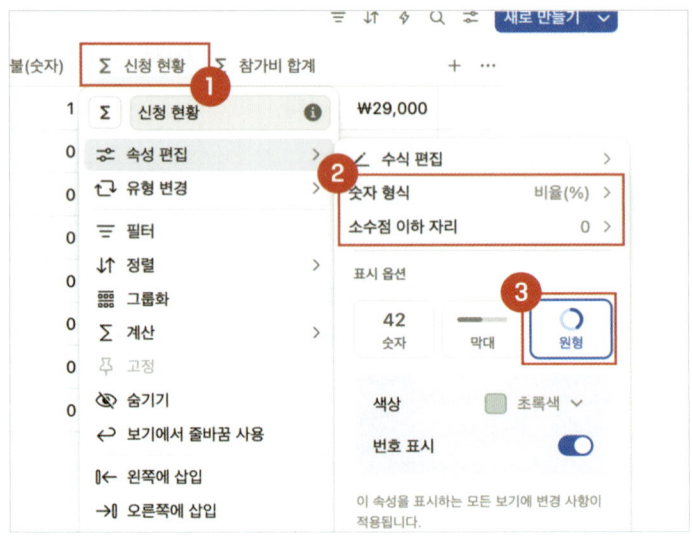

세미나 신청자들의 참가비 합계를 확인하고 싶습니다. '수식 속성'을 추가한 뒤, 앞서 계산한 현재 신청자 수에 참가비를 곱해서 참가비 합계를 계산합니다.

```
(length(신청자) - 환불(숫자))*참가비(원)
```

04 수식을 활용한 안내 문자 생성

세미나 데이터베이스의 속성에 따라 달라지는 안내문자를 수식을 활용해 제작해 보겠습니다. 세미나 데이터베이스에 '수식 속성'을 추가하고 [수식 편집]에서 "" 사이에 안내 문자 샘플을 넣어 입력해 주세요. 이때 변수는 <>로 표시해서 입력해 줍니다.

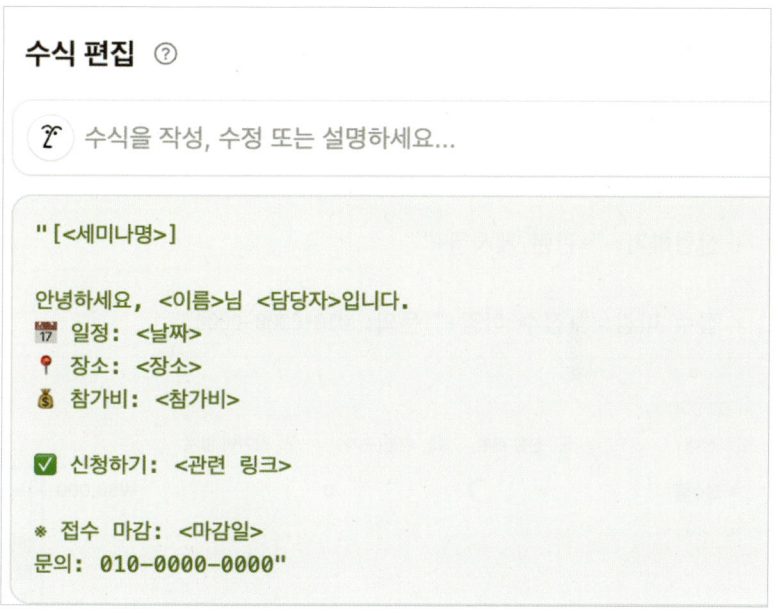

다음으로 이름 변수를 제외하고 나머지 변수는 입력했던 <>를 지운 후, "++"를 입력해 줍니다.

마지막으로 ++ 사이 데이터베이스에 있는 속성을 추가합니다. 이때 '날짜 속성'과 '사람 속성'은 문자의 형태로 나오게 하기 위해 'formatDate 함수'와 'format 함수'를 사용합니다. 그럼 다음과 같이 수식이 작성됩니다.

```
"["+세미나명+"]

안녕하세요, <이름>님 "+format(담당자)+"입니다.
• 일정: "+formatDate(시작일,"MM월 DD일")+" ~ "+formatDate(종료일,"MM월 DD일")+"
• 장소: "+장소+"
• 참가비: "+참가비(원)+"원

• 신청하기: "+관련 게시글+"

※ 접수 마감: "+접수 마감+" 문의: 010-0000-0000"
```

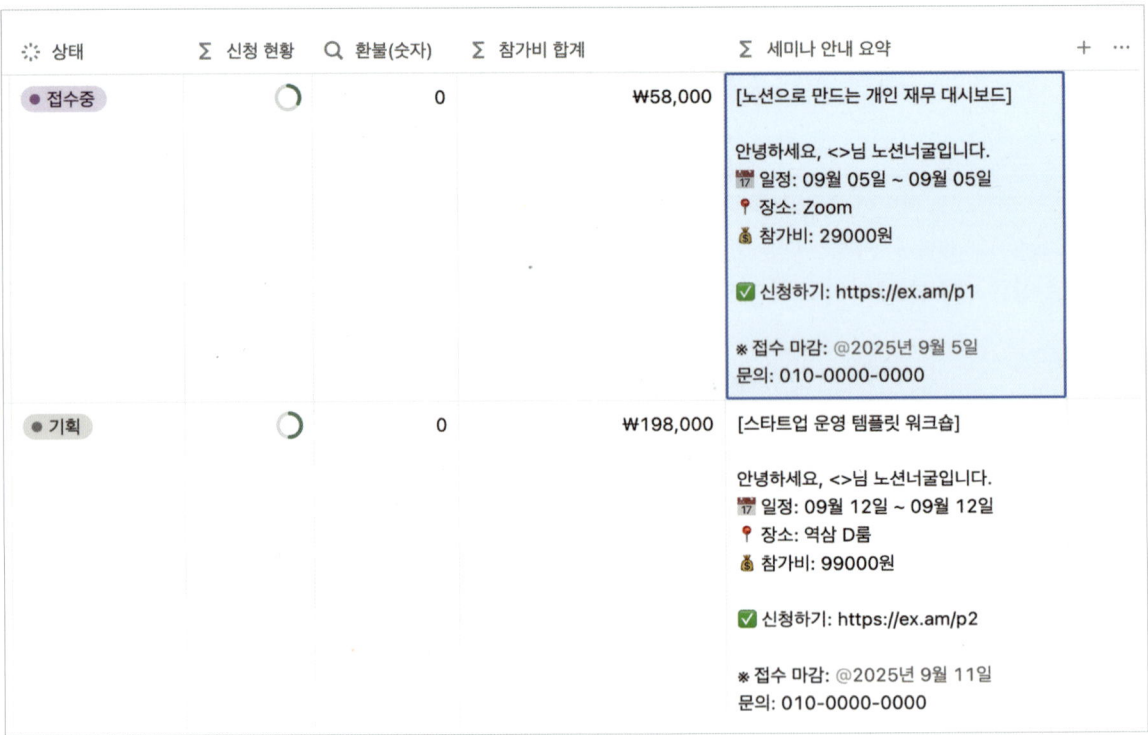

앞에서 생성한 세미나 안내문자가 신청자별로 문자가 다르게 갈 수 있도록 제작하겠습니다. ❶ 신청자 데이터베이스에 롤업을 생성하고 이름을 안내문자로 설정합니다. ❷ [관계형] 항목은 [세미나], ❸ [속성] 항목은 앞서 만든 [수식 속성(세미나 안내 요약)]을 선택하고 ❹ [계산] 항목은 [원본 표시]로 설정합니다.

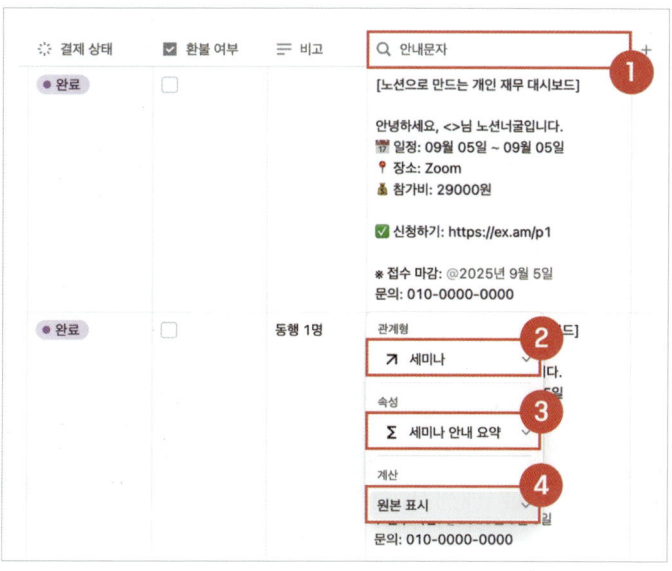

추가한 '롤업 속성' 옆에 '수식 속성'을 추가합니다. 이번에는 'replace 함수'를 활용해 <이름> 표시 대신 신청자 이름이 나오도록 합니다. [수식 편집]에서 수식은 다음과 같이 작성합니다.

```
replace(안내문자,"<이름>",신청자명)
```

05 자동화 메일 세팅

자동 메일 전송을 위한 자동화 세팅을 진행합니다. 신청자가 양식을 작성해 페이지 추가가 이루어졌을 때 메일이 가도록 설정하겠습니다. ❶ [자동화] 아이콘을 클릭해 [자동화] 기능을 활성화한 뒤 ❷ [다음 경우에 사용] → [페이지 추가] 항목을 선택합니다. ❸ [작업] → [메일 보내기]를 클릭하고 [보내는 사람] 항목은 자신의 이메일 주소를, ❹ [받는 사람] 항목은 '이메일 속성'을 선택합니다. ❺ [제목] 항목은 이메일 제목을 통일할 수 있도록 기입합니다. ❻ [메세지] 항목은 앞서 제작한 안내문자가 나오도록 페이지 설정

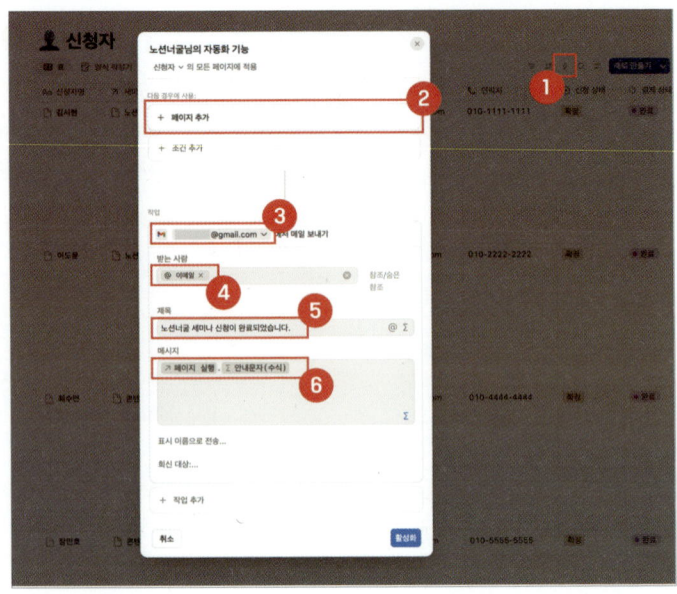

을 활용해 수식으로 만든 '안내문자 속성'을 클릭해 설정합니다.

06 신청자 설문을 위한 양식 생성

이제 신청을 받을 수 있는 양식을 제작하겠습니다. ❶ [+] 버튼을 클릭해 ❷ '양식 보기'를 추가한 후 [질문 만들기] 버튼을 클릭해 질문을 생성합니다. 질문은 세미나, 신청자명, 이메일, 연락처, 신청경로만 남기고 지워 줍니다.

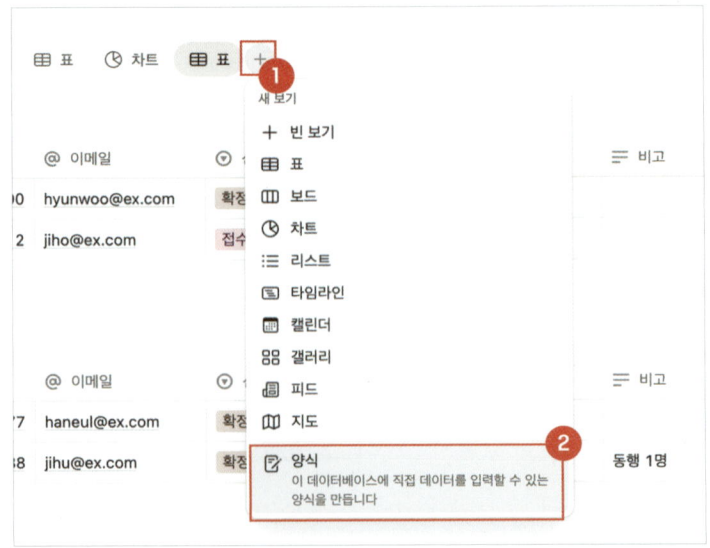

질문을 변경해 줄 때는 [속성 이름과 동기화] 토글을 비활성화하는 것으로 질문 내용을 변경할 수 있습니다.

LESSON 02 _ 수식을 활용한 노션 자동화 세팅

이렇게 생성한 차트는 [링크가 있는 웹의 모든 사용자 권한]으로 변경한 후 링크의 형태로 신청자들에게 공유합니다. 권한 설정을 위해 ❶ 양식에 [변경] 버튼을 클릭 후 ❷ [링크가 있는 모든 사용자]를 ❸ [링크가 있는 웹의 모든 사용자] 항목으로 변경합니다.

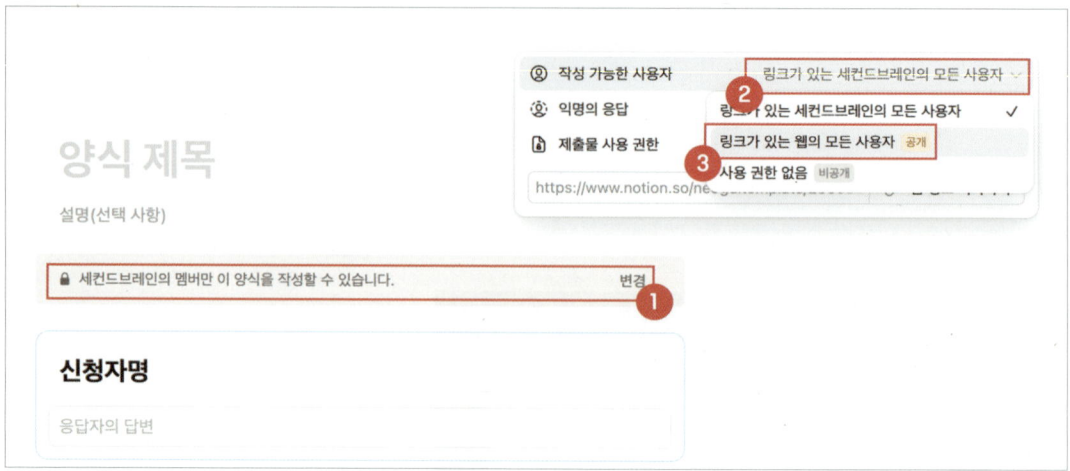

그럼 '관계형'으로 연결된 세미나 데이터베이스로 인해 다음과 같은 팝업창이 나옵니다.

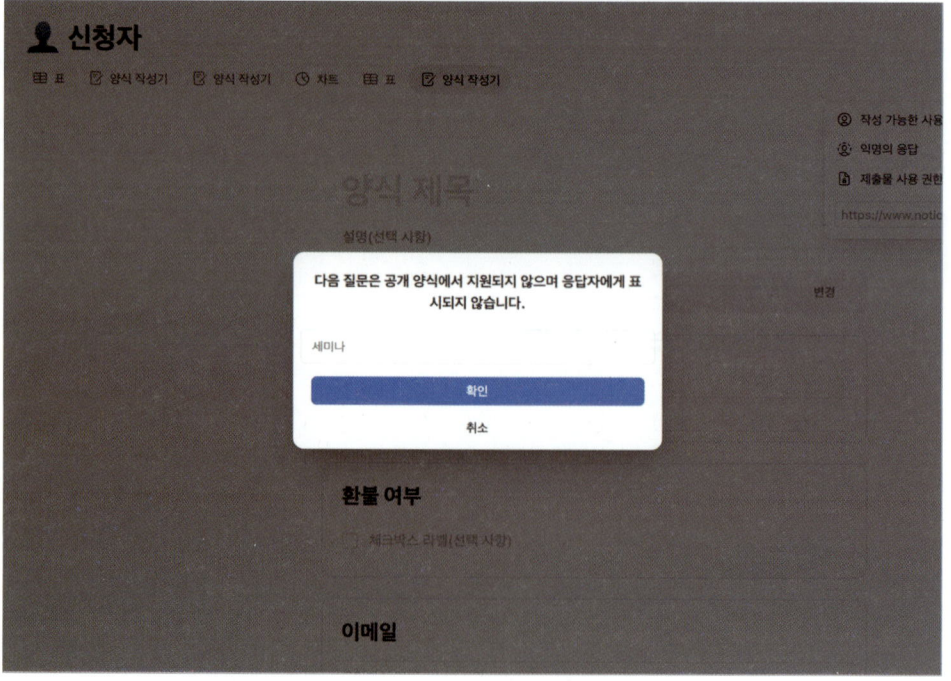

이런 경우에는 세미나 데이터베이스를 ❶ [게시] 상태로 전환한 후 ❷ [템플릿으로 복제] 토글을 비활성화합니다.

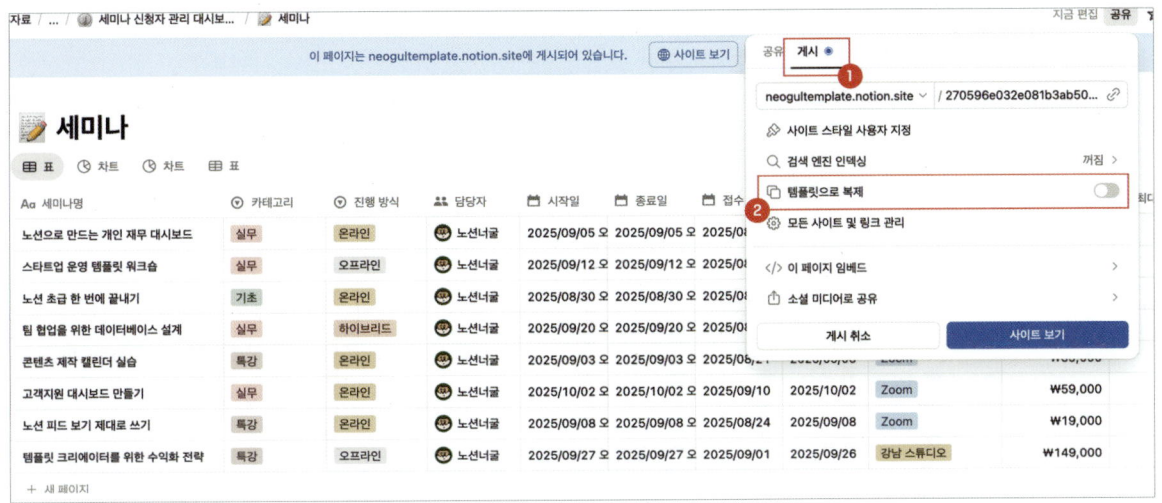

07 데이터 분석을 위한 차트 보기 생성

다음은 데이터 분석을 위한 차트를 생성하겠습니다. 첫 번째 차트로, 신청자들이 신청경로 비율을 확인하겠습니다. 신청자 데이터베이스에서 '차트 보기'를 생성하고 ❶ [차트 유형] → [파이 차트] 항목으로 선택하고 ❷ [표시 대상] → [신청경로] 항목으로 선택합니다.

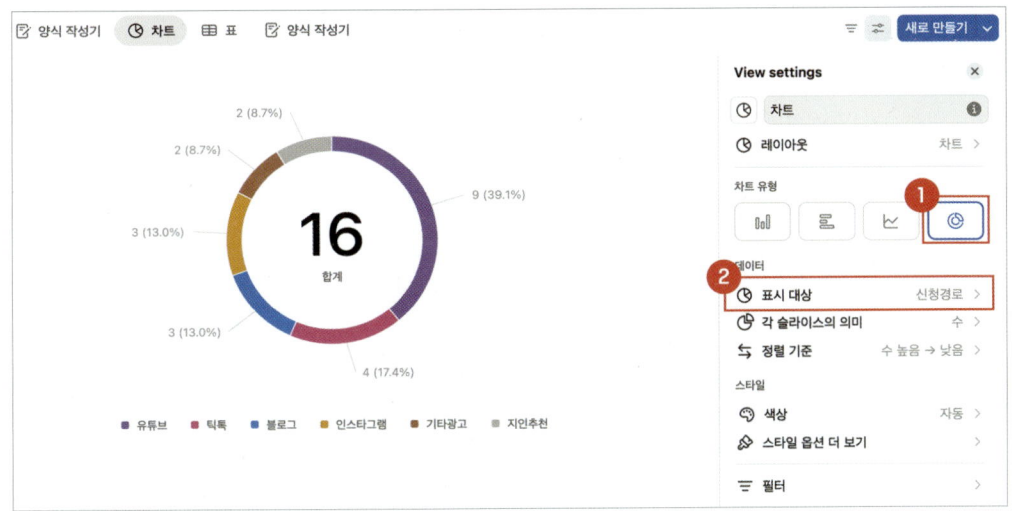

두 번째 차트로, 세미나별 신청현황을 쉽게 보겠습니다. '세미나 데이터베이스'에서 '차트 보기'를 생성하고 ❶ [차트 유형] 항목을 [세로 막대 차트]로 설정합니다. ❷ [X축 표시대상] 항목을 [세미나명]으로, ❸ [Y축 표시대상] 항목을 [신청 현황(값)]으로 선택합니다.

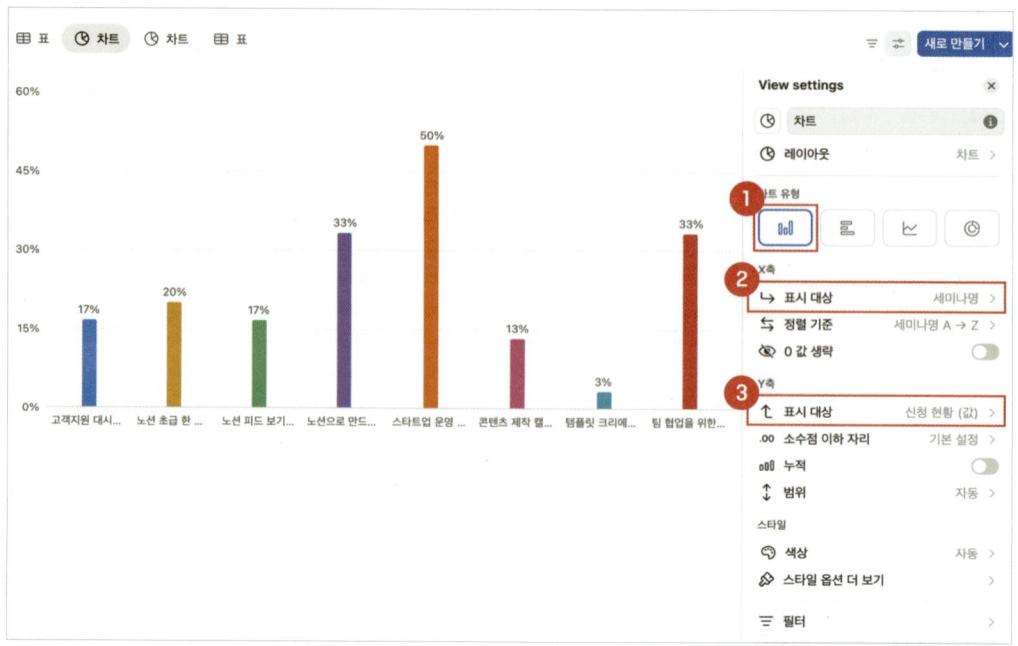

세 번째 차트로, 세미나별 금액 합계를 쉽게 보기 위해, '세미나 데이터베이스'에서 '차트 보기'를 추가하고 ❶ [차트 유형] → [세로 막대 차트] 항목을 선택하고 ❷ [X축 표시 대상] → [세미나명] 항목으로, ❸ [Y축 표시 대상] → [참가자 합계(값)] 항목으로 선택합니다.

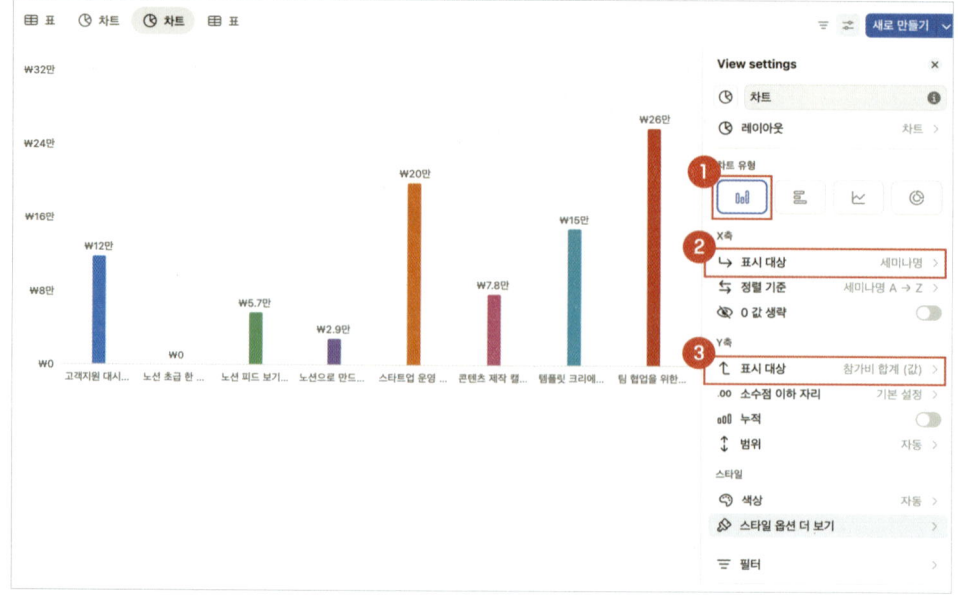

08 보기 링크 복사를 활용한 대시보드 제작

보기 제작이 끝났다면 대시보드 작업을 통해 한눈에 데이터를 보기 좋게 구성합니다. 신청자 데이터베이스는 세미나를 기준으로 그룹화를 해줍니다. ❶ 설정에서 그룹화를 선택하고 ❷ 그룹화 기준을 세미나로 설정합니다.

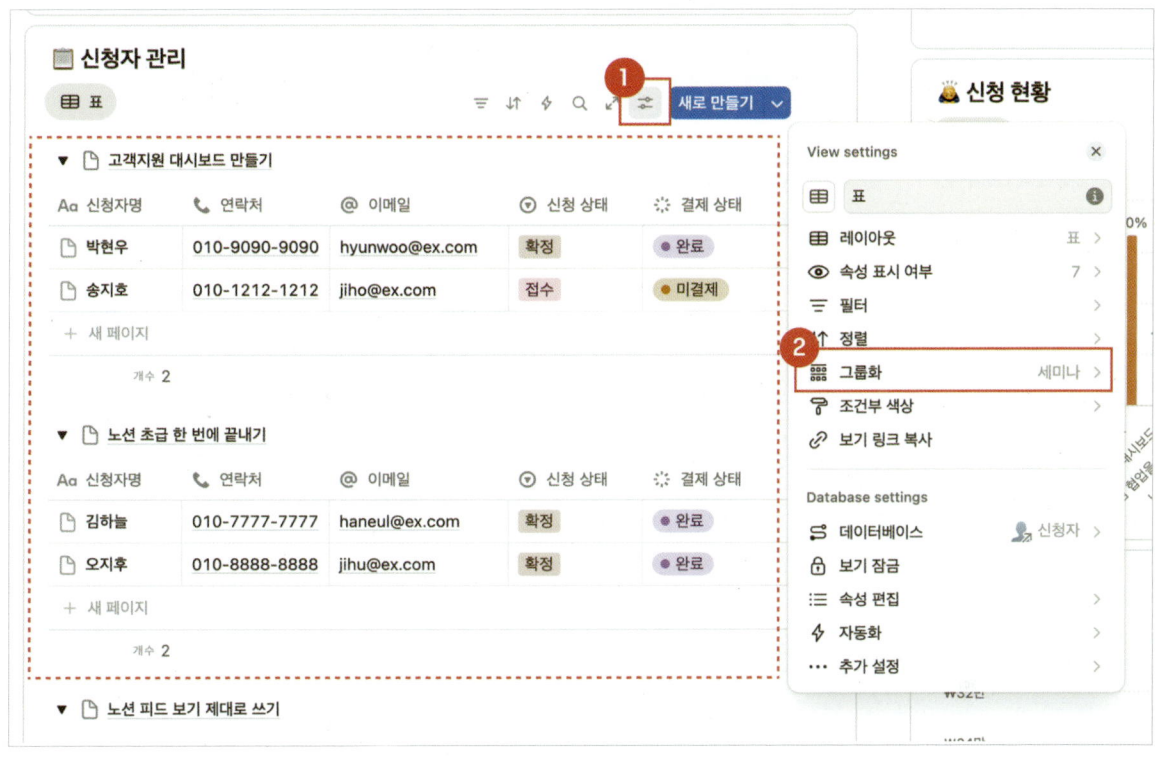

앞서 제작한 나머지 보기도 [보기 링크 복사] 기능을 활용해 콜아웃 박스에 넣어 준 뒤 원본은 "페이지 전환" 후 콜아웃 박스에 넣어 하단에 배치합니다.

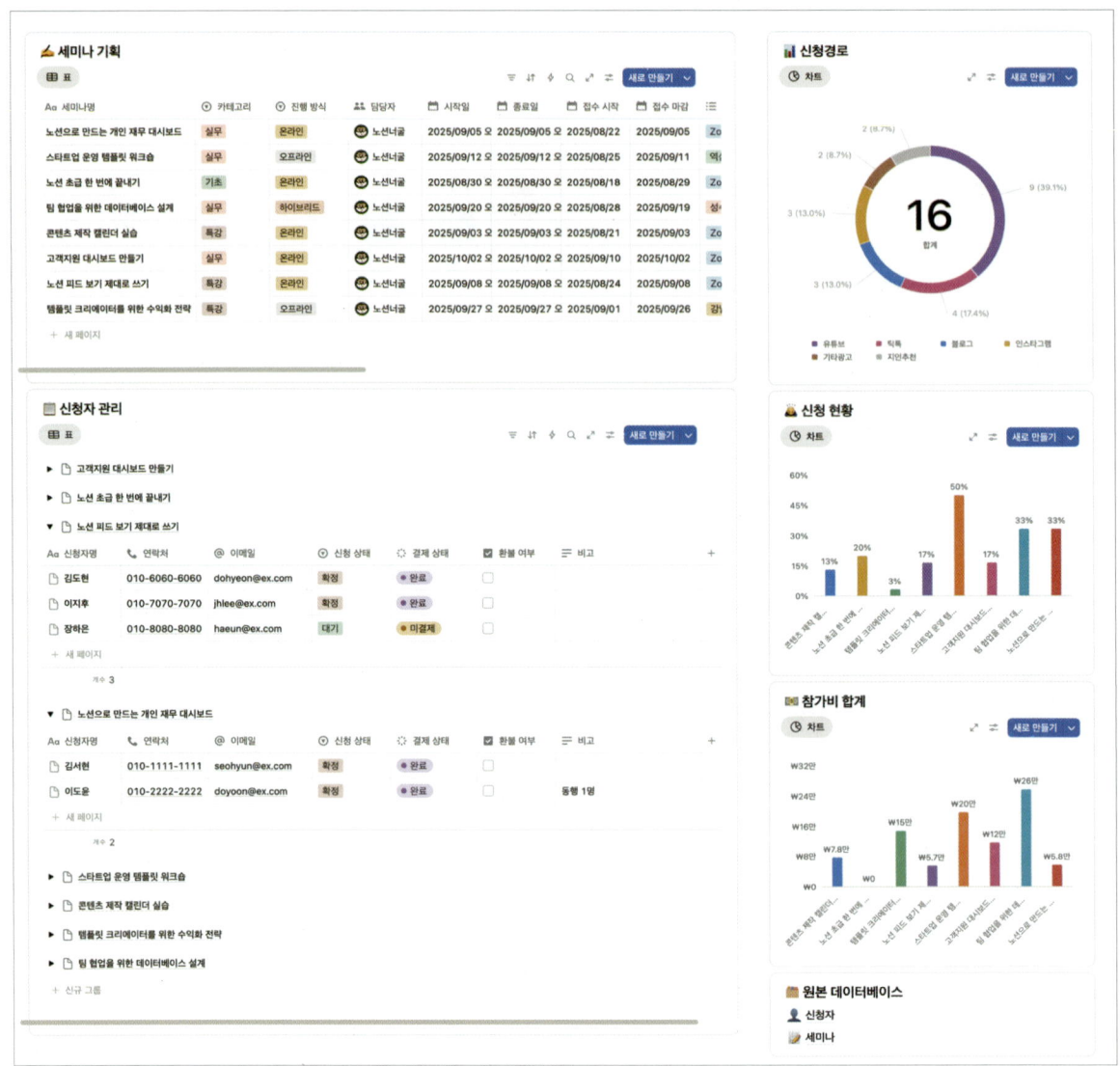

이번 실습으로 노션 양식으로 신청자를 취합받고 받은 데이터를 활용해 자동 메일 전송 및 차트를 활용한 데이터 분석까지 모두를 할 수 있는 시스템을 제작해 보았습니다. "Chapter 02. 노션 데이터베이스"부터 "Chapter 05. 노션 마스터만 쓴다는 수식과 자동화"까지 데이터베이스에 대한 지식을 쌓아 갔던 것을 복합적으로 활용해 자신만의 자동화 시스템을 제작해 보세요.

UX 꿀팁 | 노션 AI를 활용한 노션 수식 생성 방법

노션의 수식은 수식과 알고리즘에 이해가 부족한 분들에게는 어려운 영역일 수 있습니다. 하지만 이러한 어려움도 AI의 도움을 받으면 생각보다 간단히 해결할 수 있습니다.

이번에는 노션 AI의 도움을 받아 노션 수식을 생성해 보는 연습을 하겠습니다. 앞서 배운 "자주 사용되는 수식 상황"의 내용을 AI를 활용해서 제작해 보겠습니다. 노션 AI 외에도 ChatGPT, Copilt과 같은 다른 AI 앱을 사용해도 무방합니다. 하지만 가장 노션에 최적화된 AI가 노션 AI인 만큼 이번에는 노션 AI를 활용해 보겠습니다.

우선 AI가 이해하기 쉽게 명령을 해줘야 합니다. 이를 위해서 어떤 목적으로 수식을 만들고 제안 조건이 무엇인지 구체적으로 설명해주는 것이 중요합니다. 특히 현재 속성의 유형, 계산 시 참고할 수 있는 예제 함수를 넣는다면 더 정확한 결과물을 얻을 수 있습니다. 예제 함수는 노션 함수의 설명을 복사해서 넣어주세요.

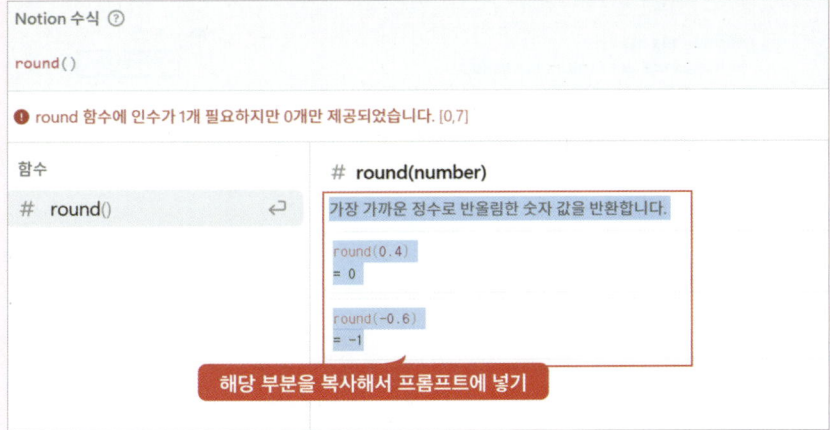

앞선 예시에서 진행률 반올림을 위한 수식을 제작한다고 가정했을 때 다음과 같이 프롬프트를 작성해 줄 수 있습니다.

프롬프트:
프로젝트 관리를 노션으로 하고 있어. '진행률'을 소수점 둘째 자리로 반올림해서 깔끔한 결과를 얻고자 해. 제작 시 참고할 사항이야.

1. '진행률'은 롤업을 활용해 만들었어. 가장 먼저 롤업을 숫자 형식으로 전환해야 해
2. 노션의 round 함수에 결과를 넣었을 때 예시: round(0.4)=0

참고사항을 충분히 고려해서 노션 수식을 작업해줘.

노션 AI를 사용한 결과 다음과 같이 출력이 됩니다. 나온 수식을 복사해서 '수식 속성'에 붙여 넣습니다. 이때 생기는 오류는 속성이 올바르게 들어가지 않아 생기는 오류입니다. 속성 부분만 지우고 데이터베이스의 속성으로 넣어 주면 오류가 사라집니다.

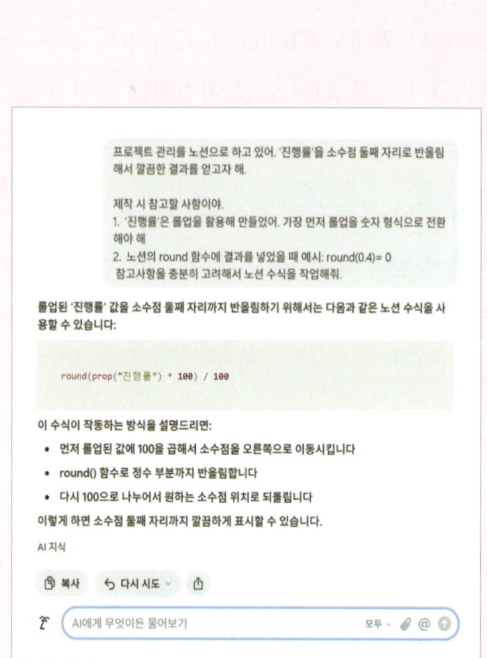
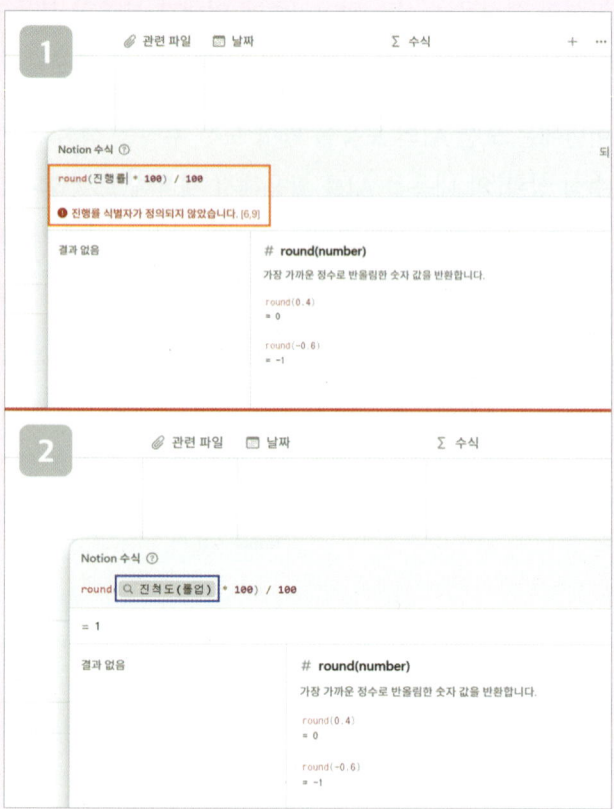

이번에는 D-Day 표시 함수를 노션 AI를 활용해 만들어 보겠습니다. 프롬프트는 다음과 같이 작성하였습니다.

프롬프트:

마감일을 기준으로 디데이를 D-남은 일, D-Day, D+지난 일 형태로 출력하고자 해
제작 시 참고할 사항이야.

1. '날짜' 속성과 현재인 today함수의 차이는 dateBetween 함수를 활용해
   예시: dateBetween(parseDate("2030-01-01"), now(), "years") = 5
2. ifs 함수를 사용해서 차이에 대한 결과가 양수, 음수, 0일 때 결과물이 다르게 만들어줘

참고사항을 충분히 고려해서 노션 수식을 작업해줘.

앞서 제작한 수식과 비교했을 때 거의 동일한 결과로 출력된 것을 볼 수 있습니다.

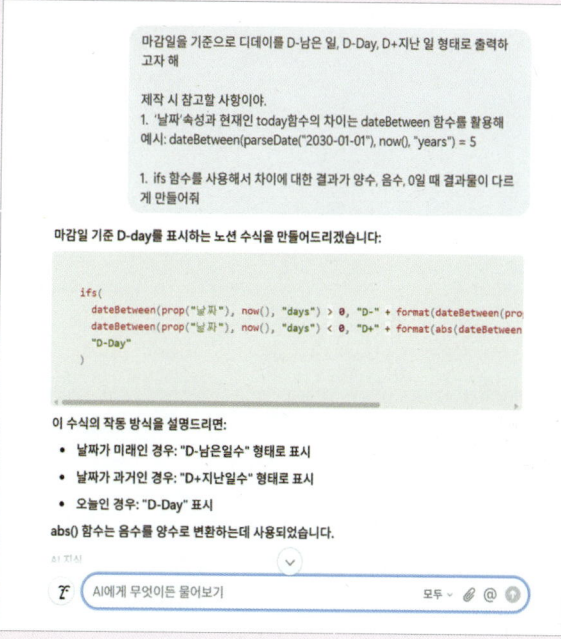

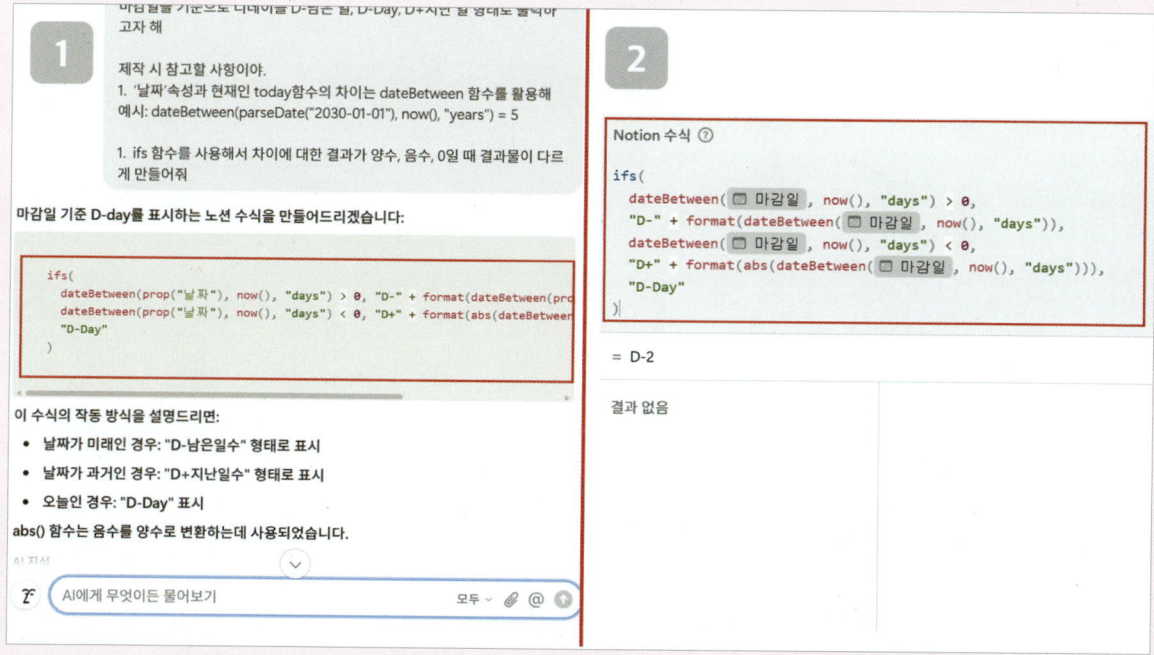

CHAPTER 06

제대로 쓰는 노션 AI

ChatGPT, Claude, Perplexity 등 다양한 AI 도구들이 이제는 일상에서 없어서는 안 될 만큼 가까워졌습니다. 각 AI 도구들의 특징과 장단점 속에서, 노션 AI만의 강점과 매력을 함께 살펴봅시다.

LESSON 01 AI로 만드는 노션 페이지

오늘날 "툴의 전쟁"이라 불릴 만큼 수많은 생산성 도구들이 쏟아져 나오고 있습니다. 특히 ChatGPT의 등장 이후, AI 관련 툴들이 대거 출시되면서 우리는 더욱 다양한 선택의 기로에 서게 되었죠. 그렇다면 이 많은 도구들 중 왜 노션 AI를 사용해야 할까요? 노션 AI만의 장점과 다른 AI 툴과의 차별점은 무엇일까요? 이러한 차이를 이해하고 활용한다면, 노션 AI를 단순한 기능 이상의 생산성 도구로 제대로 활용할 수 있습니다.

이제부터 노션 AI가 어떤 차별점을 가지고 있는지 하나씩 살펴보도록 하겠습니다.

노션 AI 핵심 차별점

01. 노션 워크스페이스에 내장된 AI 어시스턴트

노션 AI는 외부 플랫폼을 오갈 필요 없이, 노션을 활용해 문서를 작성하거나 편집할 때 바로 활성화할 수 있는 AI 도구입니다. 문장을 쓰는 도중 `Space Bar`를 누르거나, 마우스 포인터로 드래그하여 강조 표시한 텍스트 상단에 나타나는 서식상자에서 "AI에게 요청"을 클릭하는 것으로, 자연스럽게 AI의 도움을 받을 수 있습니다. 이 흐름은 작업의 맥락을 유지하며, 몰입도를 높여 줍니다.

그동안 자사 AI 칩을 관세 부과 대상에서 제외해 달라고 트럼프 대통령에게 로비를 펼쳐왔다고 블룸버그는 선했다. 엔비디아는 칩 대부분을 대만에서 생산하기 때문에 미국으로 수입되는 반도체에 대한 관세는 엔비디아에 직격탄이 될 수 있다.

이와 관련해 엔비디아 칩 대부분을 만드는 TSMC도 반도체 품목관세 대상이다. 다만 류징칭 대만 국가발전위원회(NDC) 주임위원(장관급)은 이날 의회 브리핑에서 "대만의 주요 수출 기업이자 미국에 공장을 갖고 있는 TSMC는 반도체 관세에서 면제된다"고 말했다.

위 내용의 핵심을 요약해줘

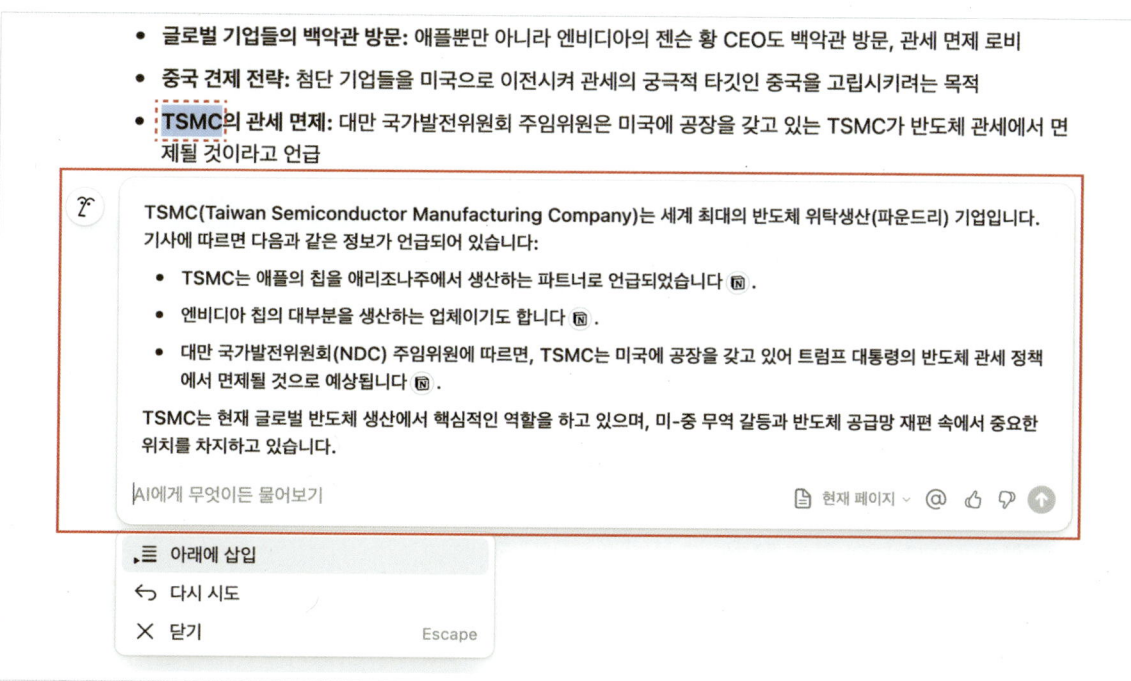

02. 강력한 문서 완성 기능(요약, 교정, 번역)

노션에 작성한 기획안, 블로그, 이메일, 회의록 등 교정이 필요한 내용을 굳이 다른 AI 플랫폼에 복사할 필요 없이, Space Bar 를 누르는 것으로 노션 AI를 호출해 즉시 교정할 수 있습니다.

LESSON 01 _ AI로 만드는 노션 페이지   317

또한 긴 글로 작성된 노션 페이지는 AI를 통해 핵심만 간추린 요약을 받을 수 있으며, 영어와 같이 외국어로 작성된 콘텐츠는 노션 AI 기능을 활용하는 것으로 클릭 한 번에 번역할 수 있습니다.

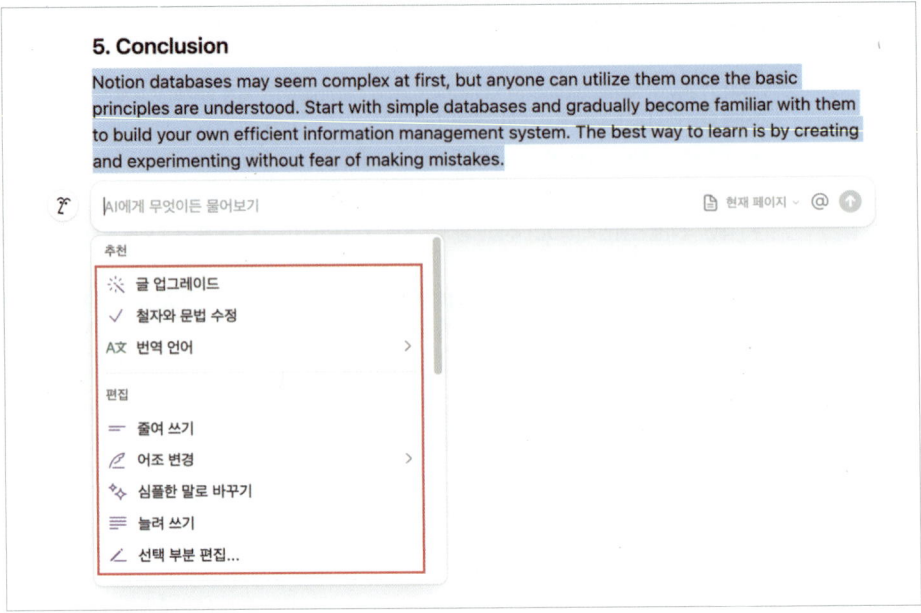

03. AI 기반 문답(Q&A) 및 통합 검색 기능

노션 AI는 단순한 문서 생성 도구를 넘어, Q&A 기능과 통합된 검색 비서 역할도 수행합니다. 노션(Notion), 슬랙(Slack), 깃허브(GitHub) 등과 연결되어 있기 때문에 여러 플랫폼에 흩어져 있는 정보를 하나의 질문으로 탐색하고 답변을 받을 수 있습니다.

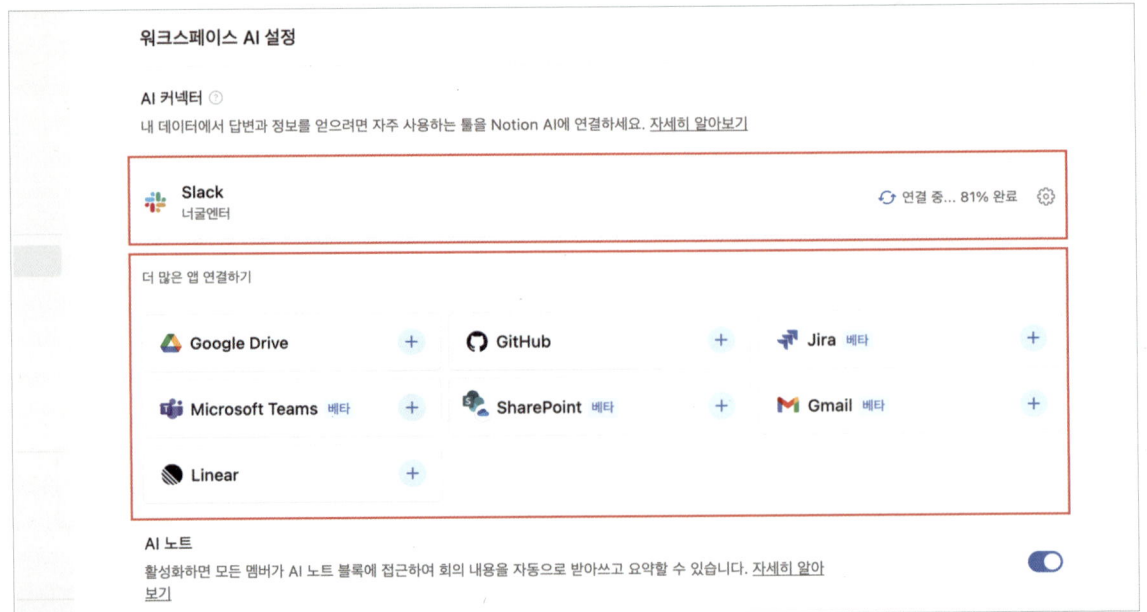

04. 회의록 자동 요약 및 액션 아이템 추출

베타 버전으로 제공되는 **AI 노트** 기능은 회의 내용을 빠짐없이 기록하고 싶을 때 유용합니다. 음성으로 진행된 대화를 AI가 자동으로 요약해 블록 기반 형식으로 정리하며, 전체 대화 내용은 **'받아쓰기' 탭**에서 확인할 수 있습니다. 이를 통해 중요한 내용을 놓치지 않았는지 다시 확인하고, 회의 기록의 완성도를 높일 수 있습니다. AI 노트 기능을 사용하는 방법은 다음과 같습니다. ❶ //를 누른 후, ❷ 노션 기능 팝업창의 [AI 노트] 항목을 클릭합니다. 해당 기능은 PC에선 제한된 오디오로 제한되어 있기에, 노션 앱을 활용하여 사용하는 것을 권장합니다.

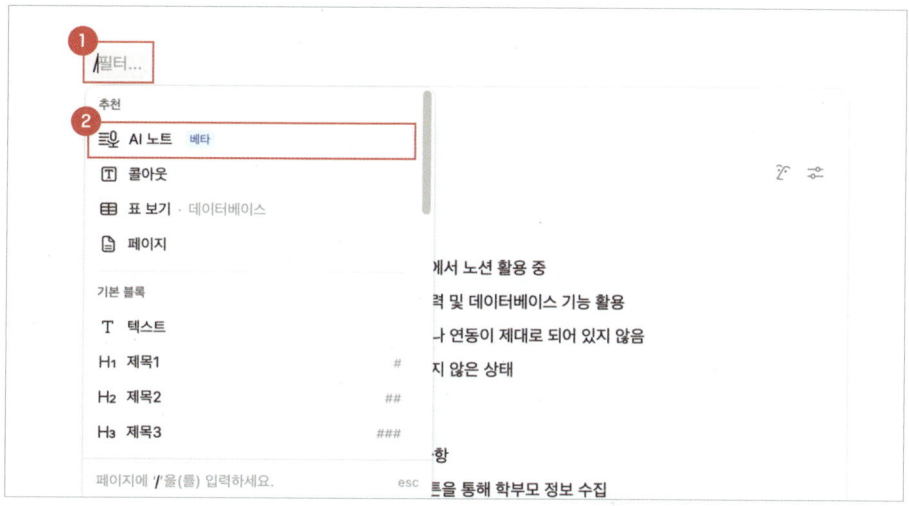

05. AI 페이지 및 데이터베이스 자동 생성

노션 AI가 더해지는 순간, 노션은 단순한 메모장을 넘어서는 경험을 제공합니다. 앞선 챕터에서 배운 페이지와 데이터베이스 제작에서도 큰 도움을 받을 수 있습니다.

예를 들어, 마케팅팀의 회의록 데이터베이스를 만들고 싶을 때 "마케팅 회의록"이라는 간단한 설명만 입력하면, 노션 AI가 자동으로 필요한 데이터베이스 구조를 설계합니다.

또한 각 데이터베이스에 연결된 템플릿 페이지 역시 AI에게 요청하면 손쉽게 생성할 수 있습니다. 원하는 노션 데이터베이스를 구성할 때 AI의 도움을 받는다면, 제작 시간을 50% 이상 단축하는 효과를 경험할 수 있습니다.

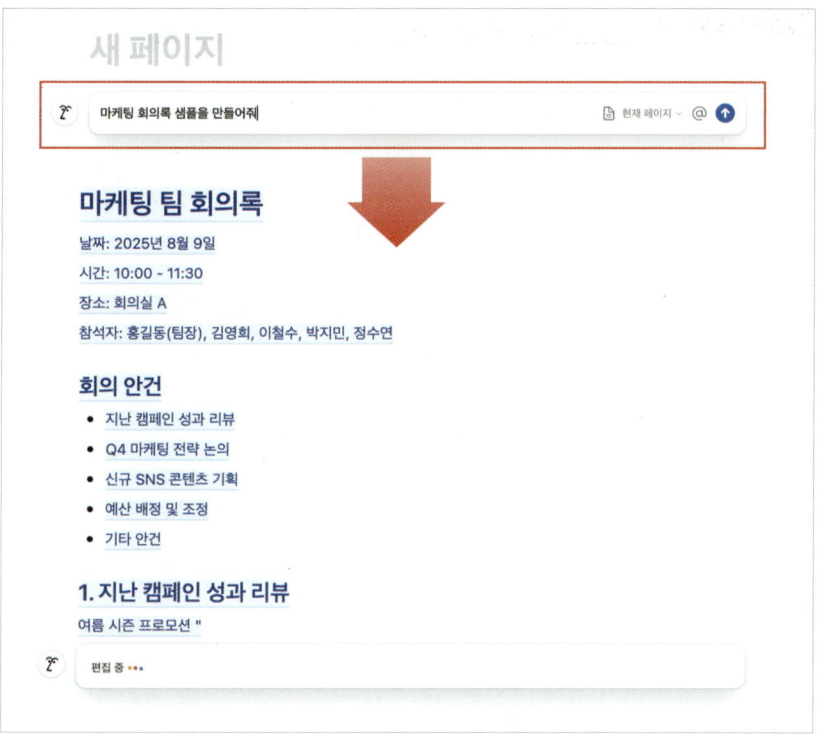

노션 AI로 페이지 템플릿 만들기

앞서 "Chapter 03. 노션 데이터베이스 활용"에서 데이터베이스의 반복 양식인 페이지 템플릿에 대해 살펴보았습니다. 당시에는 노션의 기본 블록을 활용해 직접 페이지 양식을 구성했으며, 이를 효율적으로 제작하기 위해서는 단축키를 숙지하는 것이 필수였습니다.

하지만 이제는 노션 AI를 활용하면, 단축키를 일일이 기억하지 않아도 훨씬 빠르고 간편하게 페이지 템플릿을 제작할 수 있습니다.

이번에는 포트폴리오로 활용할 연구 결과 페이지를 노션 AI를 활용해 제작해 보겠습니다.

01. 노션 AI 호출 및 프롬프트 입력

[+] 버튼을 클릭해 페이지를 하나 추가한 후 페이지 제목을 "연구 결과 정리"로 입력합니다.

노션 AI를 호출하기 위해 Space Bar 를 누릅니다. 프롬프트를 적는 칸이 나오게 되면 다음과 같이 프롬프트를 입력합니다.

프롬프트:
연구 결과를 체계적으로 정리할 페이지 샘플을 만들어 줘. 각 소제목에 맞게 적절한 노션 블록을 활용해서 제작하고 가독성을 신경써서 페이지를 제작해 줘. 주의사항으로 토글 사용은 지양해 줘.

프롬프트를 입력할 때는 위의 예시처럼 주요 목적과 노션 블록의 활용 방법을 고려해서 구체적으로 작성하는 것이 좋습니다. 이번 예시의 경우 연구 결과를 정리하는 페이지를 제작하고자 했기에, 클릭해야 내용이 보이는 토글 사용을 지양해서 제작하고자 했고, 이를 반영해서 결과물이 나온 것을 볼 수 있습니다.

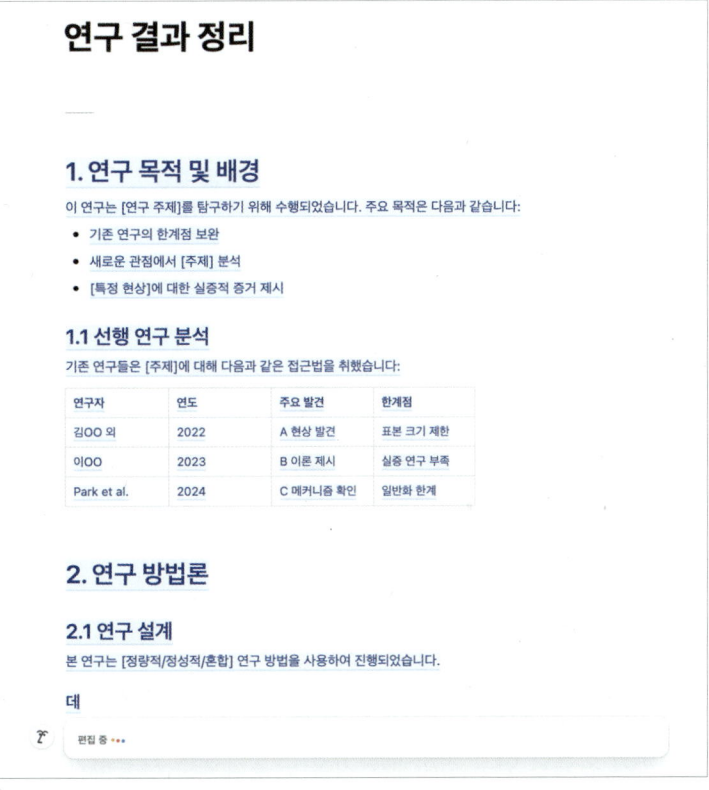

02. 자동 생성된 텍스트 수정 및 보완

노션 AI가 만든 결과물은 대체적으로 훌륭하지만 의도와 다르게 제작된 부분이 있을 수 있습니다. 이런 경우라도 노션은 블록 기반으로 수정이 용이하기 때문에 앞선 "Chapter 01. 노션과 첫 만남"에서 배운 "기본 블록 10가지 필수 단축키"를 활용해 원하는 형태로 블록을 수정해 줄 수 있습니다.

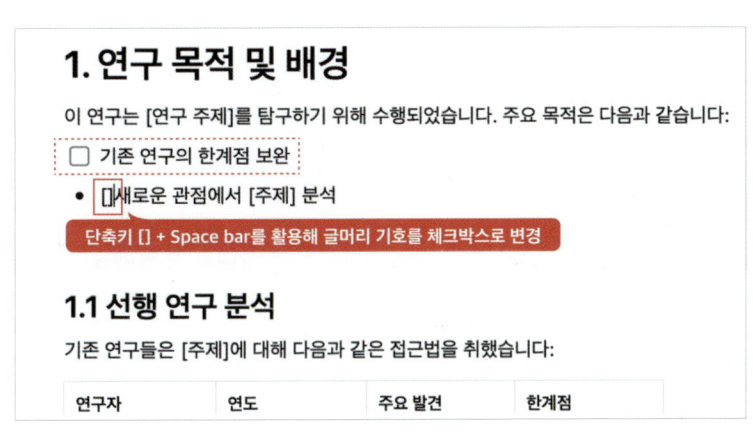

> **TIP** 한 번에 여러 블록을 수정하고 싶은 경우에는 여러 블록을 마우스 포인터로 드래그한 후, 드래그한 블록 좌측의 점 6개를 클릭하여 메뉴 창의 [전환] 항목을 클릭해 수정이 가능합니다.

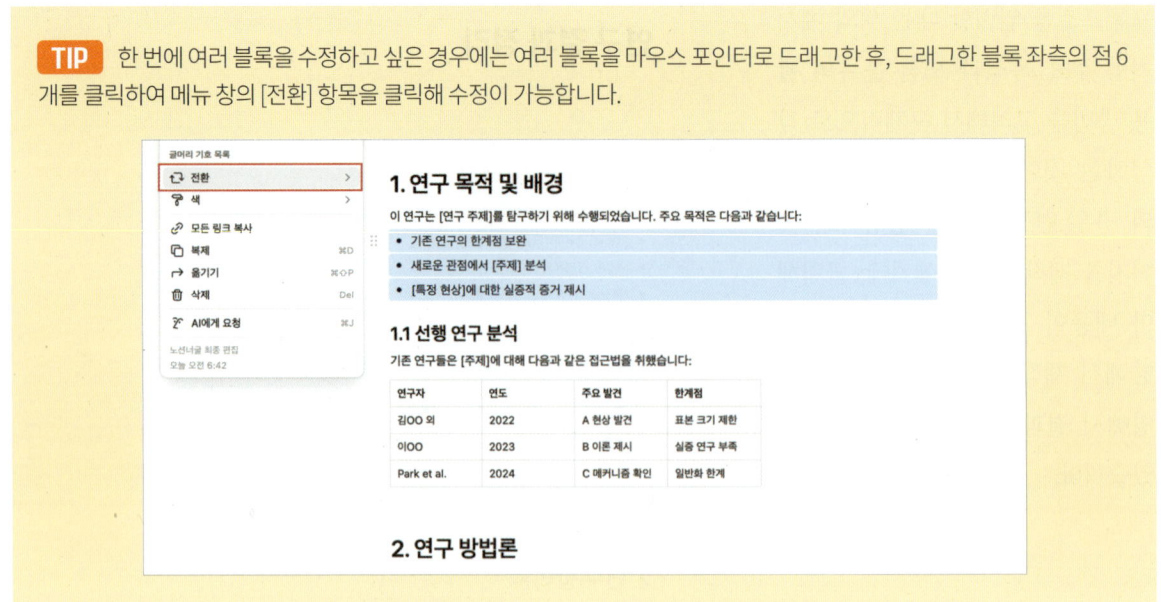

03. 데이터베이스 페이지 템플릿 제작

수정까지 완료된 연구 결과 페이지를 반복적으로 사용하기 위해 "Chapter 03. 노션 데이터베이스 활용"에서 배운 데이터베이스 페이지 템플릿으로 제작하겠습니다. 이를 위한 데이터베이스를 제작합니다.

다음과 같이 데이터베이스를 제작하였습니다.

연구 제목	제목 속성
연구자	다중 선택 속성
진행 상태	상태 속성
연구 기간	날짜 속성
참고자료	파일과 미디어 속성

❶ 데이터베이스 우측 상단 파란색 [새로 만들기] 버튼의 우측에 위치한 드롭다운 버튼을 클릭합니다.
❷ [새 템플릿] 버튼을 클릭하여 페이지 템플릿을 하나 생성합니다.

그 후 앞서 노션 AI로 제작한 페이지 내용을 전부 드래그한 후, Ctrl + C를 눌러 복사합니다. 그다음 생성한 페이지 템플릿에 Ctrl + V를 눌러 붙여 넣습니다.

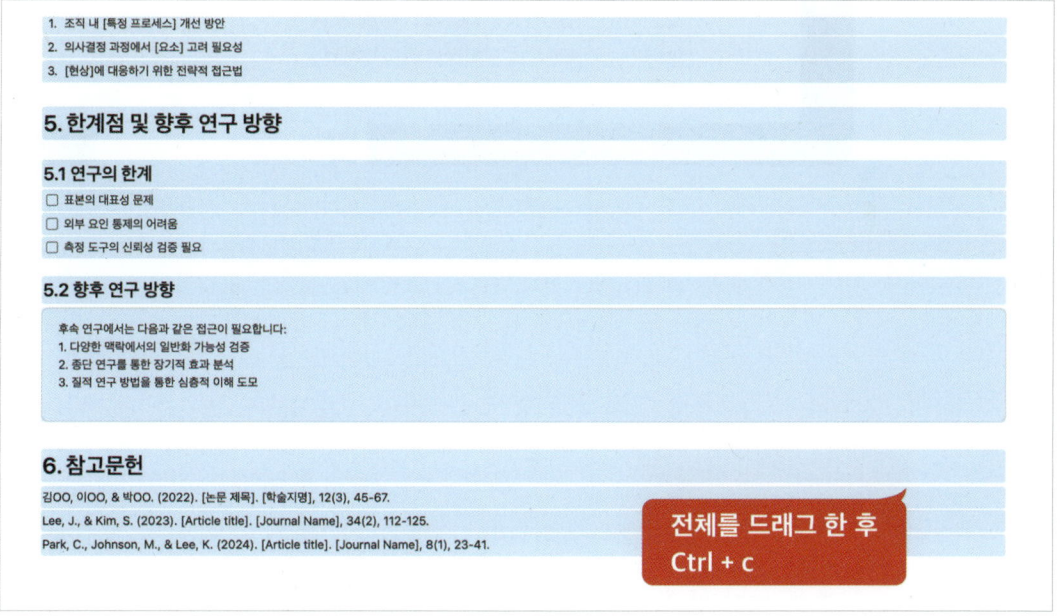

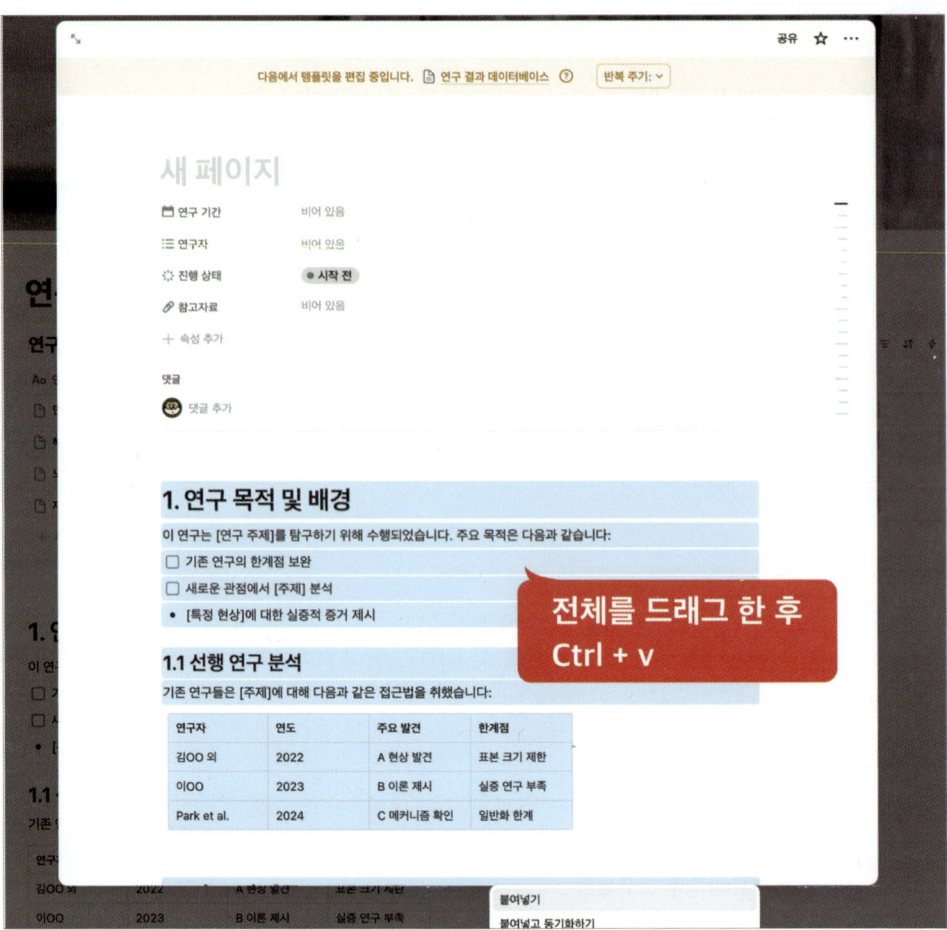

노션 AI 프롬프트 활용하기

앞선 실습 과정에서는 Space Bar를 눌러서 작성 중인 페이지에서 노션 AI를 호출해 사용했는데요, 이번에는 노션 AI 탭에서 프롬프트를 직접 입력하는 방식으로 노션 AI를 활용해 보겠습니다(해당 내용은 플러스 요금제 이상의 사용자용 인터페이스라 무료 요금제 사용자에게는 다르게 보일 수 있습니다.).

화면 좌측의 사이드바에서 [Notion AI] 아이콘을 클릭하면, 다음과 같이 프롬프트를 입력할 수 있는 칸이 나오게 됩니다.

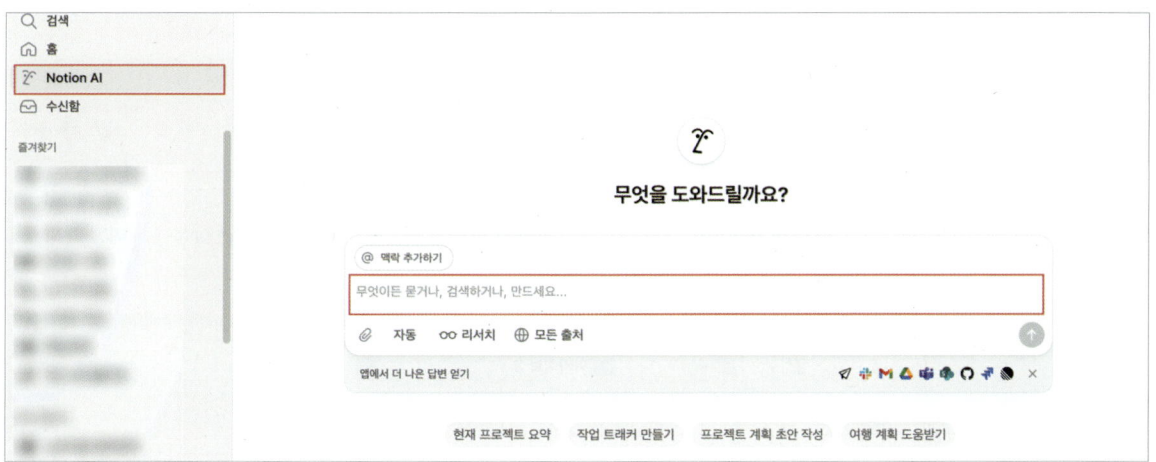

노션 프롬프트 입력 칸 하단에는 ❶ 프롬프트 유형과 출처 범위를 형태를 선택하는 기능이 있고 위에는 ❷ 노션 내 페이지로 맥락 범위를 설정하는 맥락 추가 기능이 있습니다.

LESSON 01 _ AI로 만드는 노션 페이지 **327**

클립 모양의 파일 아이콘을 클릭해 이미지나 PDF 파일을 업로드해 분석할 수 있습니다.

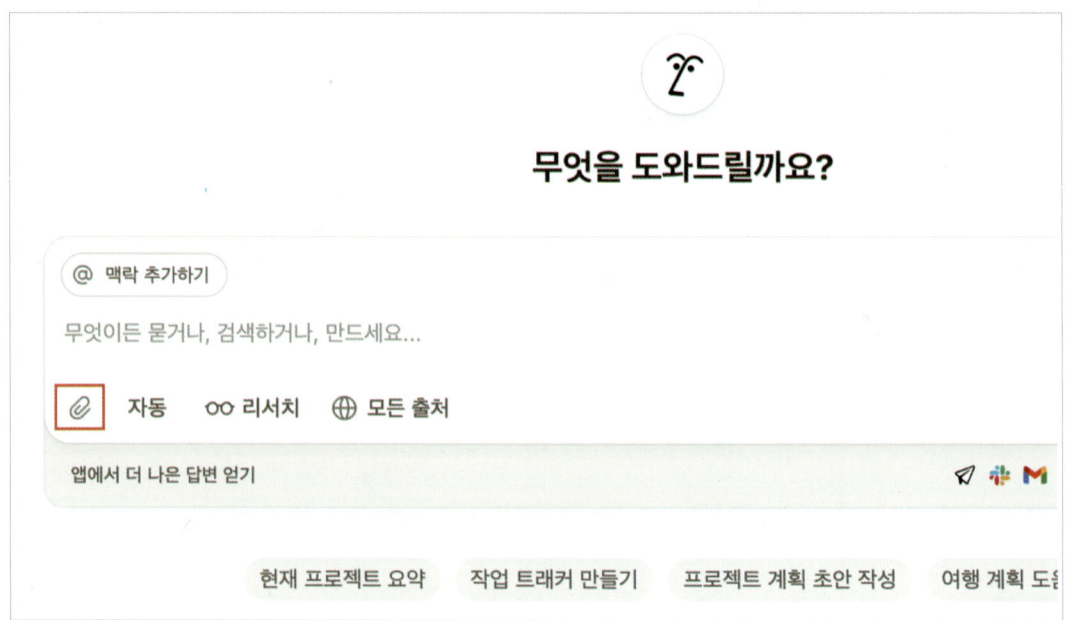

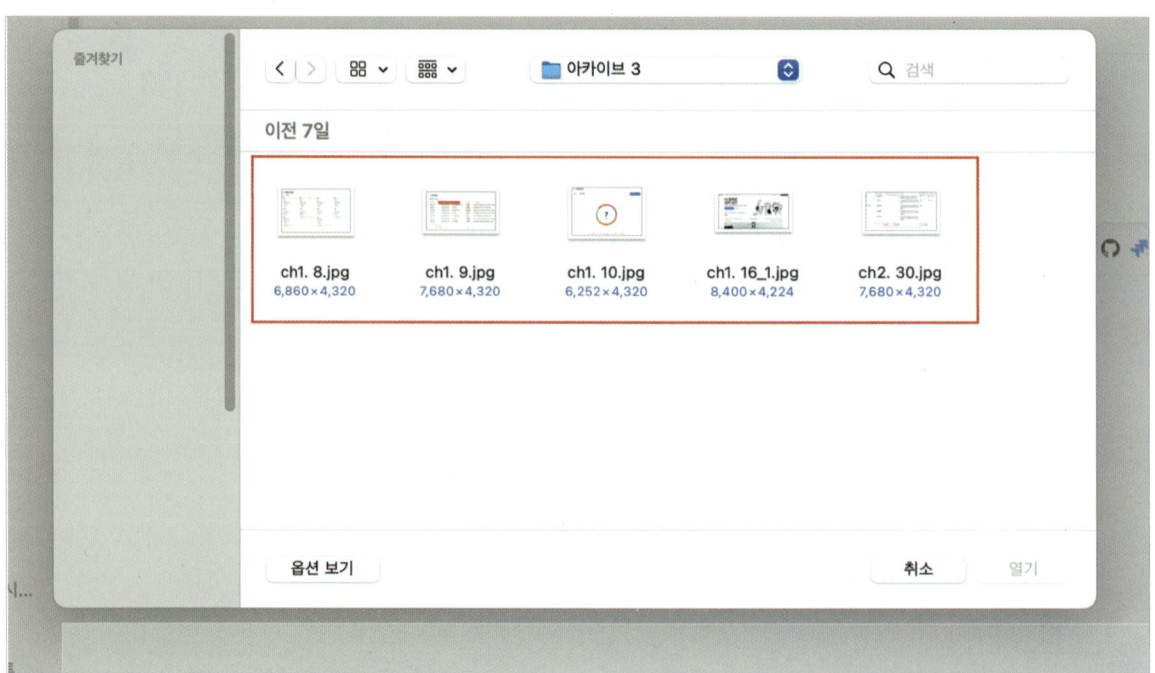

자동 기능을 활용하면 ChatGPT나 Claude, Gemini와 같은 인기 모델을 활용하여 입력한 질문에 대한 답변을 받을 수 있으며, 해당 답변을 노션 페이지에 저장하는 등의 기능을 지원하고 있습니다.

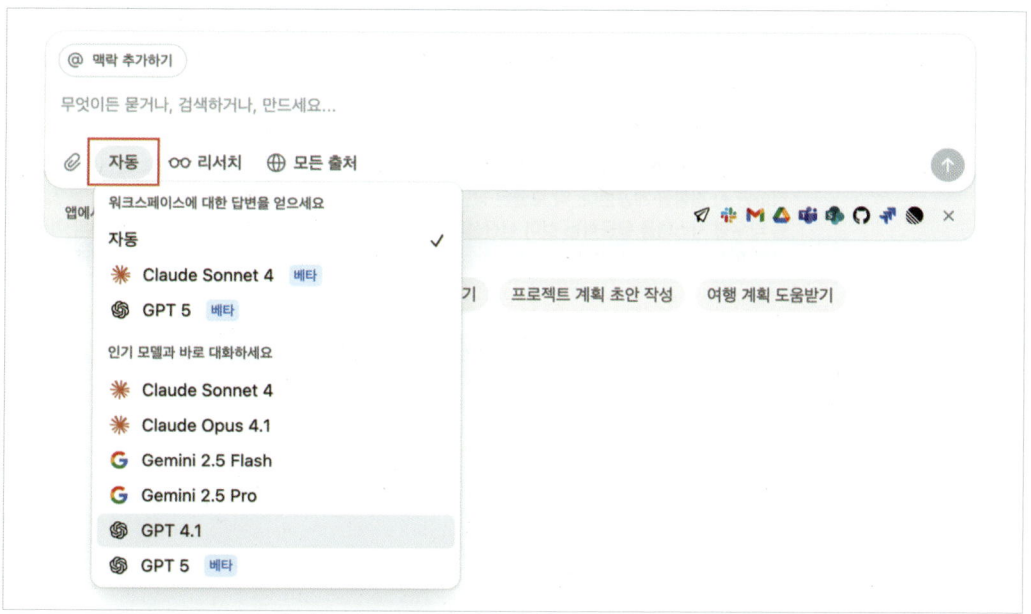

리서치 기능의 경우 내가 입력한 프롬프트에 따라 노션 워크스페이스 내에 기록한 내용과 웹에 있는 내용을 전부 찾아 리서치 결과물을 페이지 형태로 제공합니다. 출력되는데 시간이 조금 소요되지만 그만큼 자료조사가 뛰어나고 각 내용의 출처로 바로 이동할 수 있다는 장점을 가지고 있습니다.

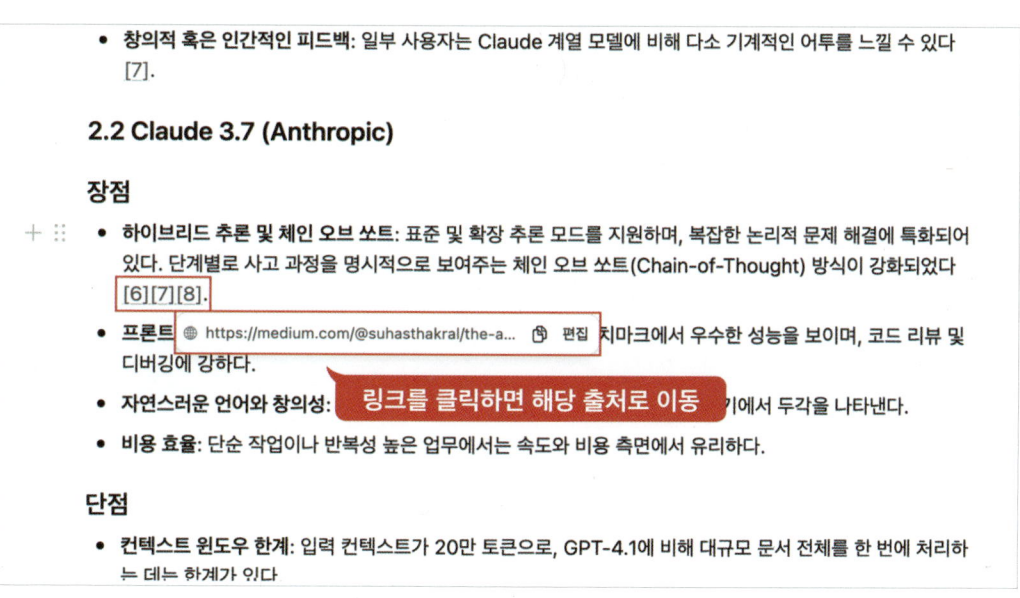

질문 기능과 리서치 기능을 통해서 나온 결과물은 하단에 [페이지로 저장하기] 버튼을 클릭해 나의 워크스페이스 내 페이지로 바로 저장할 수 있습니다.

LESSON 02 AI로 만드는 노션 데이터베이스

 앞선 Chapter 02 ~ 04 내용을 통해 노션에서 데이터베이스가 얼마나 중요한 요소인지 살펴보았습니다. 특히 노션 데이터베이스의 핵심인 '제목 속성'의 개념을 제대로 이해했다면, 이제는 노션 AI를 활용해 더욱 효과적으로 데이터베이스를 생성할 수 있습니다.

이번에는 노션 AI를 사용해 데이터베이스를 어떻게 만들 수 있는지, 하나씩 차근히 살펴보겠습니다.

AI가 데이터베이스 기준을 알까?

AI를 활용한 데이터베이스 생성은 이후 과정에서 소개할 내용처럼 매우 간단하게 구현할 수 있습니다. 하지만 그 전에 노션 데이터베이스의 구조와 개념을 충분히 이해하고 있어야, AI 기능을 100% 이상 효과적으로 활용할 수 있습니다.

그 이유는, 노션 AI가 데이터베이스 기준을 완벽하게 반영해 줄 수는 없기 때문입니다. 데이터베이스 기준인 '제목 속성'에 대한 완벽한 이해를 바탕으로 AI가 생성해 준 데이터베이스를 수정하고 보완해야 진짜 "자신에게 맞는 데이터베이스"가 완성됩니다.

이후 과정에서 AI를 활용해 데이터베이스를 생성하는 방법뿐만 아니라 제대로 수정하고 활용하는 방법까지 하나씩 다뤄 보겠습니다.

노션 AI로 데이터베이스 만들기

데이터베이스를 AI로 만드는 법은 크게 2가지가 있습니다. 가장 먼저는 [노션 AI] 탭을 활용해서 데이터베이스를 제작하는 방법을 먼저 다뤄 보겠습니다.

01. Notion AI 탭에서 제작

노션 사이드바의 [Notion AI] 아이콘을 클릭하여 프롬프트 화면으로 이동합니다.

구상하고자 하는 노션 데이터베이스에 대한 내용을 프롬프트 형식으로 입력합니다. 이때 제목 속성에 대한 기준과 샘플 값을 추가해 달라는 명령, 한글로 만들어 달라는 명령을 추가해 주세요.

프롬프트:
학생 관리 데이터베이스를 만들어줘. 주의사항으로 제목 속성은 학생 고유번호로 만들어주고 모든 결과물은 한글로 만들어주고 속성 유형을 파악하기 쉽게 샘플 값을 3개 정도 넣어서 만들어줘

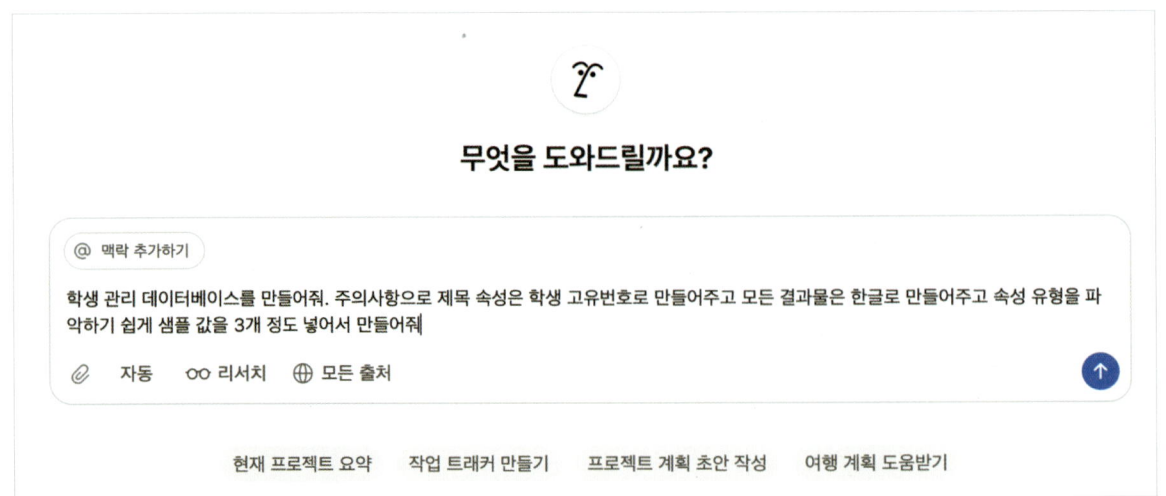

아래 예시를 보면 상단 이미지는 단순히 "학생 관리 데이터베이스를 만들어 줘."라는 요청으로 생성된 결과이며, 하단 이미지는 '제목 속성'에 대한 기준과 샘플 값을 추가해 달라는 명령, 한글로 만들어 달라는 명령을 넣은 프롬프트 요청을 반영한 결과입니다.

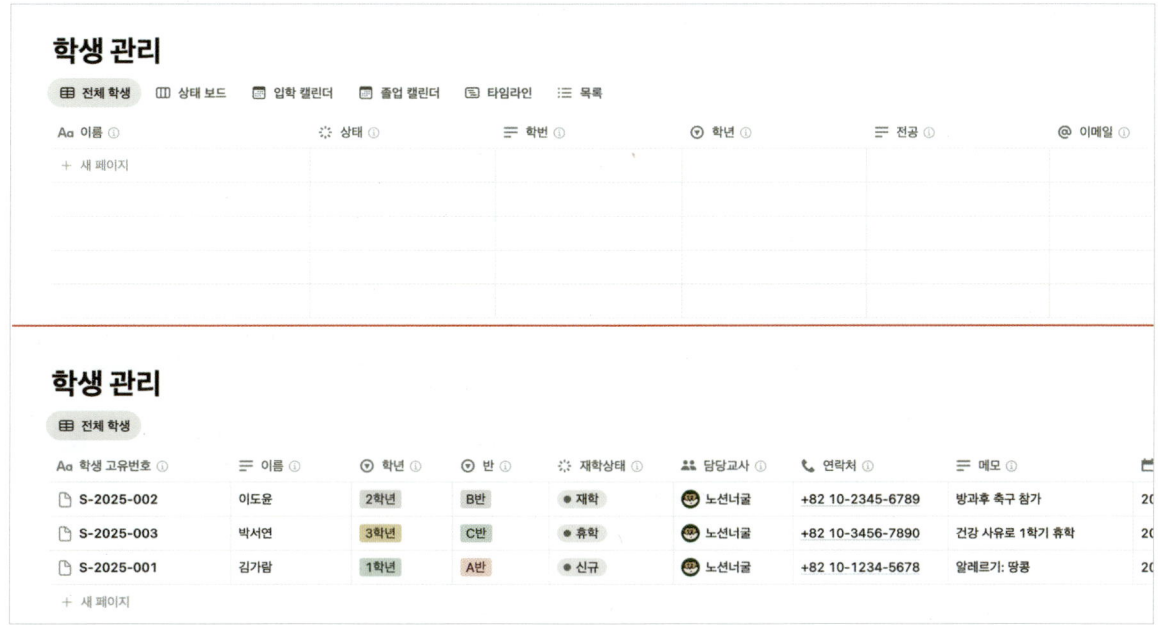

02. Notion AI 아이콘을 클릭해서 제작

또 다른 방법으로는 페이지 하단 [Notion AI] 아이콘을 클릭해 제작이 가능합니다. 페이지 하단에 [Notion AI] 아이콘을 클릭하면 다음과 같이 프롬프트가 열리게 됩니다. 이전과 동일한 프롬프트를 넣으면 해당 페이지에 바로 데이터베이스를 제작해 줍니다.

LESSON 02 _ AI로 만드는 노션 데이터베이스   333

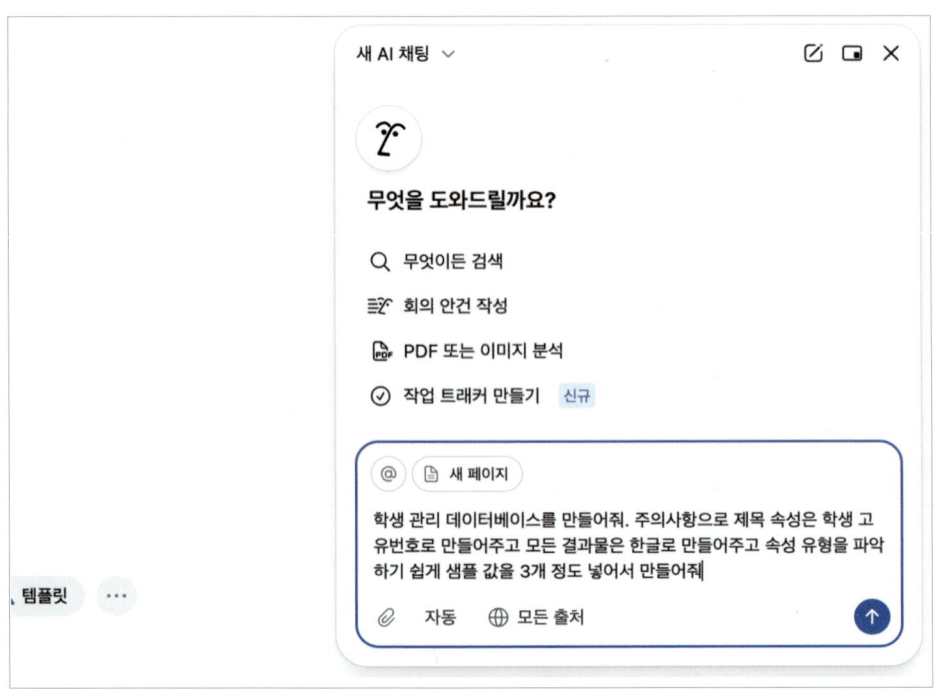

이런 과정을 활용해서 노션 데이터베이스를 제작하면 데이터베이스의 기준이 잘 잡힌 형태로 빠르게 데이터베이스를 생성할 수 있습니다. 특히 노션 앱에서 바로 데이터베이스를 만들 수 있다는 점은 워크플로우의 연속성을 유지하는 데 큰 도움이 됩니다.

실습 | AI로 고객 상담 일지 만들기

노션 AI만을 활용해 데이터베이스와 데이터베이스 템플릿을 제작해 보겠습니다.

- **실습 자료 파일**: AI로 고객 상담 일지 만들기

실습 미리보기 🔍

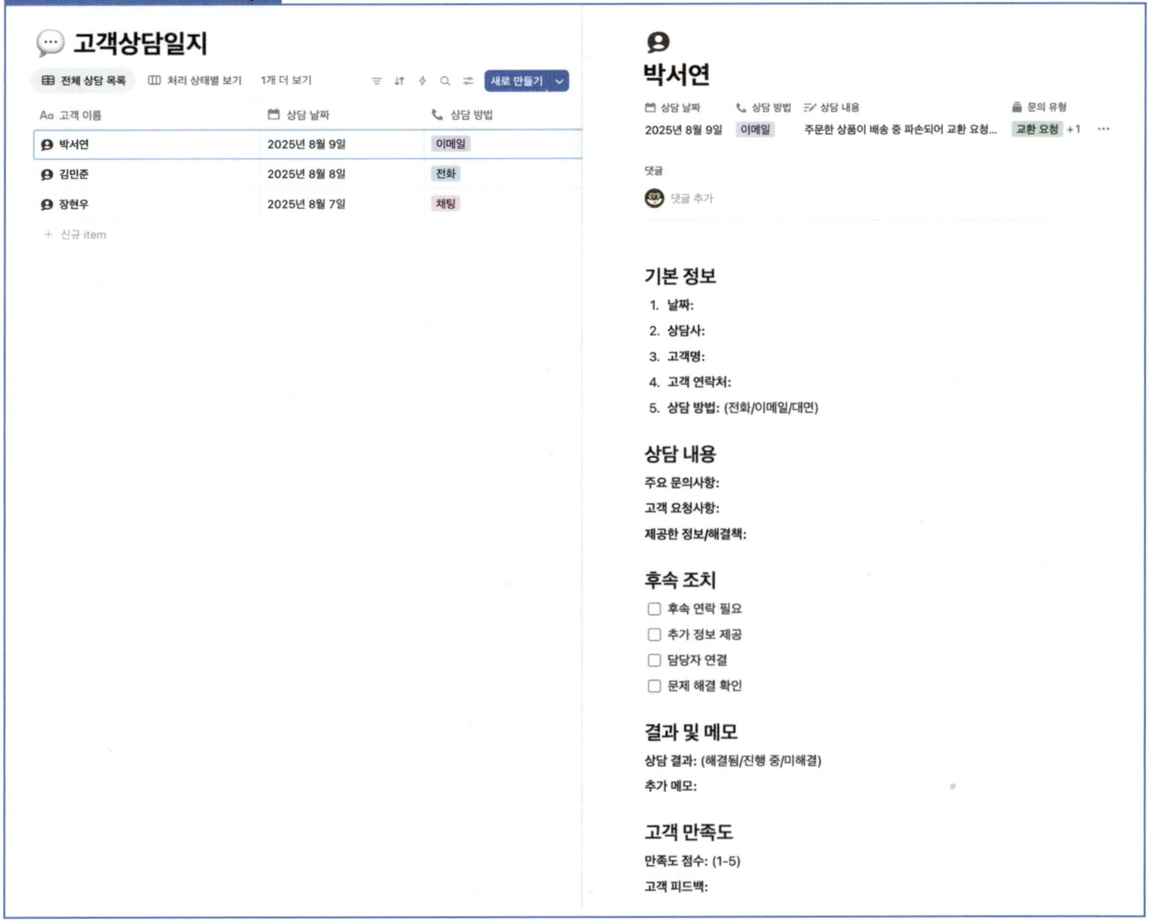

💬 **고객상담일지**

Aa 고객 이름	📅 상담 날짜	📞 상담 방법
👤 박서연	2025년 8월 9일	이메일
👤 김민준	2025년 8월 8일	전화
👤 장현우	2025년 8월 7일	채팅

+ 신규 item

👤 **박서연**

📅 상담 날짜 | 📞 상담 방법 | 📝 상담 내용 | 📋 문의 유형
2025년 8월 9일 | 이메일 | 주문한 상품이 배송 중 파손되어 교환 요청... | 교환 요청 +1 ···

댓글
😊 댓글 추가

기본 정보
1. 날짜:
2. 상담사:
3. 고객명:
4. 고객 연락처:
5. 상담 방법: (전화/이메일/대면)

상담 내용
주요 문의사항:
고객 요청사항:
제공한 정보/해결책:

후속 조치
☐ 후속 연락 필요
☐ 추가 정보 제공
☐ 담당자 연결
☐ 문제 해결 확인

결과 및 메모
상담 결과: (해결됨/진행 중/미해결)
추가 메모:

고객 만족도
만족도 점수: (1-5)
고객 피드백:

LESSON 02 _ AI로 만드는 노션 데이터베이스

01 사이드바의 [Notion AI] 탭을 클릭한 후, 노션 AI 프롬프트 창으로 이동합니다.

02 프롬프트를 입력합니다. 입력하기 전 데이터베이스의 '제목 속성'을 먼저 고려합니다. 고객상담일지의 '제목 속성'이 고객 이름이 될 수 있도록 다음과 같이 프롬프트를 작성합니다.

프롬프트:
고객상담일지 데이터베이스를 제작해줘. 주의사항으로 제목속성은 고객 ID가 되게 해주고, 모든 결과물은 한글로 만들어주고 속성 유형을 파악하기 쉽게 샘플 값을 10개 정도 넣어서 만들어줘. 그리고 제작한 데이터베이스에 어울리는 보기 옵션도 추가해서 만들어줘.

프롬프트를 통해 나온 결과물입니다.

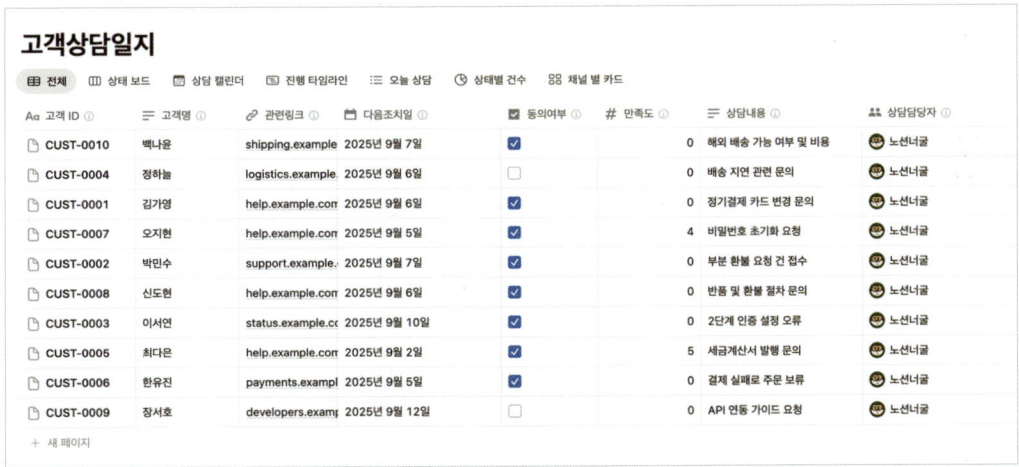

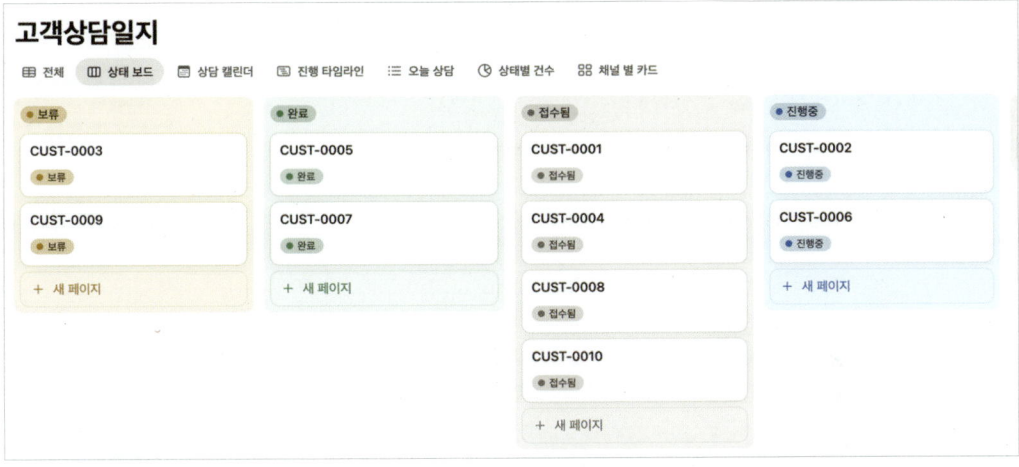

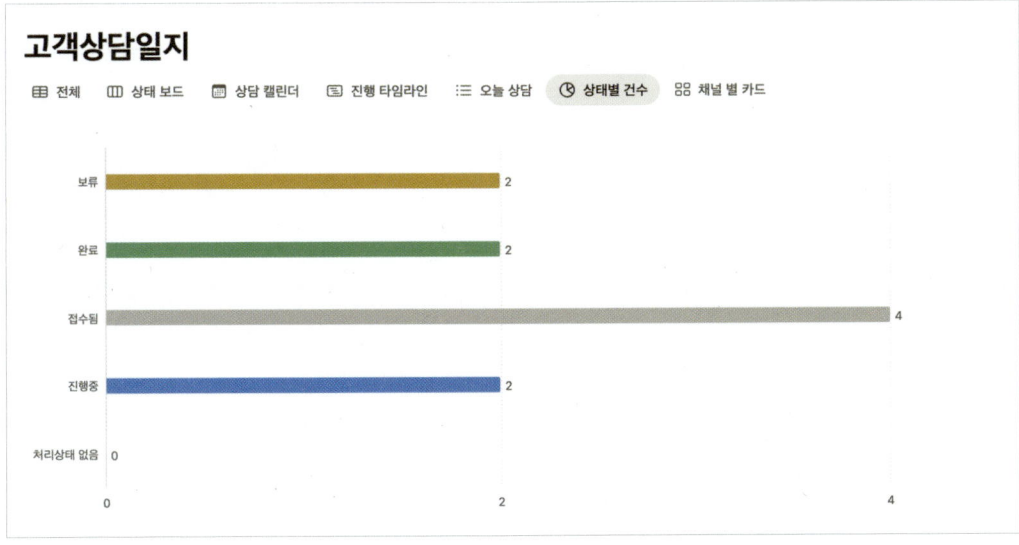

LESSON 02 _ AI로 만드는 노션 데이터베이스 337

03 노션 AI가 생성한 결과물을 보면서 수정해야 할 부분을 프롬프트로 명령합니다. 생성된 페이지 하단 [Notion AI] 아이콘을 클릭해 프롬프트 입력 칸을 연 후 수정사항을 입력합니다. 저는 다음과 같이 입력했습니다.

프롬프트:
관련 링크 속성을 지워두고, 보기는 전체, 상태 보드, 상담 캘린더, 상태별 건수만 남겨주고 나머지는 지워줘. 상태별 건수는 파이 차트로 수정해줘.

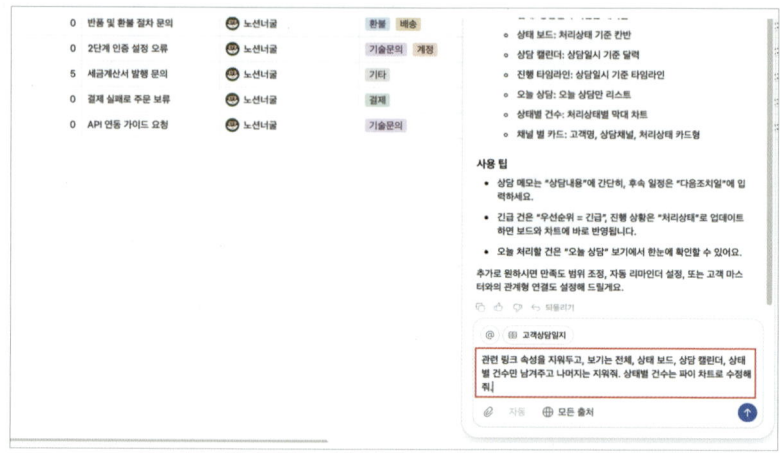

프롬프트를 통해 상태별 건수가 파이 차트로 변경된 걸 볼 수 있습니다.

04 데이터베이스 생성을 완료한 후, 좌측 사이드바의 페이지 목록 우측의 [+] 버튼을 클릭해 새로운 페이지를 생성합니다. 새롭게 생성한 페이지에서 Space Bar 를 눌러 노션 AI를 불러옵니다. 불러온 노션 AI에 다음과 같이 프롬프트를 입력합니다. 이때 같은 프롬프트를 입력했다 하더라도 생성된 결과물은 다를 수 있습니다.

프롬프트:
고객 상담 내용을 적을 수 있는 페이지 샘플을 만들어주는데 가독성을 좋게 하기 위해서 토글 사용은 지양해줘.

프롬프트를 통해 생성된 페이지 양식을 수정하여 자신이 원하는 형태로 바꿔 줍니다. 앞서 배운 것처럼 수정하고자 하는 블록을 마우스 포인터를 사용해 드래그한 후, 블록 좌측의 점 6개를 클릭해 [전환] 항목을 클릭하여 드래그한 블록을 한 번에 수정할 수 있습니다.

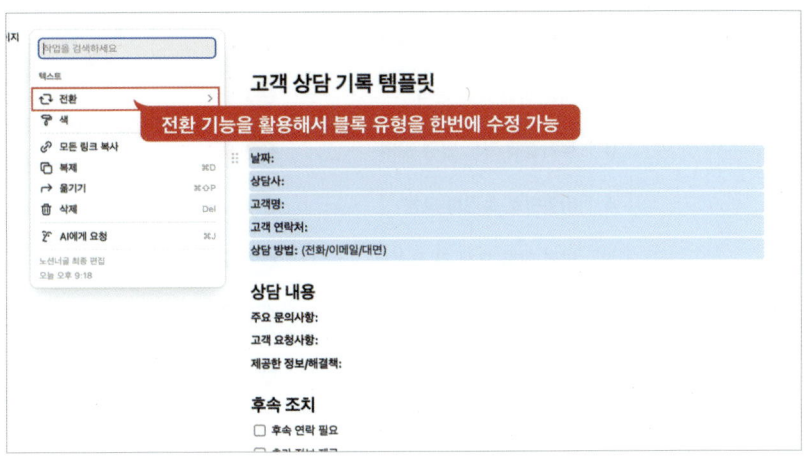

05 수정 완료된 페이지에 모든 블록을 마우스 포인터로 드래그한 후, Ctrl + C를 눌러 복사합니다. 그 후 "실습 03."에서 생성한 데이터베이스에서 [새로 만들기] 버튼 우측의 드롭다운 버튼을 클릭해 [새 템플릿]을 클릭하여 템플릿을 하나 생성합니다. 생성한 템플릿 페이지에 Ctrl + V를 눌러 복사한 내용을 붙여 넣습니다.

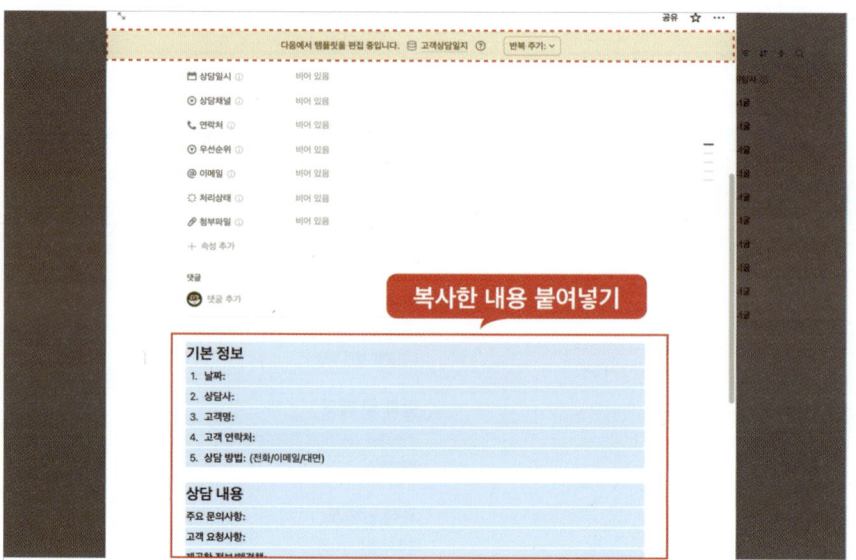

템플릿에 복사한 내용을 붙여 넣은 후, "고객상담일지 데이터베이스"에서 페이지를 생성 시 내용을 붙여 넣은 템플릿 양식을 기본으로 설정합니다. ❶ [새로 만들기] 버튼 우측의 드롭다운 버튼을 클릭하여 기본 양식으로 변경하려는 템플릿 우측의 점 3개를 클릭합니다. ❷ [기본으로 설정] 항목을 클릭하여 해당 페이지의 기본 템플릿을 내용을 붙여 넣은 템플릿 양식으로 설정해 줍니다.

앞선 실습을 통해 노션 AI로만 노션 앱 안에서 원하는 데이터베이스 구조를 쉽게 구현해 볼 수 있었습니다. 다만, 노션 AI는 관계형 구조를 고려해 여러 개의 데이터베이스를 동시에 생성하는 기능은 지원하지 않는다는 점에서 아쉬움이 있습니다.

다음 "Lesson 03 AI로 만드는 노션 시스템"에서는 ChatGPT를 활용해 관계형 구조를 고려한 다중 데이터베이스를 생성하고, 이를 노션 내에서 수정하고 연결하는 방법을 살펴보겠습니다.

LESSON 03 AI로 만드는 노션 시스템

앞선 과정을 통해 노션 AI로 데이터베이스와 데이터베이스 안에 들어갈 템플릿을 제작하면서 기존 제작에 걸리는 시간의 50% 이상을 단축해 제작할 수 있었습니다. 하지만 복수의 데이터베이스가 관계형으로 연결되는 복잡한 노션 시스템은 제작을 하는 데 한계가 있습니다. 이번 Lesson에서는 복잡한 노션 시스템을 ChatGPT 활용해 제작해 보겠습니다.

ChatGPT로 만드는 노션 데이터베이스

ChatGPT는 가장 접근성이 좋은 AI 도구 중 하나로, 웹 브라우저나 앱에서 쉽게 사용할 수 있습니다. 노션 AI처럼 내부에서 실행되지는 않지만, ChatGPT는 보다 자유로운 텍스트 기반 프롬프트를 통해 다양한 형식의 응답을 받을 수 있다는 점에서 큰 장점이 있습니다.

특히 복잡한 관계형 데이터베이스를 설계할 때, ChatGPT에 구체적인 요구사항을 입력하면, 구조적인 설계안을 표 형태로 정리해 주는 것도 가능합니다. 예를 들어 다음과 같은 프롬프트를 사용할 수 있습니다.

프롬프트:
학생 정보, 수강 과목, 출결 기록을 각각의 테이블로 구성하고, 관계형 구조로 연결된 노션 데이터베이스를 설계해 줘.

이런 요청을 하면 ChatGPT는 각각의 테이블(데이터베이스)에 어떤 속성이 필요한지, 어떻게 서로 연결될 수 있는지를 텍스트와 표로 안내합니다.

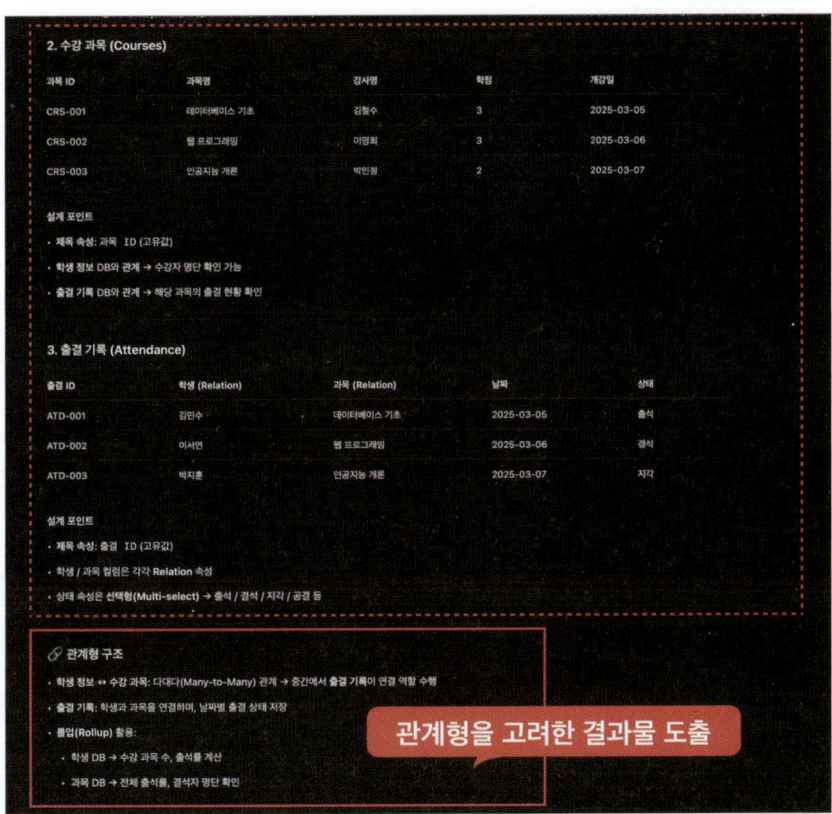

관계형을 고려한 결과물 도출

이후 이 내용을 바탕으로 노션에서 직접 데이터베이스를 생성하고, 필요한 경우 '관계형 속성'을 추가해 연결할 수 있습니다. 즉, 노션 AI가 단일 데이터베이스 생성에 유리하다면, ChatGPT는 복잡한 관계형 데이터베이스를 설계하는 데 유용한 AI 도우미가 되어 줍니다. 이번 Lesson에서는 담당자별 프로젝트 관리를 도와주는 노션 시스템을 ChatGPT 활용해 제작해 보겠습니다.

01. ChatGPT 프롬프트 작성

ChatGPT 프롬프트를 통해 효과적인 데이터베이스를 설계하기 위해서는 단순히 "담당자별 프로젝트 관리 데이터베이스를 만들어 줘."와 같은 간단한 프롬프트보다 더욱 체계적인 구성과 배경 맥락이 포함된 프롬프트가 필요합니다.

이때 프롬프트 작성 6단계를 고려해 작성을 하게 되면 관계형을 고려한 구체적인 데이터베이스 결과물을 받을 수 있습니다. 다음은 프롬프트 작성 6단계 예시입니다.

단계	설명	노션 데이터베이스 예시로 적용한 질문
1단계	역할 부여	당신은 노션 데이터베이스 설계 전문가입니다.
2단계	목표 명시	프로젝트 관리 시스템을 노션 데이터베이스로 구축하고자 합니다.
3단계	맥락 제공	여러 명의 팀원이 다양한 프로젝트를 수행 중이고, 담당자별 진행 상황을 확인해야 합니다.
4단계	출력 형태 지정	각 테이블은 표로 작성해 주세요.
5단계	제약 조건 명시	각 데이터베이스의 제목 속성은 고유 값이 되도록 구성하고 각 데이터베이스간 관계형 연결을 고려해야 하며 진행률은 롤업을 통해 계산되도록 해주세요.
6단계	추가 요청	각 데이터베이스당 예시 데이터 3개 이상 제작하고, 복사+붙여넣기 편한 표 형식으로 작성해 주세요.

- **1단계**: "역할 부여"에서는 ChatGPT에게 노션 전문가의 역할을 부여합니다. AI가 노션의 데이터베이스 구조와 기능을 잘 이해하고 있다는 전제로 답변을 생성하도록 설정합니다.
- **2단계**: "목표 명시"에서는 내가 제작하는 노션 시스템의 목표를 한 줄로 설명합니다.
- **3단계**: "맥락 제공"에서는 제작하는 시스템의 맥락을 구체적으로 작성합니다. 현재 내가 처한 상황을 구체적으로 설명합니다.
- **4단계**: "출력 형태 지정"에서는 ChatGPT에게 결과물을 표 형태로 출력해 달라고 요청합니다. 노션에서는 이후 다양한 보기(보드, 캘린더 등)를 설정할 수 있으므로, 이 단계에서는 기본적인 표 형태의 데이터베이스 구조만 요청하는 것이 좋습니다.
- **5단계**: "제약 조건 명시"는 AI가 데이터베이스 제작에 있어 필수로 알아야 하는 제약 조건을 설명합니다. 특히 관계형으로 데이터베이스가 연결된다는 점과 롤업을 활용해 계산이 될 수 있다는 점을 적어 주세요.
- **6단계**: "추가 요청"에서는 각 데이터베이스에 들어갈 샘플 데이터를 포함해 달라고 요청합니다. 이때 결과물이 CSV 파일이나 마크다운 형태로 출력되면 복사/붙여넣기에 번거로움이 생길 수 있으므로, "붙여넣기 편한 표"와 같이 명확히 요청하세요.

다음은 구체적인 프롬프트를 통해 나온 결과물 이미지입니다.

> 당신은 노션 데이터베이스 설계 전문가입니다.
> 프로젝트 관리 시스템을 노션 DB로 구축하고자 합니다.
> 여러 명의 팀원이 다양한 프로젝트를 수행 중이고, 담당자별 진행 상황을 확인해야 합니다.
> 각 테이블은 표로 작성해주세요.
> 각 DB의 제목 속성은 고유값이 되도록 구성하고 각 DB간 관계형 연결을 고려해야하며 진행률은 롤업을 통해 계산되도록해주세요.
> 각 DB당 예시 데이터 3개 이상 제작하고, 복사 붙여넣기 편한 표 형식으로 작성해주세요.

좋습니다.
담당자별 진행 상황을 확인할 수 있는 3개의 관계형 노션 데이터베이스 구조를 표로 만들어드리겠습니다.
구성은 다음과 같습니다.

1. 프로젝트 DB

- 제목 속성: 프로젝트명 (고유값)
- 관계: 담당자(→ 팀원 DB), 작업(→ 작업 DB)
- 롤업: 작업 진행률 → 평균값 계산

프로젝트명	시작일	마감일	담당자	작업	진행률(롤업)
프로젝트-A	2025-08-01	2025-09-15	김민수	작업-001, 작업-002	50%
프로젝트-B	2025-08-05	2025-10-01	이지현	작업-003, 작업-004	75%
프로젝트-C	2025-08-10	2025-09-30	박성우	작업-005, 작업-006	33%

2. 작업 DB

- 제목 속성: 작업 ID (고유값)
- 관계: 프로젝트(→ 프로젝트 DB), 담당자(→ 팀원 DB)
- 진행률: 선택형 속성(예: 0%, 25%, 50%, 75%, 100%)

작업 ID	작업명	프로젝트	담당자	마감일	진행률
작업-001	기획안 작성	프로젝트-A	김민수	2025-08-10	100%
작업-002	디자인 시안 제작	프로젝트-A	김민수	2025-08-20	0%
작업-003	요구사항 수집	프로젝트-B	이지현	2025-08-15	100%
작업-004	API 연동	프로젝트-B	이지현	2025-09-10	50%
작업-005	마케팅 전략 수립	프로젝트-C	박성우	2025-08-25	0%
작업-006	콘텐츠 제작	프로젝트-C	박성우	2025-09-15	100%

3. 팀원 DB

- 제목 속성: 이름 (고유값)
- 관계: 참여 프로젝트(→ 프로젝트 DB), 담당 작업(→ 작업 DB)
- 롤업: 담당 작업의 진행률 평균

이름	직책	참여 프로젝트	담당 작업	평균 진행률(롤업)
김민수	기획자	프로젝트-A	작업-001, 작업-002	50%
이지현	개발자	프로젝트-B	작업-003, 작업-004	75%
박성우	마케터	프로젝트-C	작업-005, 작업-006	50%

💡 설계 포인트

1. 제목 속성 고유화
   - 프로젝트명, 작업 ID, 팀원 이름이 중복되지 않도록 설정.
2. 관계형 연결
   - 프로젝트 DB ↔ 작업 DB ↔ 팀원 DB로 모두 연결.
   - 프로젝트 진행률은 작업 DB의 진행률을 롤업으로 계산.
3. 진행률 관리
   - 작업 단위로 퍼센트를 입력하고, 프로젝트 및 팀원 단위로 평균값 롤업.

02. 프롬프트 결과물 노션으로 이동

프롬프트를 통해 나온 결과물을 노션에 입력하기 위해서 ❶ ChatGPT의 [복제] 아이콘을 클릭한 후 ❷ Ctrl + V를 눌러 노션에 붙여 넣습니다. 그러면 노션에 표의 형태로 데이터베이스가 입력됩니다.

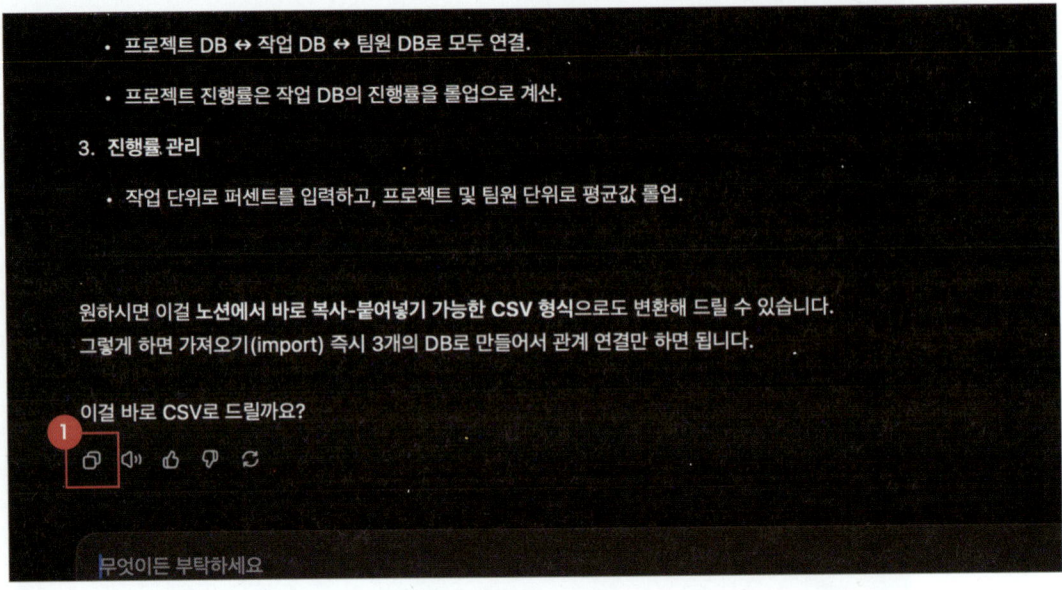

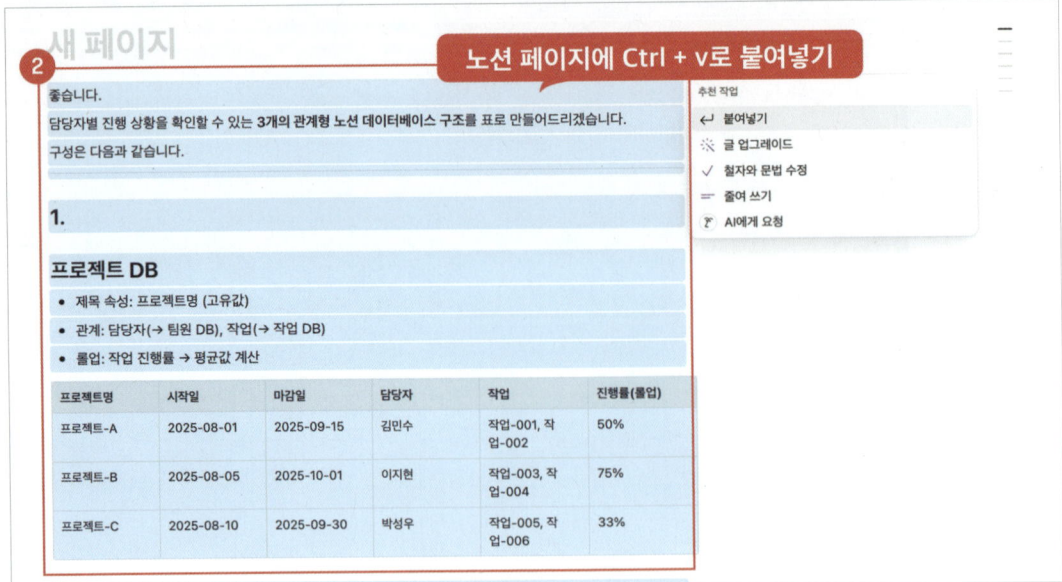

이때 제작에 필요 없는 부가 설명은 지운 후 표만 남겨 주세요.

프로젝트명	시작일	마감일	담당자	작업	진행률(롤업)
프로젝트-A	2025-08-01	2025-09-15	김민수	작업-001, 작업-002	50%
프로젝트-B	2025-08-05	2025-10-01	이지현	작업-003, 작업-004	75%
프로젝트-C	2025-08-10	2025-09-30	박성우	작업-005, 작업-006	33%

작업 ID	작업명	프로젝트	담당자	마감일	진행률
작업-001	기획안 작성	프로젝트-A	김민수	2025-08-10	100%
작업-002	디자인 시안 제작	프로젝트-A	김민수	2025-08-20	0%
작업-003	요구사항 수집	프로젝트-B	이지현	2025-08-15	100%
작업-004	API 연동	프로젝트-B	이지현	2025-09-10	50%
작업-005	마케팅 전략 수립	프로젝트-C	박성우	2025-08-25	0%
작업-006	콘텐츠 제작	프로젝트-C	박성우	2025-09-15	100%

이름	직책	참여 프로젝트	담당 작업	평균 진행률(롤업)
김민수	기획자	프로젝트-A	작업-001, 작업-002	50%
이지현	개발자	프로젝트-B	작업-003, 작업-004	75%
박성우	마케터	프로젝트-C	작업-005, 작업-006	50%

💡 **설계 포인트**

1. **제목 속성 고유화**
   - 프로젝트명, 작업 ID, 팀원 이름이 중복되지 않도록 설정.
2. **관계형 연결**
   - 프로젝트 DB ↔ 작업 DB ↔ 팀원 DB로 모두 연결.
   - 프로젝트 진행률은 작업 DB의 진행률을 롤업으로 계산.

03. 데이터베이스 기준 잡기

표를 전체적으로 살펴보면서 데이터베이스 '제목 속성'이 표의 첫 번째 열에 위치하고 있는지 확인합니다. 만약에 '제목 속성'이 첫 번째 열에 위치하지 않는다면 열을 드래그해서 변경해 줍니다.

이후 표 블록 좌측의 점 6개를 클릭한 후 [데이터베이스로 전환] 항목을 클릭해 데이터베이스로 변경해 줍니다.

이제 각 열의 데이터를 보고 적합한 속성 유형으로 변경해 줍니다. 예를 들어 마감일의 경우 '날짜 속성'으로, 진행 상태의 경우 '상태 속성'으로 변경해 주면 좋겠죠?

04. 데이터베이스 연결하기

위와 같은 방식으로 모든 표를 데이터베이스로 전환이 완료되었다면, '관계형'으로 데이터베이스들을 연결해 줍니다. ❶ '작업 데이터베이스'의 [+] 버튼을 클릭하여 새로운 속성을 생성한 뒤, '관계형 속성'을 클릭합니다. '관계형 속성'을 추가하게 되면 연결할 데이터베이스를 선택하게 되는데, 이미지와 같이 '팀원 데이터베이스'를 클릭합니다. ❷ 또한 [양방향 관계형] 토글을 클릭하여 양방향 연결을 진행합니다.

추가로 롤업을 활용한 계산이 필요한 속성도 롤업으로 속성을 변경해 제작해 줍니다. ❶ 롤업 계산에 속성은 [체크박스] 항목을 클릭한 후, ❷ [체크 표시된 비율(%)] 항목을 클릭하여 체크된 상태를 기준으로 비율(%)이 나오게 되는 것을 볼 수 있습니다.

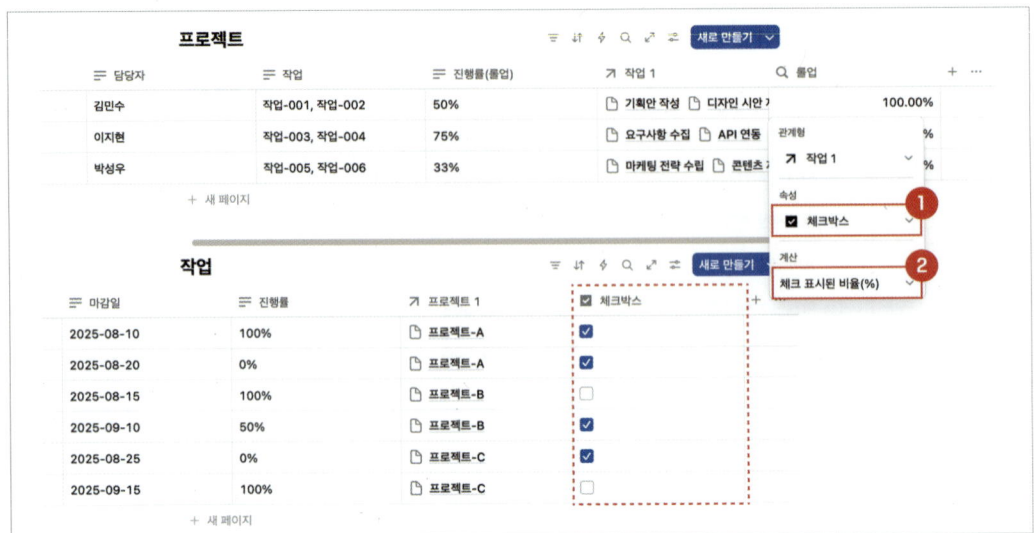

| 실습 | 재고관리 대시보드 만들기 |

회사나 팀에서 사용하는 비품/장비/소모품을 효율적으로 관리하기 위한 시스템을 제작해 보겠습니다. 입출고 기록, 현재 수량 확인, 보관 장소 정리까지 한 번에 가능한 관계형 기반의 시스템을 ChatGPT를 활용해 제작합니다.

- **실습 자료 파일**: 재고관리 대시보드 만들기

실습 미리보기 🔍

LESSON 03 _ AI로 만드는 노션 시스템

01 ChatGPT 프롬프트 작성

ChatGPT를 활용한 제작에서 가장 중요한 건 프롬프트를 구체적으로 작성하는 것 입니다. 프롬프트 작성 6단계를 고려해서 프롬프트를 다음과 같이 작성합니다.

단계	설명	노션 데이터베이스 예시로 적용한 질문
1단계	역할 부여	당신은 노션 데이터베이스 설계 전문가입니다.
2단계	목표 명시	재고관리 시스템을 노션 데이터베이스로 구축하고자 합니다.
3단계	맥락 제공	3개의 창고를 운영하고 각 창고에는 3~4가지 상품을 보관 중입니다. 재고관리를 통해서 어떤 상품이 얼마나 남았는지 얼마나 주문이 들어왔는지 알고자 합니다.
4단계	출력 형태 지정	각 테이블은 표로 작성해 주세요.
5단계	제약 조건 명시	각 데이터베이스의 제목 속성은 고유 값이 되도록 구성하고 각 데이터베이스간 관계형 연결을 고려해야 하며 진행률은 롤업을 통해 계산되도록 해주세요.
6단계	추가 요청	각 데이터베이스당 예시 데이터 3개 이상 제작하고, 복사+붙여넣기에 편한 표 형식으로 작성해 주세요.

해당 프롬프트를 통해서 나온 내용을 보며 데이터베이스간 연결 구조를 파악합니다.

02 프롬프트 결과물 노션에 붙여넣기

프롬프트를 통해 생성된 내용을 Ctrl + C를 눌러 복사한 후, 노션 페이지에 Ctrl + V를 눌러 붙여 넣습니다. 그 후 표가 아닌 블록은 전부 삭제합니다.

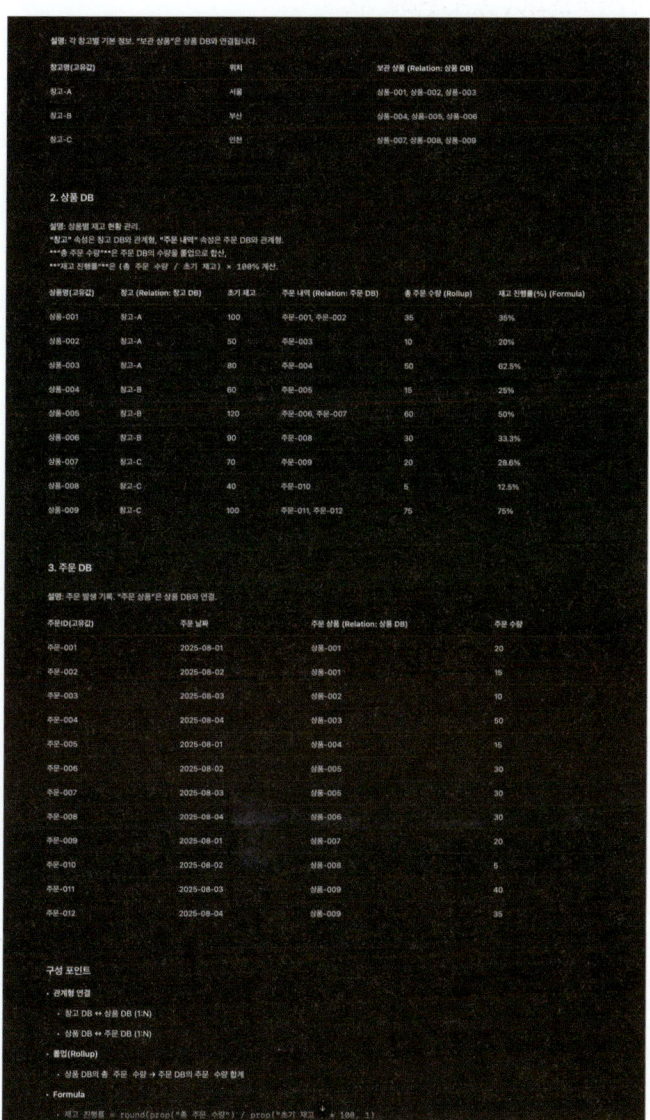

03 표의 제목 속성 맨 앞 열로 옮기기

표의 '제목 속성'이 올바르게 적용되어 있는지 확인합니다. 만약 '제목 속성'이 고유 값이 아니거나 원하는 형태가 아닌 경우 수정해 줍니다.

창고명(고유값)	위치	보관 상품 (Relation: 상품 DB)
창고-A	서울	상품-001, 상품-002, 상품-003
창고-B	부산	상품-004, 상품-005, 상품-006
창고-C	인천	상품-007, 상품-008, 상품-009

상품명(고유값)	창고 (Relation: 창고 DB)	초기 재고	주문 내역 (Relation: 주문 DB)	총 주문 수량 (Rollup)	재고 진행률(%) (Formula)
상품-001	창고-A	100	주문-001, 주문-002	35	35%
상품-002	창고-A	50	주문-003	10	20%
상품-003	창고-A	80	주문-004	50	62.5%
상품-004	창고-B	60	주문-005	15	25%
상품-005	창고-B	120	주문-006, 주문-007	60	50%
상품-006	창고-B	90	주문-008	30	33.3%
상품-007	창고-C	70	주문-009	20	28.6%
상품-008	창고-C	40	주문-010	5	12.5%
상품-009	창고-C	100	주문-011, 주문-012	75	75%

주문ID(고유값)	주문 날짜	주문 상품 (Relation: 상품 DB)	주문 수량
주문-001	2025-08-01	상품-001	20
주문-002	2025-08-02	상품-001	15
주문-003	2025-08-03	상품-002	10
주문-004	2025-08-04	상품-003	50
주문-005	2025-08-01	상품-004	15
주문-006	2025-08-02	상품-005	30
주문-007	2025-08-03	상품-005	30
주문-008	2025-08-04	상품-006	30
주문-009	2025-08-01	상품-007	20
주문-010	2025-08-02	상품-008	5
주문-011	2025-08-03	상품-009	40
주문-012	2025-08-04	상품-009	35

04 데이터베이스 전환

'제목 속성'의 고유 값 작업이 끝났다면 각 표 좌측의 점 6개를 클릭해, 메뉴의 [데이터베이스로 전환] 항목을 클릭해 표를 데이터베이스로 전환합니다. 그 후 각 속성의 유형을 올바른 유형으로 변경해 줍니다.

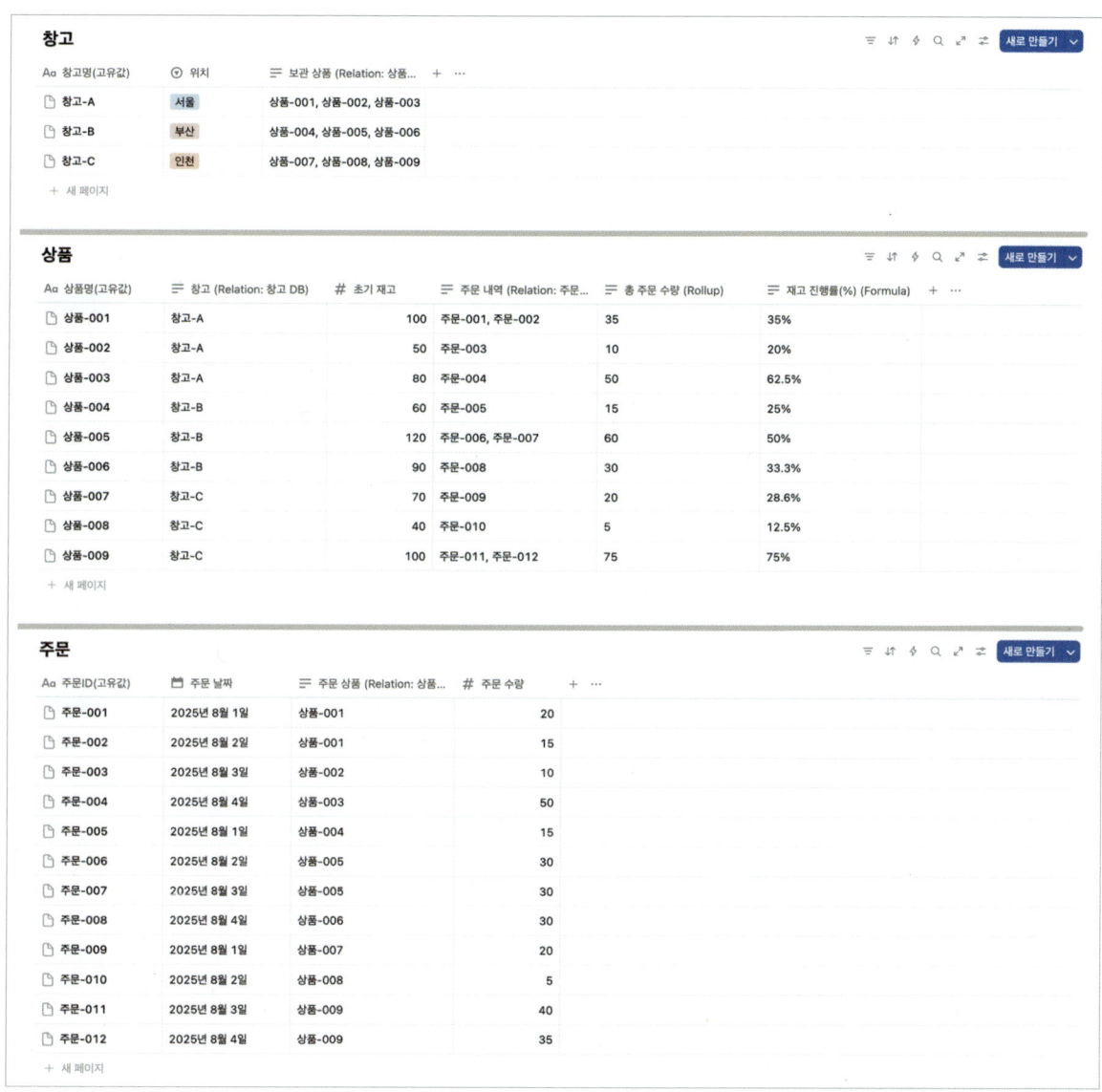

05 데이터베이스 관계형으로 연결

앞서 전환한 데이터베이스들의 연결관계를 ChatGPT가 알려 준 연결관계를 참고하여 데이터베이스들을 '관계형'으로 연결합니다. 이때 연결하는 데이터베이스들의 '관계형'은 [양방향 관계형] 토글을 클릭하여 양방향 연결을 진행합니다.

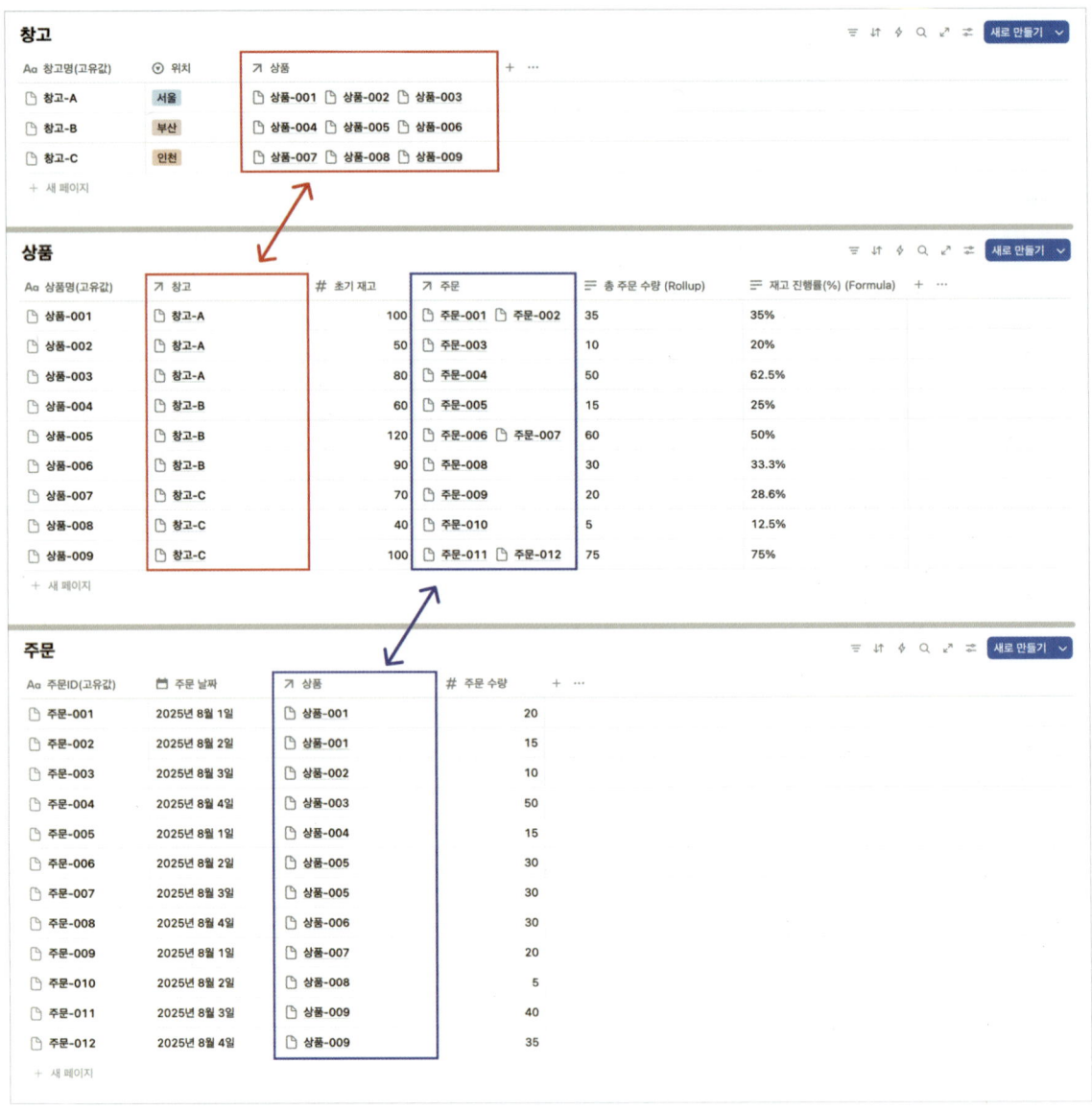

06 롤업으로 속성 계산

계산이 필요한 속성의 경우 롤업을 활용해 생성해 줍니다. 주문 데이터베이스의 주문 수량을 활용해 각 상품별 총 주문 수량을 롤업을 활용해 계산해 주겠습니다. '롤업 속성'을 추가한 뒤 '관계형'은 주문, 속성은 주문 수량, 계산은 합계를 선택합니다.

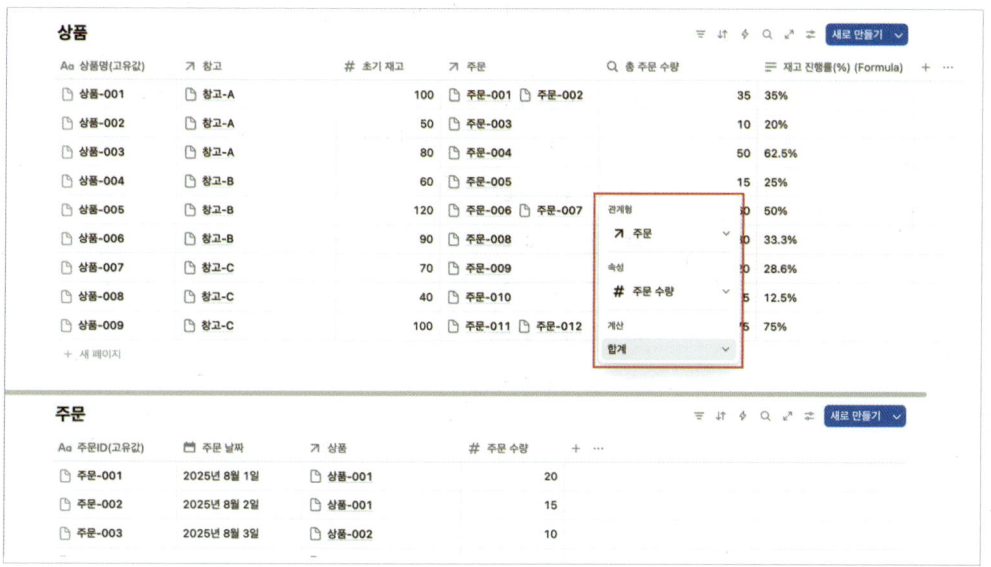

07 수식으로 재고 진행률 계산

재고 진행률 계산을 위해 수식을 활용합니다. '총 주문 수량 속성'과 '초기 재고 속성'을 변수로 다음과 같이 수식을 작성합니다.

> 총 주문 수량/초기 재고

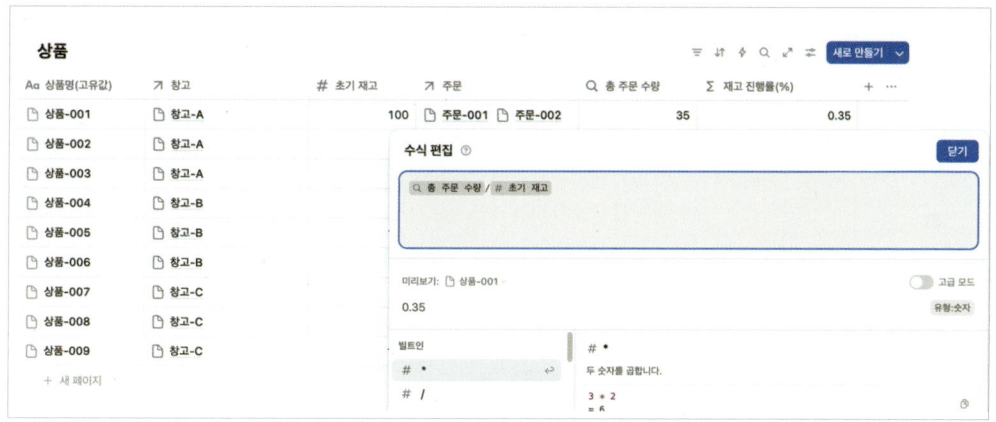

수식으로 나온 결과물의 가독성을 높이기 위해 결과물인 '재고 진행률(%) 속성'을 클릭한 후, 메뉴의 [속성 편집] 항목을 클릭합니다. [숫자 형식] → [비율(%)] 항목으로 [소수점 이하 자리] → [0] 항목으로 설정하겠습니다.

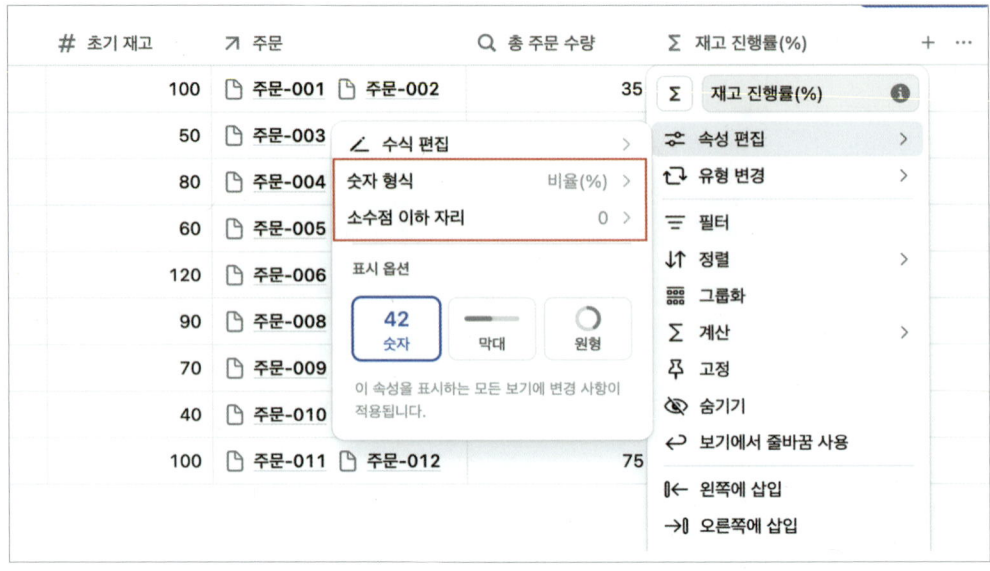

08 레이아웃 사용자 지정으로 페이지 정리

데이터베이스 연결 작업과 수식 작업이 마쳤다면 각 데이터베이스에 페이지를 열었을 때 깔끔한 페이지가 나올 수 있도록 레이아웃 사용자 지정을 통해 각 데이터베이스 페이지를 정리해 줍니다.

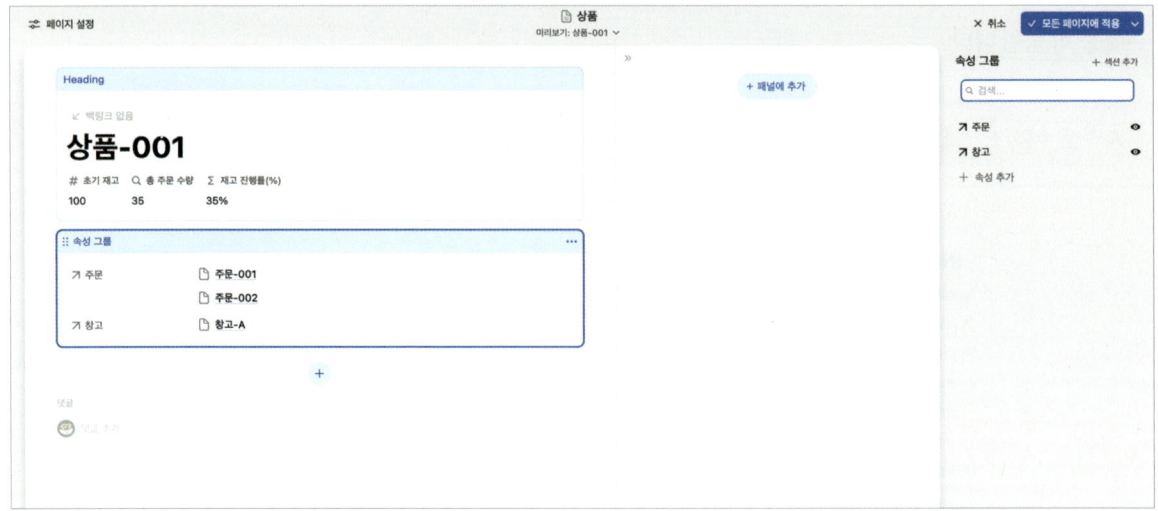

09 데이터베이스 새로운 보기 생성

데이터베이스별 가장 적합한 보기를 고려해 '표 보기'에서 새로운 보기를 생성합니다. 정리한 데이터베이스에 적합한 보기로 생성할 때는 데이터베이스의 제목 우측의 [+] 버튼을 클릭합니다. 클릭 후, 각 데이터베이스에 알맞은 보기 항목을 클릭하여 새로운 보기를 생성합니다.

10 대시보드 제작

제작한 보기를 데이터베이스 [보기 링크 복사] 항목을 활용해 대시보드 형태로 제작하고 원본 데이터베이스는 모아서 페이지 하단에 배치해 마무리합니다. 이때 대시보드를 제작하는 방법은 "Chapter 03. 노션 데이터베이스 활용의 데이터베이스 하나로 만드는 대시보드"를 참고하면 좋습니다.

이번 실습에서는 ChatGPT의 도움을 받아 재고관리 시스템에 최적화된 노션 데이터베이스를 직접 만들어 보았습니다. 창고, 상품, 주문 정보를 서로 '관계형'으로 연결하고, 롤업과 계산 기능을 활용해 재고 소진율과 주문 현황을 자동으로 분석할 수 있도록 구성했습니다. 이처럼 ChatGPT를 활용하면 이렇게 복잡한 구조의 노션 시스템도 빠르고 정확하게 설계할 수 있습니다.

UX 꿀팁: AI가 이해하기 쉬운 프롬프트 작성법

노션 AI는 점점 똑똑해지고 있지만, 아직도 사용자의 요구를 '사람처럼' 완벽하게 이해하지는 못합니다. 우리가 원하는 결과물을 AI로부터 얻기 위해서는, 사람이 아니라 'AI에게 말을 걸듯' 사용해야 합니다. 이때 필요한 것이 바로 프롬프트입니다.

프롬프트는 AI가 작업을 이해하고 실행하는 출발점으로, 사용자가 입력하는 하나의 질문이자 명령입니다. 하지만 문제는 여기에 있습니다. 많은 사람들이 프롬프트를 너무 막연하게 쓰거나, 지나치게 복잡하게 작성합니다. 예를 들어, "이력서를 멋지게 써 줘."와 같은 프롬프트를 말이죠.

이런 프롬프트만으로는 AI가 어떤 직무를 위한 이력서인지, 어떤 톤으로 써야 할지, 몇 줄짜리를 원하는지 알 수 없습니다. 결국 원하는 결과가 안 나오게 되고, 사용자는 "AI가 별로야."라는 결론에 도달하죠. AI를 탓하기 전에, 우리는 먼저 'AI가 이해할 수 있게 말하고 있었는가?'를 되돌아봐야 합니다.

제가 템플릿을 만들거나 콘텐츠를 제작하면서 쌓은 프롬프트 작성 노하우를 다음과 같이 정리해 보았습니다. 이 과정을 통해 AI와 대화하듯 말 걸고, 원하는 결과를 더 빠르게 얻을 수 있게 될 것입니다.

01 프롬프트는 질문이 아니라 설명문

AI에게 말 걸 때는 "어떻게 해야 하나요?"보다 "이렇게 해줘."라는 문장이 더 효과적입니다. 예를 들어, 회의록 템플릿을 만들 때 "좋은 회의록 템플릿을 만들어 줄 수 있어?"보다는 "회의 주제, 날짜, 참석자, 요약을 포함한 회의록 템플릿을 만들어 줘."라고 요청하는 것이 훨씬 명확하고 구체적이기 때문에, AI는 더 빠르고 정확하게 작업을 수행할 수 있습니다.

안 좋은 예시	좋은 예시 (구체적이고 효과적인 요청)
노션에 회의록 좀 만들어 줄래?	'제품 개선 회의' 기록용 노션 페이지 템플릿을 만들어 줘. 속성은 회의 주제(텍스트), 날짜(날짜 속성), 참석자(다중 선택), 주요 안건(텍스트), 다음 액션(체크박스)로 구성해 줘.
프로젝트 관리 페이지 좀 예쁘게 바꿔 줄래?	현재 프로젝트 데이터베이스에 진행률(롤업), 우선순위(선택), 담당자(사람) 속성을 추가하고, 갤러리 뷰로 마감일이 임박한 프로젝트만 보이도록 필터를 설정해 줘.
할 일 관리 잘하는 방법 알려 줄래?	노션에서 하루·주간·월간 계획을 연결하는 GTD 스타일 할 일 관리 시스템을 만들어 줘. 태그로 업무 카테고리를 분류하고, 완료율을 차트로 볼 수 있게 해줘.
고객 관리 데이터베이스 만들어 줄래?	고객 이름(텍스트), 연락처(전화번호), 마지막 상담일(날짜), 구매 제품(다중 선택) 속성을 가진 고객 관리 데이터베이스를 만들어 주고, 최근 30일 이내 상담한 고객만 보이는 필터 뷰를 추가해 줘.

노션에서 재고 관리 좀 해줘.	'창고별 재고 현황' 데이터베이스를 만들고, 상품명(텍스트), 창고(선택), 재고 수량(숫자), 최근 입고일(날짜)을 포함해 줘. 창고별 재고 합계를 롤업으로 보여 주는 별도 데이터베이스도 연결해 줘.
포트폴리오 페이지 만들어 줄래?	노션에서 프로젝트 섬네일(파일), 프로젝트명(텍스트), 기간(날짜), 사용 툴(다중 선택), 설명(텍스트) 속성을 가진 포트폴리오 데이터베이스를 만들고, 전체를 보기 좋은 캘린더 뷰와 갤러리 뷰를 같이 만들어 줘.
블로그 글 작성 도와줄래?	'노션 데이터베이스 관계형 활용법' 주제로, 1,000자 내외의 블로그 글을 작성해 줘. 서론-활용 예시 3가지-마무리 구조로, 각 예시에 데이터베이스 스크린샷 설명이 들어가도록 해줘.
자동화 좀 만들어 줘.	노션 데이터베이스의 신규 고객 정보가 입력되면, 구글 시트에도 자동으로 기록되고, 동시에 카카오톡 알림톡을 보내는 Make 시나리오 설계 방법을 단계별로 알려 줘.
일정 관리 좀 해줄래?	노션 캘린더에 '마케팅 일정' 데이터베이스를 만들고, 시작일·마감일·담당자·상태 속성을 포함해 줘. 마감 3일 전 일정은 빨간색으로 표시되도록 뷰 필터를 설정해 줘.
노션 페이지 정리 좀 해줘.	워크스페이스에 흩어진 회의록 페이지를 모두 '회의록 모음' 데이터베이스로 옮기고, 기존 페이지의 날짜·참석자·안건 속성을 유지한 채로 관계형 연결 구조를 만들어 줘.

02 원하는 결과물을 표로 상상해 보기

노션 데이터베이스를 AI를 활용해 제작할 때 가장 도움이 되는 방법 중 하나는 결과물을 표로 생각해 보는 것입니다.

예를 들어 "계획표를 만들어 줘."라는 프롬프트를 쓰기 전, 머릿속으로 제작하려는 계획표를 다음과 같이 보드의 형태가 아닌 표의 형태로 먼저 구조를 잡아 보세요.

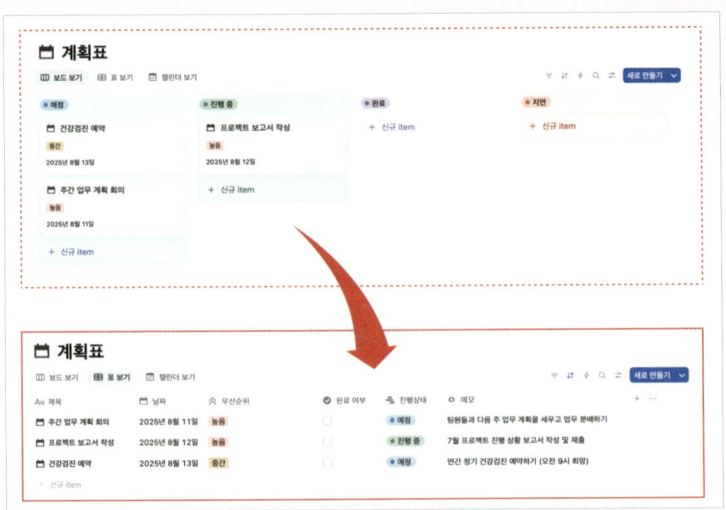

AI는 구체적인 구조를 매우 좋아하기 때문에 가장 이해하기 쉬운 것이 표의 형태입니다. 데이터베이스의 기준의 표의 형태로 결과물을 출력한 다음 보기 전환을 통해 내가 원하는 결과물을 얻을 수 있습니다.

03 "누구를 위한 작업인지"부터 말해 주기

AI는 '대상'이 누군지 모르면 작업의 방향을 잡지 못합니다. 특히 AI를 처음 사용하는 경우는 사용자가 입력한 프롬프트의 뉘앙스나 요청 사항에 대한 배경지식이 부족하기 때문에, 대상이 명확해야 톤과 스타일이 정확해집니다.

- "중학생이 이해할 수 있도록"
- "프리랜서를 위한 가계부 양식"
- "강의용 발표 자료 형식으로"

이렇게 사용자 또는 목적을 명시해 주세요. 그러면 AI는 그에 맞게 난이도와 형식을 조정합니다.

04 여러 조건을 나열할 때는 목록으로 정리하기

AI는 사람이 아니기 때문에, 문장 속에 나열된 조건들을 종종 빠뜨립니다. 이럴 땐 조건을 리스트로 나열하는 것이 훨씬 효과적입니다.

"아래 조건을 포함해서 글을 써 줘:

1. 글자 수는 500자 내외
2. 말투는 부드럽고 친절하게
3. 마케팅 관점이 반영되도록
4. 독자에게 도움이 되는 팁 포함"

AI는 숫자 리스트처럼 구조화된 정보를 매우 잘 이해합니다. 프롬프트를 리스트로 쓰면 놓치는 정보 없이 결과가 나옵니다.

05 AI에게 역할을 주면 훨씬 똑똑해진다

프롬프트 앞에 다음과 같이 역할을 부여해 보세요.

"당신은 지금부터 노션 템플릿 크리에이터입니다."
"당신은 지금 10년차 기자입니다."
"당신은 독자를 설득하는 마케터입니다."

이러한 역할 지정은 AI의 사고 방식을 바꾸는 핵심 도구입니다. 사람처럼 '상황 몰입'이 필요한 AI에게는 설정이 매우 중요합니다.

역할을 주는 순간, AI는 더 구체적이고 논리적인 답변을 제공합니다. 노션에서 AI를 활용하는 경우 "당신은 노션 전문가입니다.", "당신은 노션 전문 템플릿 크리에이터입니다."와 같이 역활을 부여해 보세요.

CHAPTER 07
미친 듯이 확장하는 노션

앞서 배웠던 노션을 활용해
생산성을 높이고 부수익까지 챙길 수 있는 방법까지
노션 공식 앰배서더가 세세히 다 알려 줍니다.

LESSON 01 노션과 다른 앱 연동하기

 노션은 그 자체로도 생산성이 뛰어나지만 다른 앱들과 연동해서 사용했을 때 생산성을 더욱 높일 수 있습니다. 이번에는 제가 노션을 5년 이상 사용하면서 노션과 정말 잘 어울리는 프로그램들을 소개합니다.

구글 캘린더에 노션 일정을 더하는 노션 캘린더

노션 캘린더는 노션과 구글 캘린더를 통합하여 일정 관리를 효율적으로 도와주는 애플리케이션입니다. 이를 통해 노션의 데이터베이스와 구글 캘린더의 일정을 한눈에 확인하고, 양방향 동기화를 통해 두 플랫폼에서 일정을 추가하거나 수정할 수 있습니다.

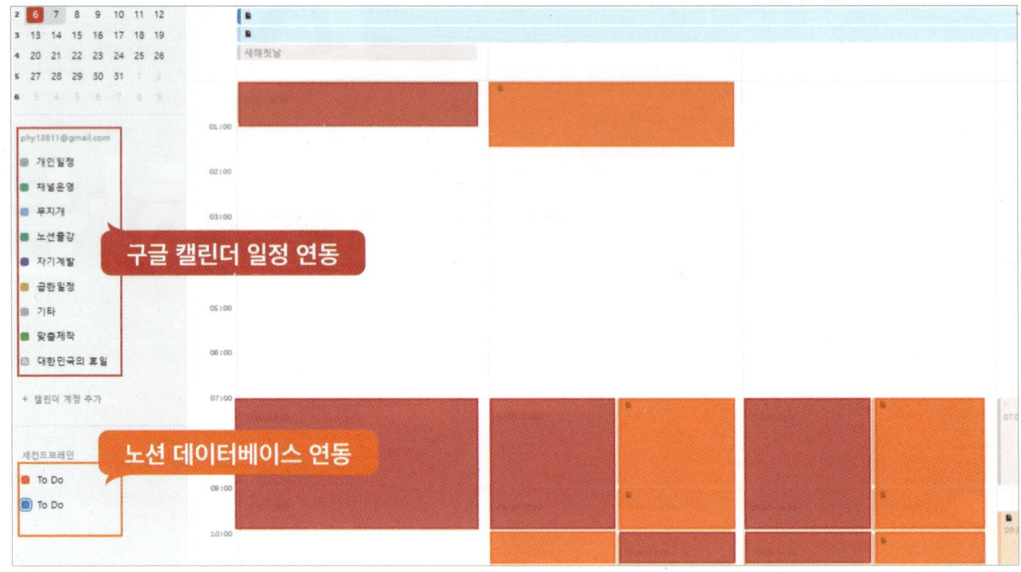

노션 캘린더를 활용해 일정을 추가하고 관리하는 것부터 데이터베이스를 연동하는 것까지 한번 살펴볼까요? (노션 캘린더는 데스크톱 브라우저, MacOS, Windows, iOS, Android에서 사용할 수 있습니다. 주로 사용할 기기나 모바일 OS에 맞춰 다운로드하세요.)

01. 노션 캘린더와 구글 캘린더 연동하기

링크: https://www.notion.com/ko/product/calendar#downloads

링크를 통해 사이트에 접속한 후 [무료로 Notion 캘린더 다운로드] 버튼을 클릭해 노션 캘린더를 다운로드합니다.

[Google 계정으로 로그인] 버튼을 클릭하여 연결하고자 하는 구글 계정으로 로그인합니다.

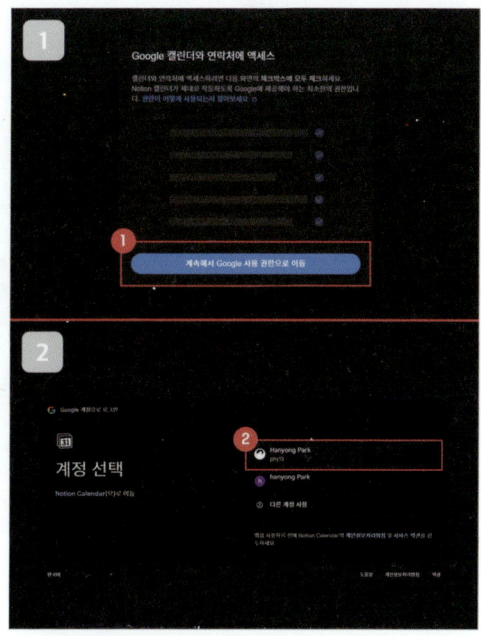

02. 구글 캘린더에서 카테고리 설정하기

기존에 구글 캘린더를 사용하던 사용자가 아니라면 구글 캘린더 카테고리 설정을 진행합니다. 앞서 연결된 구글 캘린더로 접속해 주세요.

구글 캘린더 설정으로 이동해 [캘린더 추가] → [새 캘린더 만들기] 항목을 통해 카테고리를 생성합니다. 카테고리의 이름과 색상을 정해 주세요.

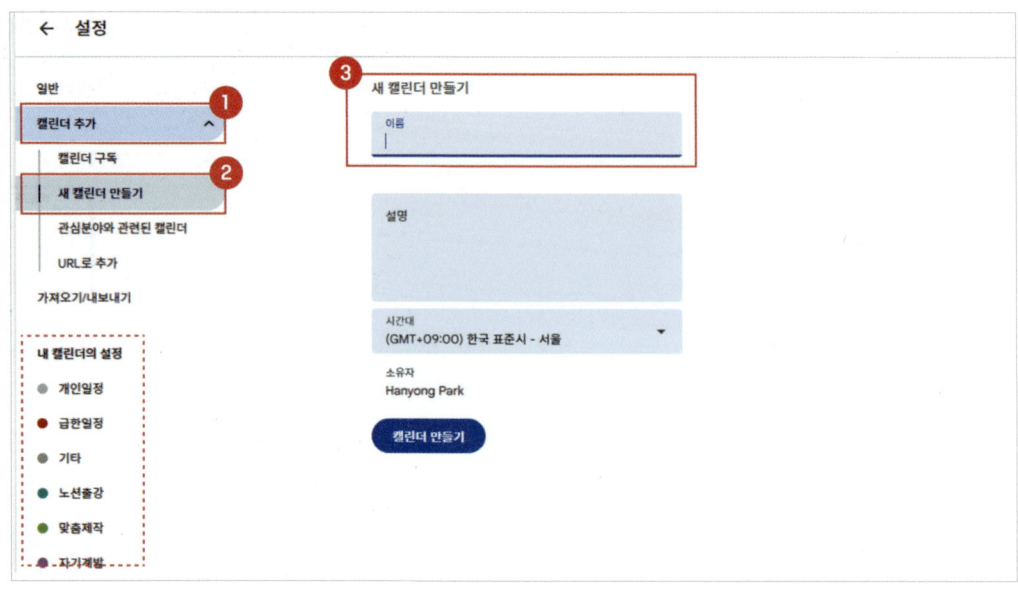

03. 일정 관리하기

이제 노션 캘린더로 이동합니다. 앞서 구글 캘린더에서 제작한 카테고리가 그대로 반영된 것을 볼 수 있습니다.

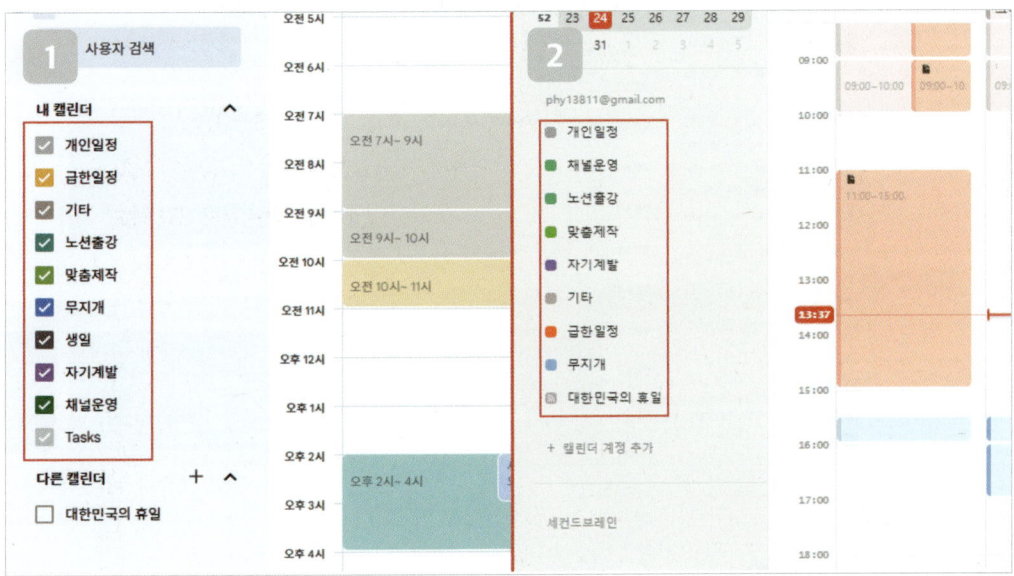

반영된 캘린더에서 일정을 생성해 보겠습니다. 일정 추가가 필요한 시간을 드래그해서 선택한 후 카테고리를 설정하면 끝납니다.

이렇게 입력된 일정은 구글 캘린더에도 반영된 것을 볼 수 있습니다.

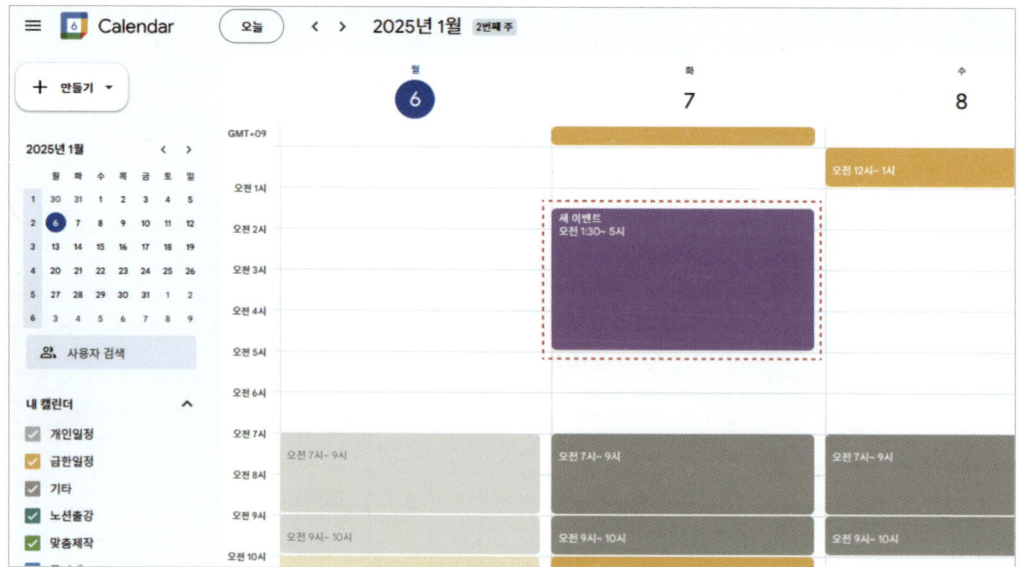

04. 노션과 연동하기

이젠 노션 데이터베이스를 노션 캘린더와 연동해 주겠습니다. 연동을 하고 싶은 데이터베이스로 이동하겠습니다. 우선 노션 캘린더와 연동하기 위해서는 반드시 '날짜 속성'이 포함이 되어야 합니다.

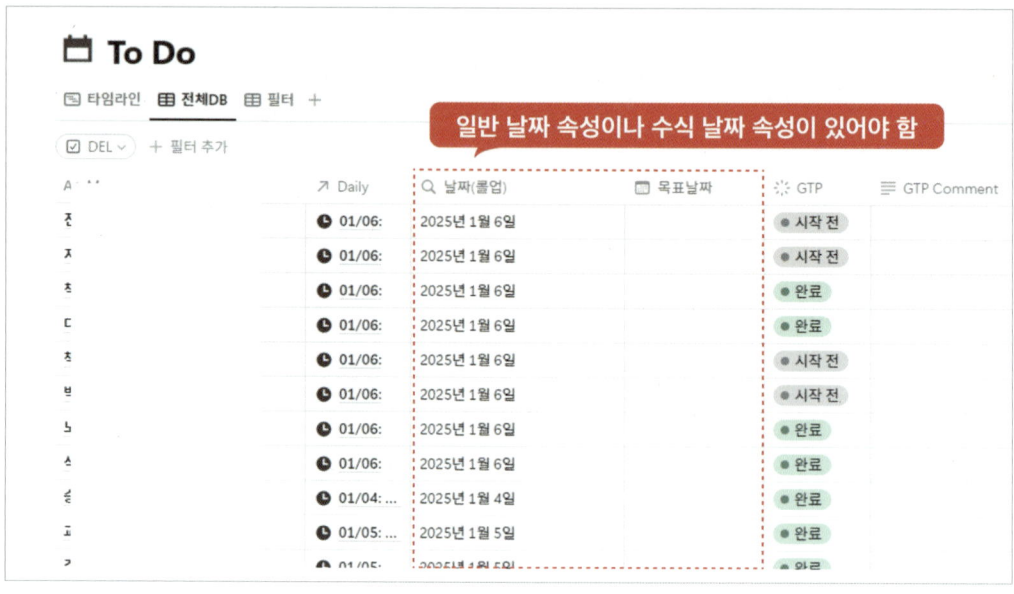

'날짜 속성'이 들어간 데이터베이스를 '캘린더 보기', '타임라인 보기'로 전환했을 때 [Notion 캘린더에서 열기] 버튼이 생성됩니다. 버튼을 클릭하여 노션 캘린더와 연동합니다.

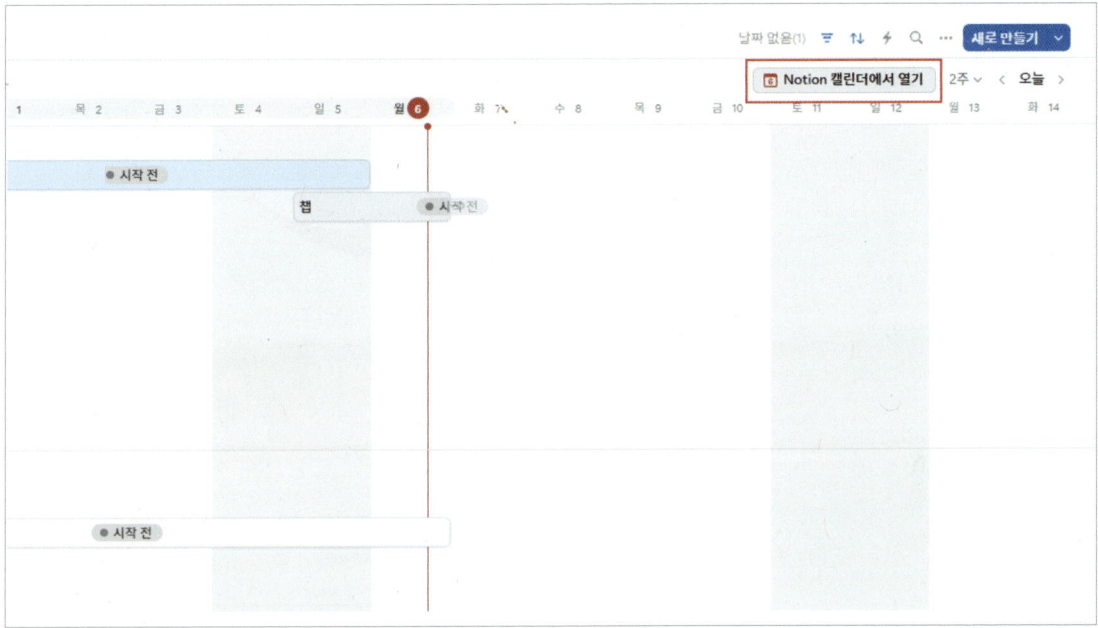

연동이 완료되었다면 노션 캘린더 하단에 데이터베이스 이름으로 카테고리가 생성된 것을 볼 수 있습니다. 카테고리 색상을 변환해서 다른 카테고리와 구분 지어 주세요.

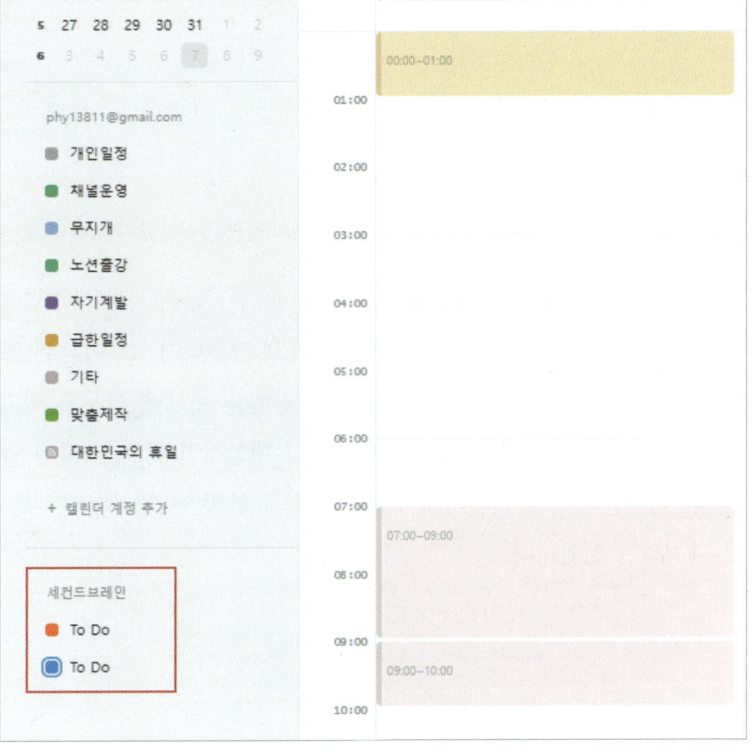

노션으로 생성한 일정 역시도 일정을 변환하면 노션 데이터베이스에 일정이 변하는 것을 볼 수 있습니다.

> **TIP** 수식으로 생성된 일정은 노션 캘린더에서 일정을 수정할 수 없습니다.

저는 비지니스 일정은 노션으로 정리를 하고 있습니다. 그 이유는 프로젝트 데이터베이스가 노션의 다른 데이터베이스와 연동이 되어 프로젝트의 진행률 계산에 사용도 되고 페이지 내 업무 관련된 내용을 정리할 수 있기 때문입니다. 반면 급한 일정이나 개인적인 일정, 예약된 일정은 구글 캘린더를 사용하고 있습니다. 하지만 결국 노션 캘린더에서 모든 일정을 한 번에 볼 수 있기 때문에 노션으로 업무 관리를 한다면 적극 추천하는 앱입니다.

웹에 있는 정보를 쉽게 노션에 정리하는 방법, Save to Notion

인터넷을 탐색하거나 유튜브 영상을 시청하다 보면, 유용한 정보를 발견하는 경우가 많습니다. 이러한 정보를 노션에 쉽고 체계적으로 정리하고 싶다면, 'Save to Notion'이라는 크롬 확장 프로그램을 활용해 보세요. Save to Notion은 웹페이지, 블로그, 유튜브 영상 등 다양한 콘텐츠를 Notion 작업 공간에 직접 저장할 수 있게 도와줍니다.

Save to Notion 설치부터 사용까지 살펴보겠습니다.

01. 크롬 웹스토어에서 Save to Notion 설치하기

검색 엔진에서 "크롬 웹스토어"를 검색해 "Chrome 웹 스토어" 사이트로 방문해 주세요.

확장 프로그램 및 테마 검색에서 'Save to Notion'을 검색하여 설치합니다.

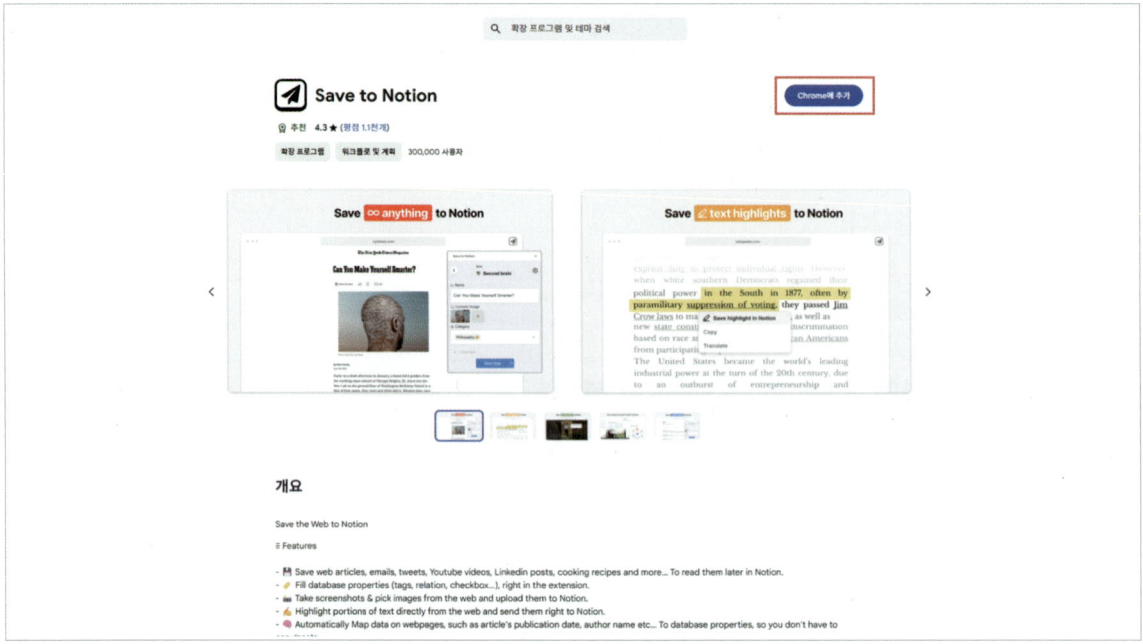

설치 완료 후에는 'Save to Notion'을 브라우저 상단에 고정합니다.

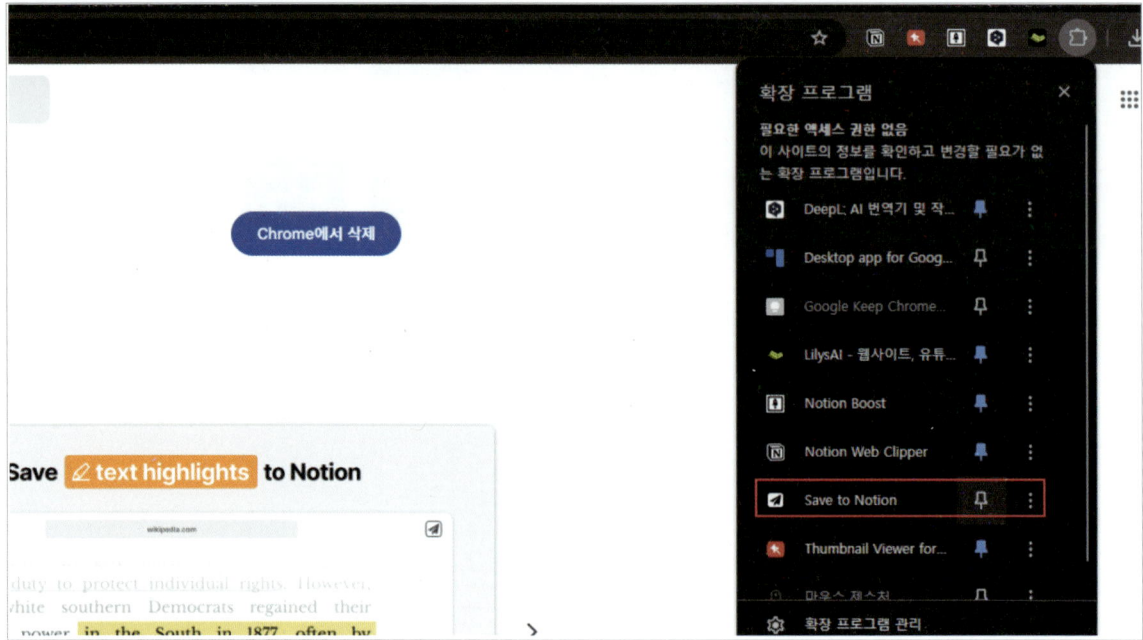

02. 노션 데이터베이스 연결하기

이제 'Save to Notion'에 정보를 넣기 위한 데이터베이스를 생성합니다. 저는 다음과 같이 생성했습니다.

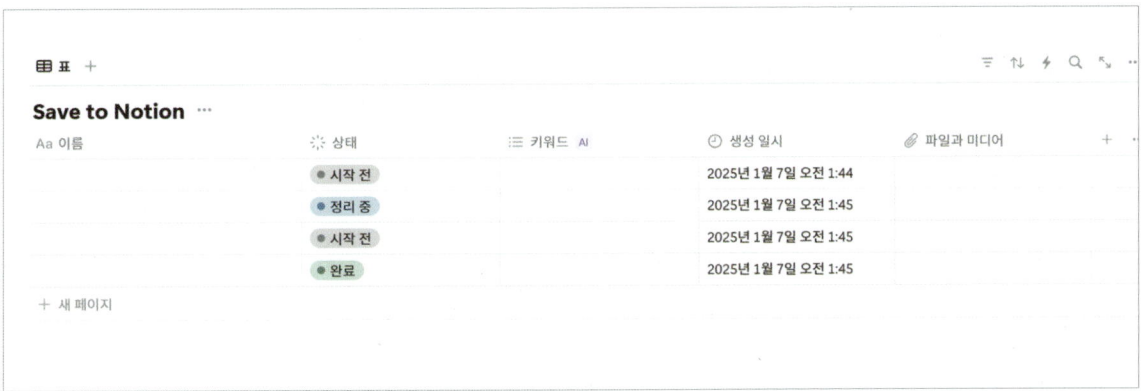

고정된 [확장 프로그램] 아이콘을 눌러 [Add a Form] 버튼을 클릭합니다. 워크스페이스를 선택하고 정보를 넣을 데이터베이스를 연결합니다.

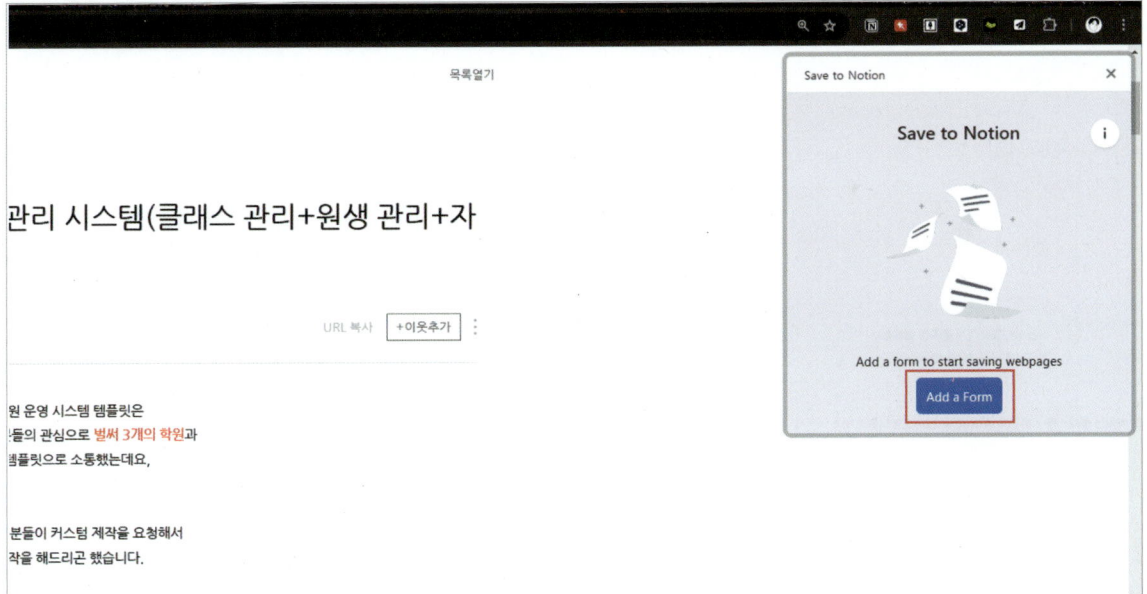

[Add a Form] 버튼을 클릭하면 그림과 같은 창이 출력됩니다.

❶ 창 상단의 [Select a Page or Database] 버튼을 클릭하여 연결할 데이터베이스를 불러옵니다.

❷ [Add New Field] 버튼을 클릭합니다.

❸ 속성 유형에 맞게 데이터를 기입합니다.

❹ [Save & Go Back] 버튼을 클릭합니다.

그럼 데이터베이스 속성 유형에 맞게 블로그 정보가 들어가는 것을 볼 수 있습니다.

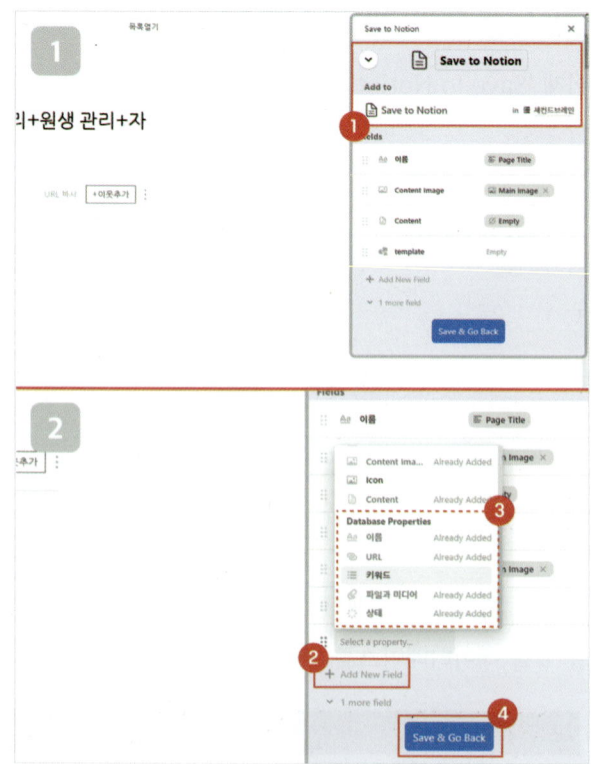

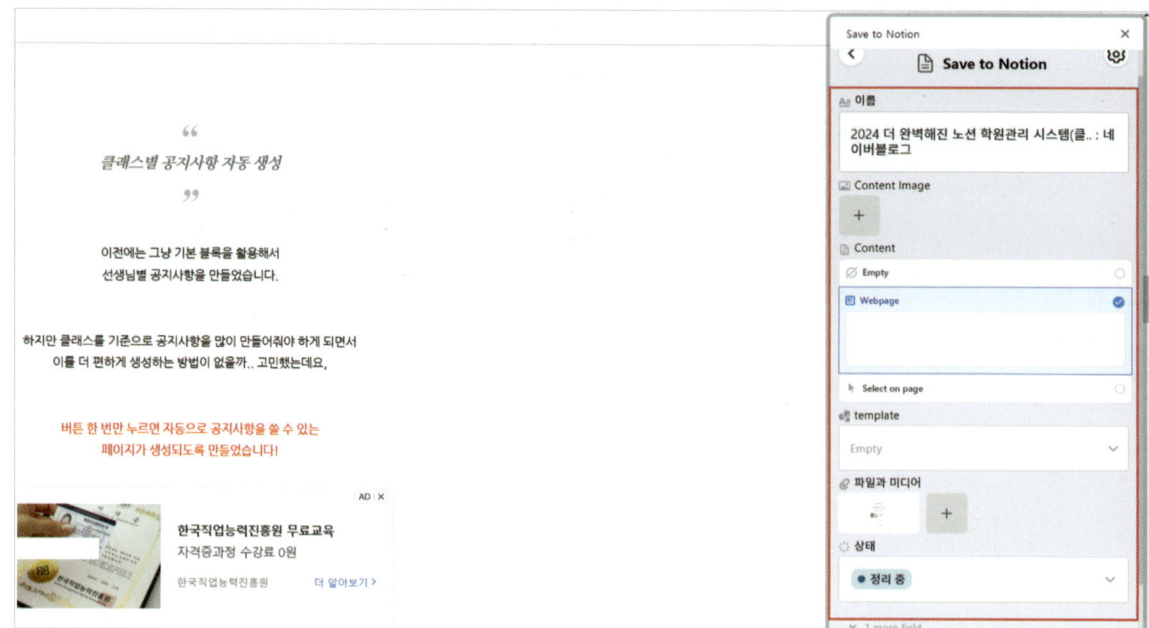

TIP 화면의 섬네일을 '파일과 미디어 속성'에 넣을 수 있습니다.

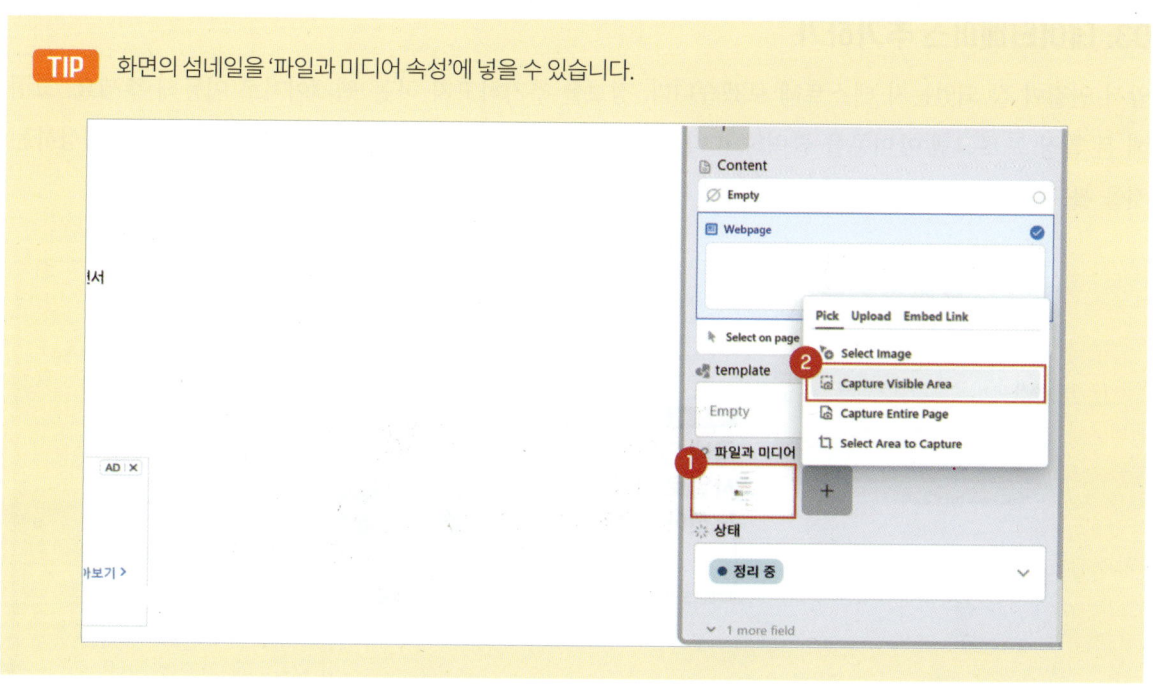

추가적으로 다른 데이터베이스를 더 연결하고 싶다면 [Add New Form] 버튼을 클릭합니다.

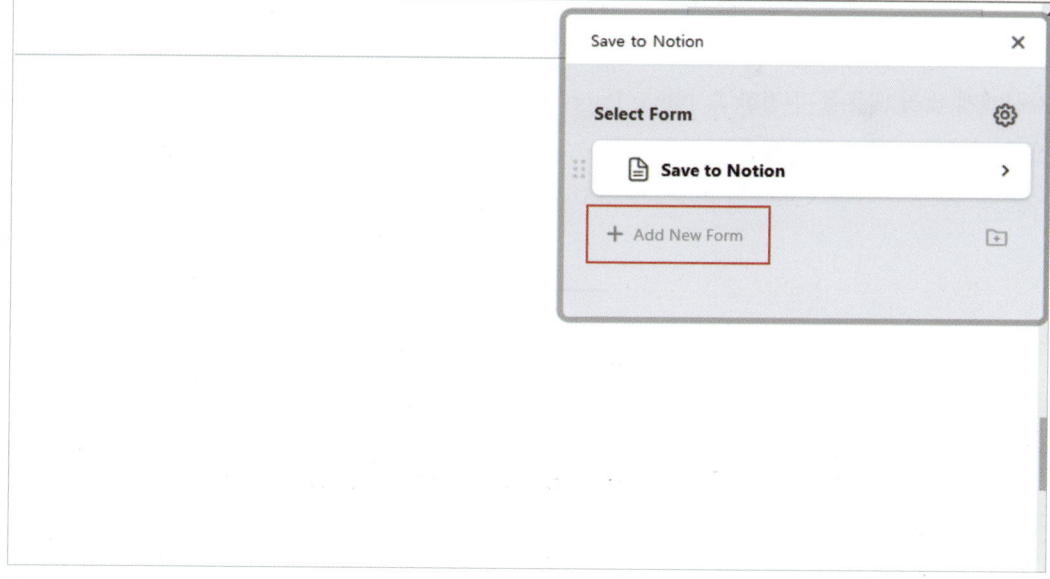

03. 데이터베이스 추가하기

앞서 연결이 잘 되었는지 테스트해 보겠습니다. 정보를 추가하고자 하는 웹페이지로 이동해 주세요. 고정해 둔 확장 프로그램 아이콘을 클릭하면 다음과 같이 웹페이지의 정보를 읽어 자동으로 제목을 생성하는 것을 볼 수 있습니다. 그 외 속성도 알아서 추가가 됩니다.

자신에게 맞춰 내용을 수정한 후 [Save Page] 버튼을 클릭해 줍니다. 노션 데이터베이스로 이동해 정보가 잘 들어갔는지 확인해 주세요.

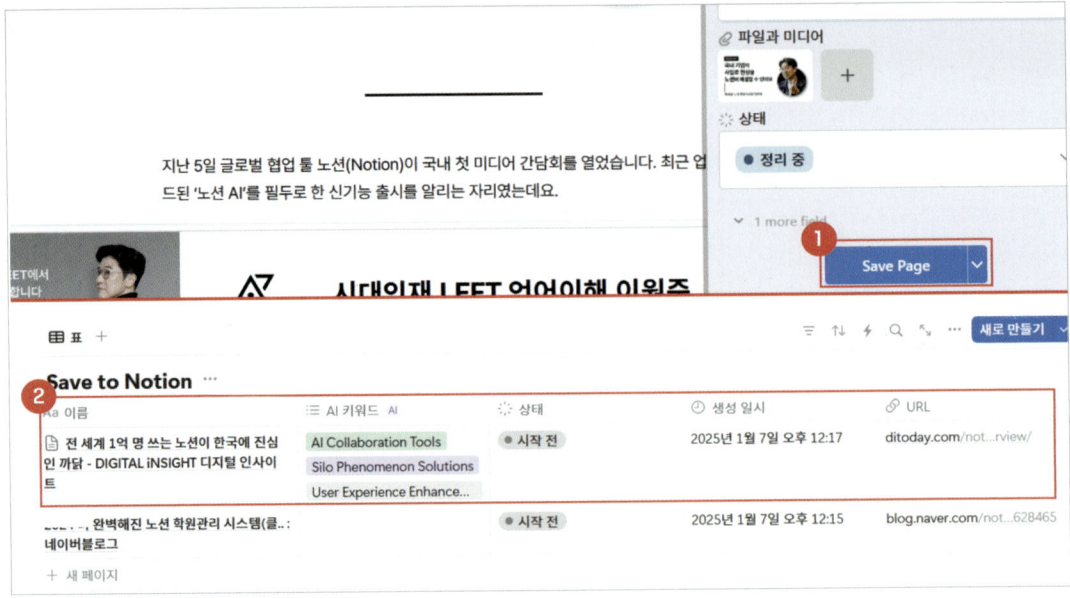

저는 Save to Notion을 활용해서 유용한 블로그와 기사 자료를 노션으로 옮겨서 정리합니다. Save to Notion으로 내용을 일일이 복사해서 넣지 말고 클릭 몇 번으로 정보를 바로 넣어 보세요.

유튜브 지식을 내 지식으로, Lilys AI

유튜브 영상을 보며 "이 부분 너무 유익한데 따로 저장해 두고 싶다."는 생각해 본 적 있지 않나요? 하지만 긴 영상을 다시 보고 메모를 정리하는 일은 시간이 많이 걸립니다.

'Lilys AI'는 이러한 고민을 해결해 주는 유튜브 요약 AI 서비스입니다. 이 서비스는 유익한 영상의 핵심 내용을 정리하여, 원하는 정보를 빠르게 찾고 저장할 수 있도록 도와줍니다. 무엇보다, 무료로 사용해 볼 수 있어 누구나 부담 없이 경험할 수 있습니다.

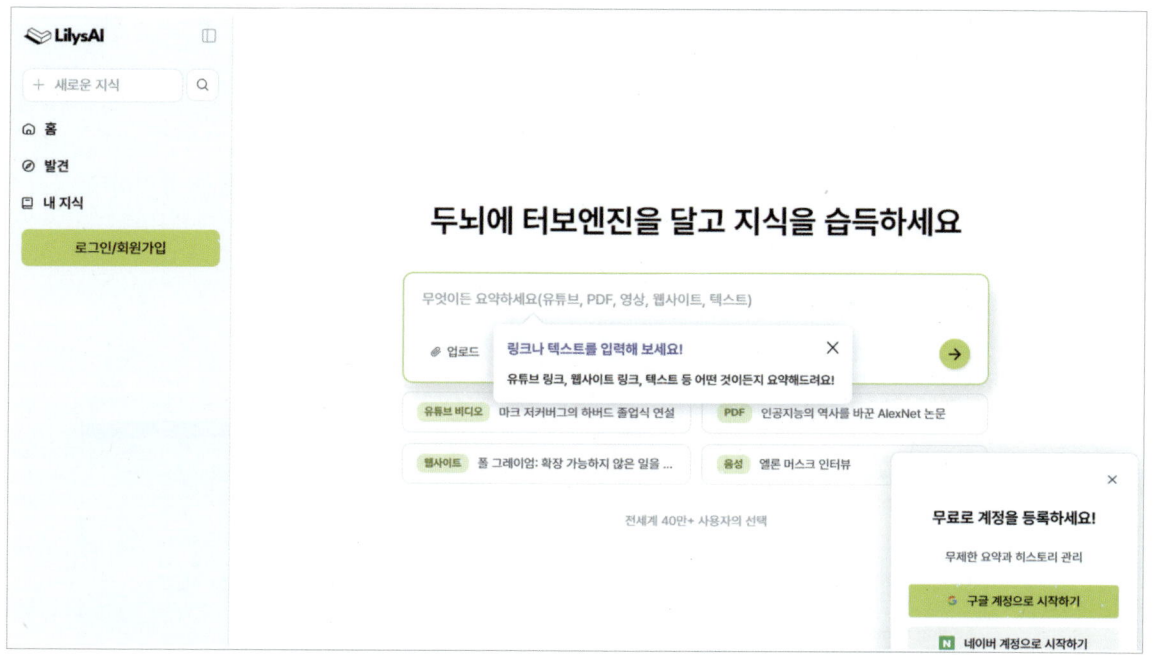

Lilys AI는 노션과 비슷하게 블록 기반으로 구성 되어 있습니다. 블록 옆에 점 6개 생기는 모습, 사이드바가 있는 모습이 노션과 정말 많이 닮아 있습니다.

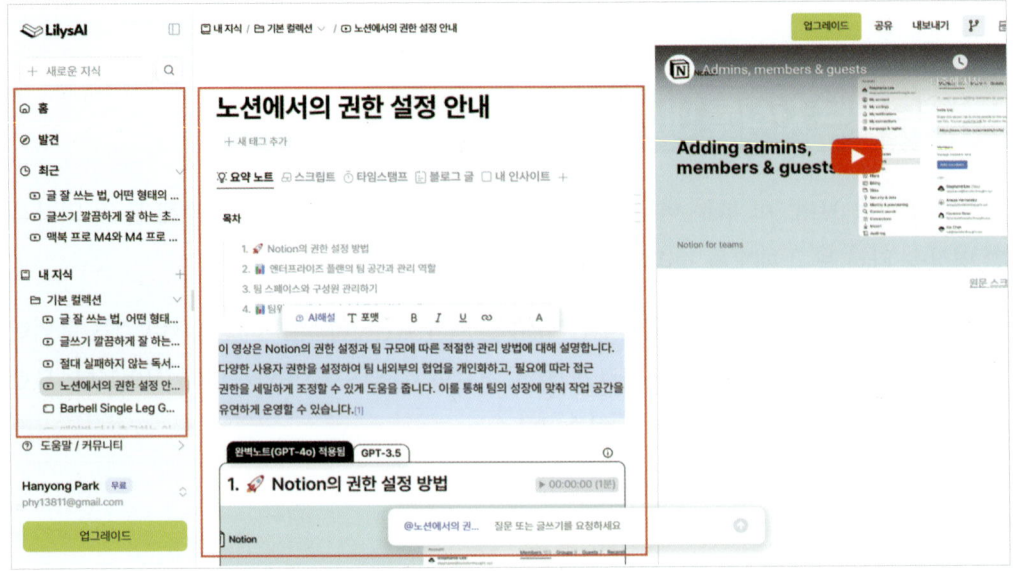

그렇기 때문에 Lilys AI로 출력된 결과물을 복사해서 노션에 붙여 넣으면 블록 유형을 유지하며 복사가 되는 것을 알 수 있습니다.

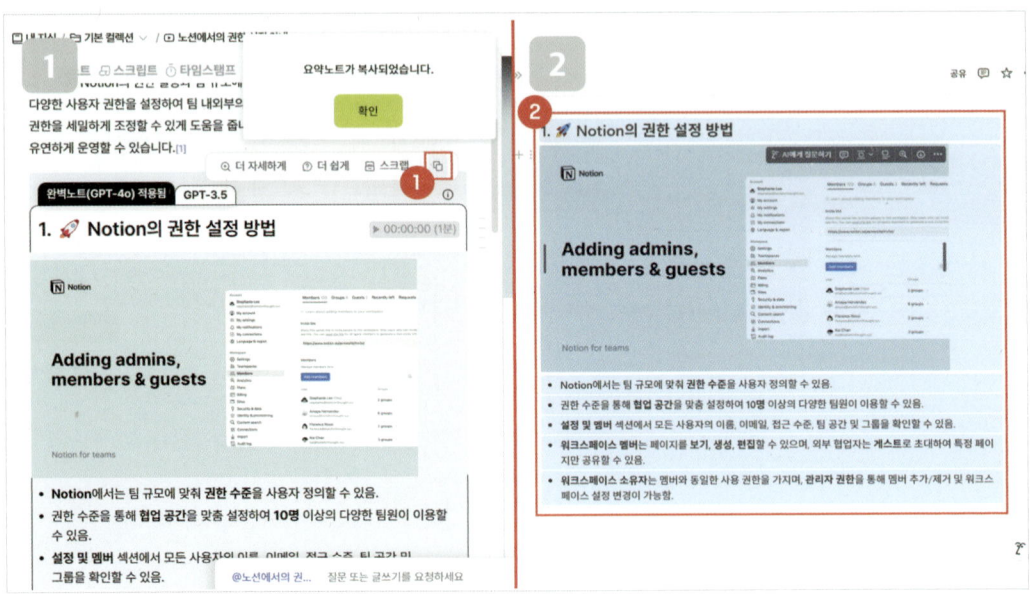

저는 Lilys AI와 노션 AI를 함께 사용해 저에게 필요한 지식 데이터베이스를 모아 다음과 같이 저장하고 재활용하면서 사용하고 있는데요. 제가 활용하는 방법을 소개해 보겠습니다.

01. 유익한 영상을 Lilys AI를 활용해 요약하기

먼저 유튜브 영상 중 조회수가 높거나 보면서 유익한 영상들을 Lilys AI를 활용해 요약을 해줍니다. 이번 설명에서는 '글쓰기'를 주제로 한 유튜브 영상 3개를 Lilys AI를 활용해 요약하겠습니다.

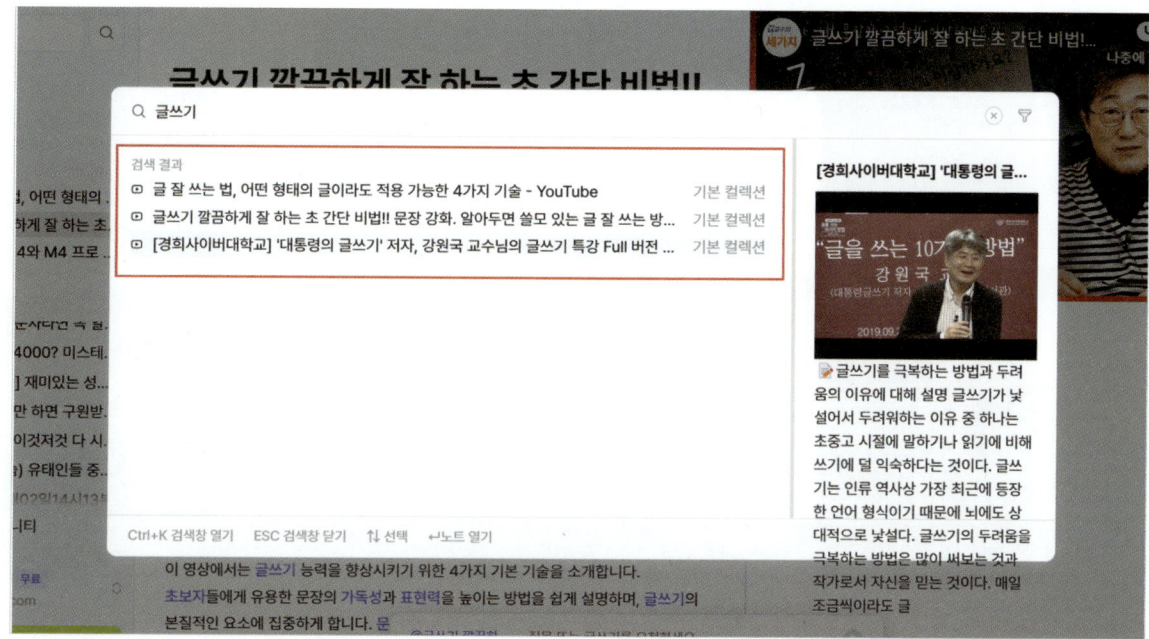

02. 노션 데이터베이스 페이지 안에 요약한 내용을 붙여넣기

이제 요약된 내용 전체를 드래그한 후, 노션 데이터베이스 페이지에 붙여 넣어 줍니다.

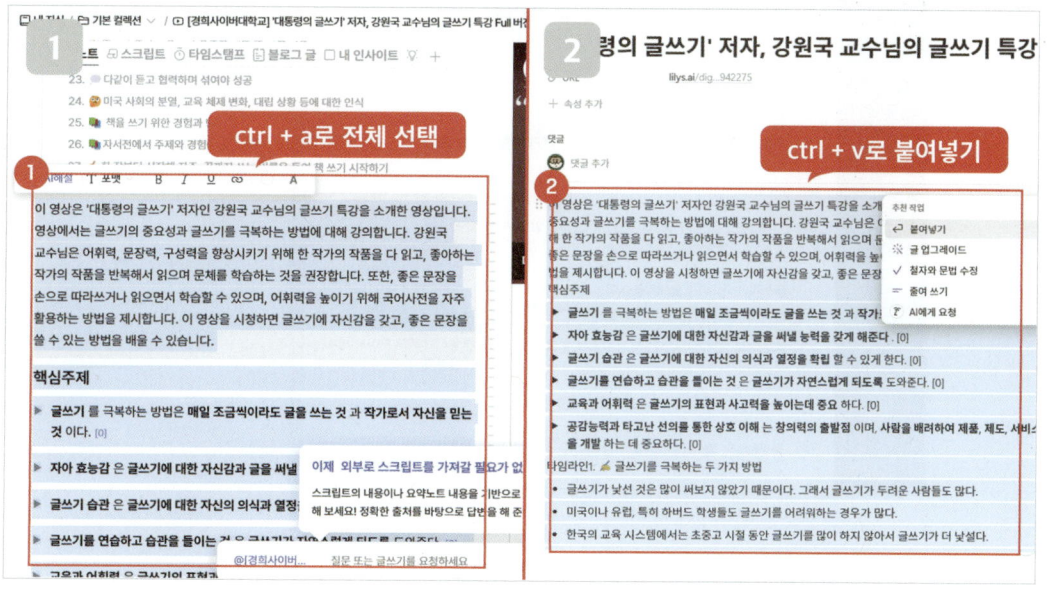

03. 노션 AI를 활용해 정보 재활용하기

이제 노션 AI를 활용해서 앞서 정리한 3개의 데이터베이스를 바탕으로 AI 결과물을 도출해 보겠습니다. `Ctrl` + `P`를 눌러 워크스페이스 탐색 화면을 열어 주세요.

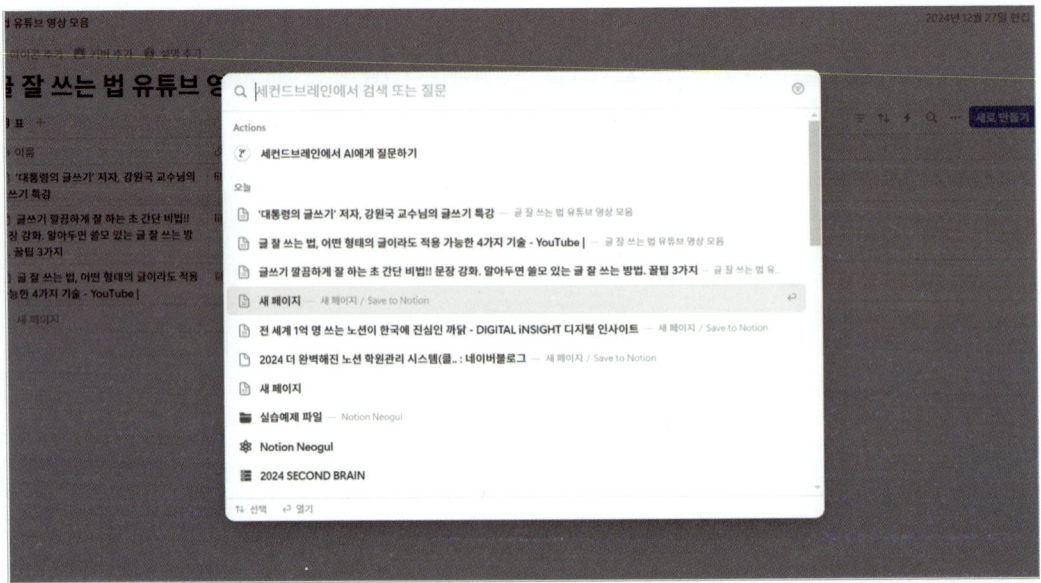

검색 범위 설정에 앞서 생성한 데이터베이스를 선택합니다. 그리고 상단 탐색 창에 다음과 같이 프롬프트를 작성해 주겠습니다.

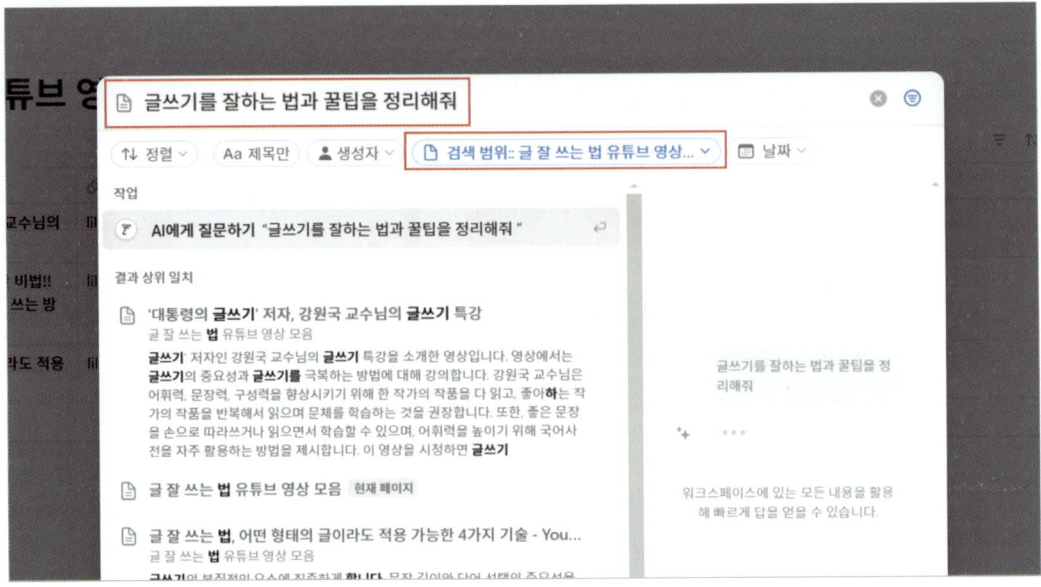

다음과 같은 결과물이 나온 것을 알 수 있습니다.

추가로 노션 AI에게 위의 정리된 내용을 바탕으로 좋은 글 예시를 작성해 달라고 요청해 보겠습니다. 그럼 다음과 같이 AI가 글을 작성해 주는 것을 볼 수 있습니다.

저는 다음과 같이 **1차적으로 내 기준에 검증된 자료**를 노션 데이터베이스로 정리하고, 정리된 데이터베이스 기준으로 **2차적으로 노션 AI를 활용해 새로운 결과물을 도출**합니다. 이를 참고해 노션에 여러분만의 지식 백과사전을 만들고 노션 AI를 활용해 여러분의 지식을 재활용해 보세요.

LESSON 01 _ 노션과 다른 앱 연동하기 **383**

앱들을 넘나드는 자동화 툴 1 – Make

노션에 기록한 데이터베이스를 다른 앱에서도 활용하고 싶다는 생각해 본 적 있지 않나요? Make는 노션을 포함한 다양한 앱과 서비스를 연결해 데이터를 자동으로 전송하거나 작업을 처리할 수 있도록 도와주는 플랫폼입니다.

예를 들어, 노션 데이터베이스의 내용을 구글 스프레드시트로 자동으로 동기화하거나 특정 이벤트가 발생했을 때, 이메일이나 카카오톡 알림 톡을 보내는 등의 작업을 손쉽게 설정할 수 있습니다. 복잡한 코딩 없이도 워크플로우를 만들고 자동화 과정을 시각적으로 확인할 수 있어 누구나 쉽게 활용할 수 있습니다.

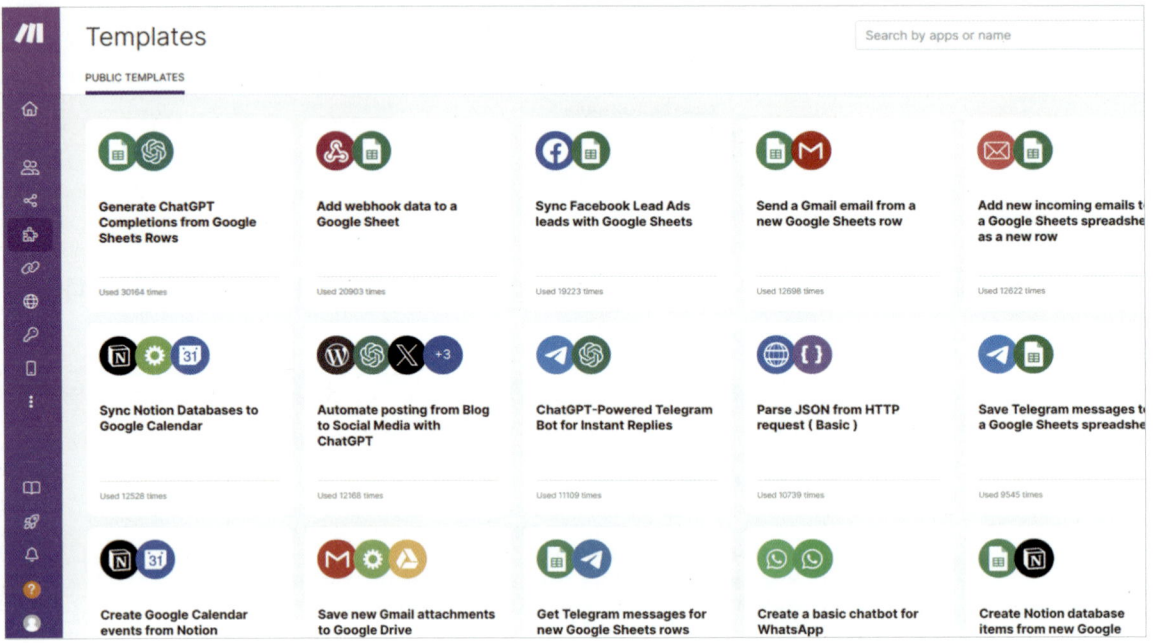

이번에는 Make로 노션 데이터베이스를 활용하기 위해서 반드시 해야 하는 API 연결 방법과 구글 스프레드시트로 데이터베이스를 넘기는 작업을 함께 해보겠습니다. 이번에는 노션너굴 서비스 신청자를 구분하고 관리하는 노션 데이터베이스를 구글 스프레드시트로 넘기는 작업을 진행해 보겠습니다.

01. 노션 Key 생성 후 복사하기

노션 데이터베이스를 Make와 연결하기 위해 노션 계정에 Make를 추가해 줘야 합니다. 노션 설정 화면에 ❶ [연결] 항목을 클릭하여, ❷ [API 연결 개발 또는 관리] 버튼을 클릭합니다.

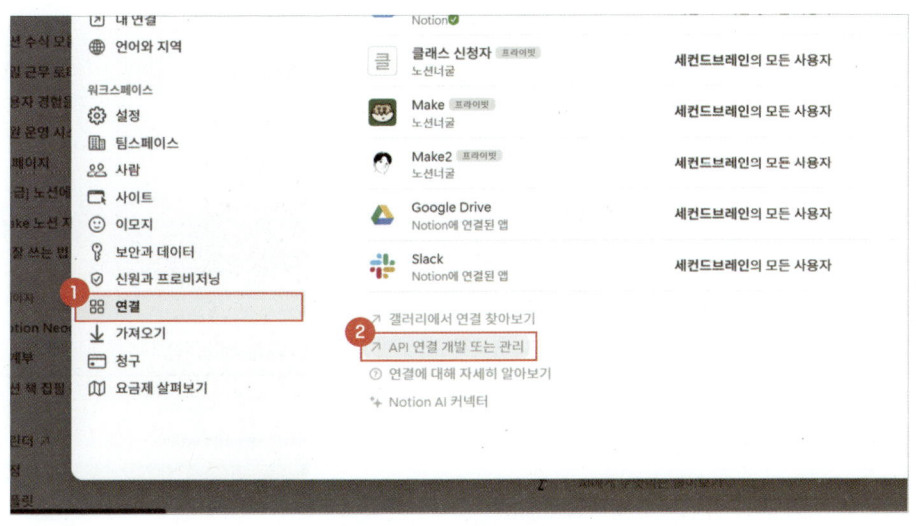

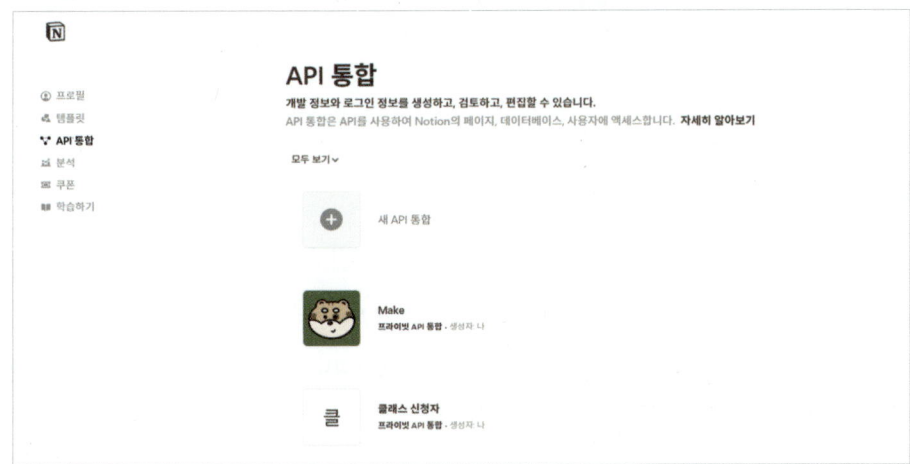

❶ [새 API 통합] 버튼을 클릭한 후, 다음 그림과 같이 사용할 ❷ API 통합 이름, ❸ 관련 워크스페이스 정보를 입력해 줍니다. ❹ 로고의 경우 이후 생성한 API를 쉽게 알아보기 위해 넣어 줍니다. 그 후 [저장] 버튼을 누르면 API가 생성됩니다. 생성된 API를 복사해 주세요.

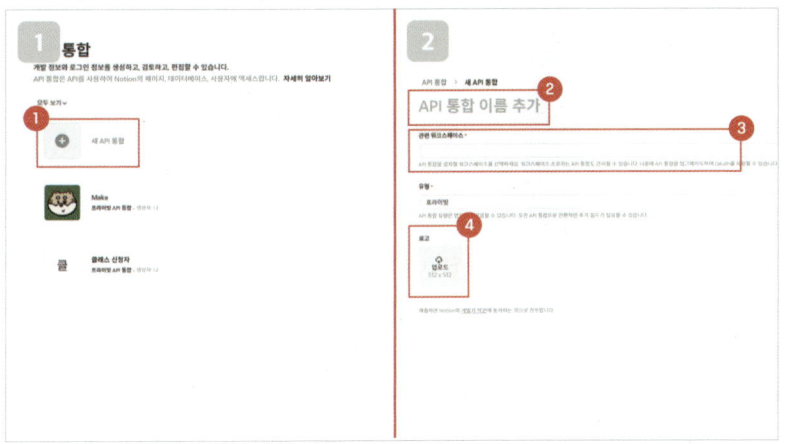

LESSON 01 _ 노션과 다른 앱 연동하기 **385**

02. Make에 Key 붙여넣기

이제 복사한 Key를 Make에 붙여넣기 위해 Make로 로그인합니다. ❶ 화면 좌측 사이드바에서 [Scenario] 아이콘을 클릭한 후, ❷ [+ Create a new scenario] 버튼을 클릭합니다. 클릭한 후, 화면에서 [+] 버튼을 클릭하여 연결할 프로그램으로 [Notion]을 클릭하여 [Watch Database Items] 항목을 클릭하여 노션 토큰을 생성합니다.

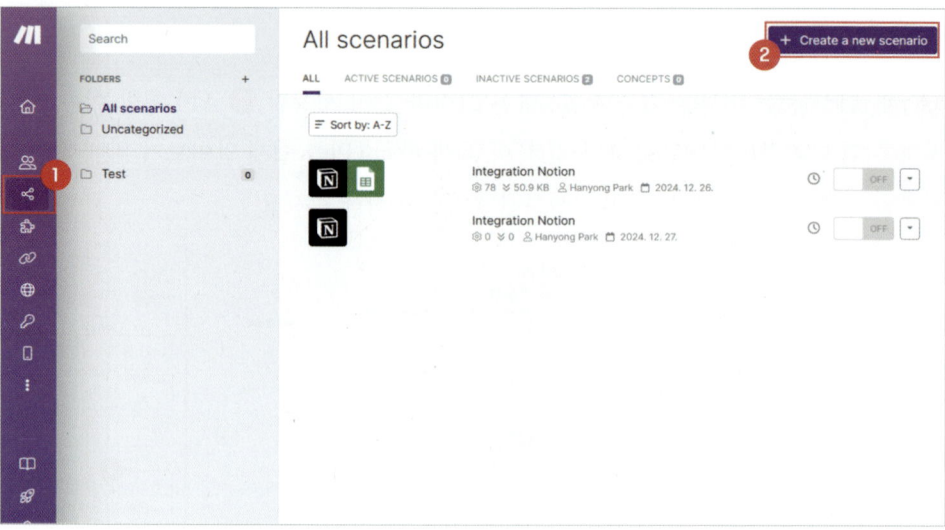

생성한 후 [Creating Connection] 버튼을 클릭합니다.

[Connection type]은 [Notion Internal]로, [Connection Name]은 '노션'으로, [Internal Integration Token] 칸에 앞서 복사한 Key를 붙여 넣습니다.

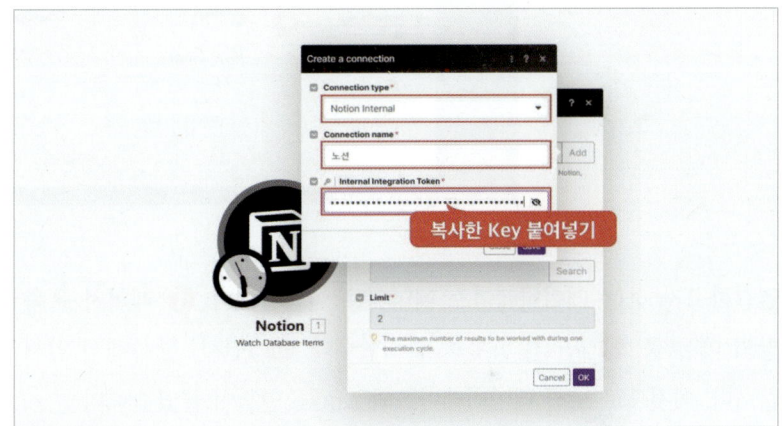

이제 Make의 좌측 사이드바에 위치한 [Connection] 아이콘을 클릭하면 연결한 '노션'이 추가된 것을 볼 수 있습니다.

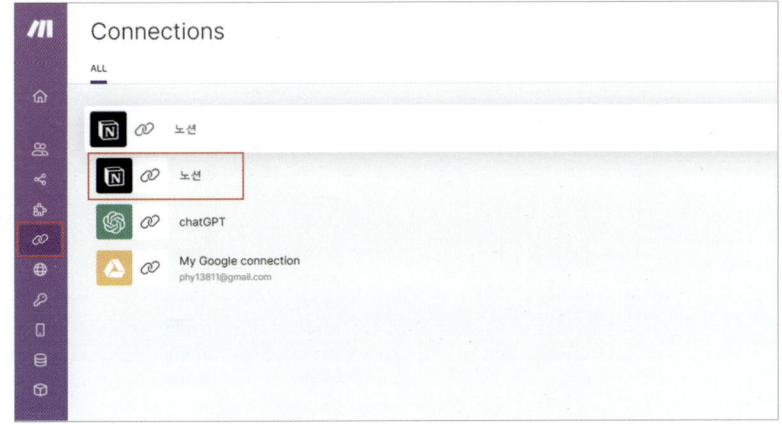

03. 노션 데이터베이스 연결하기

이제 다시 노션으로 가서 연결하고자 하는 데이터베이스를 Make에 연결해 주겠습니다. ❶ 노션 워크스페이스 설정의 [연결] 항목을 클릭하면 ❷ 앞서 제작한 Make2가 생성이 되어 있는 것을 볼 수 있습니다. 앞서 넣은 로고 이미지와 동일한지 확인해 주세요.

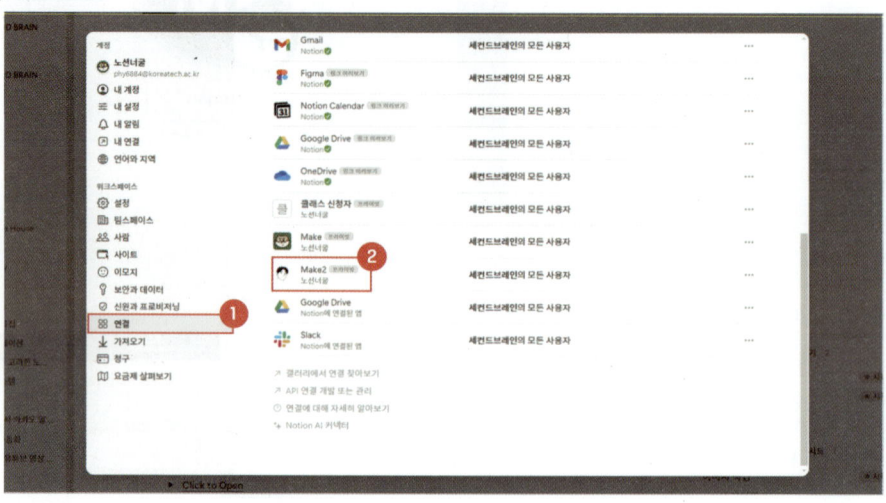

연결하고자 하는 데이터베이스 페이지로 이동합니다. ❶ 페이지 우측 상단의 점 3개를 클릭하여 나오는 창의 메뉴 중, ❷ [연결] 항목을 클릭합니다. ❸ [연결] 항목에서 앞서 제작한 [Make2] 아이콘을 클릭해 줍니다. 이것으로 노션 데이터베이스와 Make 연결이 끝났습니다.

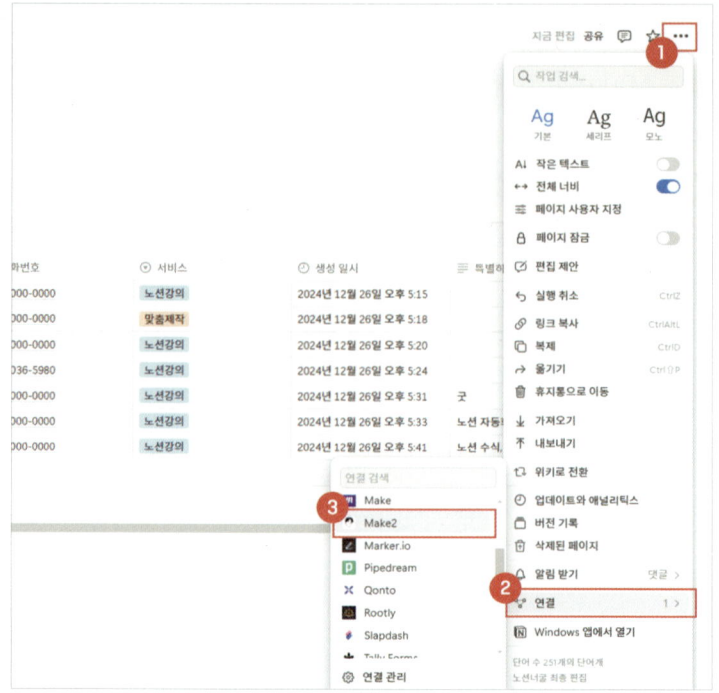

04. 구글 스프레드시트와 Make 연결하기

Make에 구글 스프레드시트를 연결해 주겠습니다. ❶ 시나리오에서 구글 스프레드시트 모듈 중 [Add a Row] 버튼을 클릭해 줍니다. 이 과정에서 구글 계정과 연동되어야 합니다. ❷ [Add] 버튼을 클릭해 나오는 창에서 ❸ [Sign in with Google] 버튼을 클릭해 구글 계정에 연결합니다.

액세스 허용을 하게 되면 구글 드라이브 내에 구글 스프레드시트를 연결시켜 줄 수 있습니다.

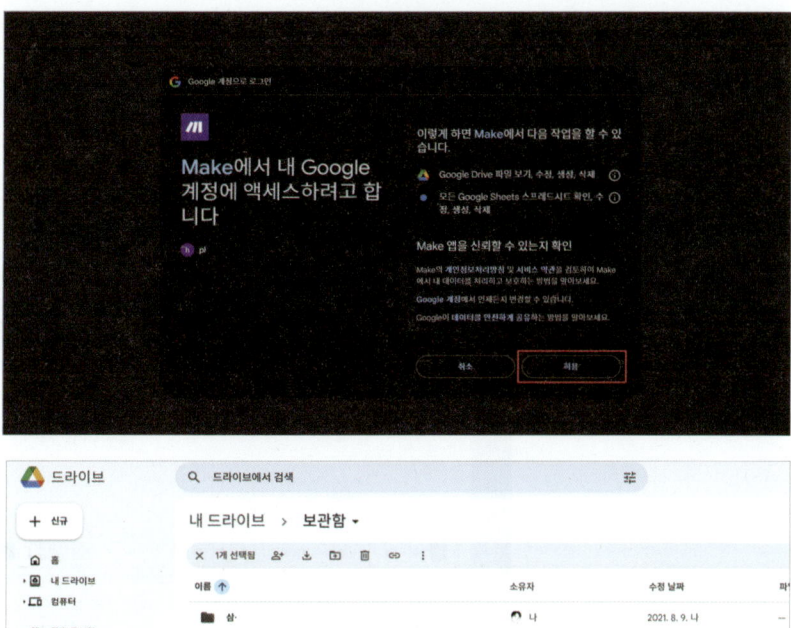

이제 노션의 어떤 값을 구글 스프레드시트 어떤 열에 넣을지 정합니다. 노션 데이터베이스 속성 값이 구글 스프레드시트 열 A, B, C, D에 들어가도록 설정해 줍니다.

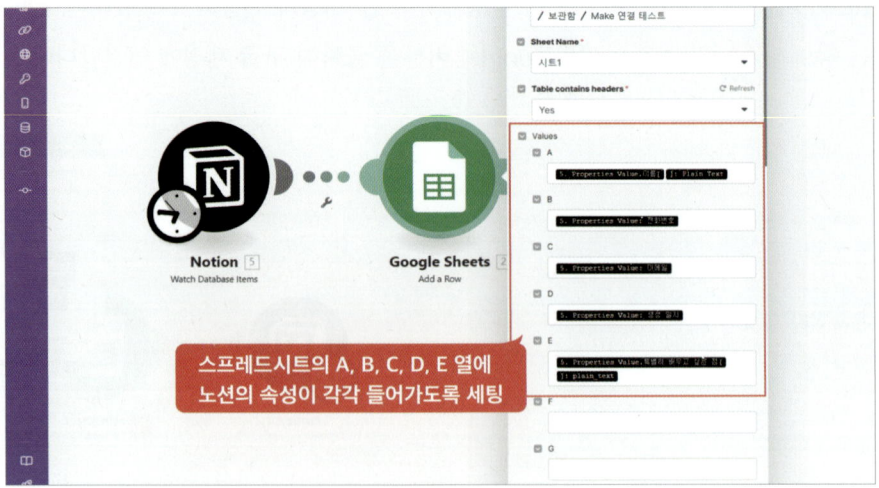

05. 연결 테스트하기

설정이 완료되었습니다. 노션에 새로운 데이터베이스를 입력한 후 Make에서 [Run once] 버튼을 클릭해 줍니다. 연동이 정상적으로 되었다면 구글 스프레드시트에 노션의 속성 값이 들어간 것을 볼 수 있습니다.

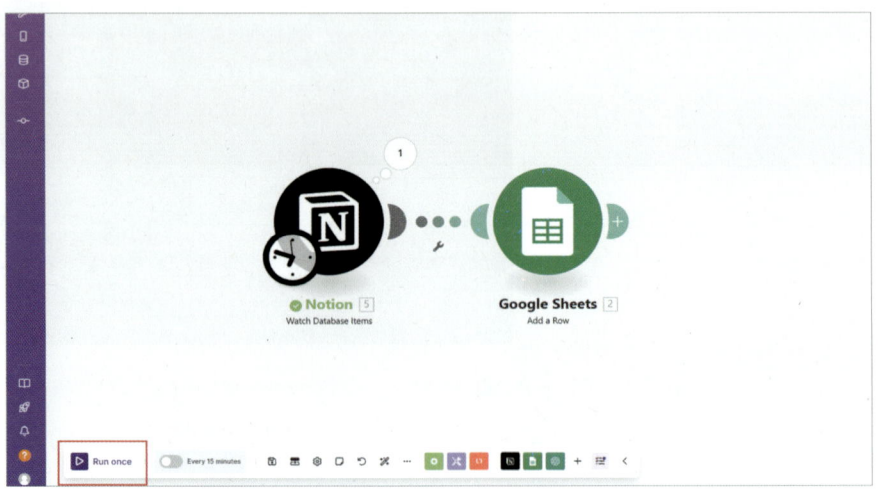

이를 활용해 노션 자료를 구글 스프레드시트에 백업하는 용도로도 사용할 수 있습니다. 만약 더 많은 모듈을 생성 후 연결한다면 ChatGPT와 연결해 입력된 데이터베이스를 기반으로 AI 답변을 얻어 내거나 SOLAPI와 연결해 문자나 이메일을 보낼 수도 있습니다.

앱들을 넘나드는 자동화 툴 2 - Claude MCP

Claude MCP는 MCP 기술을 기반으로 동작하는 자동화 환경입니다. MCP는 쉽게 말해, AI와 여러 앱·서비스를 이어 주는 다리로서 외부 데이터베이스를 불러오고, 분석하며, 새로운 결과물을 만들어 낼 수 있도록 돕는 기술입니다.

특히 노션과 Claude MCP를 연결하면 그 효과가 훨씬 커집니다. 노션은 개인과 팀의 데이터를 체계적으로 쌓아 두는 공간이지만, 그 자체만으로는 단순한 기록에 머무르는 경우가 많습니다. 그러나 MCP와 연결하면 노션 데이터베이스를 불러와 비교·분석·보고서 생성 등 훨씬 깊이 있는 활용이 가능합니다.

예를 들어, 꾸준히 기록해 둔 가계부 데이터를 MCP와 연결해 분석하면, "7월 대비 8월 지출이 어느 항목에서 늘었고 줄었는지"를 자동 보고서 형태로 받을 수 있습니다.

노션에 가장 효과적인 AI는 노션 AI이지만, 노션 AI만으로는 방대한 데이터베이스를 깊게 분석하는 데 한계가 있습니다. 하지만 Claude MCP는 이러한 노션 AI의 한계를 보완해, 데이터를 보다 구체적이고 유용하게 다룰 수 있도록 도와줍니다.

이번에는 Claude MCP와 노션을 연결하는 방법을 실습해 보겠습니다. 단순히 연결만 하고 끝나는 것이 아니라, 실제로 Claude MCP에 명령을 내려 노션 데이터베이스를 불러오고, 그 데이터를 분석하는 과정까지 함께 진행하겠습니다.

01. Claude MCP 설치하기

Claude MCP를 활용하려면 Claude 데스크톱을 활용해야 합니다. 검색 포털에서 "클로드 MCP"를 검색 후, 웹사이트에 접속합니다. 자신이 사용하는 PC 운영체제에 맞는 Claude MCP 버전을 다운로드하여 설치합니다.

Claude MCP를 다운로드하였다면, 추가로 Visual Studio Code와 Node.js를 다운로드하여 설치해 주세요.

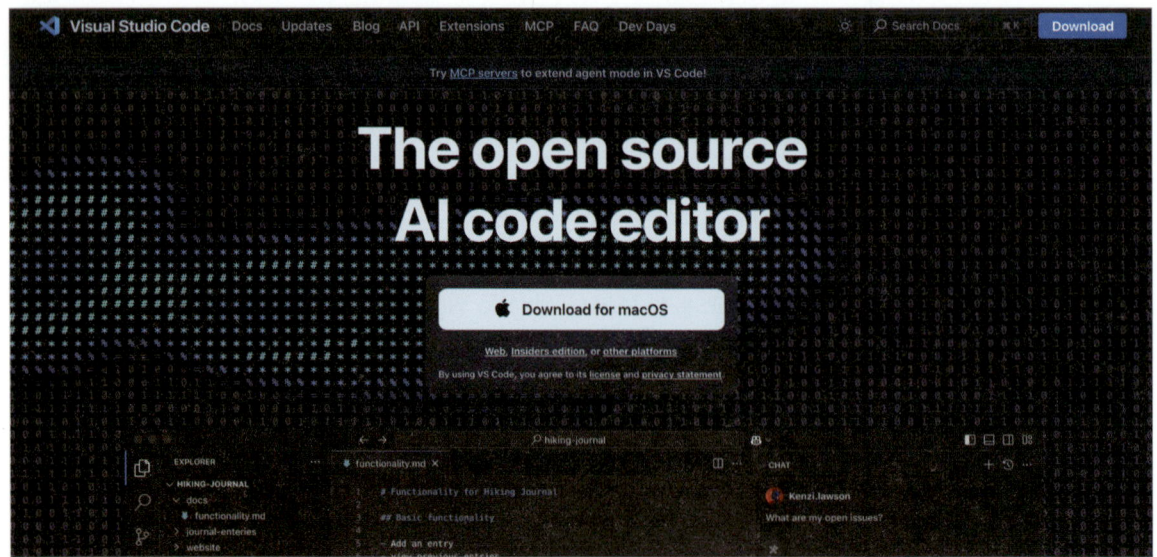

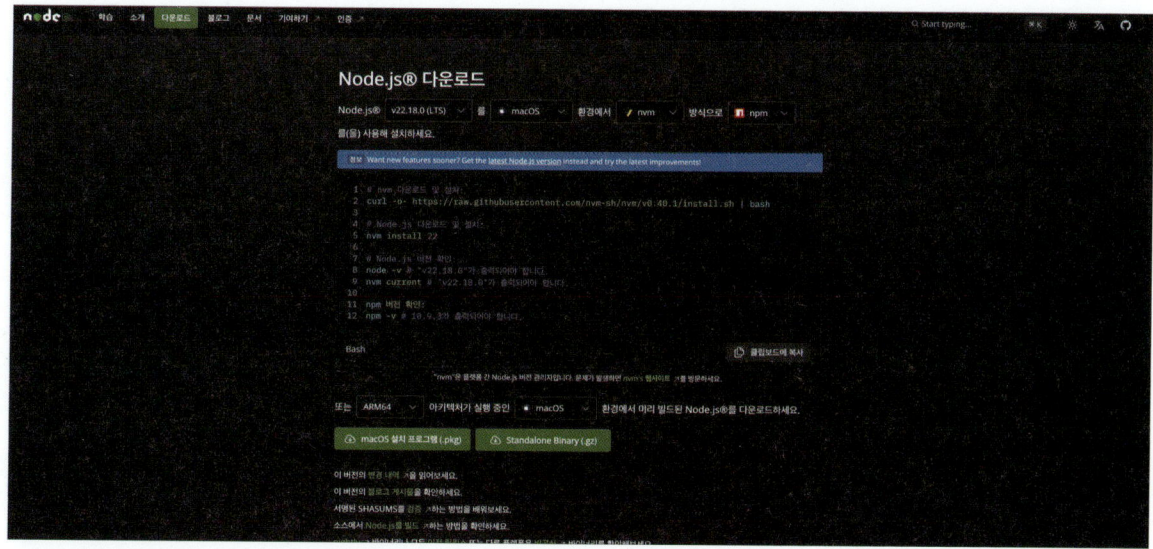

02. 노션 API Key 발급하기

Claude MCP가 노션 데이터베이스에 접근하려면 API Key가 필요합니다. ❶ 노션 워크스페이스 설정 화면에서 [연결] 항목을 클릭하여, ❷ [API 연결 개발 또는 관리] 버튼을 클릭합니다.

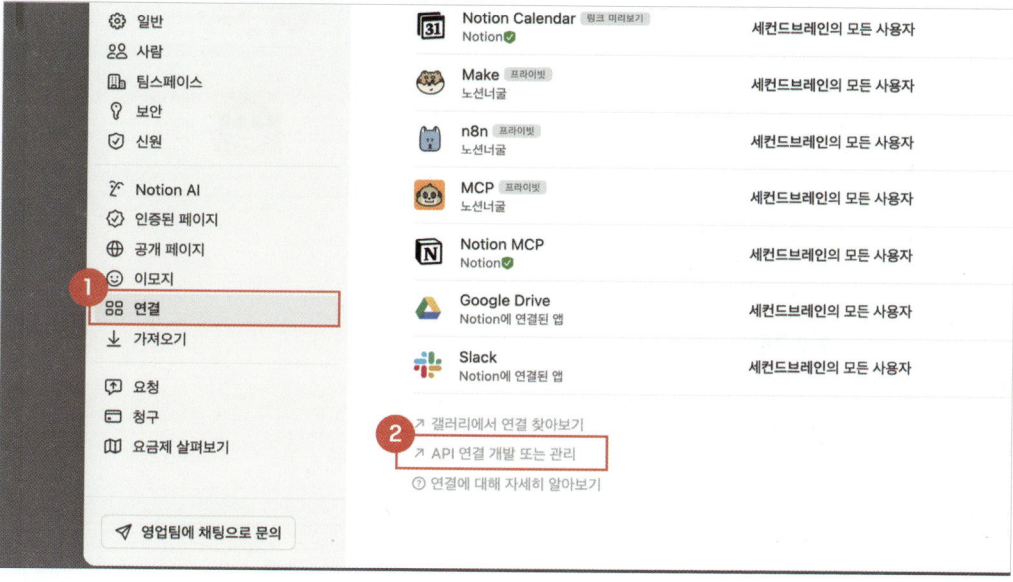

[API 통합] 페이지 중앙의 [새 API 통합] 버튼을 클릭합니다. 다음 그림과 같이 사용할 ❶ API 통합 이름, ❷ API를 설치할 관련 워크스페이스의 이름, ❸ 마지막으로 API 통합의 유형을 입력해 줍니다. 그 후 [저장] 버튼을 클릭하면 [프라이빗 API 통합 시크릿] 란에 API가 생성됩니다. 생성된 Key를 복사해 주세요.

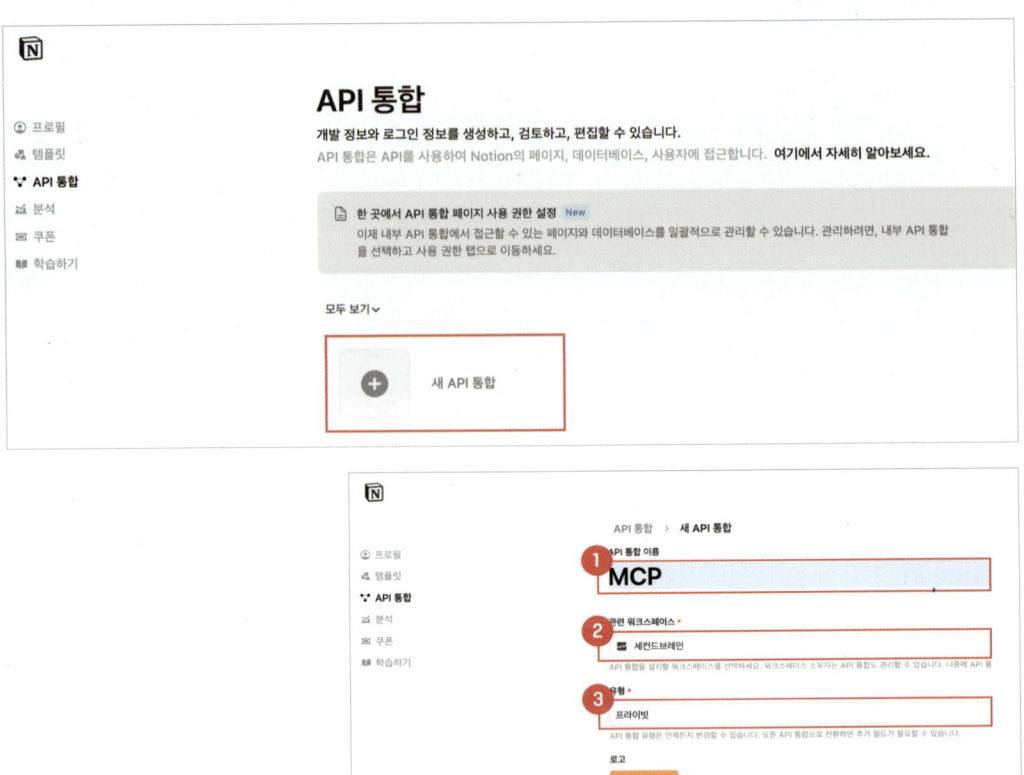

03. Smithery.ai에서 노션 MCP 설치하기

API 통합을 완료한 후, 검색 엔진에 'Smithery.ai'를 검색하여 사이트에 접속합니다. Smirhery.ai는 다양한 앱들의 MCP를 쉽게 찾을 수 있게 도와주는 사이트입니다. ❶ Smirhery.ai 사이트의 검색창에 Notion을 검색하고, ❷ 조회수가 가장 높은 페이지를 클릭합니다.

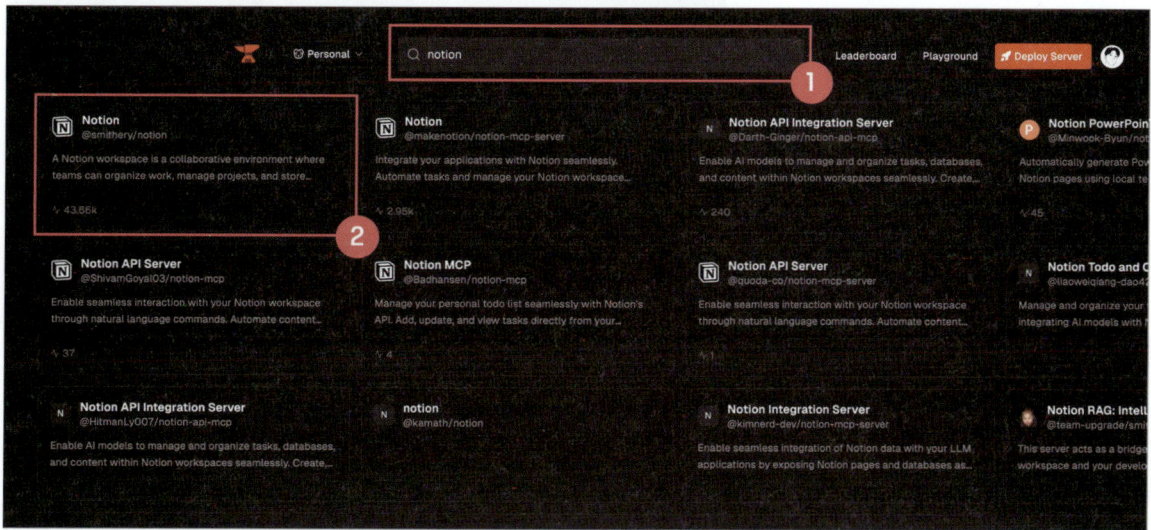

❶ 접속한 페이지 우측 상단의 [Configure] 버튼을 클릭한 후, ❷ 앞서 복사한 Key를 붙여 넣습니다.

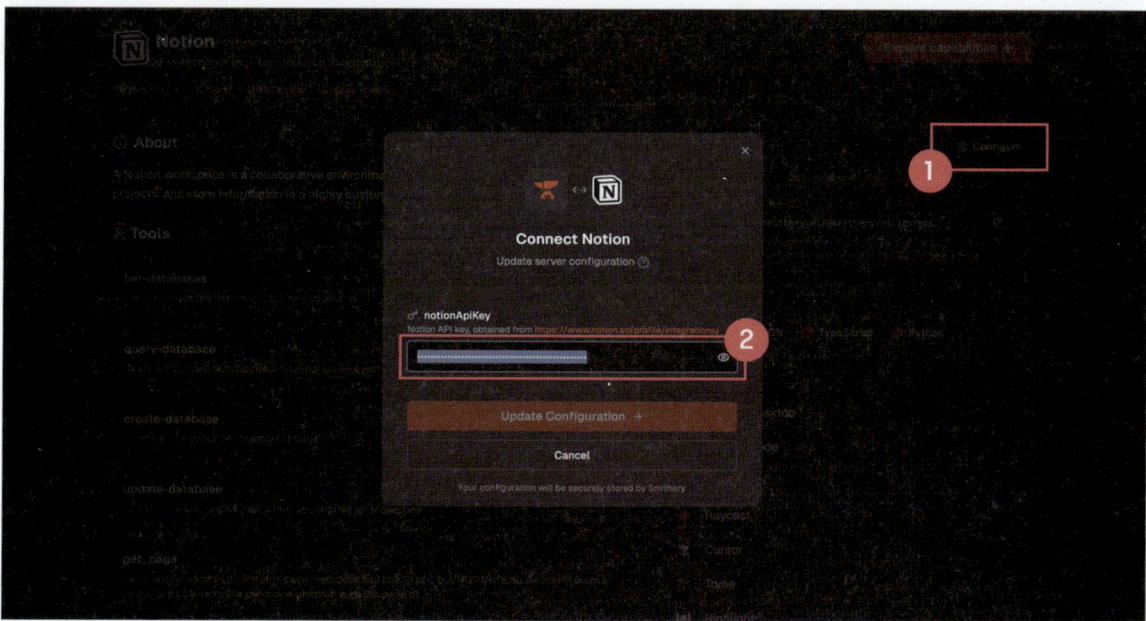

Key를 입력한 다음 페이지 우측의 ❶ [JSON] 버튼을 클릭한 후 ❷ 생성된 코드를 복사합니다.

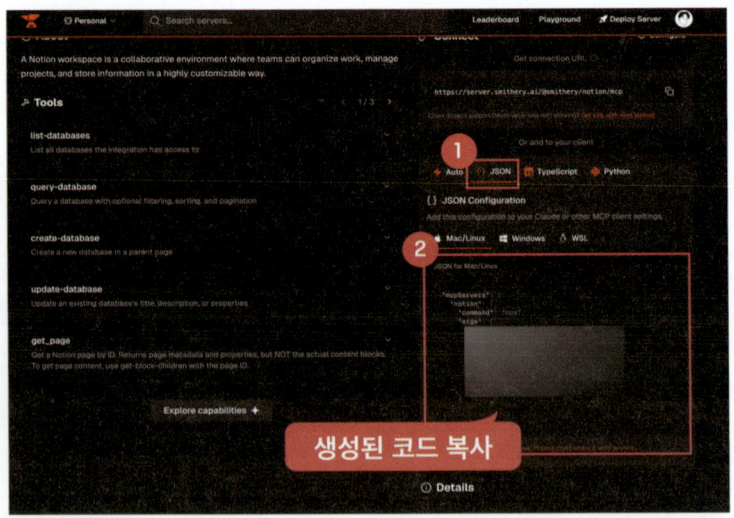

앞서 설치한 Claude MCP에 접속해 좌측 [데스크탑 앱] 설정의 [개발자] 항목을 클릭한 후, [구성 편집] 버튼을 클릭합니다.

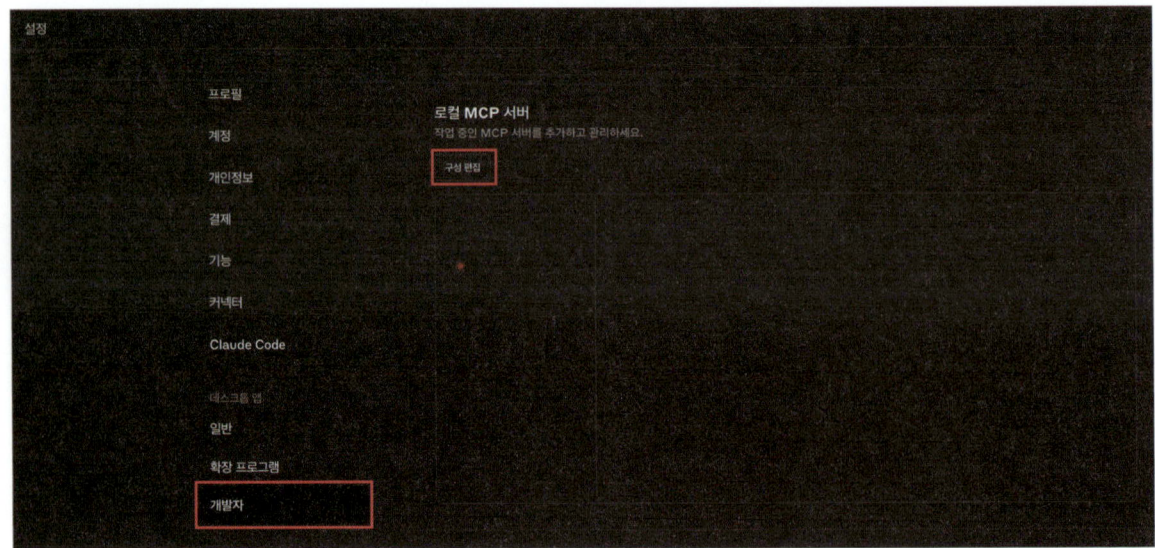

그다음 ❶ "claude_desktop_config" 파일을 클릭한 다음 ❷ 열린 창에 앞서 복사한 코드를 붙여 넣습니다.

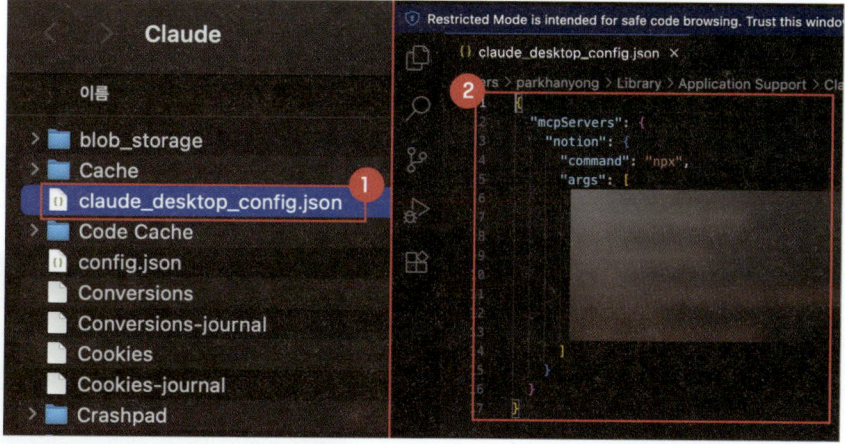

이상의 과정을 모두 마친 후, Claude MCP를 종료 후, 재실행하면 노션 MCP 설치가 완료됩니다.

04. 노션 연결하기

노션에 접속한 후, Claude MCP로 데이터 분석할 페이지로 이동합니다. 이번 예시에서는 "Chapter 04. 노션 데이터베이스 심화"의 실습 과정에서 제작한 "개인 재무 관리 대시보드" 페이지와 연결해 주겠습니다. ❶ 노션 페이지 우측 상단의 점 3개 클릭 후, ❷ [연결] 항목을 클릭합니다. ❸ 앞서 Claude MCP를 설치할 때 생성한 통합 환경 제목 MCP를 클릭합니다. 이것으로 "개인 재무 관리 대시보드" 페이지와 Claude MCP가 연결이 완료되었습니다.

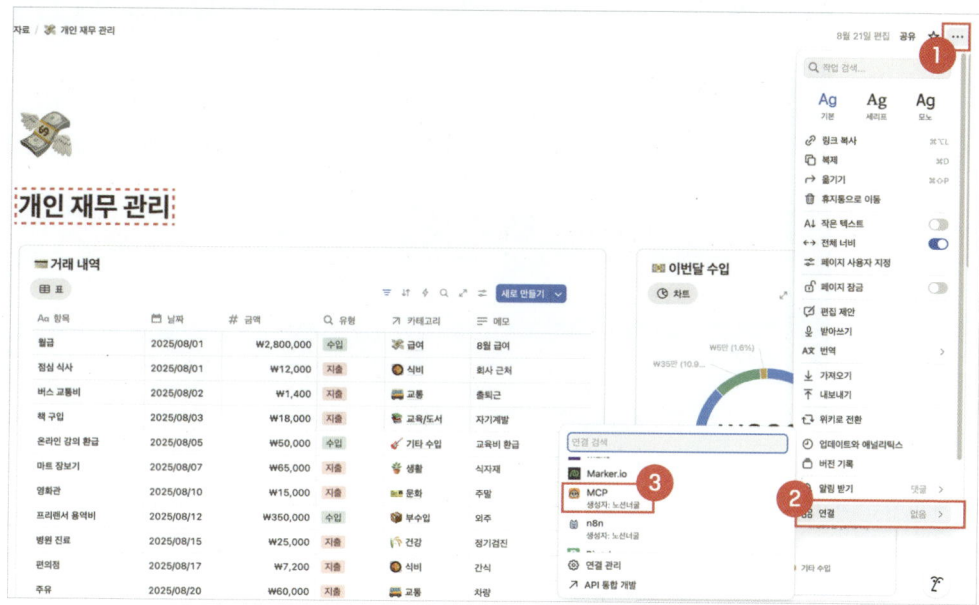

앞서 설치한 Claude 프롬프트 입력창에 분석하고자 하는 페이지 혹은 데이터베이스의 제목을 추가한 다음, 프롬프트를 입력합니다. 저는 다음과 같이 프롬프트를 작성했습니다.

프롬프트:
"거래 내역" 데이터베이스를 참고해 이번달 수입과 지출에 대한 보고서를 작성해줘.

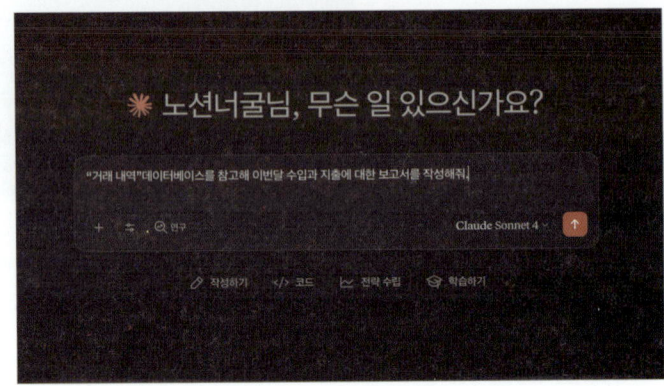

다음과 같이 결과물이 나온 것을 볼 수 있습니다.

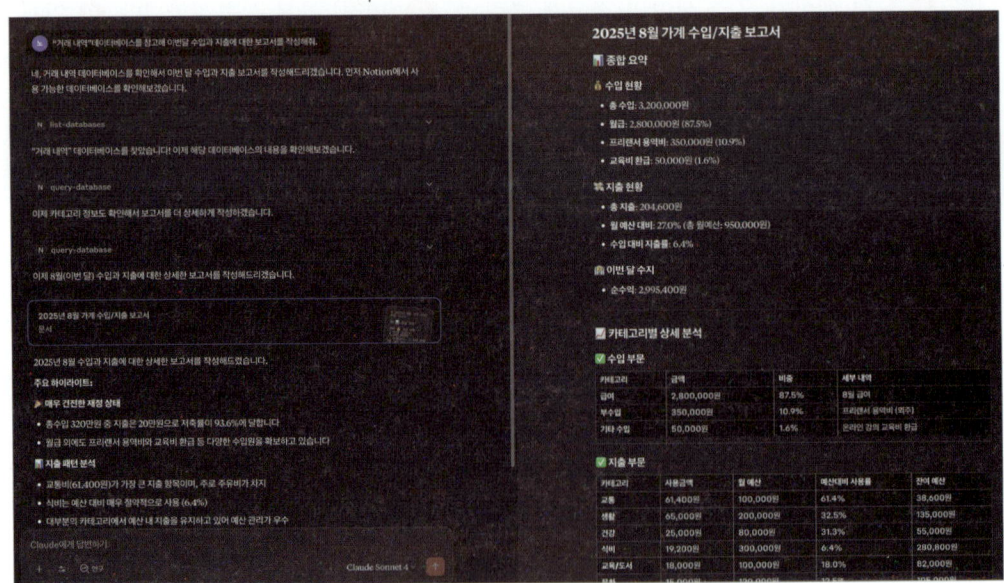

예시에서는 노션 데이터베이스를 불러오는 것만 제시했지만, 데이터베이스를 불러오는 것 외에도 노션 데이터베이스 안에 새로운 페이지를 생성하거나, 기존에 기록된 데이터를 수정하는 것, 조건에 맞는 특정 데이터만 필터링해서 불러오는 것도 가능합니다.

LESSON 02 무조건 팔리는 노션 템플릿 제작 프로세스

 그동안의 내용을 통해 자신을 위한 노션 시스템을 성공적으로 설계했다면, 이제는 다른 사람을 위한 노션 시스템을 만들어 부수익을 얻어 봅시다. 템플릿을 판매하려면 단순히 제작만으로 끝나는 것이 아니라, 사용자 관점에서 세부 사항을 조정하고 효과적인 판매 전략을 수립하는 과정이 필요합니다. 이번에는 노션 템플릿을 활용해 성공적인 수익화를 도와주는 실질적인 방법과 노하우를 하나씩 알아보겠습니다.

더블 다이아몬드 프로세스란?

판매용 템플릿은 제작자의 지식과 노하우를 담을 수 있지만, 최종적으로는 사용자에게 가치를 제공하는 도구가 되어야 합니다. 따라서 템플릿을 기획하고 제작할 때는 개인적인 사용 목적과는 다른 관점에서 접근해야 합니다. **가장 중요한 것은 사용자 중심적으로 사고하는 것입니다.**

특히, UX 디자인에서 자주 활용되는 더블 다이아몬드 프로세스는 이러한 사고를 구조화하는 데 매우 효과적인 도구로, 노션 템플릿 제작 과정에도 유용하게 적용할 수 있습니다. 이 프로세스를 통해 문제를

탐구하고 해결책을 설계하면, 최종 사용자에게 더욱 직관적이고 실용적인 템플릿을 제공할 수 있습니다. UX 프로세스를 기반으로 한 노션 템플릿 제작 단계를 하나씩 살펴보겠습니다.

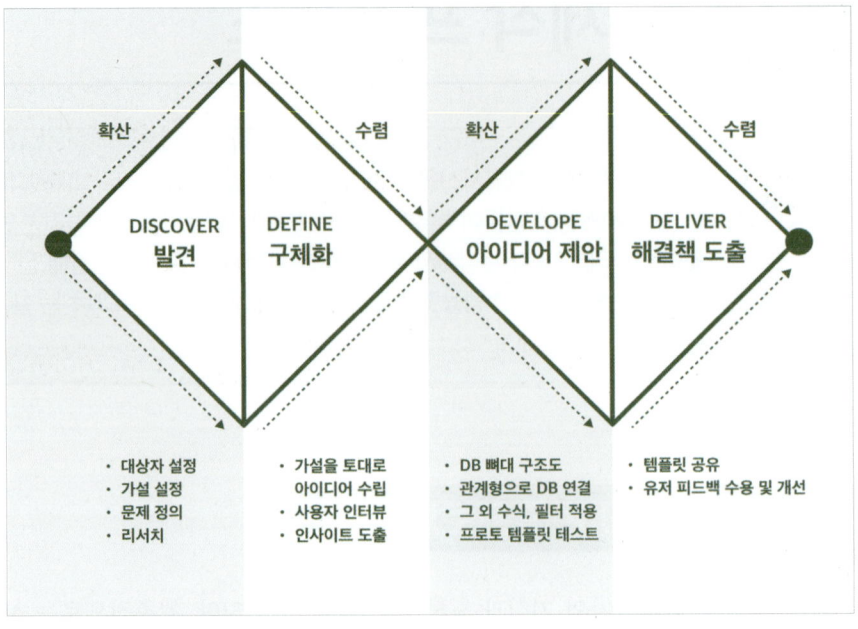

Discover | 문제 발견, 리서치

Discover 단계는 노션 템플릿 제작의 방향성을 결정하는 매우 중요한 초기 단계입니다. 이 과정에서는 대상자가 겪는 문제를 탐구하고 명확하게 정의함으로써 이후 단계의 기반을 다지게 됩니다. 성공적인 템플릿 제작을 위해 다음과 같은 핵심 요소들을 고려해야 합니다.

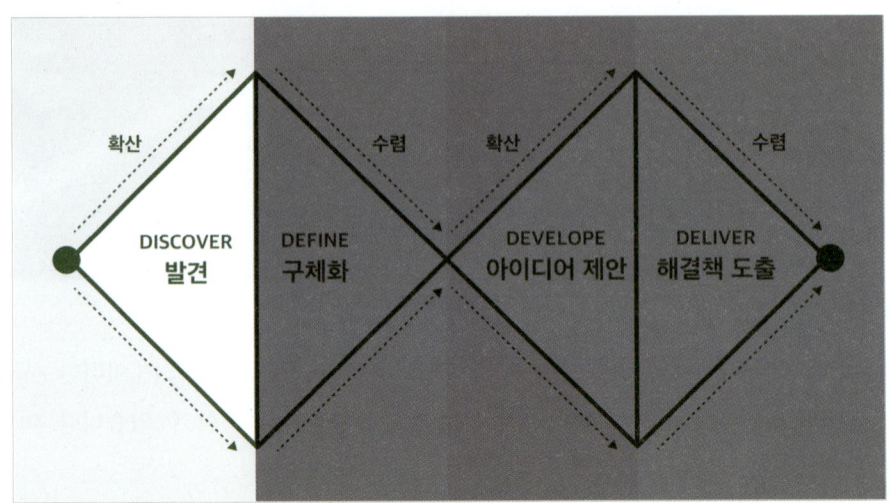

01. 대상자 설정

먼저 누가 이 템플릿을 사용할 것인지 명확히 정의하는 것이 템플릿 제작의 첫걸음입니다. 대상자의 연령대, 직업, 관심사, 사용 환경 등을 구체적으로 설정하면 템플릿의 방향성을 더욱 명확히 잡을 수 있습니다.

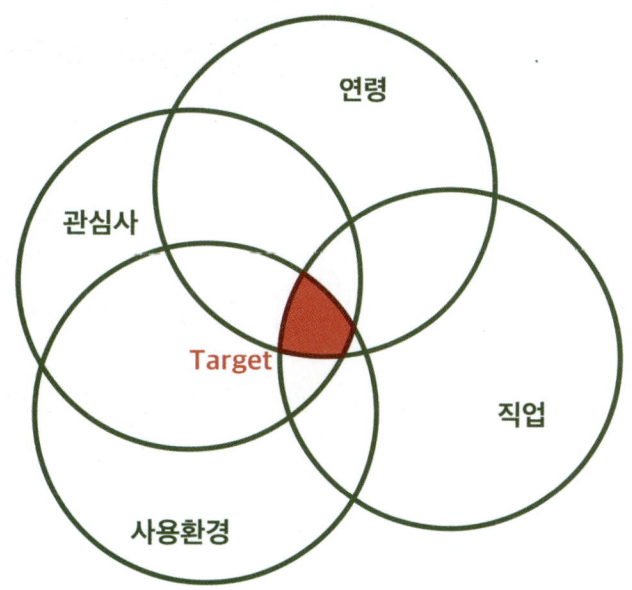

예를 들어, 요가 템플릿을 제작한다고 해도 요가 학원을 운영하는 선생님이 사용할 것인지, 취미로 요가를 하는 사람이 사용할 것인지에 따라 필요한 기능과 구성은 완전히 달라집니다. 요가 선생님의 경우 요가 수업을 관리하는 것 혹은 수강생의 특이사항 기록이 중요하다면, 요가를 취미로 하는 사람은 요가 자세를 공부하거나 나의 자세의 Before & After 사진을 기록하는 것이 더 중요할 수 있습니다. 이처럼 요가라는 주제에서도 세부적인 대상자에 따라 완전히 다른 템플릿이 만들어집니다.

자 그럼, 앞으로 만들 템플릿의 대상자는 누가 되면 좋을지 한번 적어 봅시다.

리서치를 통해 알게 된 정보를 적어봅시다

02. 가설 설정

다음은 대상자가 어떤 문제를 겪고 있으며, 그들이 원하는 해결책은 무엇일지를 고민하는 과정에서 가설을 세우는 단계입니다. 이때 "사용자는 어떤 불편함을 느끼고 있을까?"라는 질문을 스스로 던져 보며 가설을 구체화해 보세요.

예를 들어, 필라테스 원장 선생님을 대상으로 한 템플릿을 제작한다고 가정해 봅시다. 이 경우, "필라테스 동작 시퀀스를 체계적으로 기록하고 이를 동료 선생님들과 공유하면, 수업 준비와 정보 공유가 더 효율적일 것이다."라는 가설을 세울 수 있습니다.

이와 같은 가설은 템플릿 제작 과정에서 모든 의사결정의 기준이 됩니다. 어떤 기능을 포함해야 할지, 어떤 요소가 가장 중요한지를 판단하는 데 기준점이 되는 것입니다. 이후 리서치 과정을 통해 가설의 타당성을 검증하고, 사용자 피드백에 따라 가설을 수정하거나 보완할 수도 있습니다.

이번에도 역시 자신이 정한 대상자가 겪을 불편에는 어떤 것이 있을지 이에 대한 가설을 3개 정도 적어 봅시다.

대상자가 겪을 불편함 3가지를 적어봅시다

03. 문제 정의

가설을 바탕으로 문제를 구체적이고 명확하게 정의하는 단계입니다. 문제 정의가 명확할수록 템플릿의 목표 역시 선명해지며, 제작 과정에서도 일관성을 유지할 수 있습니다.

예를 들어, "필라테스 강사는 수업 준비를 위해 동작 시퀀스를 체계적으로 기록하고 관리하는 데 어려움을 겪고 있다."라는 문제 정의를 내릴 수 있습니다. 이처럼 구체적으로 정의된 문제는, 노션을 활용해 해결할 수 있는 방향에 집중할 수 있게 도와줍니다. 이를 바탕으로 "효율적인 시퀀스 기록 및 공유"라는 명확한 템플릿 목표를 설정하고, 주요 기능을 구체화할 수 있습니다.

이번에는 자신이 정한 대상자가 가지고 있는 문제를 한 줄로 정의해 적어 봅시다.

> **문제를 한 줄로 정의해봅시다**
>
> 문제 정의

04. 리서치

마지막으로, 가설을 검증하고 문제 정의를 강화하기 위해 리서치를 진행합니다. 정한 대상자가 가진 불편함이 진짜인지, 아니면 특정 사용자에게만 그런 불편함이 있는지 알아봅니다. 해당 문제의 관련된 영상이나 대상자가 사용하는 앱 리뷰, 기존 템플릿에 대한 후기 등 다양한 것이 리서치의 자료가 될 수 있습니다.

이러한 조사과정은 대상자에 더 깊이 알아보려고 하는 노력임과 동시에 다른 템플릿과의 차별점을 줍니다. 아무리 사용자 중심적으로 템플릿을 만든다고 하지만 자신의 관점에서만 제작을 하게 되면 결국 자신의 관점에서 제작하는 템플릿이 되어 버리기 때문입니다.

이런 조사 과정을 진행하게 되면 자신이 생각지 못한 대상자의 문제나 경험을 알 수 있고 이를 통해 템플릿 제작 기획의 차별화된 아이디어를 얻을 수 있습니다.

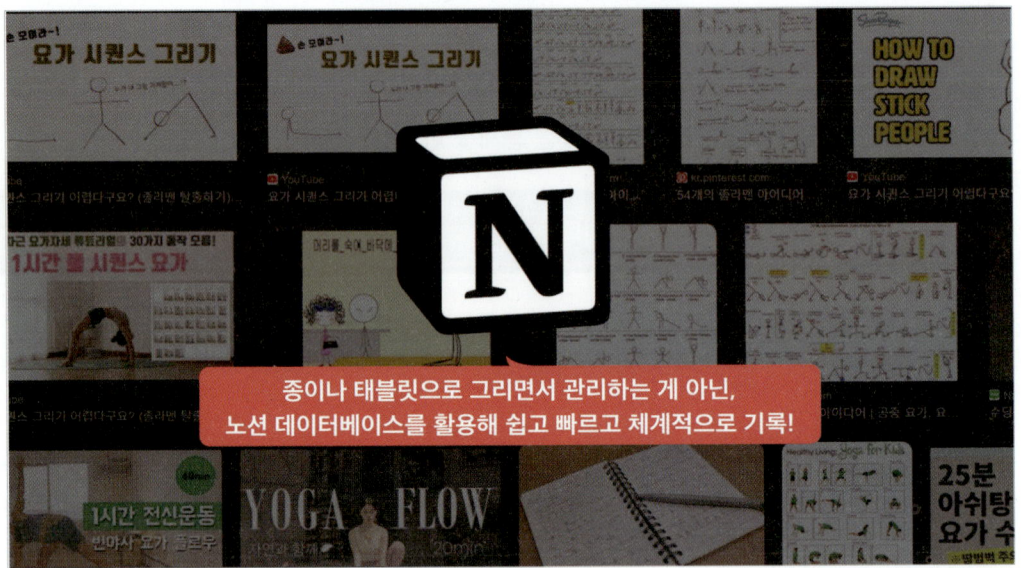

이제 대상자에 대한 리서치를 진행해 보겠습니다. 대상자에 관련된 노션 템플릿의 장단점, 대상자가 쓸만한 앱의 리뷰, 대상자에 대한 기사나 책과 같은 자료 등 폭넓게 대상자에 대한 자료를 수집합니다. 이를 통해 알게 된 사실을 표에 적어 봅시다.

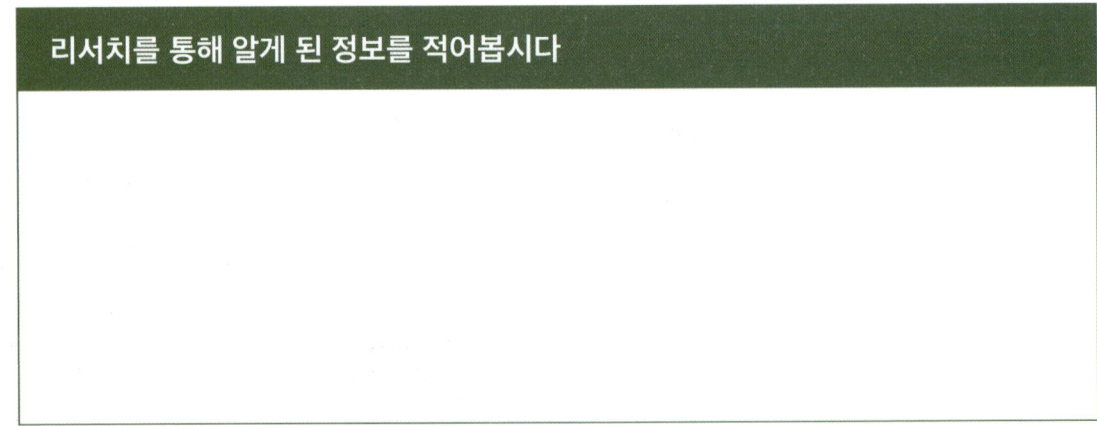

Define | 인터뷰를 통한 인사이트 도출

Define 단계는 Discover 단계에서 수집한 데이터를 바탕으로 문제를 구체화하고 템플릿의 핵심 아이디어를 설정하는 과정입니다. 이 단계는 템플릿 제작의 청사진을 마련하며, 다음과 같은 과정을 포함합니다.

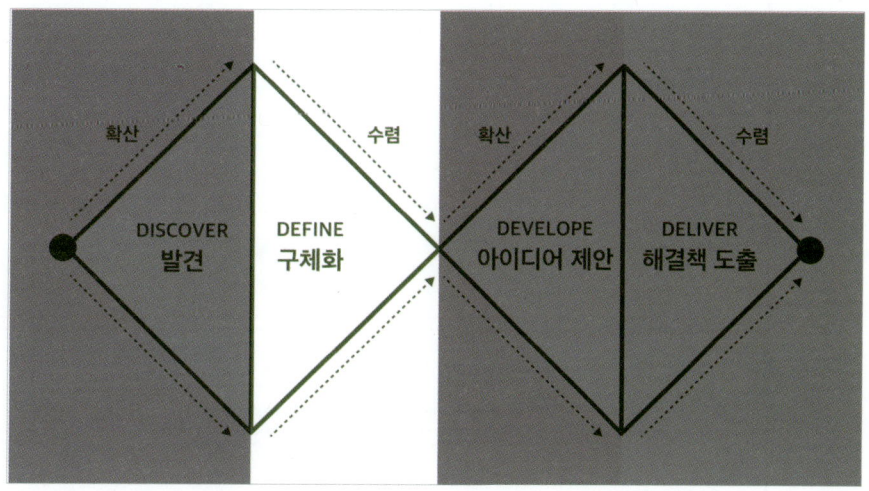

01. 가설을 토대로 아이디어 수립

Discover 단계에서 세운 가설을 바탕으로 템플릿의 주요 기능과 구성을 구체화하는 단계입니다. 이 과정에서는 사용자의 실제 필요와 템플릿의 최종 목표를 연결하여 구체적인 아이디어를 도출해야 합니다.

예를 들어, 앞서 언급한 필라테스 강사님의 사례를 살펴보면, 템플릿에 포함될 주요 기능을 설계할 때 시퀀스 기록 방법을 구체화할 필요가 있습니다. 강사님이 동작 시퀀스를 단순히 텍스트 블록으로 기록하는 것이 편리한지, 아니면 데이터베이스 형식으로 정리하여 동작별 속성(예: 난이도, 시간, 목적)을 추가하는 것이 더 유용할지 고려합니다.

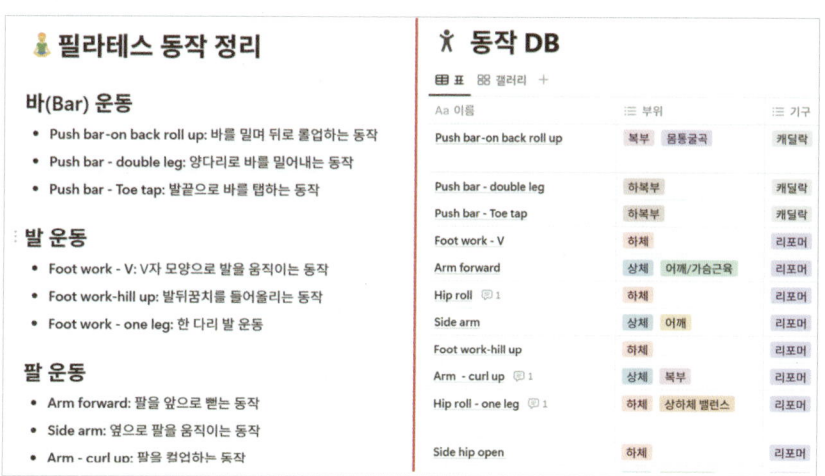

이때 가장 중요한 것은 사용자가 쉽게 사용할 수 있는 형태로 템플릿을 제작하는 것입니다. 템플릿의 복잡도가 높아질수록 사용자 경험은 떨어지기 때문에, 사용자의 관점에서 간결하고 직관적인 구성을 목표로 해야 합니다.

이번에는 앞서 세운 가설과 조사한 자료를 기반으로 템플릿 제작의 아이디어를 기록해 봅시다. 가벼운 아이디어부터 구체적인 아이디까지 모두 괜찮습니다. 핵심은 앞서 조사한 내용을 기반으로 아이디어를 수립하는 것입니다.

템플릿 제작을 위한 아이디어를 작성해봅시다

02. 사용자 인터뷰

대상 사용자와의 인터뷰는 사용자의 요구와 기대를 가장 잘 이해할 수 있는 효과적인 방법입니다. 이 과정에서는 단순히 사용자가 말하는 요구 사항만 파악하는 것이 아니라, 가설의 타당성을 확인하고 사용자가 스스로 인지하지 못한 숨겨진 문제점까지 발견할 수 있습니다.

사용자와의 대화는 템플릿 설계 방향을 더 정교하게 다듬는 데 필수적입니다. 예를 들어, 제작자가 필라테스에 대한 전문적인 지식이 없더라도, 운영 시스템과 실무 과정에 대해 사용자와 인터뷰를 통해 구체적인 요구를 파악할 수 있습니다. 인터뷰 과정에서 "시퀀스 기록 외에도 강사별 수업 시간표와 회원 관리가 필요하다."와 같은 추가적인 니즈를 알게 될 수도 있습니다.

이런 과정을 거치면 제작자는 템플릿이 실제로 필요한 문제를 해결하도록 설계할 수 있으며, 제작자와 의뢰인(혹은 최종 사용자) 간의 이해 차이를 최소화할 수 있습니다. 인터뷰는 단순한 정보 수집을 넘어 템플릿 제작을 성공으로 이끄는 핵심 단계입니다.

사용자 인터뷰를 성공적으로 이끌기 위해 꼭 기억해야 할 6가지 핵심 요소를 소개합니다.

① 신뢰 구축

인터뷰가 성공적으로 이루어지기 위해 가장 먼저 해야 할 일은 대상자와 신뢰를 구축하는 것입니다. 인터뷰 시작 전에 리서치의 목적, 인터뷰 진행 방식, 그리고 수집된 데이터가 어떻게 활용될지를 명확히 설명해 대상자가 안심하고 협조할 수 있도록 해야 합니다. 특히, 개인정보 보호와 익명성을 보장하며, 데이터가 안전하게 관리된다는 점을 강조해야 합니다. 인터뷰 중에는 지나치게 형식적이지 않으면서도 예의를 갖춘 태도로 대상자를 대하며, 편안하고 개방적인 분위기를 조성해야 합니다. 이를 통해 대상자는 자신의 생각과 경험을 자유롭게 공유할 수 있습니다.

② 공감과 경청

인터뷰 중에는 대상자의 입장에서 생각하며 그들의 의견과 감정을 존중하는 태도가 중요합니다. 대상자가 이야기를 하는 동안 끊지 않고 끝까지 경청하며, 고개를 끄덕이거나 적절한 표현으로 공감을 나타냅니다. 예를 들어, "그럴 때 정말 불편하셨겠네요."와 같은 말은 대상자가 자신의 경험이 이해받고 있다고 느끼게 해줍니다. 또한, 개방형 질문을 사용하여 대상자가 자신의 생각을 자유롭게 표현할 수 있는 기회를 제공합니다. 예를 들어, "이전 앱이나 서비스를 사용할 때 어떤 점이 가장 불편했나요?"와 같은 질문은 대상자의 솔직한 답변을 이끌어 낼 수 있습니다.

③ 객관성 유지

인터뷰를 진행할 때는 항상 중립적인 태도를 유지해야 합니다. 자신의 의견이나 감정을 대상자에게 강요하지 않으며, 대상자의 답변에 대해 평가하거나 판단하지 않도록 주의해야 합니다. 유도 질문이나 가정이 포함된 질문(예: "이 기능이 불편하지 않으셨나요?")은 피하고, "이 기능을 사용하실 때 어떠셨나요?"처럼 중립적인 질문을 통해 대상자가 스스로의 경험을 솔직히 이야기할 수 있도록 합니다. 또한, 대상자의 답변이 연구자의 기대와 다르더라도 이를 비판하거나 교정하려는 태도를 보이지 않아야 합니다.

④ 인터뷰 진행 관리

효율적인 인터뷰를 위해서는 시간 관리를 철저히 해야 합니다. 사전에 약속된 시간을 준수하며, 인터뷰가 불필요하게 길어지지 않도록 진행을 조율합니다. 인터뷰의 목표를 명확히 설정하여 대화가 본래의 주제에서 벗어나지 않도록 하되, 대상자의 답변에 따라 유연하게 후속 질문을 던질 준비도 필요합니다. 예를 들어, 대상자가 예상치 못한 흥미로운 관점을 제시할 경우, 이를 더 깊이 탐구하는 질문을 통해 유용한 인사이트를 얻을 수 있습니다.

⑤ 대상자의 편안함 우선

인터뷰 환경은 대상자가 최대한 편안하게 느낄 수 있도록 조성해야 합니다. 조용하고 방해받지 않는 장소에서 인터뷰를 진행하며, 대상자가 긴장하지 않도록 초반에는 가벼운 질문이나 아이스 브레이킹 대화를 시도합니다. 예를 들어, "오늘 오시는 길은 괜찮으셨나요?"와 같은 질문으로 대화를 시작하면 대상자가 심리적으로 안정감을 느낄 수 있습니다. 대상자가 불편하거나 당황하지 않도록 질문의 어투와 표현을 신경 쓰고, 인터뷰 진행 중에는 대상자의 언어 속도를 맞추고 적절한 간격으로 반응합니다.

⑥ 감사 표하기

인터뷰가 끝난 후에는 대상자가 시간을 내어 인터뷰에 참여한 것에 대해 진심으로 감사 인사를 전해야 합니다. 단순한 감사 표현을 넘어, "오늘 주신 답변은 템플릿에 정말 큰 도움이 될 거예요."와 같이 대상자의 참여가 가치 있음을 느낄 수 있도록 표현하는 것이 좋습니다. 또한, 대상자가 원할 경우, 정리된 인터뷰 내용 또는 앞으로의 제작 방향에 대해 공유하거나, 인터뷰 내용의 활용 방식에 대해 추가적으로 설명하며 신뢰를 강화할 수 있습니다.

UX 리서치 인터뷰에서 가장 중요한 것은 대상자가 자신의 경험과 의견을 진솔하게 표현할 수 있는 환경을 제공하는 것입니다. 이를 위해 신뢰를 바탕으로 공감하며 경청하고, 중립적이고 객관적인 태도를 유지하며 인터뷰를 진행해야 합니다. 대상자의 편안함과 인터뷰 진행 관리에 신경 쓰며 마지막까지 감사의 태도를 잊지 않는다면 성공적인 인터뷰를 통해 유용한 인사이트를 얻을 수 있을 것입니다.

앞선 문제 정의 단계에서 정의한 문제를 가장 크게 체감하고 있는 인터뷰 대상자를 찾아봅시다. 그리고 인터뷰 대상자에게 질문할 내용을 10~30개 정도로 적어 봅시다.

인터뷰 사전 질문 작성
Q 1.
Q 2.
Q 3.
Q 4.
Q 5.
Q 6.
Q 7.
Q 8.
Q 9.
Q 10.

03. 인사이트 도출

인터뷰 과정을 통해 수집한 정성적, 정량적 데이터를 분석하여 주요 인사이트를 도출하는 단계입니다. 이 과정에서 사용자의 목소리를 기반으로 템플릿의 방향성을 구체화해 사용자 중심의 설계를 실현하는 데 있어 중요한 전환점이 됩니다.

앞선 인터뷰 과정에서 2명 이상의 대상자와 인터뷰를 했다면 이들 인터뷰 내용 간의 패턴이나 공통된 주제를 찾아봅니다. 예를 들어, 여러 대상자가 특정 기능에 대해 비슷한 불편함을 이야기했다면, 그 부분이 개선이 필요한 주요 영역일 가능성이 높습니다. 정량적인 데이터가 아니라 정성적인 데이터인 만큼, 맥락과 감정까지 고려하며 데이터를 해석하는 것이 중요합니다.

도출된 인사이트를 실행 가능한 형태로 정리해야 합니다. 예를 들어, "시퀀스를 기록의 체계가 없다."는 인사이트를 "동작 데이터베이스와 시퀀스 데이터베이스로 동작 순서를 고려한 시퀀스 데이터베이스를 관리한다."는 구체적인 액션 아이템으로 바꾸는 것이 필요합니다. 이러한 과정을 거치면 인터뷰에서 얻은 데이터를 기반으로 제작이 가능합니다.

인터뷰 과정에서 얻은 정보들 중 패턴이나 공통된 주제를 찾아 적어 봅시다. 그리고 실질적인 해결 방법을 구체적인 액션 아이템으로 기록해 봅시다.

템플릿 제작 인사이트 정리	
인터뷰를 통해 알게 된 공통 패턴이나 주제	실질적인 해결 방법

Develop | 프로토 템플릿 테스트

Develop 단계에서는 Define 단계에서 정한 아이디어를 실제 템플릿 형태로 구현합니다. 템플릿의 기능성과 사용자 편의성을 고려해 기획과 제작을 진행합니다. 이 과정은 앞선 "Chapter 04. 노션 데이터베이스 심화"의 "Lesson 03 데이터베이스 시각화를 위한 노션 차트"를 참고해서 작업해 주세요.

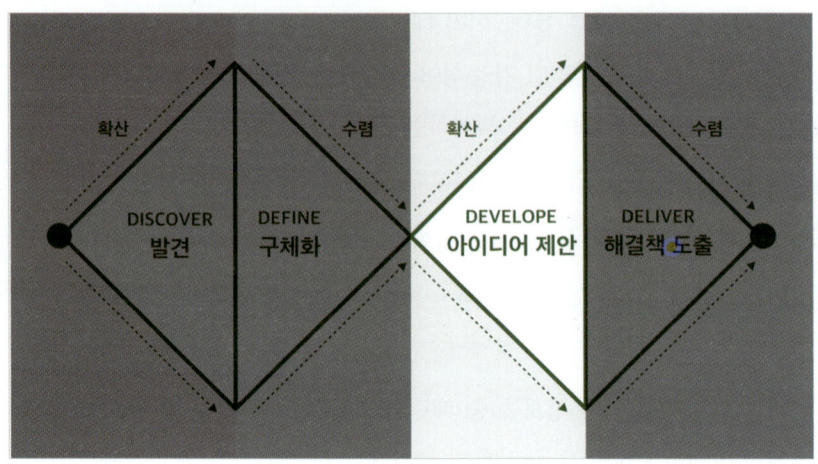

01. 데이터베이스 뼈대를 위한 구조도 설계

앞선 과정을 통해 얻은 구체적인 액션 아이템을 기반으로 필요로 하는 데이터베이스를 나열합니다. 데이터베이스 간의 연결을 고려한 구조를 설계합니다. 정리된 내용을 보면서 중복되는 속성이나 상하관계의 데이터베이스를 고려해 구조도를 그려 데이터베이스 연결을 시각화합니다.

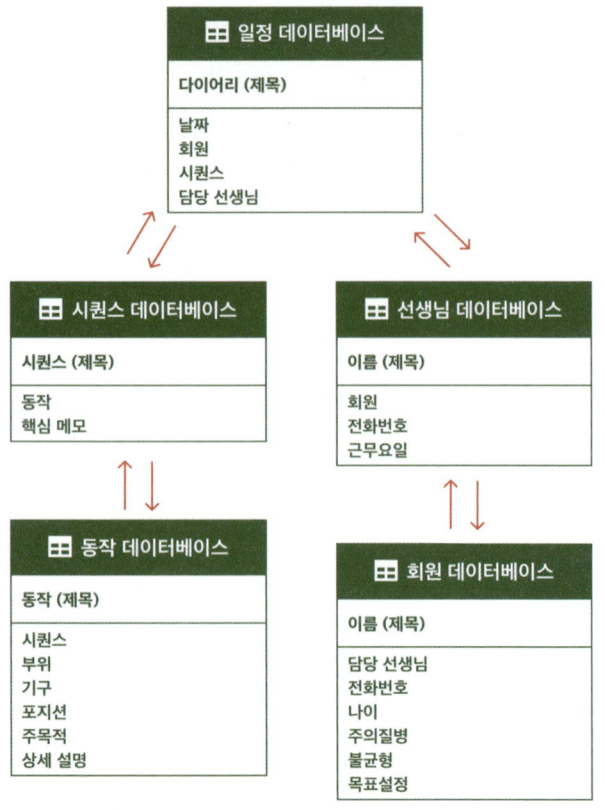

인사이트를 바탕으로 자신이 제작하고자 하는 템플릿의 구조도를 그려 봅시다.

템플릿 구조도 작성

02. 관계형/롤업으로 데이터베이스 연결

앞서 작업한 구조도를 참고해 데이터베이스들을 연결합니다. 예를 들어, 앞서 인사이트를 통해 얻은 해결책으로, '시퀀스 데이터베이스'와 '동작 데이터베이스'를 활용해 시퀀스를 체계적으로 기록하기로 했는데, 이는 상하관계의 데이터베이스이므로 관계형으로 연결해 줍니다.

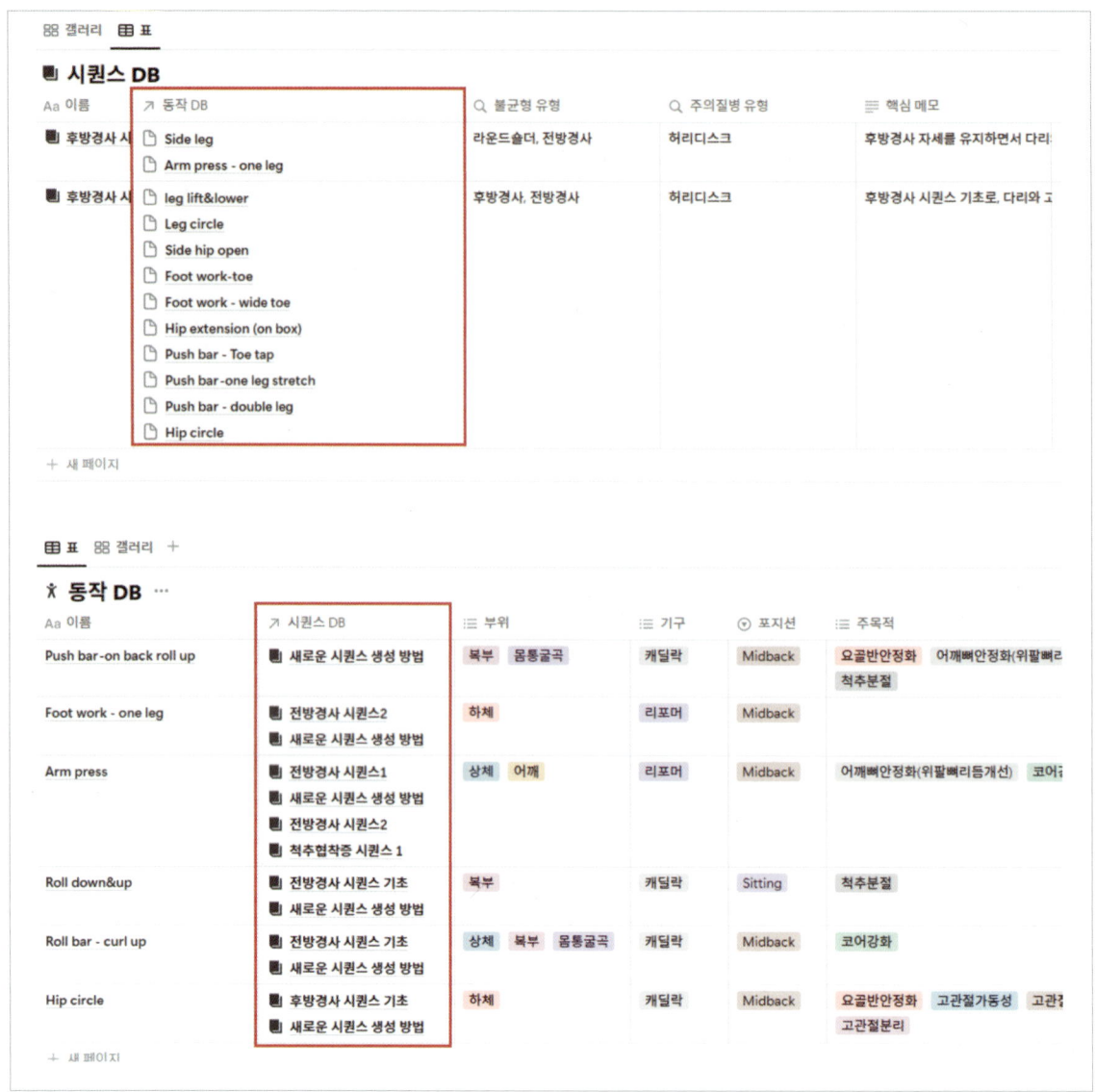

앞서 제작한 구조도를 바탕으로 데이터베이스를 생성합니다. 각 데이터베이스는 표로 구성을 하고 구조도의 화살표를 참고해 관계형 연결을 완료합니다.

이후 속성을 활용한 계산이 필요하다면 롤업을 활용합니다. 이때 각 데이터베이스에 샘플 데이터를 추가해 데이터베이스간 연결이 올바르게 되고 있는지 확인합니다.

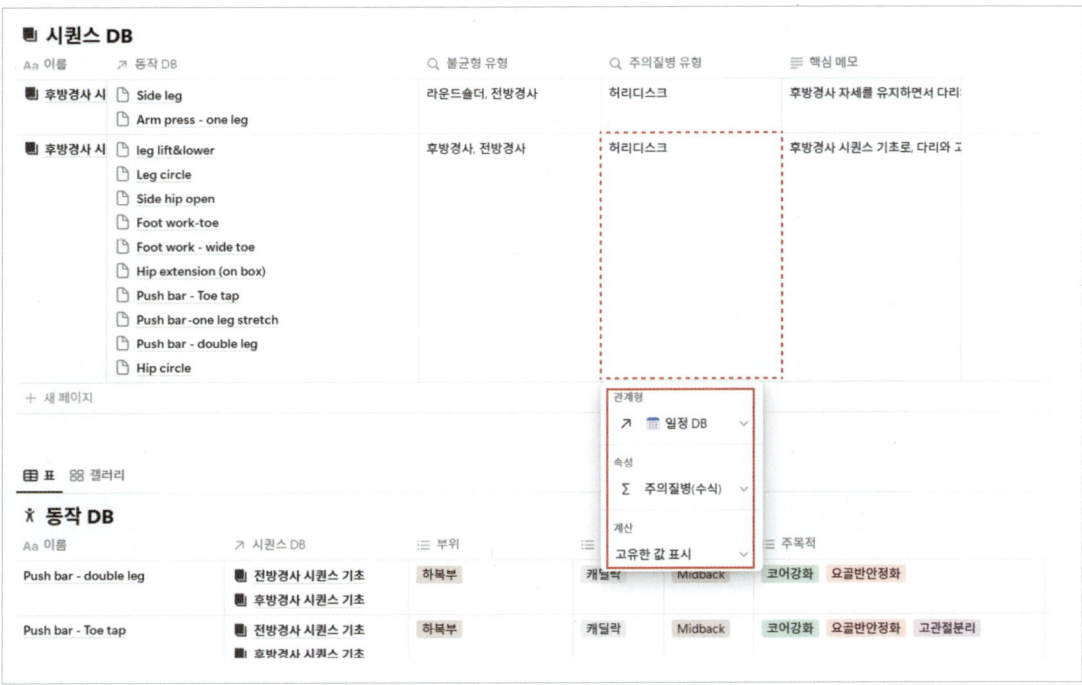

03. 사용성을 고려한 보기, 템플릿, 대시보드 제작

템플릿의 사용성을 높이기 위한 보기를 제작합니다. 사용성을 고려해 대상자에게 가장 필요한 보기를 고르고 필요하다면 필터나 정렬을 적용합니다.

데이터베이스 내 반복적인 작업을 진행한다면 반복된 양식이 바로 나올 수 있도록 템플릿 작업을 진행합니다.

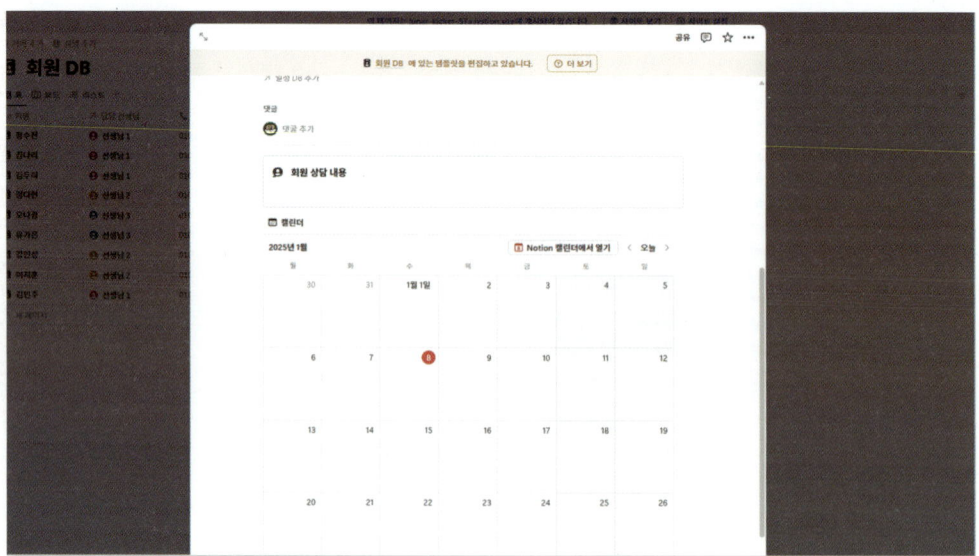

보기 제작이 완료되었다면 보기 링크 복사를 활용해 대시보드를 제작해 줍니다. 복사된 데이터베이스의 제목을 숨기고 콜아웃 박스로 정리해 깔끔한 형태의 대시보드를 제작합니다.

대시보드 제작에 사용된 원본 데이티베이스는 페이지 전환 후 하단 콜아웃 박스에 넣어 줍니다. 원본 데이터베이스를 대시보드 내에 모두 넣어 줘야 이후 노션 템플릿 판매 시 사용자가 템플릿을 제대로 사용할 수 있습니다.

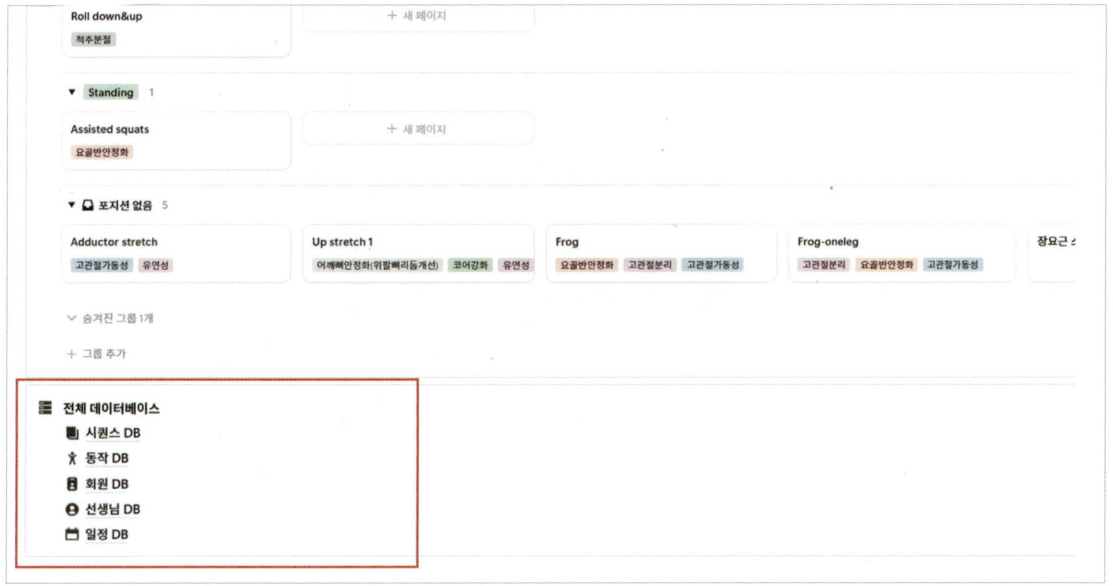

04. 프로토 템플릿 테스트

전체적인 작업이 완료되었다면, 사용자의 사용 경험을 바탕으로 테스트를 진행합니다. 우선 제작자인 내가 먼저 테스트를 해보고 이후 인터뷰 대상자에게 테스트를 부탁합니다. 이 과정에서 수정해야 할 부분을 찾고 수정합니다.

Deliver | 템플릿 공유, 유저 피드백 수용 및 개선

마지막 Deliver 단계에서는 완성된 템플릿을 사용자와 공유하고, 이를 발전시키기 위한 피드백을 수집합니다.

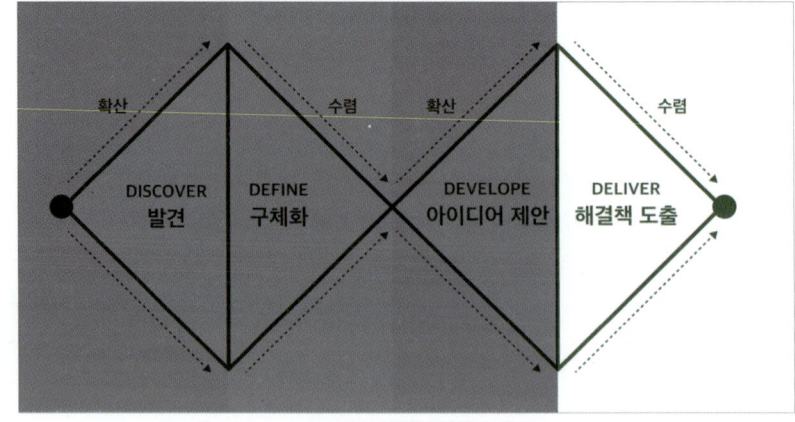

01. 템플릿 공유

완성된 템플릿을 노션 마켓플레이스, 소셜 미디어, 개인 블로그 등 다양한 채널을 통해 공개합니다. 템플릿의 특징과 혜택을 명확히 전달하는 소개 글을 함께 작성하면 더욱 효과적입니다.

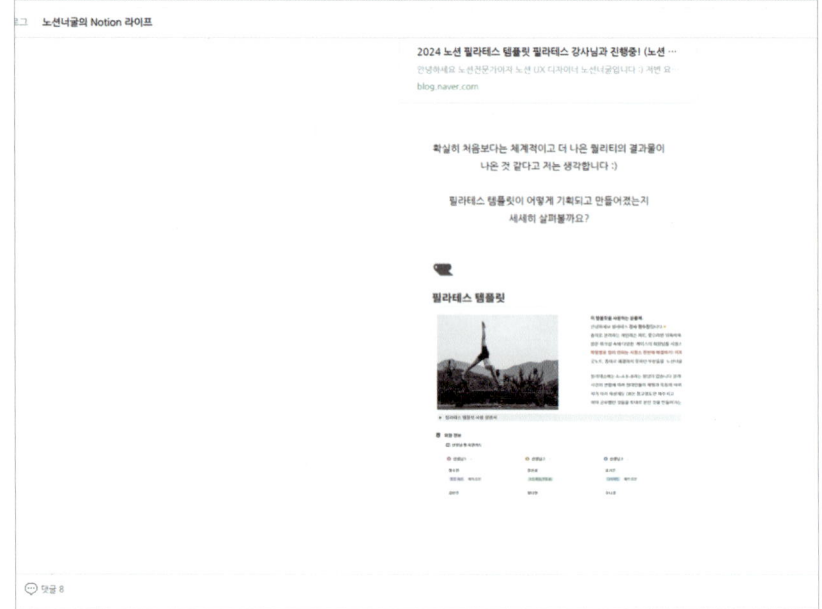

소개 글을 작성할 때는 앞서 템플릿 기획의 목적과 조사 내용, 제작 과정을 공유해 대상자로 하여금 신뢰를 얻을 수 있도록 합니다.

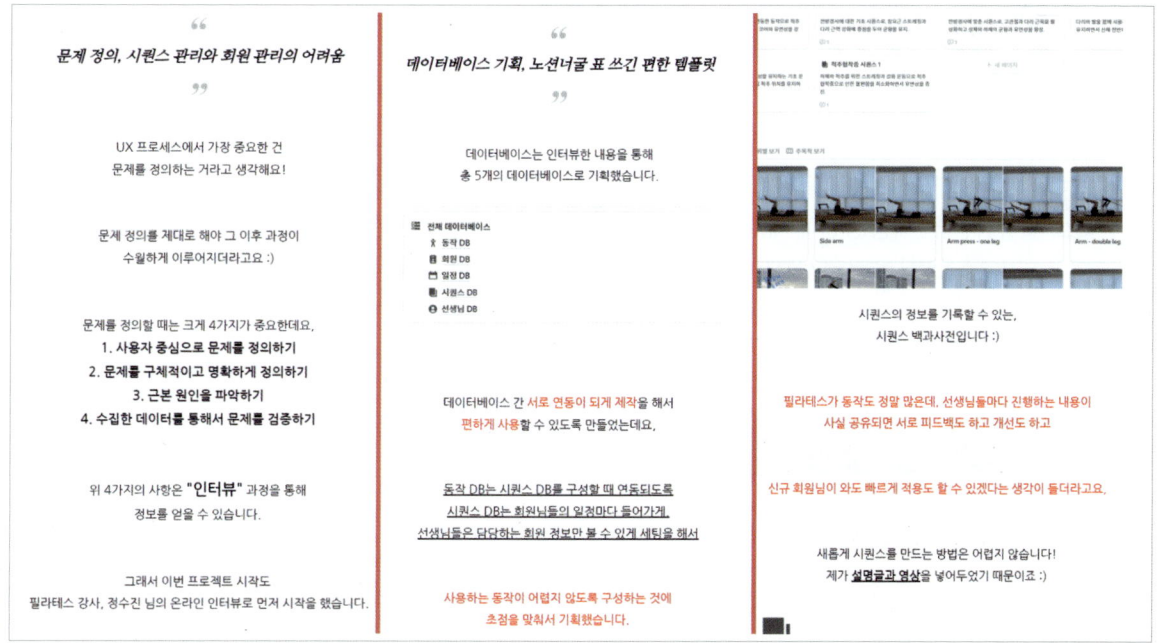

02. 유저 피드백 수용 및 개선

템플릿을 사용한 사용자들로부터 피드백을 수집하고, 이를 기반으로 수정 사항을 반영합니다. 특히, 반복적으로 제기되는 문제를 해결하면 사용자 만족도를 크게 높일 수 있습니다.

Discover부터 Deliver까지의 모든 단계는 템플릿의 완성도를 높이고 사용자 가치를 극대화하기 위해 서로 긴밀히 연결되어 있습니다. 이 체계적인 과정을 통해 제작된 템플릿은 단순한 도구를 넘어, 사용자에게 실질적인 도움을 줄 수 있는 강력한 자산이 될 것입니다.

LESSON 03 노션 마켓플레이스를 활용한 템플릿 수익화

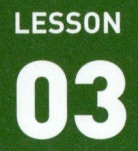 이제 제작한 템플릿을 판매해 부수익을 만들어 봅시다. 노션 템플릿 판매는 다양한 사이트에서 가능하지만 복잡한 판매 채널 생성 없이 가장 쉽고 빠르게 할 수 있는 것이 바로 노션 마켓플레이스입니다. 이번 Lesson에서는 이를 활용해 자신이 제작한 템플릿을 판매해 보겠습니다.

제작자 프로필 제작

마켓플레이스에서 템플릿을 판매하기 위해 프로필을 제작합니다.

❶ [템플릿]을 클릭한 후, ❷ 페이지 하단의 [시작하기] 버튼을 클릭해 주세요.

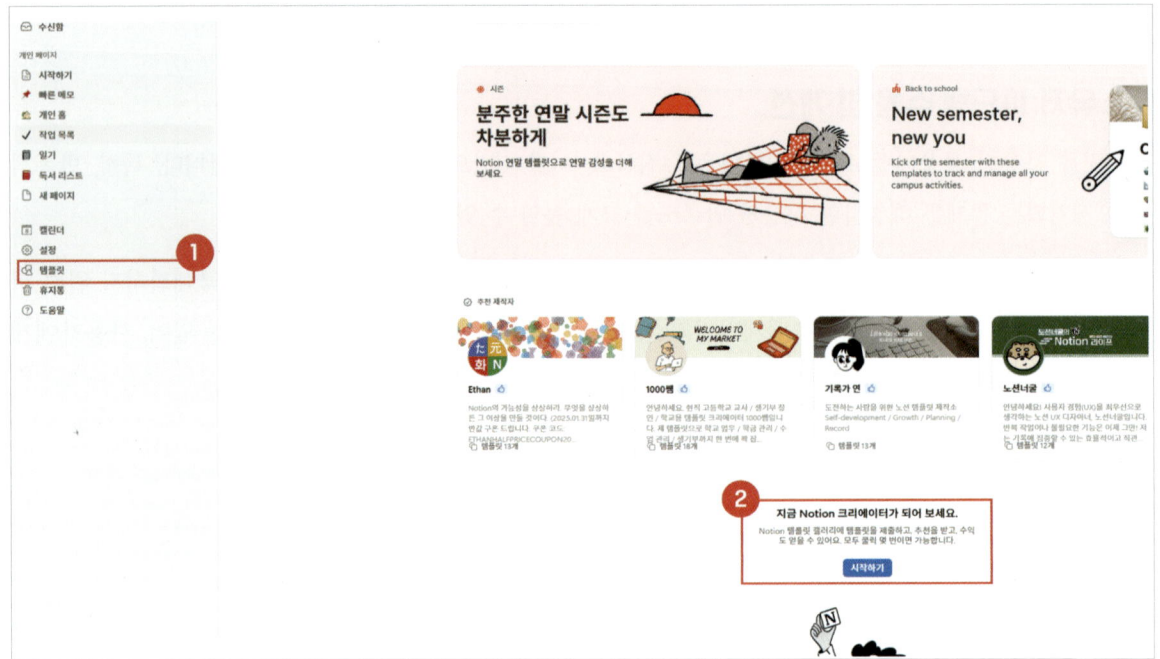

[프로필 만들기] 버튼을 클릭해 프로필 생성을 진행합니다. 채널에 들어갈 헤더 이미지, 프로필 사진을 넣고 채널에 표시할 이름을 설정합니다.

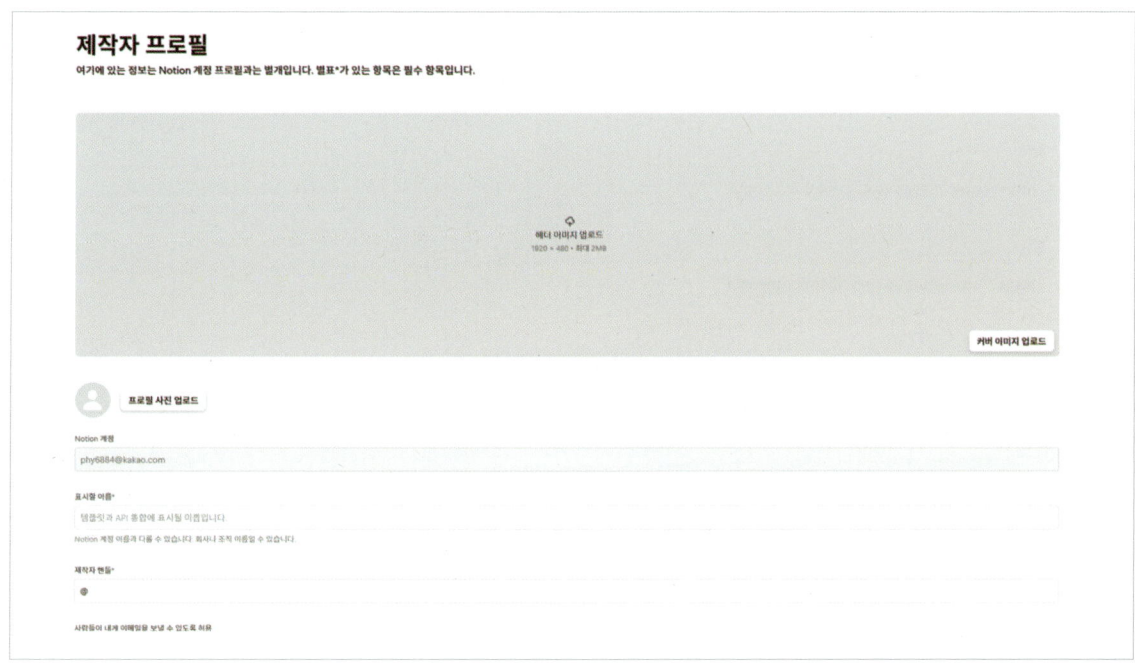

[사람들이 내게 이메일을 보낼 수 있도록 허용] 토글을 활성화합니다. 템플릿 공유에 문제가 생길 때, 해당 이메일로 연락이 올 수 있고 추후 협업 문의를 받을 수 있습니다.

만약 노션 템플릿을 홍보할 수 있는 유튜브, 인스타그램과 같은 채널이 있다면 연락처에 링크를 걸어 주세요.

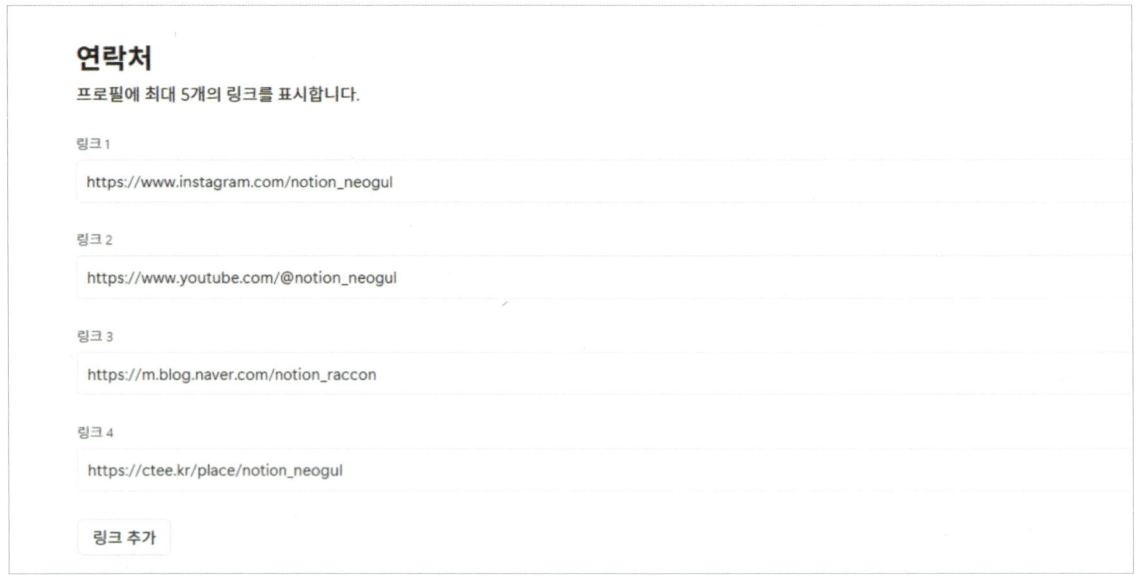

Stripe 연결하기

다음은 판매된 금액을 확인할 수 있는 Stripe 계정을 생성합니다. 간단한 설문조사 작성을 해야 연결이 가능합니다.

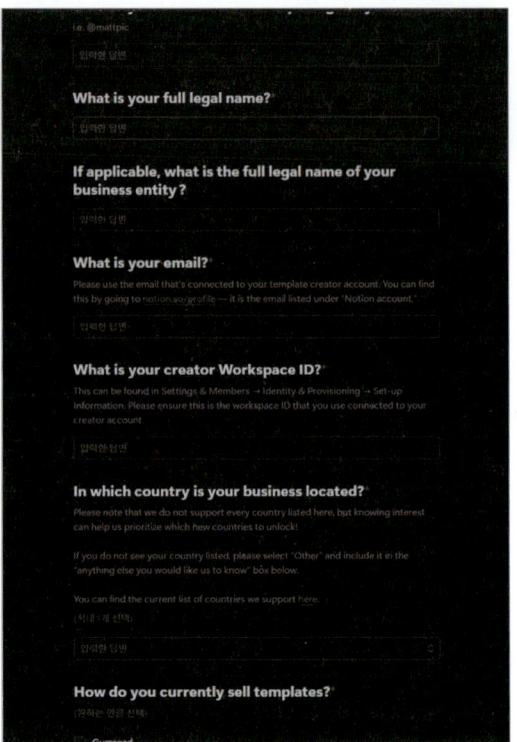

해당 설문을 작성할 때 워크스페이스 ID를 입력하는 질문이 있습니다. ❶ 노션 설정의 [신원과 프로비저닝] 항목을 클릭하여 ❷ 워크스페이스 ID를 확인한 후, 답변으로 입력합니다.

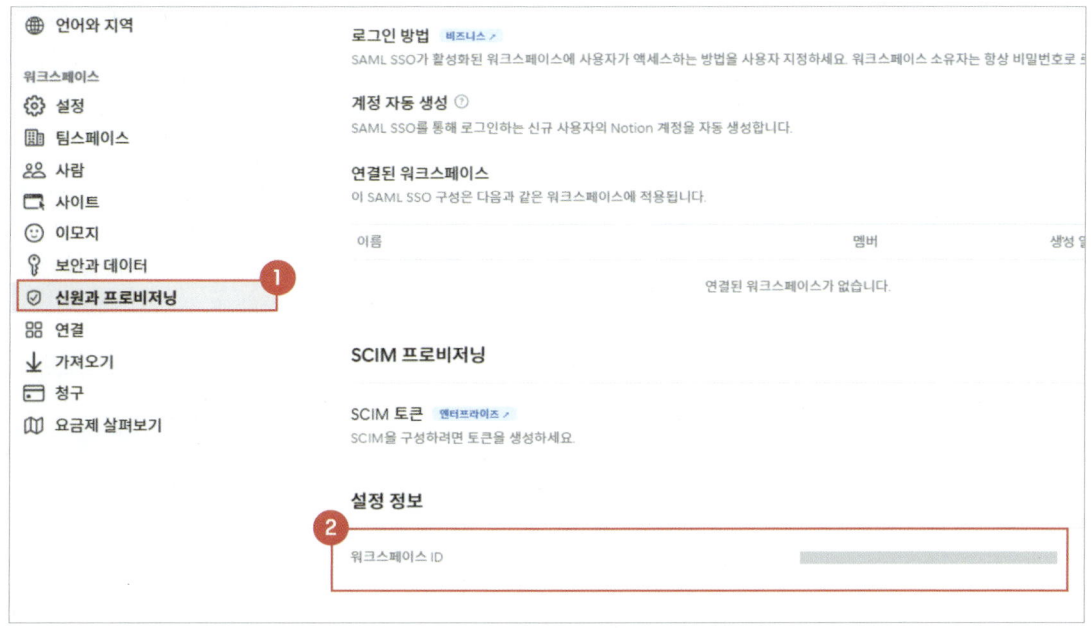

Stripe 연결이 완료되었다면 Stripe 판매자 대시보드에 판매현황을 볼 수 있습니다.

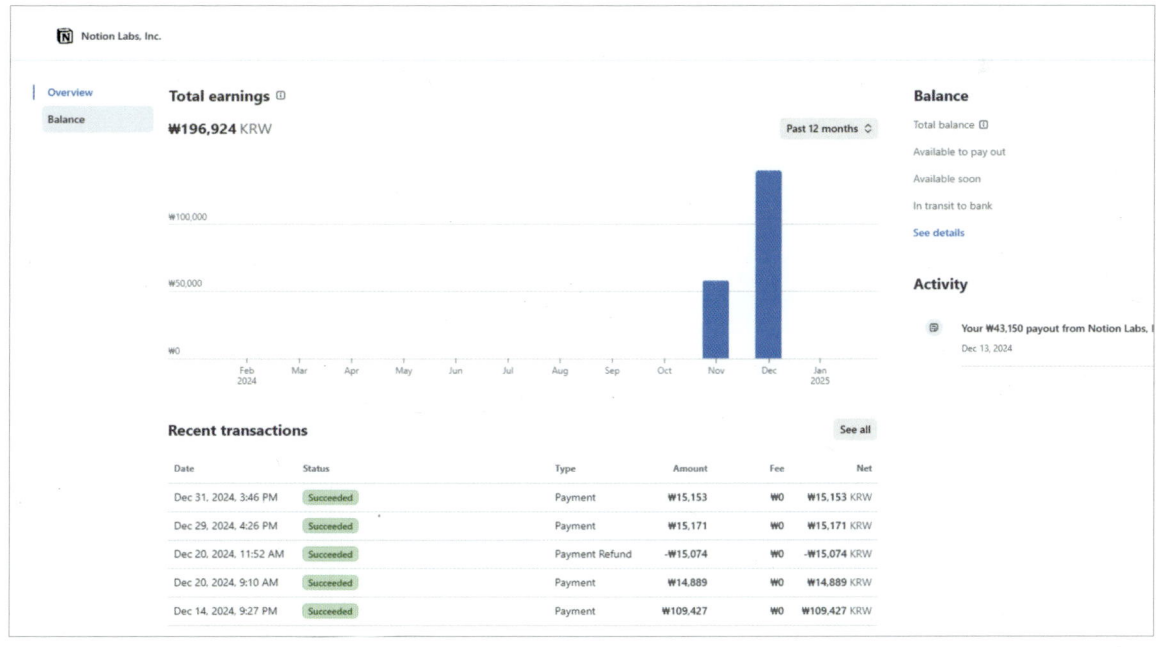

판매할 템플릿 추가

이제 판매할 템플릿을 사이트에 올려 보겠습니다. ❶ 앞서 제작이 완료된 템플릿의 대시보드에서 공유-게시를 통해 템플릿을 게시해 줍니다. ❷ [템플릿 복제] 토글을 활성화한 상태에서 생성된 링크를 복사해 줍니다.

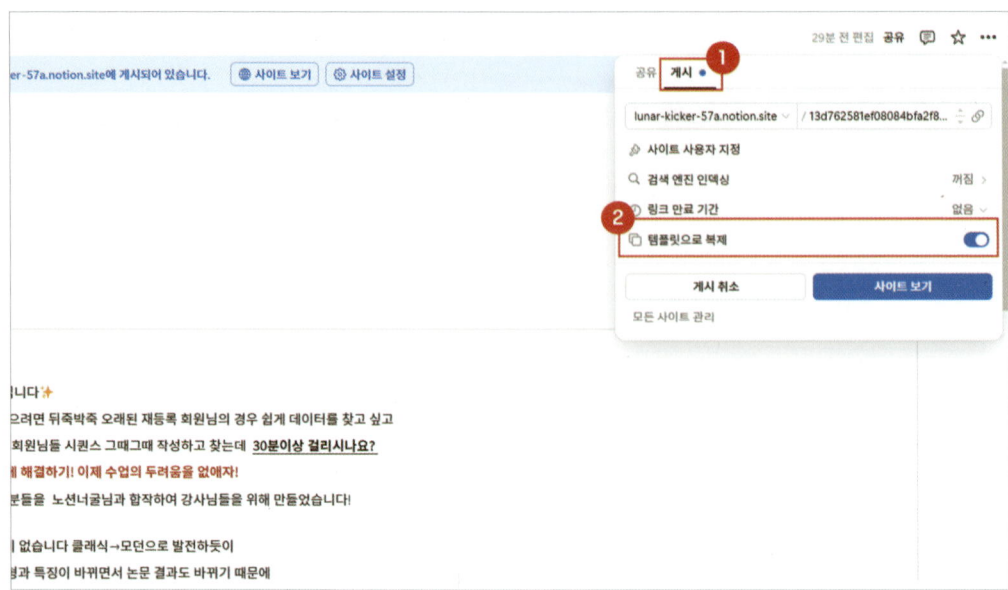

이제 자신의 판매 페이지로 돌아간 후 템플릿을 클릭합니다. [새 템플릿 추가] 버튼을 클릭해 줍니다.

앞서 복사한 링크를 [템플릿 링크]에 복사해 줍니다. 조금 기다리면 커버 이미지가 생성되는 것을 볼 수 있습니다.

판매할 템플릿의 제목을 입력해 줍니다. 제목에는 나의 템플릿의 차별점이 담기도록 적어 주세요. 이때 주의할 것은 '템플릿'이라는 단어를 넣으면 안 됩니다. '템플릿' 대신 '시스템'과 같은 단어를 사용해 전문성을 높여줍니다.

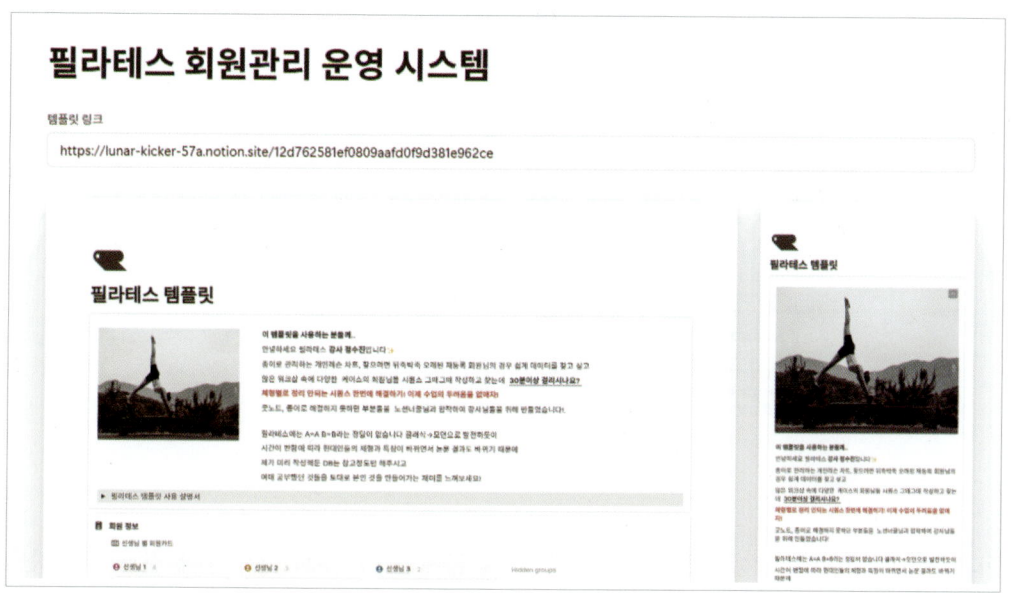

템플릿 카테고리를 입력합니다. 카테고리를 3개 이하로 선택해 주세요. 템플릿 URL 슬러그는 해당 URL로 템플릿 판매 공유 링크로 사용됩니다. 적절한 단어를 활용해 적어 주세요.

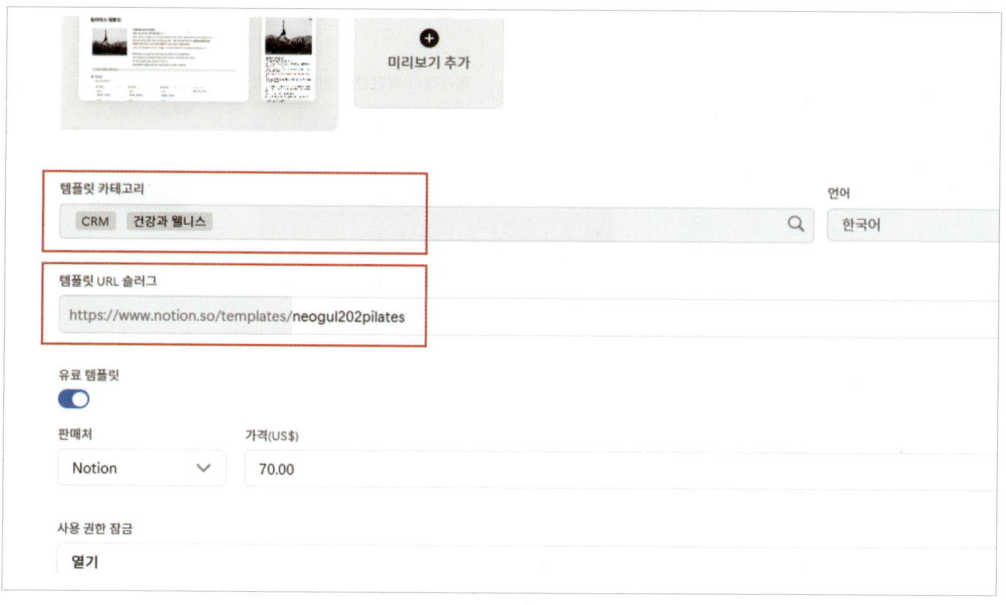

LESSON 03 _ 노션 마켓플레이스를 활용한 템플릿 수익화 425

템플릿을 무료로 공유하고 싶다면 [유료 템플릿] 토글을 클릭하여 오프합니다. 하지만 유료로 판매해 수익을 내고 싶다면 토글을 체크한 후, 달러 기준 판매가격을 적어 줍니다.

이후 사용자들에게 템플릿을 소개할 수 있는 간단한 설명과 전체 설명을 적어 줍니다.

이후 '제출하여 검토 신청'을 클릭하면 적게는 3일 많게는 7일 정도 소요 후에 결과가 나오는 것을 알 수 있습니다.

게시가 완료된 템플릿은 노션 템플릿 창에서 바로 다운로드 가능합니다.

UX 꿀팁   사람들을 끌어들이는 템플릿 판매 노하우

노션으로 템플릿을 판매하는 일은 기술적으로 어렵지 않습니다. 누구나 노션 사용자라면 템플릿을 만들 수 있고 마켓플레이스를 활용하면 간단한 판매 사이트를 구축할 수 있습니다. 그리고 상세 페이지 제작 없이 기본적인 설명만 추가하면 바로 판매를 시작할 수 있습니다.

하지만 반대로 생각하면, 쉽게 올릴 수 있기 때문에 시중에서 너무 많은 노션 템플릿이 공유되고 있습니다. 구글에 간단히 '노션 템플릿'이라고 검색만 해도 엄청난 양의 템플릿이 나오게 되죠. 이 가운데 나의 템플릿을 고객이 선택하도록 하는 것은 꽤나 어려운 일입니다.

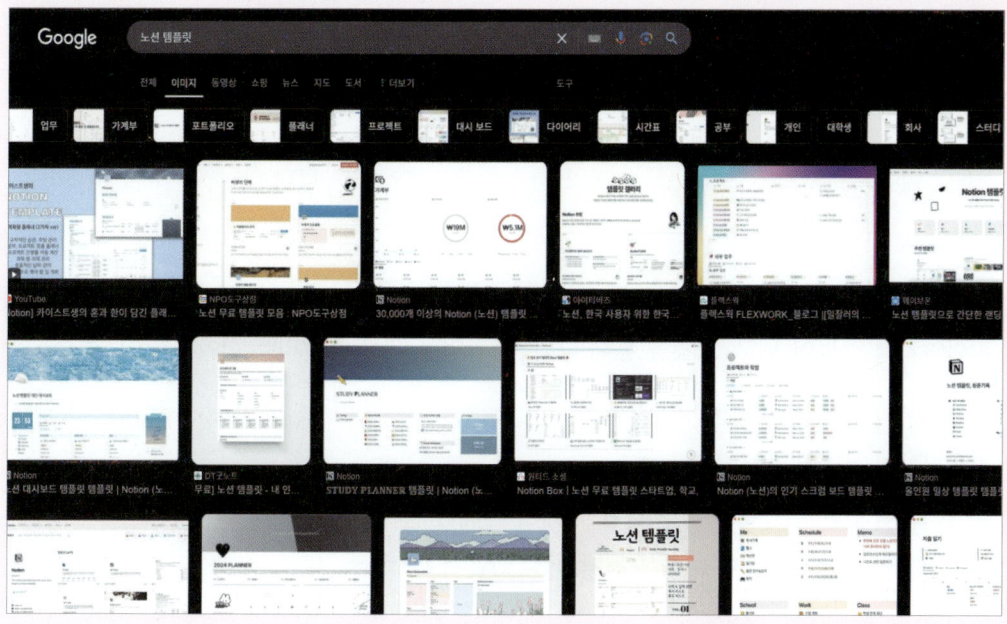

저는 현재 템플릿 판매를 시작하고 1년 반이 지난 지금, 저는 판매 사이트를 통해 약 3,000만 원 이상의 수익을 올렸습니다. 1년 정도의 기간을 노션 수익화에 대해 연구하며 기록해 간 저의 마케팅 노트를 풀어 보려고 합니다.

01 자신만의 스토리텔링 구축하기

스토리텔링은 자신을 알리고, 가치를 높이는 가장 강력한 무기입니다. 자신이 가진 스토리를 남들에게 들려주었을 때, 그것이 매력적이고 설득력이 있는 순간, 자신의 가치와 자신이 만든 템플릿의 가치가 동시에 올라갑니다. 하지만 여기서 중요한 점은, 스토리를 꾸며내면 안 된다는 것입니다. '나다움'이 드러난 이야기를 전해야만 진정성 있는 스토리가 됩니다.

저는 강의, 영상, SNS 그리고 현재 이 책까지 "노션 UX 디자이너"라는 저만의 스토리를 적극적으로 세상에 알리고 있습니다. 이를 통해 다른 노션 템플릿 제작자와 차별점을 두어 제가 만든 템플릿의 가치를 올리고 있습니다.

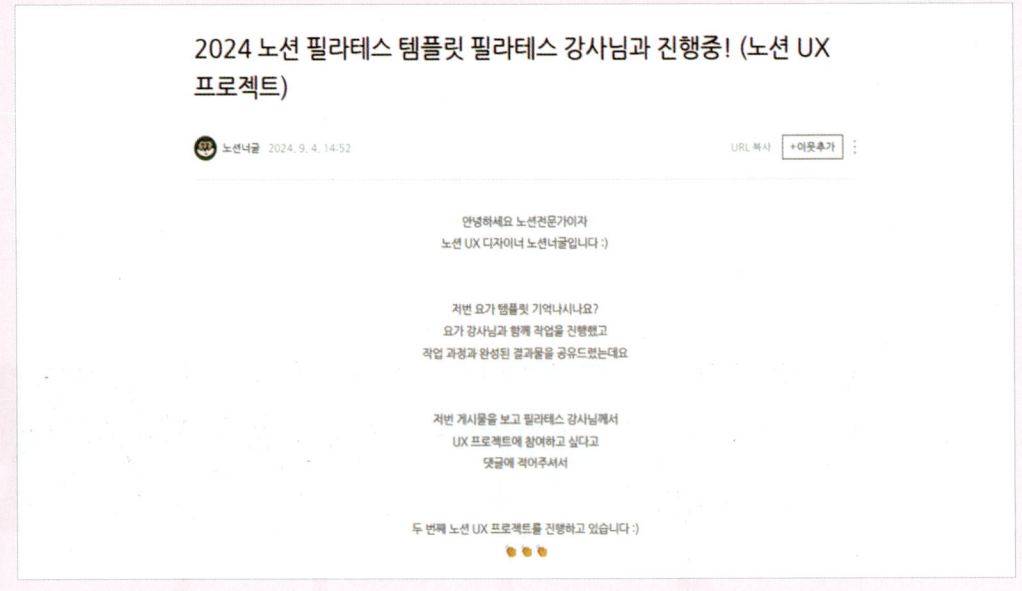

스토리텔링은 자신이 무엇을 추구하고, 어떤 가치를 전달하고 싶은지 보여 주는 강력한 도구입니다. 자신의 이야기를 만들어 보고, 그것을 통해 나와 내 작업을 세상에 알리는 힘을 느껴 보세요.

① 여러분의 스토리는 무엇인가요?
② 여러분의 차별점은 무엇인가요?
③ 여러분이 만든 템플릿을 다른 사람이 왜 구매해야 할까요?
④ 여러분의 이야기가 어떤 가치를 전달할 수 있을까요?

이 질문에 답해 보며 자신만의 스토리를 고민해 봅시다.

02 제작 과정을 공유해 진실성을 전달하기

노션 템플릿을 그냥 올려 두기만 하면, 구매를 고민하는 사람들은 이런 생각을 합니다.

"이게 정말 나에게 필요할까?"

"돈을 주고 샀는데 잘 안 쓰게 되면 어떡하지?"

이러한 고민은 템플릿의 가격이 1,000원이든 심지어 무료이든 구매 결정을 가로막는 큰 장벽이 됩니다. 저역시 템플릿을 다양한 가격대에 판매해 봤지만, 사용자들의 의문이 해소되지 않는다면 수익화는 어려웠습니다.

이를 해결하기 위한 가장 좋은 방법은 제작 과정을 투명하게 공유하는 것입니다. 템플릿을 만들 때의 기획 의도, 제작 과정에서의 노력, 템플릿을 활용할 수 있는 일들, 그리고 다른 템플릿과의 차별점까지 상세히 공유해 보세요.

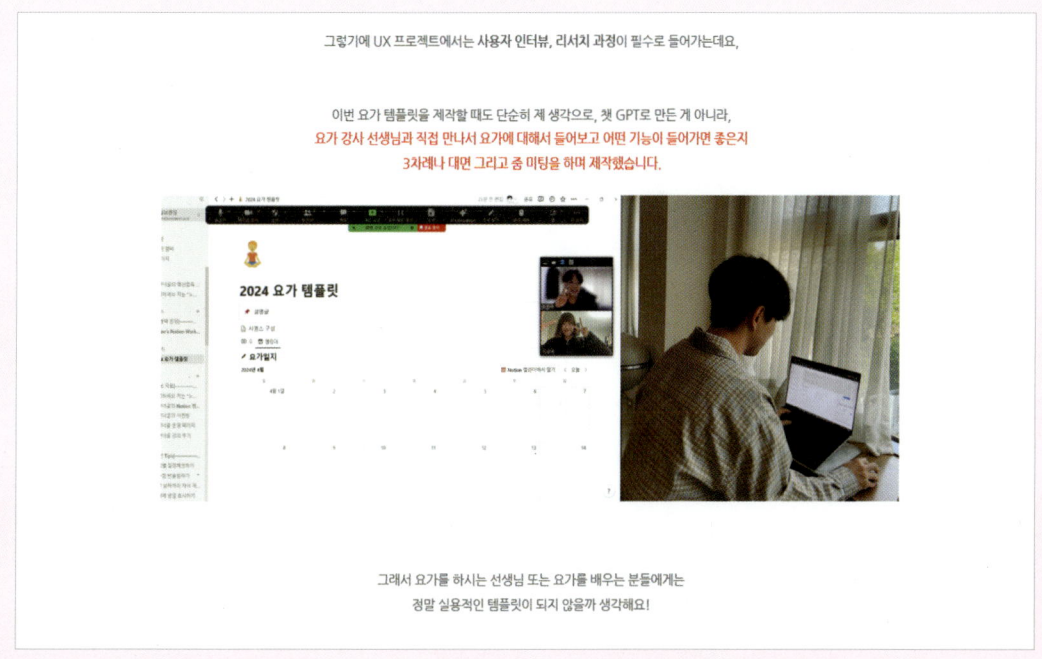

이때 가장 중요한 점은 판매를 위한 목적이 아닌, 사람들에게 가치를 전달하는 목적으로 공유하는 것입니다. 판매를 위해 과장된 홍보를 하면 오히려 진정성을 잃게 되고, 신뢰를 주기 어렵습니다. 투명하게 제작 과정을 공유하면 단순히 판매자가 아닌, 고객에게 도움을 주고자 하는 가치 제공자로 인식됩니다. 이렇게 진정성을 전달하면 템플릿에 대한 신뢰가 높아지고, 구매로 이어질 가능성도 커집니다.

사람들에게 가치를 전달한다는 마음으로 제작 과정을 공유해 보세요. 이 과정은 단순히 템플릿 판매를 넘어, 여러분의 이야기를 통해 더 많은 사람들과 신뢰를 쌓고 연결되는 계기가 될 것입니다.

03 전문성 갖추기

노션 템플릿 수익화의 가장 큰 단점은 저작권 문제입니다. 노션은 블록 기반의 구조로 누구나 쉽게 사용할 수 있다는 장점이 있지만, 그만큼 템플릿을 따라 만들기 쉽다는 단점도 있습니다. 만약 사용자가 템플릿을 직접 만들 수 있다고 판단하면, 굳이 돈을 지불하지 않을 가능성이 높아집니다.

따라서 우리가 제공하는 템플릿은 누구나 쉽게 만들 수 없는 고도화된 템플릿이어야 합니다. 단순히 블록 배치에 그치는 것이 아니라, 노션의 관계형, 롤업, 수식과 같은 고급 기능을 적극적으로 활용한 템플릿을 만들어야 합니다. 이렇게 제작된 템플릿은 소비자에게 구매해야 하는 합당한 이유를 제공합니다.

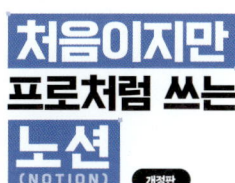

1판 1쇄 인쇄	2025년 9월 25일	**1판 1쇄 발행**	2025년 9월 30일
1판 2쇄 인쇄	2026년 1월 10일	**1판 2쇄 발행**	2026년 1월 15일

지은이   박한용(노션너굴)
발 행 인   이미옥
발 행 처   디지털북스
정   가   25,000원
등 록 일   1999년 9월 3일
등록번호   220-90-18139
주   소   (04997) 서울 광진구 능동로 281-1 5층 (군자동 1-4, 고려빌딩)
전화번호   (02) 447-3157~8
팩스번호   (02) 447-3159

ISBN 978-89-6088-497-7 (93000)
D-25-16
Copyright ⓒ 2026 Digital Books Publishing Co., Ltd